21世纪高等院校"十二五"系列规划教材·旅游与酒店管理类

酒店财务管理

主　编　宋　涛
副主编　吴　珏　黄　静

华中科技大学出版社
http://www.hustp.com
中国·武汉

酒店财务管理

内容简介

　　本书从财务管理活动的前提——财务环境入手,在详细阐述了财务管理的基本观念之后,对酒店各项财务活动的管理方法与管理技术进行了全面的介绍。最后还针对酒店集团这一近些年迅速发展起来的酒店组织形式的财务管理特点进行了分析。

前　言

随着我国市场经济的不断发展、市场经济体制的建立和逐步完善以及经济全球化程度的不断加深,我国企业面临的理财环境不断变化并日趋复杂。就酒店而言,在改革开放的过程中,我国酒店业的发展规模不断扩大,经营管理模式逐渐与国际接轨,经营管理水平也不断提高。酒店资金来源多渠道、投资方式多元化、经营管理模式多样化、利润来源与构成多层次化,所有这些,对酒店财务管理人员的专业素养提出了更高的要求。为了使酒店财务管理教学更切合实际,让学生更好地掌握财务管理的基本观念、基础理论,更好地运用所学理论分析实际财务问题,同时也为了让酒店财务人员了解财务管理的新观念、新方法,我们组织了在高校从事酒店财务管理教学工作多年、教学经验丰富的教师和在酒店财务管理部门工作多年、实践经验丰富的财务工作者,共同编写了这本教材,使本书既有较强的理论性,又体现了较强的实践性。

本书面向我国普通高校酒店管理专业与旅游管理专业本专科学生、自考本专科学生、成人教育本专科学生以及旅游企业财务管理岗位培训人员。在编写过程中遵循系统性原则和实用性原则,将财务管理的基本观念、基础理论、基本方法与酒店财务管理实践流程相结合,练习与例题选取了大量最新的酒店经营管理数据与实例,使基础理论与财务管理技术的阐述更加深入浅出、生动活泼,易于被阅读者接受,这也是本书的一大特色。

全书共分十一章。从财务管理活动的前提——财务环境入手,在详细阐述了财务管理的基本观念之后,对酒店各项财务活动的管理方法与管理技术进行了全面介绍。最后还针对酒店集团这一近些年迅速发展起来的酒店组织形式的财务管理特点予以介绍。

本书由宋涛主编,其负责全书的写作组织、提纲拟定、统稿和审定工作。按照章节顺序,参加本书编写的人员及其分工为:第一章范士陈,第二章和第三章吴珏,第四章、第五章和第六章黄静,第七章张艳娟,第八章王勇,第九章、第十章和第十一章宋涛。

在本书的编写过程中,陆佑海、王冠、李朋朋、罗晶、胡琼琼、高宇翔等同学参与资料搜集与整理,同时我们参阅了许多专家、学者的著作与文章,吸收利用了他们的某些研究内容、数据和图表,在此特向他们表示崇高的敬意和衷心的感谢。另外本书的出版，一直得到海南大学旅游学院院长王琳教授的关心和支持，华中科技大学出版社也为本书的出版做了大量工作，借此机会一并表示衷心感谢。

  由于参加本书编写的人员较多，文笔很难完全统一，特别是在时间较短的情况下完成本书的编写，书中难免有缺漏和不妥之处，还请读者谅解与指正。

编　者
2016 年 8 月

目 录

第一章 绪论 (1)
- 第一节 酒店概述 (2)
- 第二节 酒店财务管理概述 (16)
- 第三节 酒店财务管理的基本概念 (37)

第二章 酒店筹资管理 (57)
- 第一节 酒店筹资概述 (58)
- 第二节 酒店短期筹资管理 (66)
- 第三节 酒店长期筹资管理 (71)

第三章 酒店投资管理 (88)
- 第一节 酒店投资概述 (89)
- 第二节 酒店资本投资决策与管理 (90)
- 第三节 酒店证券投资决策与管理 (117)

第四章 酒店收入管理 (127)
- 第一节 酒店收入概述 (128)
- 第二节 酒店客房收入管理 (130)
- 第三节 酒店餐饮收入管理 (142)
- 第四节 酒店收入审计与稽核 (148)

第五章 酒店成本费用管理 (156)
- 第一节 酒店成本费用概述 (157)
- 第二节 酒店餐饮成本费用控制与管理 (163)
- 第三节 酒店客房成本费用控制与管理 (168)
- 第四节 酒店其他费用控制与管理 (171)
- 第五节 酒店采购流程控制与管理 (175)

第六章 酒店利润分配管理 (179)
- 第一节 酒店财务成果概述 (180)
- 第二节 酒店利润分配顺序 (186)
- 第三节 酒店股利支付政策 (190)

第七章　酒店流动资产管理 (198)
　　第一节　酒店流动资产管理概述 (199)
　　第二节　酒店现金管理 (201)
　　第三节　酒店应收账款管理 (209)
　　第四节　酒店存货管理 (213)

第八章　酒店固定资产管理 (220)
　　第一节　酒店固定资产管理概述 (221)
　　第二节　酒店固定资产日常管理 (227)
　　第三节　酒店固定资产折旧管理 (236)

第九章　酒店财务预算管理 (247)
　　第一节　酒店预算管理概述 (248)
　　第二节　酒店财务预算编制的程序与方法 (251)
　　第三节　酒店财务预算编制 (255)
　　第四节　酒店财务预算执行 (270)

第十章　酒店财务分析 (275)
　　第一节　酒店财务分析概述 (276)
　　第二节　酒店财务比率分析 (290)
　　第三节　酒店财务综合分析 (302)

第十一章　酒店集团财务管理 (309)
　　第一节　酒店集团概述 (310)
　　第二节　酒店集团联合形式及利益分配 (316)
　　第三节　酒店集团财务管理体制 (322)
　　第四节　酒店集团财务管理内容 (326)
　　第五节　酒店集团财务公司 (331)

附录 A　一元复利终值表 (337)
附录 B　一元复利现值表 (341)
附录 C　一元年金终值表 (345)
附录 D　一元年金现值表 (349)
参考文献 (353)

第一章　绪　　论

课前导读

　　酒店作为以盈利为目的的企业，不论其组织形式如何，具体从事何种业务，都毫不例外地面临着财务管理问题。随着信息技术的不断创新、金融工具的不断发展和完善，酒店的融资和投资渠道日益多元化，酒店也面临着诸多融资和投资风险。在这种机遇和挑战并存的大众旅游蓬勃发展时代，酒店经营成败与否，不仅取决于酒店经营技术和营销策略，更依赖于酒店的财务管理是否科学有效。因此，掌握和不断更新现代酒店财务管理基础理论、基本概念、主要方法与工具，对于酒店经营管理人员，尤其是财务管理人员而言，至关重要。

第一节　酒　店　概　述

一、酒店的概念与特点

(一)酒店的概念

酒店的基本功能是向客人提供食宿,满足其旅居生活的需要。因此,酒店的基本定义就是为旅客提供住宿和餐饮服务的场所。一个城市星级酒店的多少及档次的高低,展现了一个城市的基础服务水平,代表了一个城市的形象和接待能力。经过一百多年的发展,尽管现代酒店业有了很大的变化,但酒店的本质特征并没有改变。一般来说,酒店应具备以下特征:

(1)酒店是一个住宿设施完备并经政府批准的建筑。

(2)酒店以住宿、餐饮服务为核心,为顾客提供各种服务。

(3)酒店是一个企业,在承担一定社会责任的前提下,谋求合理的利润。

关于酒店的定义,国外的权威辞典曾下过这样一些定义:

酒店是装备好的公共住宿设施,它一般都提供膳食、酒类与饮料以及其他服务——《美利坚百科全书》。

酒店是在商业性的基础上向公众提供住宿,也往往提供膳食的建筑物——《大不列颠百科全书》。

酒店是提供住宿,也提供膳食与某些其他服务设施,以接待外出旅游者和非永久性居住的人——《韦伯斯特美国英语新世界辞典》。

根据外国的定义,结合我国《旅游酒店星级的划分与评定》(GB/T 14308—2003)的有关标准,酒店可定义为能够以夜为时间单位向旅游客人提供有餐饮及相关服务的住宿设施而获取经济效益的企业组织。

(二)酒店产品的特点

酒店产品作为典型的服务性商品与一般产品比较具有以下独特之处。

1. 生产与消费同步

在商品社会里,商品由生产到消费不是直接的,而是要经过商业这个流通环节才能抵达消费者。例如,生产电冰箱的工厂把电冰箱生产出来后,先要进入流通领域,经过商店的商业活动,把电冰箱卖出去,才能到达顾客手中。电冰箱的生产是工厂的事,消费则是顾客的事情。电冰箱的生产过程与顾客是分离的,顾客看到和感受到的只是最终产品。因此,一般商品是先生产后消费,不受顾客即时需要的限制,工厂能够主动地调整生产的产量、时间和节奏。而酒店出售的产品却不存在这样"独立"的生产过程,它要受顾客即时需要的限制,生产过程和消费过程几乎是同生同灭的;顾客必须参加到服务的全过程中,服务者、顾客、购买同时出现或结合,才能生产出服务产品。例如,客人到酒店的餐厅就餐,只有当客人坐到餐椅上,厨师和员工才能凭借厨具、托盘、杯具等就餐工具为客人服务,客人的消费过程和厨师和员工的服务过程在时间和空间上是同步进行的。就餐过程完成,客人离开餐厅,生产和消费亦同时结束。如果客人不到酒店,服务也无法进行,也就是说只有当客人购买它,并在现场消费时,酒店的服务和设施的结合,才能表现为商品,反之,则不称其为商品。

2. 人为因素影响很大,具有不可捉摸性

首先,与有形产品相比,服务是一种经历。酒店服务是无形的,服务质量的好坏不能像其他商品那样用机械或物理的性能指标来衡量。来自不同国家和地区的不同类型的客人,他们所处的社会经济环境不同、经历不同、消费水平和结构不同,对服务接待的要求也不尽相同。因此,客人对服务质量的感受往往带有较大的个人色彩和特点,服务水平要受服务接受者认知的影响。例如,同样住酒店,有的人尽量要求舒适、豪华,却不计房费高低,有的人情愿委屈一点,而只求价钱便宜;有的人愿意身居闹市,有的人要求住野外的帐篷,接近大自然。这就使酒店服务的质量受人的因素影响很大,因此,酒店提供服务质量的好坏取决于顾客们各自的需要和自身的特点。酒店的服务人员和管理人员不能忽视这一点,不能以自己的想象或不符合顾客需求的服务质量标准来对待旅客。同时,酒店要尽量使自己的服务产品有形化,为整个服务经历实现可感知性。例如,法国雅高集团就将其服务描述为"法国式",凯悦酒店集团则将自己的服务描述为"凯悦感知",等等。

其次,一般的产品可以摆在柜台里,让顾客自由选择,认为满意才购买。而酒店的许多产品却具有不可捉摸性。客人在购买这些产品前,对产品看不见,摸不着,往往易产生"担风险"的心理,因而不利于酒店产品的销售。例如,某个顾客前往餐厅就餐,不可能要求服务员先展示一遍如何服务操作,而只能在用餐完毕,亦即服务与消费同时结束后,才能感受到酒店服务质量的好坏。酒店服务对每一位顾客来说都是"一次性"的,往往是"一锤定音",不能像工业产品那样,做得不好,可以重新返工。酒店的任何一个环节和服务人员出了问题,对酒店产品所造成的损失都是难以弥补的。酒店产品不可捉摸性还有一个重要的含义是,客人在购买酒店产品以前,通常不可能对这个产品的质量和价值做出准确的判断。这也导致酒店所拥有的信誉在顾客中的作用远比工厂的信誉在产品市场上的作用重要,它是客人对酒店产品的质量进行判断时的一个重要依据。

3. 不可储存性

一般企业的产品交换是买者获得使用价值,卖者失去使用价值,产品的所有权发生转让。酒店和一般企业不一样,它是出租酒店的客房、餐厅、会议室及其他综合服务设施,并同时提供服务,但不发生所有权转让。客人买到的只是某一段时间的使用权,而不是所有权。以每晚租金280元的酒店房间为例,如果全天此房间租不出去,那么,这280元的价值就无法实现,也就是说,它的价值具有不可储存性,价值实现的机会如果在规定的时间内丧失,便一去不复返。它不像一般的商品那样,一时卖不出去,可以储存起来以后再销售。因此,酒店业的行家把客房比喻为"易坏性最大的商品",只有24小时寿命的商品。

从酒店服务生产能力的构成来看:一部分为劳动者或管理人员工作,业主为他们支付报酬,如果不能发挥其劳动能力,业主就会白白地为他们支付工资。另一部分为固定资产,如酒店的建筑主体、装饰、装修、设施及设备等。固定资产的折旧是每天都得发生,其价值也具有时间性。如果顾客"缺席",就会造成服务生产能力闲置,从而形成服务能力的易逝性。

酒店产品的价值和生产能力的不可储存性,要求酒店必须采用更加灵活的定价策略来提高企业的形象,形成自己的品牌。这就是为什么酒店业普遍以"顾客第一"为经营信条,并在经营时,有时甚至以低于成本的价格销售酒店商品,而不愿酒店设施闲置的根本原因。

4. 具有综合性和季节性

现代旅游是一种休闲享受的消费形式,酒店必须提供满足旅客的吃、住、行、游、购、娱的多种产品和服务。酒店产品同时具有生存、享受和发展三种功能。旅客外出旅行,有了食宿的处所,这是生存的主要条件;在客人住店期间,优美的酒店环境,完善的服务设施,服务人员热情、周到的服务,是给旅客提供的一种享受。客人因为参加会议及学术交流或工作学习、参观旅游而投宿酒店期间,既开阔眼界,增长才识,又陶冶了心智。这些都是以酒店产品为基础的。因此,酒店的产品是必须能够满足顾客多层次消费的综合性产品。

旅游本身受季节、气候等自然条件和各国的休假制度影响比较大。在国际上,各国的休假大多在夏季和秋季,因此酒店产品的销售具有明显的季节性。淡旺季客人多寡差别很大,往往造成旅客住店大起大落的差异。

明确酒店产品的特点,目的在于掌握酒店产品的内在规律,并针对这些特点,努力避免和克服不足,把握住经营的最佳时机。例如,我们知道了酒店的服务工作具有不确定性,酒店产品吸引顾客的主要魅力在于客人的感受如何,就会特别重视提高服务的质量,对不同类型的客人采取针对性的服务。

二、酒店的种类与等级

（一）酒店的种类

由于旅游者的旅行目的和动机不一，其旅游需求也各不相同，为了满足各类旅游者的需要，出现了不同类型和不同等级的酒店。

酒店分类一般有两大目的：一是有利于推销，酒店明确了推销对象和所处市场，从而更有效地制订计划，更集中地使用广告宣传费用，同时也能使宾客在选择酒店时有比较明确的目标；二是便于比较一家酒店经营效益的好坏，要与同一类型的酒店相比较才有意义。特别是当酒店运用酒店行业的各种统计资料分析市场动向、研究竞争对策和制订经营方针时，同类酒店的比较显得格外重要。

酒店的分类没有统一的标准，一般可根据酒店的位置、等级、体制、客源市场、管理方式及规模等多种因素而定。

1. 根据酒店客人的特点划分

1) 商务型酒店

商务型酒店也称暂住型酒店，是一个国家酒店业的主体，主要为从事商业活动或其他公务活动而外出的人士服务，一般位于城区，靠近商业中心。商务客人消费水平较高，文化修养较好，重视服务质量，对价格敏感度不强，因而商务型酒店较其他类型酒店档次普遍要高。近年来，随着商务客源市场的不断扩大，新型商务酒店大量崛起，有无专业化的商务楼层及其服务水平的高低已成为衡量一个酒店档次的重要标志。

2) 度假型酒店

度假型酒店主要接待以度假、休息和娱乐为目的的客人。度假型酒店最重要的设施是娱乐、康体设施，如室内保龄球馆、游泳池、音乐酒吧、舞厅、棋牌室等，并经营诸如高尔夫、滑雪、骑马、狩猎、垂钓、潜水、划船等娱乐项目。传统的度假型酒店多位于海滨、山区、温泉、海岛、森林等地，而现代度假酒店越来越靠近城市，有的甚至就在市中心。很多度假型酒店通过开发游乐项目建立了高尔夫俱乐部、温泉洗浴中心等新型服务部门，成为客人短期度假的场所。

3) 会议型酒店

会议型酒店主要接待各种会议团体，为举办商业、贸易展览及学术会议提供服务。通常会议型酒店建在大都市、政治经济文化中心或交通便利的旅游胜地。酒店除具备相应的食宿设施外，还应有较大的公共场所，如规格不等的会议室、展览厅或多功能厅等。配备投影仪、录放像设备、扩音设备、先进的通讯及视听设备；接待国际会议的酒店还要配备同声传译系统。

4）旅游型酒店

旅游型酒店又称观光型酒店，以接待观光旅游者为主，通常位于旅游胜地或城市中心。其消费主体为团队旅游者，中档酒店居多，适合大众消费。客房多为标准间，餐饮以团体餐为主，可以使用套餐菜单。观光型旅游团队逗留期短，行动统一，时间上安排紧凑，因此，接待入住、行李服务、叫醒服务、就餐安排等工作就显得尤为重要，酒店的接待人员必须与旅行社保持紧密联系，积极配合上述工作的开展。旅游型酒店在建筑装潢、服务风格、菜点设计等方面必须突出民族和地方特色，以满足观光型旅游者的猎奇心理。商品部应着重推销本地有特色的旅游商品。

5）长住型酒店

这类酒店与客人之间有特殊的合约关系，对服务项目等事项做出明确的约定。居住者通过签订协议或租约，对居住时间、价格等做出明确的约定。

长住型酒店的客人多为商业集团、公司或国外企业及公司的代办机构的人员。居住时间少则几个月，多则半年或1年以上。酒店需要营造温馨的家庭氛围，使客人感到"有家庭生活之乐趣，无家庭生活之累赘"。通常只提供住宿、餐饮和娱乐等基本服务，组织、设施和管理较其他类型酒店简单。

6）汽车酒店

汽车酒店是随着私人汽车的增多与高速公路网的建成而逐渐出现的一种新型的住宿设施。早期的汽车酒店设施简单、规模较小，为家庭式经营，建在公路边，以接待驾车旅行者为主。20世纪50年代后期，汽车酒店有了较大的发展，并形成了一定标准的定型汽车酒店，主要建在城市边缘的主干公路或高速公路沿线上，有免费的停车场，出入方便，住宿手续简便，服务项目有限，价格低廉。美国是这类酒店较普及的国家。早在20世纪60年代初期，汽车酒店与一般酒店并驾齐驱，"美国酒店协会"也就在这个时期更名为"美国酒店与汽车酒店协会"。

近几年来，汽车酒店逐渐向市区发展，设施也日趋豪华、完善，多数能提供现代化的综合服务，店内氛围比其他酒店轻松随意，收费也相对较低，深受大众欢迎。按国际惯例，高速公路沿途每200千米就应有1家汽车酒店，中国几乎还未出现真正意义上的汽车酒店。不过，近几年来，中国高速公路发展迅猛，驾车旅行渐成风尚。可以预见，汽车酒店在中国有着巨大的潜在市场。

7）机场酒店

机场酒店最初主要为乘飞机的客人暂时停留提供食宿服务。随着航空事业的发展，航空公司凭借自身优势介入酒店业，机场酒店业正不断壮大。航空公司不仅在机场附近建立酒店,而且在大城市建立酒店系统,将交通和住宿结合在一起,成为酒店业竞争中的又一支重要力量。

8) B&B 家庭式酒店

B&B 家庭式酒店是一种家庭式的可向客人提供住宿和早餐的酒店。"B&B"是英文 bed 和 breakfast 的缩写,意为"住宿和早餐"。它最早流行于欧洲,后逐渐传到美国。目前,美国各地都设有专门从事"B&B"家庭式酒店订房服务的公司,旅游手册上也常有许多这种酒店的名称和电话号码,旅客可提前三四天预订房间。"B&B"家庭式酒店发展迅速,受到许多旅游者的欢迎。

9) 青年旅馆

青年旅馆主要是为青年学生或"背包旅行者"提供住宿和自助式食品的酒店,其主要设施为上下铺的高低床,楼层有公共洗手间和浴室,另外有少量的付费洗衣机及炉具。公共设施条件简陋,但因收费低,深受青年学生及"背包旅行者"的欢迎。

10) 经济型酒店

经济型酒店是经济实惠、以客房为主的酒店,主要对象为一般的商务客人和出公差的客人。经济型酒店一般为连锁化品牌经营,有自己独立的预订系统,其主要的特点是洁净、方便、安全、经济,房价在 80~220 元/间(人民币)。例如,中国首旅集团的如家快捷酒店被评价为"一星的墙、二星的堂、三星的房、四星的床",比较典型地说明了经济型酒店的特点。

2. 根据酒店资金的来源划分

1) 独资酒店

独资酒店是指由一个人或一家企业单独出资建造的酒店。从所有权来讲,酒店完全归个人所有,独立经营管理,独享利润,独担风险。我国的酒店既有外商独资酒店(外资酒店),也有我国自己投资的酒店。

2) 合资酒店

合资酒店是指由两个或两个以上的人或企业共同出资、共同经营、共同管理、共同负责的酒店。通常以股份形式或契约形式进行权利和利润分配。

3) 合作酒店

合作酒店是指通过各种非股权方式合营的酒店。由双方提供资金、物资和服务,但不作为股本投入酒店,盈利按合同规定分配,风险按合同规定由单方或双方不同程度地分组,合作双方的权利、责任、义务和还本付息方式在协议中明确规定。合作形式可分为合作建造、合作经营管理或合作技术投资等。

酒店类型的划分还可依据酒店的所有权、酒店计价方式、酒店规模的大小来进行划分。由于一家酒店常常具有多种特点,往往可以同时被归入上述任何一种,同时,一家酒店不可能是单一的客源市场,因此要确定一家酒店的类型,应根据该酒店的主要特点,根据其接待的主要客源及相应的设施设备和服务项目,即最能将其区别于其他酒店的特点来进行划分。

（二）酒店的等级

酒店等级的高低主要反映的是不同层次客源的不同需求,标志着建筑、装饰、设施设备、服务项目、服务水平与这种需求的一致性和住店客人的满意程度。世界各国政府或旅游组织,通常根据酒店的位置、环境、设施设备和服务等情况,按照一定的标准和要求对酒店进行定级,并用特定的标志,在酒店的显著位置公之于众,这就是酒店的定级或等级制度。

1. 酒店定级的方法

酒店定级的标准不尽相同,做法也各不一样,大致有 3 种类型:一是由官方确定统一定级标准,如中国、法国、西班牙和意大利;二是由非官方组织核定酒店等级,如英国由英国酒店协会、英国旅游局、英国汽车酒店协会和皇家汽车俱乐部联合对全国酒店实施分等定级工作;三是国家对酒店没有统一定级标准,如美国等。在国际酒店业中,一般以等级或星级来标定一家酒店的级别,如法国的酒店分为"1~5 星"五级;意大利的酒店采用"豪华/1~4 级"制;瑞士酒店为"1~5 级";奥地利酒店使用"A1,A,B,C,D"级;还有的国家和地区则采用"豪华、舒适、现代"或"乡村、城镇、山区、观光"等定级制。在美国,由于复杂的政治和社会结构,至今尚未有统一的、被普遍接受的酒店等级标准,较有影响的是美国汽车协会及美国汽车石油公司分别制订并使用的"五花"和"五星"等级制。

2. 我国旅游酒店的星级评定

1989 年,中国国家旅游局在世界旅游组织专家、西班牙旅游企业司司长贫雷罗先生的协助下制定了《中华人民共和国评定旅游(涉外)饭店星级的规定》,并于 1989 年 9 月 1 日开始执行。当时,同时使用的还有原商业部颁布的酒店定级标准。后经国家技术监督局批复,1993 年 9 月 1 日,正式发布《旅游涉外饭店星级的划分及评定》,并将其定为国家标准,自 1993 年 10 月 1 日起执行。1997 年 10 月,国家技术监督局批准国家旅游局重新修订的《旅游涉外饭店星级的划分与评定》为推荐性国家标准,代替 1993 年起执行的标准,新标准于 1998 年 5 月 1 日起实施。2003 年 6 月,经国家质量监督检验检疫总局批准,国家旅游局将重新修订的《旅游饭店星级的划分与评定》作为推荐性国家标准,代替 1998 年起执行的标准,新标准于 2003 年 10 月 1 日起实施。2010 年 10 月 18 日,国家质检总局、国家标准化管理委员会批准发布了国家标准《旅游饭店星级的划分与评定》(以下简称《新版国家标准》),并于 2011 年 1 月 1 日实施。

1) 划分和依据

《新版国家标准》规定,用星的数量和颜色表示酒店的等级。星级分为 5 个等级,即一星级、二星级、三星级、四星级、五星级(含白金五星级),最低为一星级,最高为白金五星级。星级越多,表示旅游酒店的档次和等级越高。作为星级的补充,开业不足 1 年的酒店可以申请预备星级,其等级与星级相同。

星级评定的目的是使我国的酒店既有中国特色,又符合国际标准,保护旅游经营者和消费者的利益。它是依据酒店的建筑装饰、设施设备及管理、服务水平,具体评定方法按《新版国家标准》颁布的设施设备评分标准,设施设备的维修保养评定标准,清洁卫生质量、服务质量等项标准执行。星级划分条件和检查评分细则相结合,全面考核、综合平衡。其中检查评分细则由国家旅游局制订并组织实施。酒店星级的取得,表明该酒店所有建筑物、设施设备及服务项目均处于同一水准。

2) 适用范围

《新版国家标准》适用于正式营业的各种经济性质的旅游酒店。

3. 世界最佳酒店评定

为了促进全球酒店业的发展,欧美等西方国家的一些权威机构根据自己制订的标准和方法,定期对某一档次的酒店进行评定,选出最佳酒店。

1) 世界最佳酒店评定机构

世界上评定最佳酒店的权威机构很多,如美国的《公共机构投资人》杂志社、《商务旅游者》杂志社,英国伦敦的《旅游业》杂志社、《公务旅行》杂志社,英国的《欧洲货币》杂志社等。其中以美国的《公共机构投资人》杂志社最为著名,影响力最大。

《公共机构投资人》杂志社是美国一家颇有威望的金融杂志社。它每年从世界各地挑选 100 位著名的银行界人士组成评委,请他们对酒店进行评分(最高分为 100 分)。这些人必须是经常外出旅行的人,每年在世界各地著名酒店逗留的时间不少于 80 天。评议工作十分认真,有时评委要到杂志社集中讨论,最后根据分数确定世界最佳酒店的位次。当然,被评酒店的范围多限于那些服务于商务、公务旅游者的城市大酒店。对被评酒店来说,该评定活动无疑为其提供了一次很好的宣传、促销机会。

2) 世界最佳酒店评定标准

由于酒店种类、档次和服务对象不同,设施、设备、环境不同,因而要在全世界范围内评出最佳酒店不是一件容易的事。至今,世界上尚未有统一的衡量标准。但是，各大国际酒店集团、各大酒店、各新闻机构以及社会各界专家普遍认为，对酒店的评价主要是以其设施设备和服务质量为依据的，因而总结出下列10项标准：

（1）要有一流的服务员，一流的服务标准。

（2）客房、餐厅、大堂、会议室、公共场所等洁净、舒适，陈设高雅，环境宜人。

（3）使客人有"宾至如归"之感。

（4）能提供多种服务项目。

（5）能提供当地的美味佳肴，并有本酒店独具一格的菜品。

（6）选址恰当，最好在城市的政治、经济、文化中心，或是交通便利的风景名胜区，以方便宾客活动。

（7）应独具风格，在建筑设计、外部造型、内部设施、装修和陈设等方面富有特色。

（8）曾有名人下榻和就餐。

（9）是举办重要宴会的场所。

（10）很注意微小的服务与装饰，追求细节的完美。

三、酒店的功能

酒店的功能是指为满足顾客的需求而提供的服务所发挥出来的作用。传统意义上的酒店所发挥的是住宿功能，现代酒店已经使其功能更加完善和丰富化，不但可以体现在微观效用上，而且具有社会功能。

（一）酒店的微观效用

1. 住宿功能

为顾客提供传统意义上的床位和住宿服务。住宿条件更舒适、更多元化、更个性化。

2. 家居功能

一些酒店针对长期在外工作、生活的人士推出了家居服务功能。像长住型公寓酒店，在一般酒店设施和服务的基础上添加厨房设备，24小时自助登记入住系统，让这些顾客可以在酒店内感受到家的舒适、温馨、方便和安全，从而全面提升顾客的满意度。

3. 餐饮功能

尽管出行的目的是多种多样的，但吃住是任何顾客都不能不发生的消费。所以，酒店都会针对市场推出适合酒店自身特点以及顾客需要的餐饮服务，并开拓收益渠道。同时，对于不同档次的酒店，其餐饮条件的配置也都有相应的要求。而且,由于酒店成为现代居民的社交场所,在酒店设立餐饮机构成为商家的明智选择。

4. 商务功能

这种功能表现在两个方面,首先,由于酒店设施完善,服务周到,接待方便,越来越成为商人钟爱的会客场所;其次,商务客人更注重自身的形象、品位,对于所付出的经济成本则相对不敏感,酒店对商务客人也越来越重视,提供的产品和服务也越来越专业化,如设立专门场地,提供专用设备,组织专门服务等。

5. 享受功能

随着社会的进步,人们生活水平的提高,客人入住酒店不仅仅是解决吃住和办事的基本需要,客人还要住得舒适、吃得开心,充分放松,尽情享受。因此,酒店总是设法从位置选择、设计建设、装饰装修、室内布置、环境美化、服务项目和服务质量等方方面面,无微不至地满足顾客感受和需求。

(二) 酒店的社会功能

酒店的社会功能,是指以其自身特有的功能接受社会分工、承担社会责任。概括起来,酒店的社会功能包括:为所在地的社会交际活动、对外经济文化交往创造一定的条件;丰富当地居民的生活,促进社会消费;成为国家税收和当地财政收入的重要来源;为社会创造就业机会;带动相关产业的发展;美化市容市貌。

四、酒店发展历史与趋势

(一) 世界酒店发展历史

酒店业是人类最古老的产业之一。在古代,人们外出往往比较容易找到借宿或吃饭的地方,而且所吃所住一般是主人基于人道上的帮助,是"免费服务"。就是在公元前六世纪之后出现了货币、贸易、旅行及其他宗教、文化活动不断发展的很长的一段时间内,免费接待过路的陌生人,被人们当作一种习惯,视为理所当然。那时候,人们出门不会在找住所中被拒之门外,而对找上门来投宿的人,主人总是以礼相待,决不图报。往往是只有在送客人上路之际,才打听客人的姓名,来自何地,前往何方。在古代,有些有钱的人甚至将争抢留宿陌生过路人引以为豪。

酒店是伴随着人类出行活动的开展而出现的住宿设施。一般认为,今天的酒店,是从中国的饭馆、中东的商队客店(路边歇脚处)、古罗马的棚舍(小旅店)、欧洲的路边旅馆和美国的驿站马车客栈演变而来的。从历史的角度讲,不同国家的酒店的发展进程也不尽相同,因此,本书将按照国外和中国酒店的发展历程分别加以介绍。不断扩大,逐渐由本地、本国向邻地、邻国或更远的地方扩展,这使得外出者对住宿设施的需求日益增长。纵观历史,国外酒店的发展阶段可以分为四个时期,即:古代客栈时期、大酒店时期、商业酒店时期和连锁酒店时期。

1. 古代客栈时期

为满足人们外出吃住等基本需要的住宿设施的历史非常悠久,到了中世纪后期,随着商业的发展,旅行和贸易兴起,外出的传教士、信徒、外交官吏、信使、商人等激增,社会对住宿的需求量大增。于是,在古道边、车马道路边或是驿站附近出现了许多客栈。客栈的真正流行是在12世纪以后,盛行于15—18世纪,它主要指乡间或路边的小客栈、小旅舍,供过往旅行者寄宿使用。而早期的英国客栈则综合了聚会及相互交往、交流信息和落脚歇息的功能。这些住宿场所后来成为现代意义上酒店的雏形。最早的客栈设施简陋,仅提供基本食宿,无非是一幢建筑物,内有几间房间,每个房间里摆了一些床,旅客们往往挤在一起睡,并没有什么更多的要求。当然,由于服务项目少,服务质量差,也没有什么更多东西可供消遣。到了15世纪,有些客栈已拥有20到30间客房,有些比较好的客栈设有一个酒窖、一个食品室、一个厨房,为客人提供酒水和食品。还有一些客栈已开始注意周围环境状况,房屋前后辟有花园草坪,客栈内有宴会厅和舞厅等,向多功能发展。总的来看,当时的客栈条件简陋,声誉较差,被认为是赖以糊口谋生的低级行业。客人在客栈内缺乏安全感,诸如抢劫之类的不法行为时有发生。

2. 大酒店时期

大酒店时期又被称为豪华酒店时期。18世纪后期,随着欧美工业化的进程加快和民众消费水平的提高,酒店除保持其基本功能外,还成为帝王、贵族和上层人物以及公务旅行者享受和社交的重要场所。一些国家纷纷修建规模宏大、设施豪华的酒店。如19世纪初建造的德国巴登-巴登别墅,富丽堂皇,洋洋大观,酒店有许多厅堂,有带楼厅和活动舞台的音乐厅,有装饰幽静的餐厅,并有图书馆、阅览室和宽敞精美的罗马式浴池,而且花园、喷泉、温室、马厩一应俱全。受德国巴登-巴登别墅的影响,1880年巴黎建成了巴黎大酒店,1885年建成了规模宏大的卢浮宫大酒店,1889年伦敦的萨伏依酒店开业。那时,欧洲出现了以最有名的酒店主里兹命名的酒店,他提出了"客人永远不会错"的经营格言,成为欧洲酒店经营中的遗训。在美国,1829年波士顿落成了特里蒙特酒店,为整个新兴的酒店行业确立了标准。该酒店不仅客房多,而且设施设备较为齐全,服务人员亦经过培训,客人有安全感。与客栈相比,大酒店多数建在最为繁华的都市,建筑豪华,装饰讲究,许多成为当代乃至世代建筑艺术的珍品。同时,大酒店服务一流,精益求精,一切为客,其消费是特权阶层身份、地位和权力的象征。

第一章 绪 论

3. 商业酒店时期

交通工具的发展和经济的繁荣促进了各种各样的商务活动。由于大酒店的奢华，小客栈的简陋，都不能成为商务游客的选择。20世纪初，美国有一位酒店业主斯塔特勒，立志建造一种"为一般公众能负担的价格之内提供必要的舒适与方便、优质的服务与清洁卫生"的酒店，1908年他在美国巴费罗建造了第一个由他自己参与设计并用他名字命名的斯塔特勒(Statler)酒店。这种酒店经济实用，"一个房间一浴室，一个美元零五十"，令人耳目一新。在酒店设计方面，斯塔特勒也有许多创举，如一间客房配一部电话，电灯开关安装在门旁边，楼层设防火门，门锁与门把手装在一起等；在经营方面，他亲自制订《斯塔特勒服务守则》，提出了"位置、位置、还是位置"的酒店成功要素。后来美国许多酒店主受其启发，建设了大量的商业酒店，如康拉德-希尔顿和凯蒙-威尔逊等。

同过去的住宿设施比，商业酒店具有许多新的特点：服务对象是商务客人；讲求舒适、方便、卫生、安全和实用；收费合理；经营权和所有权两权分离；注重经营管理。

4. 连锁酒店时期

酒店连锁经营只是近100年的事情。全球第一个出名的连锁酒店当属19世纪末法国的里兹酒店。在美国，斯塔特勒发展了最早的现代连锁酒店，从1908年的第一家酒店开始，他的酒店企业已经发展壮大成为一个著名的酒店联号。

第二次世界大战结束后，由于经济繁荣和人口增长，人们手里的可支配收入也增加，交通工具十分便利，旅游业茁壮发展，为外出旅游和享受酒店、餐馆服务创造了条件，从而带动了酒店业复苏。随着旅游业的发展，特别是国际旅游业的发展，世界酒店市场出现了一些著名的酒店公司。为了扩展，大的酒店公司通过出售特许经营权与签订经营合同等办法大力向国外渗透，逐渐形成了一个个使用统一名称、统一标志，在旅馆建造、设施设备、服务程序、管理方法等方面实行统一标准，共同进行旅馆促销、客房预订、物资采购与人才培训等的连锁酒店。如美国的假日、喜来登、希尔顿、马里奥特、华美达、凯悦以及欧洲的雅高等连锁酒店的身影几乎在世界各地都能见到。

不但欧美发达国家的连锁酒店发展迅速，亚洲地区的连锁酒店也是分外引人注目。其规模、档次、服务和管理水平毫不逊色。如香港东方文华酒店管理集团、香港丽晶酒店、香格里拉酒店集团、日本大仓酒店集团、日本新大谷酒店集团。而且，每年美国酒店权威机构评选的世界十大最佳酒店中，亚洲酒店总是占据多半。

据统计,当今世界范围内,尽管拥有独立产权和经营权的资产多于连锁经营的资产,但是从客房的数量来看,连锁酒店占统治地位。美国营销大师科特勒在其《旅游市场营销》一书中预言,接待业的未来趋势将是大连锁,将会像航空业那样,由少数大连锁机构控制市场。1994年,美国前25家最大连锁酒店公司所经营的酒店客房总数就已占美国国内酒店客房总数的65%。1999年,世界300强连锁酒店前十位"巨无霸"公司所经营的酒店客房总数达到了600多万间,约占世界客房总数的50%之多。《酒店杂志》2007年巨头调查结果,温德姆酒店集团、精品国际酒店集团、洲际酒店集团、希尔顿酒店集团、万豪国际酒店集团和雅高酒店集团等酒店连锁机构在全球的特许酒店均已超过千间,其中温德姆酒店集团达到6441间。

(二) 新中国酒店发展历史

新中国酒店业的发展历史不长,主要经历了三个阶段:

1. 行政事业单位管理阶段(1949—1978)

这一时期我国酒店业整体设施简陋,管理落后,规模较小。尽管建设了一批国有的较高级别酒店、宾馆,但主要是接待外国专家和友好人士。1978年前,我国仅有涉外酒店415家,其中有资格接待外宾的仅208家。

2. 起步和提高时期(1978—1992)

这个阶段中,酒店业在局部城市始终处于高速增长的状态,但由于发展的基数比较小,所以全国每年增长的绝对量并不能满足旅行消费的需要,总体上处于起步阶段。酒店数量少,给外出旅行者带来了极大的不便。在这种情况下,1979年,国务院在北戴河召开会议,决定在各省尽快建设主体酒店。1982年,新中国第一家中外合资酒店——北京建国酒店建成开业,聘请香港半岛酒店管理公司管理。这是新中国现代酒店史上第一次引进现代酒店经营管理方式、管理理念和高标准酒店服务程序。建国酒店的成功运营拉开了大规模引进外资建设和管理酒店的序幕,自此大量的社会资金和各部门的资金也开始投入酒店业,酒店业出现了强劲的发展势头。为了加强酒店管理,国家还在1988年颁布了我国第一个星级制度文件——《中华人民共和国评定旅游(涉外)饭店星级的规定》。

3. 全面快速发展时期(1993至今)

1993年至今是我国酒店进入实现管理科学化和现代化的新阶段。在这一阶段,我国酒店业为满足不断发展的国际旅游业和商务的需要,采取多渠道,利用各种经济形式改建、扩建和兴建了一大批现代化酒店。酒店企业改革不断深化,一些政企不分的酒店,纷纷与政府和军队脱离关系,现代企业制度逐步推行,酒店真正成为市场经济中自主经营的实体。这一时期我国的酒店的管理模式也发生着巨大的变革。由经验管理走向科学管理;推行星级评定制度,进入国际现代化管理新阶段;建立酒店管理公司,酒店走向专业化、集团化。同时,国际酒店集团纷纷抢滩我国市场,部分国际酒店集团已经开始在中国实施"全品牌战略",涵盖超豪华到经济档各层次酒店,以求最大限度扩大自身市场份额。所以,1993年后,我国酒店业无论是行业规模还是设施水平,都取得了较快的发展。

（三）酒店发展趋势

酒店的发展呈现出专业化、品牌化、联合化的趋势,这种趋势将促使酒店业形成更加具有竞争力和生存能力的酒店集团和特点鲜明的独立酒店。

1. 酒店发展集团化

如果把酒店界定在企业的范畴内,那么酒店集团就是一种特殊的企业集团。其中的特殊性通过如下特征表现出来:以酒店企业为核心,以经营酒店产品为主要业务,通过产权交易、资产融合、管理模式输出、管理人员派遣和计算机预订系统等制度性制约而相互关联。酒店集团与非酒店企业集团进一步联合,就会形成复合的企业集团。

酒店集团也以酒店联号的方式出现,但是酒店联号并不等于酒店集团。与单一性经营酒店业、强调所属酒店的个体性和以在明晰产权界定下的特许权转让、管理合同输出等方式运作的酒店联号不同,酒店集团以多元化经营为主,强调所属企业的整体性,成长途径包括特许权转让和管理合同等酒店联号所使用的方式,但是更主要的是资产融合、人员派遣等管理方式。

现代酒店集团产生于第二次世界大战以后,当时国际旅游业迅速发展,其他行业广泛的联营对酒店业产生了极大的影响。在国际酒店业的激烈竞争中,许多酒店互相兼并和转让产权,酒店的业主意识到单一酒店独立经营的形式难以应付竞争局势,而扩大经济规模联合经营则容易在竞争中获胜。此外,其他行业特别是航空公司以购买酒店股份的方式参与酒店业,并逐步扩大股权,形成对酒店企业的控制。20世纪40年代,美国泛美航空公司率先购买了洲际旅馆的产权,控制了洲际旅馆而进入酒店业,把酒店业的发展推向了一个新高度。此后,许多酒店以及参与酒店股份的企业为了本身的发展,为了开辟新的市场,纷纷在各地建造酒店,购买酒店产权或以其他形式控制酒店。由美国首创的酒店集团就此迅速发展起来。

2. 酒店营销网络化

酒店营销是指酒店经营者为了使顾客满意,实现酒店经营目标而展开的一系列有计划、有组织的活动。它是一个完整的过程,并通过确定顾客需要、设计或调整经营内容、市场细分、营销组合、吸引并保持顾客、信息反馈等活动构成一个营销网络,为酒店的发展提供有力的支持。

基于计算机技术与信息技术的迅速发展,网络化的电子商务为酒店的发展注入了前所未有的活力,虽然独立酒店也可以利用互联网,但酒店集团却能够更为有效地开发并建立自己的市场营销网络,使酒店业务的发展更迅速、更经济,保证性更强。

3. 酒店发展品牌化

品牌意识是酒店业竞争态势和现代服务营销观念的产物。品牌是一个名字、术语、标记、符号或图案,或者是它们的组合。它被用以识别某个或某群销售者的产品与服务,并以此区别于其他竞争者的产品或服务。在市场竞争日趋激烈的今天,仅仅依靠产品本身已不足以保证酒店的生存与发展。在发育完善的酒店市场上,酒店经营管理的真正目标是创造并保持顾客。为了实现这一目标,在各种非价格竞争中,建立品牌是扩大市场区间、降低市场营销费用、构建消费者对本酒店产品忠诚度的有效手段。

品牌化途径主要可以分为产品品牌和酒店企业品牌两大类。产品品牌既有可以用语言表达出来的口语化部分,如"假日皇冠"、"假日阳光度假",还有酒店的某一单项产品的名称等;又包括可以被认出,但不能被读出的部分,即符号、标志、图案、颜色等,如各酒店的店殿、店旗、店色等,这些主要是通过企业形象策划,精心设计后再推向市场的。在某种程度上,酒店产品品牌还包括一些精神上的象征。如"假日皇冠度假"象征着"高贵、悠闲",萨伏依象征着"古典、豪华"等。酒店企业品牌则以酒店名称来构建旅游者和其他酒店产品使用者的选择偏好和对酒店的整体忠诚度。如"精华国际"、"凯悦国际"、"马里奥特"等。一般来说,单独经营的中小型酒店宜采用酒店产品品牌化成长途径,而大型的、产品多角化经营的酒店集团多适合采用企业品牌途径。

第二节 酒店财务管理概述

酒店是以服务为中心,以出售有形产品和无形服务为主要商品的企业。现代酒店不仅向客人提供舒适、安全的客房和美味可口的佳肴,还提供会议设施、文体娱乐设施以及其他服务等项目。现代酒店已成为商务旅游者的活动中心、度假旅游者的安适之家、康乐活动中心和社会交际中心。酒店活动是为了将其掌握的资源转化为有利可图的商品,从而为其他经营活动或最终客户创造价值。所以说,酒店也需要利用价值形式,对其经营活动进行综合性管理,即财务管理。

一、酒店财务管理的目标与原则

(一)酒店财务管理的目标

酒店财务管理目标是指酒店财务管理所要达到的最终目的。酒店财务管理目标制约着酒店财务运作的基本特征和发展方向,不同的财务管理目标,会产生不同的财务管理运作机制。科学的财务管理目标有助于酒店日常理财的规范化,有助于科学理财观念的树立,有助于提高酒店的理财效率,增加酒店的可持续盈利能力。根据国内外的财务管理的理论和实践,酒店财务管理的目标主要有以下三种观点。

1. 以利润最大化为目标

该种观点认为:企业是以盈利为目的的经济组织,因此财务管理的目标是实现企业利润的最大化。对酒店而言,利润代表了现代酒店新创造的财富,利润越多则酒店增加的财富越多,越接近酒店的目标。以利润最大化为酒店的理财目标有其合理的一面。酒店追求利润最大化,就必须加强管理,提高服务质量,降低成本。但是将这一目标绝对化就会出现许多问题,主要表现在以下4个方面。

1) 没有考虑酒店所获得的利润与投入资本的关系

例如,甲方案获得 100 万元的利润,投入 1000 万元;乙方案获得 80 万元的利润,投入 700 万元。如果仅仅从利润最大化这一目标来考虑就会选择甲方案,而忽略乙方案的投资报酬率要高于甲方案。

2) 没有考虑货币的时间价值

利润最大化往往没有考虑企业利润获取的时间分布,容易造成管理决策者在投资上选择具有最高投资报酬率的投资项目,而忽视这些投资报酬将在何时使企业收益。

【例 1-1】 假设 A 酒店面临着甲、乙两个投资项目需作出选择。两个项目的投资额相等,预期报酬和时间分布如表 1-1 所示。

表 1-1　甲、乙项目预期报酬和时间分布　　　　　　　　　　单位:元

投资年限	甲项目预期报酬	乙项目预期报酬
第一年	0	700000
第二年	200000	500000
第三年	400000	300000
第四年	600000	200000
第五年	800000	100000
合　计	2000000	1800000

如果单纯从利润最大化的角度考虑,酒店应选择甲投资项目,因为其总预期报酬比乙投资项目总预期报酬高出 200000 元。但如果考虑这两个投资项目在报酬上的时间分布,再假设投资报酬率为 10%,由于乙投资项目获利较早,可用其获利部分再投资,赚取额外报酬,最终其投资报酬应大于甲投资项目。

3) 没有考虑酒店的可持续发展

酒店追求利润最大化很容易导致酒店在经营和管理上出现短期行为,促使酒店管理者以牺牲长期利益来换取短期利润的增加。例如,酒店将较多的资金用于产品促销而不是产品开发,在短期内实现利润最大化。又如,某些管理者为了多出利润美化自己任期内的业绩,采用少提或不提折旧,少摊或不摊各种费用损失,从而形成酒店短期内利润可观或虚盈实亏的局面。再如,酒店管理者常常会倾向于将那些能够在短期内获得高利润的投资项目作为投资的重点,而忽略那些虽然在短期内产生的利润不是很多,却能够为酒店带来长期稳定的利润的投资方案。

4) 没有考虑盈利能力和财务风险的关系

酒店的管理者把利润最大化作为财务管理目标,往往会忽略风险的因素。盈利能力和财务风险是财务管理的一大矛盾,最佳的理财策略要求在这两者之间达成一定的平衡。在投资项目中,风险小的投资项目一般给酒店带来的利润较少,而风险大的投资项目一般给酒店带来的利润较多。以利润最大化为财务管理的目标,容易导致酒店的管理者只关心利润额的多少,而忽略了为获得利润酒店需承担的风险。如果酒店置财务风险于不顾,片面追求利润最大化,很容易使酒店陷入财务危机之中,甚至可能导致破产。

可见,将利润最大化作为酒店财务管理的目标,存在一定的片面性,利润最大化不是酒店财务管理的最优目标。

2. 以股东财富最大化为目标

股东财富最大化是通过对酒店财务上的合理经营,为股东带来的财富达到最大。在股份制酒店企业中,股东的财富是由其所拥有的股票数量和股票市价所决定的。在股票的数量一定时,当股票的价格达到最高时,股东财富也达到最大。因此,股东财富最大化目标可以理解为最大限度地提高股票的价格。

以股东财富最大化为现代酒店财务管理的目标,与利润最大化目标相比,具有积极的方面:考虑了风险的因素。因为风险的高低,会对股票价格产生重要影响;一定程度上克服了短期行为。因为不仅目前的利润会影响股价,预期利润对企业股票价格也会产生重要影响;容易量化,便于考核和奖励。由于股票市场能及时反映股价的变化,使股东财富可以随时计算。

以股东财富最大化为目标同样存在一些缺点:非上市公司难以适用;只强调股东的利益,对其他利益相关者的利益重视不够;股票价格受多种因素影响,一些影响股票价格的因素不为酒店管理层所控制,而将不可控因素引入财务管理目标是不合理的。

3. 以企业价值最大化为目标

企业价值是指企业全部资产的市场价值,它是以一定期间企业所取得的报酬(用净现金流表示),按与取得该报酬相适应的风险报酬率作为贴现率计算现值来表示的。企业价值不是账面资产的总价值,而是企业全部资产的市场价值,它反映了企业潜在或预期的获利能力,考虑了货币的时间价值和风险问题。

企业价值最大化的具体内容包括:强调风险与报酬的均衡,将风险控制在企业可以承受的范围之内;以预期投资时间为起点的未来现金流量的折现来计算企业价值,培养长期的股东;重视企业职工的利益,以使收入长期稳定增长;重视与政府的关系,承担一定的社会责任,以获得政策资源优势。

企业价值最大化目标不仅综合考虑了风险与报酬的关系,还考虑到与所有者、债权人、职工和政府等利益相关者的利益协调,使各利益相关者都能从企业价值的增长中获得利益,从而使企业的价值最大化与社会财富的最大化相一致。因此,企业价值最大化的观点是现代酒店管理的最优目标。

(二)酒店财务管理的原则

1. 资金合理配置原则

所谓资金合理配置原则,就是通过对资金运动的组织和调节来保证各项资源具有最优的结构比例关系。从资金来源来说,合理配置自有资金与负债资金的比例关系,构建良好的资金结构,合理利用财务杠杆效应,是保证财务稳定性的重要前提;从资金占用来说,合理配置各类资产间的比例关系,保证资金运动的继起和各种形态资金占用的适度,是保证酒店整体服务质量的资源基础。

2. 收支积极平衡原则

所谓收支积极平衡原则,就是努力创造条件去实现经营过程中对资金收入和支出的正常需要。从收支平衡来讲,有积极的方式也有消极的方式,传统上的"量入为出"虽然稳妥,但比较消极;现代经济社会发展变化速度很快,机会也是稍纵即逝,要抓住有利时机满足经营扩张的需求,必须加入"量出为入"的积极收支平衡观,对一些关键性的生产经营支出要开辟财源予以支持,这种理财观是一种积极的、动态的收支平衡观,也是促使酒店或是酒店集团迅速发展壮大的一种理财原则。

3. 成本效益均衡原则

所谓成本效益均衡原则,就是要对酒店的经营活动的所费与所得进行相互联系的思考。离开效益去谈成本是无目标的,离开成本去谈效益也是缺乏基础的。成本效益原则要求酒店在成本一定的前提下取得尽可能大的效益,或在效益一定的前提下最大限度地降低成本。同时,要注意区分有效成本(有助于效益取得的成本)和无效成本(无助于效益取得的成本),对前者要想办法大力支持,对后者则要严格控制、尽可能避免。对酒店来说,要特别注意无形服务的特点对效益表现形式的影响,正确处理有形效益与无形效益、长期效益与短期效益的关系。

4. 收益风险均衡原则

所谓收益风险均衡原则,就是要求酒店全面客观地认识财务决策具有两面性,从而做到决策中要趋利避害、控制风险、提高收益。这里的风险是指获得预期财务成果的不确定性。酒店要想获益,就不能回避风险,通常风险越大回报的收益越高,因此,酒店在财务决策与日常财务活动中,要将收益动机与风险意识结合起来,客观地进行评价和分析,以求在控制财务风险的同时争取获得较多的收益。

5. 分级分权管理原则

所谓分级分权管理原则,就是按照管理物资与管理资金相结合、使用资金同管理资金相结合、管理责任与管理权限相结合的要求,合理安排酒店内部各部门管理上的权责关系。要在加强财务部门集中统一管理的同时,实行各职能部门的分工管理,从而调动各部门管理财务活动的积极性与主动性,为实现全员财务管理奠定制度基础。

从另一个角度来看,分级分权管理也体现了理财的全面性原则,即全员性理财、全过程理财、全环节理财,从而形成纵横交错的全面理财网络,使理财的责、权、利真正落到实处。

6. 利益关系协调原则

所谓利益关系协调原则,就是要求酒店在进行利益分配时,必须兼顾各方面的利益要求,尽可能做到公平合理地分配,使各方面的利益要求得到一定体现,为酒店更有效的经营活动创造良好的关系环境,有助于各利益主体更加关心支持酒店的经营活动。酒店经营活动的开展离不开各方面的支持与配合,各方面利益的协调最终就是财务关系的协调,酒店理财活动必须合理配置财务资源于各个方面,形成和谐共处的生态经营环境。

二、酒店财务管理的对象与内容

(一) 酒店财务管理的对象

财务管理的对象是现金(或者资金)的循环和周转,主要内容是筹资、投资和股利分配。

财务管理主要是资金管理,其对象是资金以及资金流转。资金流转的起点和终点是现金,其他的资产形式都是现金在流转中的转化形式,因此,财务管理的对象也可以说是现金及现金流转。

酒店的经营服务活动是离不开财务活动的。酒店的经营服务活动,一部分是劳动者借助劳动手段对劳动对象进行加工,生产出"物质产品",如餐饮菜肴;而大部分是表现为劳动者借助酒店设施直接向消费者提供无形的产品——服务。现代酒店是综合性组织,在组织中,客房是以提供服务为主的,属于服务型行业;餐饮菜肴制作类似于工业企业的生产加工;商品销售则属于商业企业的商品流通。

酒店的主要商品——客房,是一个综合性的概念。它不仅是指房间,而且包括房间内部的各种物质设施及劳动者所提供的劳务。客房资金周转依次经过购买、生产、销售三个阶段。购买阶段即酒店通过基本建设购买到符合要求的房间和物质设施,这时,现金通过基建过程转化成了客房。有了物质设施,还必须经过装饰布置、美化环境的"生产"过程,才能形成符合标准的客房商品。客房商品的"生产",不同于工业生产,它表现为劳动者借助客房设施直接向商务人士和旅游者提供无形的服务。客房商品的特点,决定了它的销售过程也不同于一般的商品销售,客房商品的交换不是一次完成的,而是采取出租的形式靠长期交换来实现其价值补偿。客房商品的销售,实质上,只是同一件商品的反复销售,不断出租使用价值,而没有出卖客房商品的所有权。

餐饮部门在业务经营过程中,执行生产、销售和服务三种职能,即一方面从事菜肴和食品的烹制,一方面又将烹制品直接供应给消费者,在供应过程中,需为消费者提供消费场所、用具和服务活动。这三种职能紧密相连,几乎可以说是同时进行的。

由此我们可以了解,在筹资新建一个酒店时,现金变为非现金资产;在经营过程中,追加的现金再变为非现金资产,非现金资产又变为现金,这种周而复始的流转过程成为现金流转。这种流转不断循环,又称为现金的循环或资金循环。酒店中的现金循环是现金变为非现金资产,然后又回到现金,所需要时间不超过一年的流转途径。短期循环中的资产为流动资产,包括现金本身和酒店正常经营周期内可以完全转变为现金的存货、应收账款、短期投资及某些待摊和预付费用等。现金的长期循环是现金变为非现金资产,然后又回到现金,所需要时间在一年以上的流转途径。长期循环中的非现金资产是长期资产,包括长期投资、固定资产、递延资产等。由于酒店行业是一个资金密集型行业,酒店业现金长期循环周期较长,酒店的投资回收周期需要数年乃至于十几年的时间。长期资产中的房屋建筑物的成本往往需要更长的时间才能补偿。这里需要强调的是,长期循环有两个特点:第一,折旧是现金的一种来源。利润是根据收入减去全部费用计算的,而现金余额是收入减去全部现金支出计算的;折旧不是本期的现金支出,却是本期的费用。因此,每期的现金增加是利润和折旧之和。利润会使酒店现金增加,折旧在使现金增加的同时还使固定资产的价值减少。第二,长期循环和短期循环是紧密联系的。现金是长期循环和短期循环的共同起点,在换取非现金资产时分开,分别转化为各种长期资产和短期资产,共同形成酒店的客房、菜肴等商品,经出售后同步转化为现金,再开始下轮循环。现金流转的理想状态是保持平衡,而在酒店的实际工作中,现金流转往往是不平衡的,不但亏损酒店现金流转不平衡,就是盈利酒店的现金流转也往往不平衡。盈利酒店可能由于抽出过多现金而发生临时周转困难,如付出股利、偿还贷款、更新设备等。不过,盈利酒店如果不进行大规模扩充,通常不会发生严重的财务困难。任何想要迅速扩大经营规模的酒店都会遇到相当严重的现金短缺情况。

(二)酒店财务管理的内容

现代酒店的目标是企业价值最大化。企业价值最大化的途径是提高资本报酬率和减少风险。而酒店资本的报酬率的高低和风险大小又取决于投资项目、资本结构和股利分配政策。因此,财务管理主要是资金管理,财务管理的主要内容是投资决策、融资决策和股利决策三项。

1. 投资决策

投资是以收回现金并取得收益为目的而发生的现金流出。投资决策应侧重以下几个方面:

(1)考虑投资规模,评估在何种投资规模下酒店的经济效益最佳。

(2)选择合理的投资方向、投资方式和投资工具。

(3)确定合理的投资结构,提高投资效益,降低投资成本和风险。

酒店的投资决策,按不同的标准可以分为以下几类:

(1)直接投资与间接投资。直接投资也称为生产性投资,是将资金直接投放于酒店的经营性资产,以便获取利润的投资,如兴建酒店、购置设备、存货等。间接投资又称为金融性资产投资、证券投资,包括政府债券、企业债券、股票等的投资。

（2）长期投资和短期投资。长期投资是指在一年或一个营业周期以上才能收回的投资，主要是对固定资产及无形资产的投资。有时长期投资也称为固定资产投资。短期投资是指可以在一年或者一个营业周期以内收回的投资，主要包括应收账款、存货、短期有价证券的投资，短期投资亦称为流动资产投资。

2. 融资决策

融资是指融通资金，如发行股票、企业债券、取得借款、赊购、租赁等。融资决策，应侧重以下几个方面：

（1）根据投资需要，确定融资总规模。

（2）选择合理的融资渠道、融资方式、融资工具。

（3）在保证数量和时间的前提下，合理确定融资结构，以降低融资成本与风险。

可供酒店选择的资金来源的渠道，按不同的标准分为：

（1）权益资金与借入资金。权益资金是指酒店股东提供的资金。它不需要归还，筹资的风险小，但其期望的报酬率较高。借入资金是指债权人提供的资金。它要按期归还，有一定的风险，但其要求的回报率比权益资金低。

（2）长期资金和短期资金。长期资金是指酒店长期使用的资金，包括权益资金和长期负债。习惯上把一年以上、五年以内的借款称为中期资金，而把五年以上的资金称为长期资金，短期资金是指一年内要归还的资金。由于长短期资金的融资速度、成本、风险等影响不同，酒店融资决策中要解决的一个重要问题就是如何安排长期和短期融资的相对比重。

（3）内部筹资和外部筹资。酒店应在充分利用内部资金来源后，再考虑外部筹资的问题。内部筹资是指在酒店内部通过计提折旧而形成的以及通过留用利润等而增加的现金来源。其中计提折旧并不增加酒店的资金规模，只是资金的形态转化，为酒店增加现金来源；其数量的多寡由酒店折旧资产规模和折旧政策决定。留用利润增加酒店的资金总量，其数量由酒店可分配利润和利润分配政策（或股利政策）决定。内部筹资是在酒店内部"自然地"形成的，它一般不需要花费筹资费用。外部筹资是指在酒店内部筹资不能满足需要时，向酒店外部筹集形成的资金来源。刚刚开业的酒店内部筹资的能力很有限；即使处于成长阶段的酒店，内部筹资往往也难以满足需要。因此，酒店就要广泛开展外部筹资。外部筹资通常需要花费筹资费用，如发行股票、债券需支付发行成本，取得借款需支付一定的手续费等。

3. 股利分配

股利分配是指在公司赚得的利润中,有多少作为股利发放给股东,有多少留在公司作为再投资使用。

过高的股利支付率,影响酒店的再投资能力,会使未来收益减少,造成股价下跌;过低的股利支付率,可能引起股东不满,股价也会下跌。股利决策的制定受多种因素的影响,包括税务、未来投资机会、资金来源成本及股东对未来收益的偏好等。因此酒店应根据自己的具体情况确定最佳的股利政策。

三、酒店财务管理的理念与工具

(一)酒店财务管理的理念

在新的知识经济时代,酒店财务总监必须及时进行知识更新,树立一套与不断变化的财务管理环境相适应的财务管理理念。新的财务管理理念主要包括:

1. 竞争观念

"物竞天择,适者生存",竞争为现代酒店财务管理带来了活力,创造了机会,但也形成种种威胁。在激烈竞争的市场经济环境中,国际上大型的跨国公司的生命大约为40~50年,欧洲和日本的公司平均寿命不到13年,我国私营企业的平均寿命竟然不到4.5年。每一位财务主管必须树立强烈的竞争意识。加入WTO以来,我国酒店业已经不仅面对国内市场竞争,而且直接面对国际市场竞争者的挑战。现代酒店财务主管应该具备应对这种冲击的充分准备,强化财务管理在资金的筹集、投放、运营及收益分配中的决策作用,并在竞争中不断增强承受和消化冲击的能力,使酒店在激烈的市场竞争中站稳脚跟并力求脱颖而出。

2. 经济效益观念

市场经济本质上是一种损益经济。酒店作为一个自主经营、自负盈亏的经济实体,利润最大化和股东价值最大化在市场经济体制下开始成为企业发展的追求目标。所以财务主管在工作过程中必须牢固树立经济效益观念。在筹资、投资以及资金的运营上都要讲究"投入产出比",提高资金的使用效率,降低资本成本。在日常财务管理过程中,从开源与节流两个方面提高酒店的经济效益。

3. 货币时间价值观念

货币的时间价值,简单地讲就是今天的一元钱与明天的一元钱不相等。货币是有时间价值的,一定量的货币在不同的时点其价值量是不同的,二者之间的差额就是货币的时间价值。货币的时间价值是酒店筹资与投资决策的一个重要依据。酒店应当树立货币的时间价值观念,运用货币的时间价值的理论和方法,提高财务管理中预测与决策的水平。

4. 财务风险观念

一般而言,投资者趋向回避风险。但是由于风险投资可以得到额外报酬——风险报酬,因此很多酒店选择进行风险投资。酒店的财务管理工作几乎都是在有风险和不确定的情况下进行的。由于各种不确定性的因素以及一些突发性因素的影响,酒店的实际财务收益往往与预期财务收益产生较大差异,从而存在使酒店蒙受经济损失的可能。因此如何在风险与报酬之间进行决策,是财务主管面临的一大挑战。财务主管在进行财务决策时,应尽可能回避风险以减少损失,增加收益。当然风险与报酬同在,要想取得高报酬必须冒大的风险。

5. 财务公关观念

酒店财务主管及其下属只进行内部核算,"关门算账"是不够的。尤其是财务主管应具有一定的财务公关能力。对外,应加强与财政、税务、银行、物价以及上级业务主管部门的联系,以便得到他们的指导与支持。对内,应协调好财务管理与生产管理、营销管理、公共管理、人力资源管理的关系,以便得到他们的理解与配合。

6. 创造需求观念

创新的第一要求是与市场结合,这不仅味着适应市场,更重要的是"创造市场"。企业不打倒自己的产品就会被别人打倒。只有不断地自己打倒自己,才能在市场上永远不被打倒。酒店第一位的目标不是创造利润,而是创造顾客。要把顾客的投诉看成是黄金般的机会,如果圆满解决了一个顾客的投诉问题,他会帮助酒店挽回5个顾客,共同成为酒店的忠实顾客。只有创造出适合顾客需要的产品,酒店才能获得利润。同时,由于酒店业是高投资、高固定成本的行业,企业经济效益的增加主要来源于收入的增长,因此在经营管理过程中,必须树立创造需求、增加收入的财务理念。

7. 机会成本观念

谋取最大经济利益的机会是稍纵即逝的,关键是善于捕捉机会。在进行投资项目决策时,往往会出现这样一种情况:不同备选方案各自带来不同的收益,当选定一种方案而放弃其他方案时,其他方案所潜在的收益,便是机会成本。机会成本是影响财务决策的重要因素。

8. 边际分析观念

酒店每增加一单位产量所增加的收入或成本,在经济学中被称为边际收入或边际成本。边际分析重在控制酒店效益最优化的边界,大于或小于这一界限对酒店盈利都不利。在筹资时要研究边际资金成本,投资时要分析边际收益率,分配时要把边际收益与预期目标进行比较。边际分析观念无疑要贯穿财务管理的始终。

(二)酒店财务管理的工具

财务管理工具是指财务管理中所采用的各种技术和方法的总称。按照财务管理的过程和要求,财务管理工具应包括财务计划、财务控制和财务分析。其中,财务计划又以财务预测为基础。

1. 财务预测

财务预测是根据财务和活动的历史资料,考虑现实的要求和条件,对酒店未来的财务活动和财务成果作出科学的预计和测算。财务预测环节的作用在于,预测各个经营方案的经济效益,为决策提供可靠的依据;预计财务收支的发展变化情况,以确定经营目标;测定各项定额和标准,为编制计划、分解计划指标服务。财务预测环节是在一个财务管理循环的基础上进行的,运用已取得的规律性的认识指导未来。它既是两个管理循环的联结点,又是财务计划环节的必要前提。财务预测主要包括以下内容:

1)明确预测对象和目的

预测的对象和目的不同,资料的搜集、方法的选择、预测结果的表现方式等也有不同的要求。为了达到预期的效果,必须根据管理决策的需要,明确预测的具体对象和目的,如用降低成本、增加利润等来规定预测的范围。

2)搜集和整理资料

根据预测的对象和目的,要广泛搜集有关的资料,包括酒店内部和外部的资料、财务会计资料、计划与统计资料、本年度和以前年度资料等。对资料要检查其可靠性、完整性和典型性,排除偶然性因素的干扰;还应对各项目标进行归类、汇总、调整等加工处理,使资料符合预测的需要。

3)确定预测方法,利用预测模型进行测算

对经过加工整理的资料进行系统的分析研究,找出各种指标的影响因素及其相互关系;选择适当的数学模型表达这种关系;对资金、成本、利润的发展趋势和水平作出定量的描述,取得初步的预测结果。

4)确定最优值,提出最佳方案

对已提出的多种方案,进行科学的经济技术论证,作出有理有据的分析结论,确定预测的最优值,找出最佳方案,以便酒店领导作出决策。

2. 财务计划

财务计划是财务预测所确定的经营目标的系统化和具体化,又是控制财务收支活动、分析经营成果的依据。财务计划工作的本身就是运用科学的技术手段和数学方法,对目标进行综合平衡,制定主要计划指标,拟定增产节约措施,协调各项计划指标。它是落实酒店奋斗目标和保证措施的必要环节。酒店编制的财务计划主要包括筹资计划、固定资产增减和折旧计划、流动资产及其周转计划、成本费用计划、利润及利润分配计划、对外投资计划等,每项计划均由许多财务指标构成。财务计划指标是计划期各项财务活动的奋斗目标,为了实现这些目标,财务计划还必须列出保证计划完成的主要经营管理措施。

编制财务计划要做好以下几项工作:

1)分析主客观原因,全面安排计划指标

审视当年的经营情况,分析整个经营条件和目前的竞争形势等与所确定的经营目标有关的各种因素,按照酒店总体经济效益的原则,制定出主要的计划指标。

2)协调人力、物力、财力,落实增产节约措施

要合理安排人力、物力、财力,使之与经营目标的要求相适应;在财力平衡方面,要搞好资金运用与资金来源的平衡、财务支出与财务收入的平衡等。还要努力挖掘酒店内部潜力,从提高经济效益出发,对酒店各部门经营活动提出要求,制定好各部门的增产节约措施,制定和修订各项定额,以保证计划指标的落实。

3)编制计划表格,协调各项计划指标

以经营目标为核心,以平均先进定额为基础,计算酒店计划期内资金占用、成本、费用、利润等各项计划指标,编制出财务计划表,并检查、核对各项有关计划指标是否密切衔接、协调平衡。

3. 财务控制

为了保证计划的实现,必须对日常的各项财务活动进行有效的控制。财务控制是指在经营活动过程中,以计划任务和各项定额为依据,对资金的收入、支出、占用、耗费等进行日常计算和审核,以实现计划指标,提高经济效益。组织和控制酒店日常的财务活动,是实现财务目标的中心环节,主要应做好以下几项工作:

1)制定标准

按照责权利相结合的原则,将计划任务以标准或指标的形式分解落实到部门、班组以至个人,即通常所说的指标分解。财务指标如资金指标、成本费用指标和利润指标等,是酒店在某一个时期经营活动的综合反映,这些指标完成得如何,同酒店各部门、各环节的经营服务活动有着密切的联系。为了充分调动酒店各级、各部门完成财务指标的积极性,就要将财务指标进行分解,落实到有关部门、班组以至个人,并规定相应的职责权限,纳入各自的经济责任制,定期考核。酒店财务指标的分解和落实可以从两个方面来进行。一是由各职能部门分口管

理其业务范围内的指标,如客房部负责管理宾客用品消耗定额等指标,餐饮部负责食品、酒水成本率等指标,人事部负责管理工资总额等指标,工程部负责管理水、电、煤、气等消耗定额指标,采购供应部负责管理采购资金限额等指标,营销部和前厅部负责管理出租率、客房营业收入等指标,财务部门则对资金、成本费用、利润等指标进行综合管理。二是由各部门分级管理其经营范围内的指标,落实到班组、个人,如将餐饮部食品成本率指标下达给总厨师长,总厨师长分解后再落实到中厨房厨师长、西厨房厨师长等。通过计划指标的分解,可以把计划任务变成各部门和个人控制得住、实现得了的数量要求,在酒店形成一个"个人保班组、班组保部门、部门保全店"的经济指标体系,使计划指标的实现有群众基础。

2) 执行标准

对资金的支付、成本、费用的支出、物资的占用等,要运用各种手段进行事先的监督和控制。凡是符合标准的,就予以支持,并给以机动权限;凡是不符合标准的,则加以限制并研究处理。

3) 确定差异

按照"干什么,管什么,就算什么"的原则,详细记录指标执行情况,将实际同标准进行对比,确定差异的程度和性质。要经常预计财务指标的完成情况,考察可能出现的变动趋势,及时发出信号,揭露经营过程中发生的矛盾。

4) 消除差异

深入分析差异形成的原因,确定造成差异的责任归属,采取切实有效的措施,调整实际过程(或调整标准),消除差异,以便顺利实现计划指标。

5) 考核奖励

考核各项财务指标的执行结果,把财务指标的考核纳入各级岗位责任制,运用激励机制,实行奖优罚劣。

4. 财务分析

财务分析是以核算资料为主要依据,对酒店财务活动的过程和结果进行调查研究,评价计划完成情况,分析影响计划执行的因素,挖掘酒店内部的潜力,提出改进措施。借助于财务分析,可以掌握各项财务计划和财务指标的完成情况,检查党的方针政策和国家财政制度、法令的执行情况,并有利于改善财务预测、财务计划的工作,还可以总结经验,研究和掌握财务活动的规律性,不断改进财务工作。进行财务分析一般包括以下几个程序:

1) 进行对比,作出评价

对比分析是揭露矛盾、发现问题的基本方法。先进与落后、节约与浪费、成绩与缺点,只有通过对比分析才能辨别出来。财务分析要在充分占有资料的基础上,通过数量指标的对比来评价业绩,发现问题,找出差距,明确责任。

2) 因素分析,抓住关键

进行对比分析可以找出差距,揭露矛盾,但为了说明产生问题的原因,还需要进行因素分析。影响酒店财务活动的因素有很多,进行因素分析就是要查明影响财务指标完成的各种因素,并从各种因素的相互作用中找出影响财务指标完成的主要因素,以便分析责任、抓住关键。

3) 落实措施,改进工作

要在掌握大量资料的基础上,去伪存真,去粗取精,由此及彼,由表及里,找出各项财务活动同其他经济活动之间的本质联系,然后提出改进措施。提出的措施,应当明确具体、切实可行。采取措施时,应该确定责任人员,确定实现的期限。措施一经确定,就要组织各方面的力量认真贯彻执行。要通过改进措施的落实完善经营管理工作,推动财务管理发展到更高水平的循环。

四、酒店财务管理的组织与环境

(一) 酒店财务管理的组织

要搞好酒店财务管理,必须合理有效地组织财务管理工作。其主要内容包括:建立酒店财务管理制度,健全酒店财务管理机构。

1. 酒店财务管理制度

酒店财务管理制度是酒店在长期服务管理实践中的工作经验的归纳和提炼,是酒店组织财务活动、处理财务关系的规范和准则。

我国财务管理制度大体上可以分为三个层次,第一个层次是《企业财务通则》,这是我国整个企业财务制度中最基本的法则,是企业从事财务活动必须遵循的基本原则和规范。作为我国财务制度的第二个层次是行业财务制度,这是在《企业财务通则》的基础上,根据各行业的不同特点制定的适合行业内各企业的一般财务制度。财务部根据《企业财务通则》的要求,制定了《旅游、饮食服务企业财务制度》,并于1993年7月1日起执行。第三个层次是在行业财务制度的基础上,各企业分别制定适合本企业管理要求的财务管理规章制度,由此形成了一个完整的财务管理体系。

1) 酒店对外财务管理制度

(1) 酒店资本金制度。即酒店对资本金的筹集、管理和核算及其相关责任人的权、责、利等方面做出的规定。

(2) 固定资产折旧制度。即明确固定资产划分标准、计价方式,固定资产计提折旧的范围、计提年限和计提方法等。

(3) 成本开支范围制度。即明确规定旅游酒店成本的范围和计算方法,以及各项期间费用的开支范围和支出标准。

(4) 利润分配制度。即明确规定营业收入实现的确认标准、利润的构成、税后利润的分配顺序等。

2) 酒店对内财务管理制度

(1) 分级管理制度。财务部门要将流动资金占用指标分解到酒店的各个部门,实行分级管理制度。例如对酒店存货的管理,实行部门责任制,并定期进行核查,调动各个部门分级管理资金的积极性。

(2) 收支分级管理制度。将酒店总体经营指标分解到各个经营部门,与其实际经营开支和收入进行对比,客观反映各部门的经营成果,可借此进行部门绩效评估。

(3) 内部结算制度。酒店内各个经营部门会经常发生一些经济往来,对这些情况应当实行内部结算制度,理顺财务关系,加强经济核算,分清财务责任,这有助于正确核算各部门经营绩效。

(4) 内部奖惩制度。酒店应当根据相关原则,按照各部门、各岗位财务指标的完成状况,实施必要的奖励与惩罚,这有利于提高酒店的经营绩效。

2. 酒店财务管理机构

为了正确组织酒店的财务管理工作,提高酒店的管理水平,酒店应该设置财务管理的专职机构。财务管理机构的设置应考虑酒店规模、行业特点、行业类型等因素。财务管理机构的内部分工要明确,职权要到位,责任要清楚,要有利于提高财务管理效率。

一般来说,在小型酒店中,财务管理工作是作为会计工作的一部分来进行的,其工作重点是利用商业信用集资和回收酒店的应收账款,很少关心筹资和投资问题。因此,在小型酒店可以不单独设置财务管理组织,只需附属于会计部门。

在大中型酒店中,财务管理非常重要,财务管理的内容包括资本筹资、资本投资、股利分配等。所以,大中型酒店一般应单独设立财务管理机构,负责酒店的财务管理工作。

酒店财务工作的主要负责人是财务总监,或财务副总经理,他直接向总经理报告。在财务总监之下,有财务部经理和会计部经理两位主要管理者。财务部经理负责资本的筹集、使用和股利分配,会计部经理负责会计和税务方面的工作。

由于财务管理工作同会计工作都是综合性的经济管理工作,会计所进行的核算,主要是酒店资金运动的核算,即主要是财务活动的核算,因而它与财务管理有着广泛的、密切的联系。会计核算的内容、要求、提供的指标,在很大程度上是由财务管理决定的,财务管理任务的实现,需要会计的紧密配合,而且许多日常的具体管理工作,是同会计工作结合起来进行的,所以,大多数酒店都是把二者合并在一起,设置一个财务会计机构来统一办理财务会计工作。

酒店财务机构内部一般分为以下几个部门:

1) 收银部

收银部的职责是:

(1) 负责入住客人的消费结算。

(2) 负责餐厅、酒吧、舞厅、商场等营业点客人的消费结算。

(3) 结清每天、每班的票据、款项和账单,并编制相应的营业报告。

有的酒店将收银部分为前台收银和餐厅收银两个部分。

2) 总出纳

总出纳的职责是:

(1) 负责酒店所有收银点的现金收入和转账票据的收集、整理、点核以及送存银行或到银行办理托收等事宜。

(2) 负责支付酒店各部门报销账款的现金以及签发各种付款支票。

(3) 负责与银行和外汇管理部门联系,办理有关结算事项,处理有关结算问题,并负责账户的收支管理。

(4) 负责准备各项备用金并监督、管理备用金的使用情况。

3) 稽核部

稽核部的职责是:

(1) 负责审核各收银点及各有关部门交来的营业收入原始单据、报表等资料,如发现错误应及时纠正处理,以确保酒店每一笔收入都正确无误。

(2) 负责整理、分类、汇总酒店全部营业收入账单,编制营业日报、营业月报。

(3) 负责分析和统计各种营业收入并及时向酒店的高级管理人员和有关部门提供准确的经营信息。

(4) 负责保管各部门、各班次的营业报告及其附件、原始单据。

稽核部一般分为夜间稽核和日间稽核。

4) 信贷收账部

信贷收账部的职责是:

(1) 参与制定酒店信贷政策。

(2) 负责调查将要给予信贷便利的单位和个人的资信情况及结算记录。

(3) 负责审核和记录各类应收账款。

(4) 负责催收和管理控制各类应收账款。

(5) 负责计算、审核各旅行社的佣金。

(6) 负责处理客户预付款。

(7) 负责各类坏账及走单的处理等。

5) 成本部

成本部的职责是：

(1) 负责核算和控制酒店各项营业支出，在保证酒店营业质量的前提下，努力降低成本，减少费用。

(2) 负责进货的检查、验收工作。

(3) 负责食品、酒水、日用品、冷库等仓库的管理控制工作。

6) 计薪部

计薪部的职责是：

(1) 负责计算和发放员工的各种薪金、津贴。

(2) 根据人事部门的通知，负责随时计发离职人员的薪金。

(3) 负责员工薪金的分配入账工作。

(4) 根据上级和政府部门的要求，负责编制并上报有关工资方面的报表或报告，为酒店管理当局和政府部门提供有关资料数据。

7) 应付账款部

应付账款部的职责是：

(1) 负责除薪金之外的所有支出的审核、计算和记账。

(2) 负责保管应付账所有账册、记录和原始单据。

(3) 负责为符合付款条件的供应商办理有关支付手续以及与供应商定期对账等工作。

8) 总账部

总账部的职责是：

(1) 负责审核所有记账凭证及所附的原始单据，保证计入账册的数据真实、完整、正确、合法。

(2) 负责核算总分类账户，检查各明细分类账，编制各种会计报表、财务状况说明书及财务预算。

(3) 负责分析、研究每期的财务状况并作出经营预测报告。

(4) 负责整理和保管会计档案。

9) 计算机部

计算机部的职责是：

(1) 负责酒店计算机系统及收银设备的日常维修和保养工作，保证计算机主机、各终端机以及收银机的正常工作。

(2)负责编制、修改会计计算机程序以及数据输入处理工作。

(3)协助会计部门各处室编制和打印各种报表和报告。

(4)培训和辅导计算机使用人员。

(5)起草、制定有关计算机操作规程及清楚计算机病毒。

上述各职能部门,虽然在各酒店中具体设置和划分不尽相同,却都是财会部门不可缺少的组成部分。从内部控制的角度看,下述两点需要特别注意:

第一,收银员归属财会部门管辖,即在财会部门里设置收银部负责各营业部门的收银工作,而不由营业部门自主管辖。这样做有利于收银工作与营业部门的分离,以形成相互监督、相互制约的机制,便于防止和堵塞营业中的漏洞,及时发现和揭露错弊。

第二,有些酒店为更有效地对财会工作进行组织和控制,把酒店的财会组织分成两大部分:财务部和会计部。前者负责资金筹集、使用、保管以及资金预算的编制和控制。后者负责账务核算、报表编制和分析评价,以及会计档案资料的保管。具体地说,财务部管收银部、总出纳、信贷收账部等;会计部管稽核部、计薪部、成本部、应付账款部、总账部、计算机部等。其组织关系如图 1-1 所示。

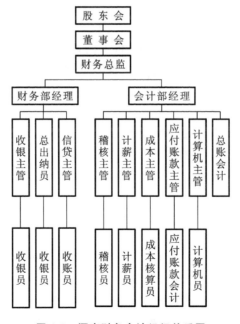

图 1-1 酒店财务会计组织关系图

(二) 酒店财务管理的环境

财务环境又称为理财环境,是指对酒店财务活动产生影响作用的企业外部条件或影响因素。它们是酒店财务决策难以改变的外部约束条件,酒店的管理者和专业理财人员只有善于研究理财环境,科学地预测环境的变化,适应它们的要求和变化,才能做出有效的财务计划和战略决策。财务管理的外部环境涉及的范围很广,其中最主要的是法律环境、经济环境和金融市场环境。

1. 法律环境

市场经济的重要特征是以法律规范和市场规则为特征的制度经济。法律为酒店经济活动规定了活动空间,也为酒店在相应空间内自由经营提供了法律上的保护。财务管理的法律环境是指酒店与外部发生经济关系时所应遵守的各种法律、法规和规章。

1) 企业组织法规

根据法律规定,我国酒店的组织形式主要有根据《公司法》设立的股份有限公司、有限责任公司和国有独资公司,根据《中外合资企业法》设立的中外合资公司等。

《公司法》是企业财务管理最重要的强制性规范,公司的理财活动不能违反《公司法》,公司的自主权更不能超出该法律的限制。我国《公司法》不仅对企业的设立条件、设立程序、组织机构、组织变革和终止的条件和程序等都作了规定,包括股东人数、法定资本的最低限额、资本的筹集方式等,而且对企业的生产经营的主要方面也作出了规定,包括股票的发行和交易、债券的发行和转让、利润的分配等。

2) 税务法规

我国税法主要分为三类:所得税的法规、流转税的法规、其他地方法的法规。任何酒店都有纳税的义务,而从企业角度出发,税务是一种费用,是酒店的一项现金流出。酒店都希望在不违反税法的前提下,减少税务负担。因此,税务人员需要精通法律。

3) 财务法规

财务法规主要是指《会计法》、《企业财务通则》、《企业会计准则》和分行业的财务制度。2000年7月1日起我国开始执行修改后的《会计法》。1994年7月1日执行经国务院批准由财政部发布的《企业财务通则》。1993年7月1日开始执行财政部发布的《旅游、饮食服务企业财务制度》。

除了上述法规外,与酒店财务管理有关的其他经济法规还有很多,如《合同法》、《金融法》、《票据法》、《证券法》等。

2. 经济环境

财务管理的经济环境是指对酒店财务管理有重要影响的一系列经济因素，一般包括经济体制、经济政策、经济周期和通货膨胀等。

1) 经济体制

在市场经济体制下，酒店成为"自主经营，自负盈亏"的经济实体，有独立的经营权，同时也有独立的理财权。酒店可以从自身需要出发，合理确定资本需要量，然后到市场上筹集资本，再把筹集到的资本投放到高效益的项目上获取更大的收益，然后将收益根据需要和可能进行分配。因此，财务管理的内容丰富，方法也复杂多样。

2) 经济政策

经济政策是国家进行宏观经济调控的重要手段。国家的产业政策、金融政策、财税政策对酒店的筹资活动、投资活动和分配活动都会产生重要影响。例如，金融政策中的货币发行量、信贷规模会影响酒店的资本结构和投资项目的选择等；价格政策会影响资本的投向、投资回收期及预期收益。因此，财务管理人员应当深刻领会国家的经济政策，研究经济政策的调整对财务管理活动可能造成的影响。

3) 经济周期

经济周期的波动对财务管理有着非常重要的影响。在经济的不同发展时期，酒店的生产规模、销售能力、获利能力以及由此而产生的资本需求都会产生重大差异。例如，在经济萧条阶段，投资锐减。在繁荣阶段，市场需求旺盛，销售大幅度上升，酒店为扩大生产，就要增加投资，以增添机器设备、存货和劳动力，这就要求财务人员迅速地筹集所需资本。总之，面对经济的周期性波动，财务人员必须预测经济变化情况，适当及时地调整财务政策。

4) 通货膨胀

一般认为，在产品和服务质量没有明显改善的情况下，价格的持续提高就是通货膨胀。通货膨胀不仅对消费者不利，对酒店财务活动的影响更为严重。因为大规模的通货膨胀会引起资本占用的迅速增加；通货膨胀会引起利率上升，增加酒店的筹资成本；通货膨胀时期有价证券价格的不断下降，亦给筹资带来较大的困难；通货膨胀会引起利润的虚增，造成酒店的资本流失等。

3. 金融市场环境

金融市场是指资本融通的场所。广义的金融市场，是指一切资本流动的场所，包括实物资本和货币资本的流动，如货币借贷、票据承兑和贴现、有价证券的买卖、外汇买卖等。狭义的金融市场一般是指有价证券市场，即股票和债券的发行和买卖市场。

1) 金融市场的分类

金融市场从不同的角度进行分类,可以分为以下几种:

(1) 按交易的期限划分为短期资本市场和长期资本市场。短期资本市场是指期限不超过一年的资金交易市场,因为短期有价证券易于变成货币或作为货币使用,所以也叫货币市场;长期资本市场是指期限在一年以上的股票和债券交易市场,因为发行股票和债券主要用于固定资产等资本货物的购置,所以也叫资本市场。

(2) 按交割的时间划分为现货市场和期货市场。现货市场是指买卖双方成交以后,当场或几天内买方付款、卖方交出证券的交易市场;期货市场是指买卖双方成交以后,在双方约定的未来某一特定的时日才交割的交易市场。

(3) 按交易的性质分为发行市场和流通市场。发行市场是指从事新证券和股票等金融工具买卖的转让市场,也叫初级市场或一级市场;流通市场是指从事已上市的旧证券或票据等金融工具买卖的转让市场,也叫次级市场或二级市场。

(4) 按交易的直接对象分为同业拆借市场、国债市场、企业债券市场、股票市场、金融期货市场等。

2) 金融机构

我国金融机构按其地位和功能大致可分为:代表政府管理全国的金融机构和金融活动的中国人民银行;由政府设立,以贯彻国家产业政策、区域发展政策为目的,不以营利为目的的政策性银行,包括国家开发银行、中国发展银行及中国进出口银行;以经营存款、放款,办理转账结算为主要业务,以营利为主要经营目标的商业银行;非银行金融机构,包括保险公司、城市和农村信用合作社、信托投资公司、证券交易所、证券公司、投资基金管理公司、财务公司、金融租赁公司等。

3) 金融性资产的特点

金融性资产是指现金和有价证券等可以进入金融市场交易的资产。它具有以下属性:

(1) 流动性。流动性是指金融性资产能够在短期内不受损失地转变为现金的属性。流动性高的金融性资产具有容易兑现和市场价格波动较小的特征。

(2) 收益性。收益性是指金融性资产获取收益的能力的属性。

(3) 风险性。风险性是指金融性资产不能恢复其原投资价格的可能性。金融性资产的风险主要有违约风险和市场风险。违约风险是证券的发行主体破产而导致的永远不可能偿还的风险;市场风险是指由于投资的金融性资产的市场价格波动而产生的风险。

上述三种属性的关系是,资产的流动性与资产的收益性成反向变动,收益性与风险性相均衡,即流动性越强的资产,风险越小,其收益就越低,反之亦然。

酒店的财务管理与其环境是相互依存、相互制约的。一方面,财务管理环境决定酒店的财务管理,不同的财务管理环境有不同的财务管理目标、手段和效率,从而要求有不同财务管理活动;另一方面,酒店财务管理对环境又具有反作用,甚至在一定条件下,财务管理有能力改变其环境,特别是改变微观环境。

正确认识财务管理与环境的关系具有重要意义。适者生存、优胜劣汰是商品经济竞争中的基本规律。这一规律要求酒店财务管理必须主动面对纷繁复杂的财务管理环境,研究财务管理环境变化的规律性,通过制定和选择富有弹性的财务管理战略和政策,抓住各种有利机会,抵御环境变化可能对财务活动造成的不利影响。同时,还要求财务管理要尊重客观环境的存在,发挥主观能动性,扎扎实实做好财务管理工作,要用科学的方法改变环境。

第三节 酒店财务管理的基本概念

一、货币时间价值及其计算

(一) 货币时间价值的认知

1. 货币时间价值的表现

等量货币在不同时间具有不同的价值,简单地讲就是今天的一元钱与明天的一元钱不相等。这就是现实经济生活中人们所注意到的货币时间价值现象。

2. 货币时间价值的实质

货币时间价值的实质是资金在生产经营和流通领域里周转使用而产生的价值增加额。随着人们对经济认识的加深,在现实经济生活中,货币资金的持有者不会将暂时不用的资金闲置,而总是设法将这部分闲置资金以他自己认为最合适稳妥的方式利用起来。如:存入银行,或赎买国债,或购买股票,或投资实业等,以获得利息、利润等投资收益。

这部分社会闲置资金(对等的稀缺资源)通过企业进入生产领域或流通领域,通过企业对资金周转使用创造了财富,带来了价值的增值。所以货币时间价值的本质是货币资金(对等的稀缺资源)在生产经营和流通领域里周转使用而产生的价值增加额。例如,某批发商用2000元从旅游商品批发市场购入2000元旅游商品在异地通过零售卖出获得2400元,然后再用其中的2000元去批发购入旅游商品进行零售……依此不断循环。在每一次资金循环中多出的400元既有其个人的人工费等,也有一定的货币增值。当然,如果这2000元闲置不用,放在箱子里,则绝对不可能产生增值。

(二) 货币时间价值的衡量

前述批发商每一次的资金循环中多出的 400 元钱,其中有多少是属于资金的增加值呢？也就是说有多少是货币的时间价值呢？从理论上讲,在没有风险和通货膨胀条件下,货币时间价值应不低于社会平均资金利润率。

在激烈的市场竞争中,在价值规律的作用下,各行各业的投资利润率最终将趋于平均化。每个企业在进行具体投资时,至少要取得社会平均的利润率,否则就不会投资于这个项目。因此,货币时间价值就成为企业投资评价与选择的最基本标准。例如,1000 万元投资旅游产品生产,如果实际投资利润率是 8%,则 1000 万元实现利润 80 万元,如果同期社会平均利润率为 9%,那还不如存入银行(理论上银行同期存款利率不低于社会平均利润率)。因此,如果前述旅游产品批发商同期社会平均利润率是 10%,那么在其多出的 400 元钱中应有 200 元左右为增值额,即货币时间价值。

(三) 货币时间价值的意义

年初存入 100 元钱,在存款年利率为 5% 的条件下,经过一年时间后变为 105 元钱。这一简单实例揭示了货币的时间价值,它说明现在等量的钱比未来等量的钱更值钱。由于客观存在着货币时间价值,所以在不同时间段的收入与成本费用,是不可任意加减的。例如,酒店现在对一项目进行投资 10 万元,3 年后收回本金利息共 11 万元,是否可得出赚了 1 万元的结论？结论是不一定。因为最初的 10 万元经过 3 年时间的周转,将带来一定量的价值增加额。在年平均利润率为 8% 的情况下,3 年后 10 万元可变为 12.4 万元,带来 2.4 万元的价值增加额。可见,不同时间段的货币不可直接进行大小的比较和比率的计算。

货币时间价值是任何酒店进行财务决策时必须遵循的基本原则。从财务学角度看,考虑时间价值,就是在财务运作中考虑价值管理。

除此以外,考虑风险对现金流量的影响也构成财务现金流量的特点。酒店会计中的现金流量通常是事后计算,具有较高的确定性,而财务现金流量则是事前预测,是不确定的,含有较大风险,因此在进行时将充分考虑各种风险对财务现金流量的影响。

(四) 货币时间价值的计算

1. 相关概念

1) 现金

现金概念有狭义和广义之分。狭义的现金是指酒店的库存现金,包括人民币现金和外币现金;广义的现金则是指酒店的库存现金、银行存款和其他符合现金定义的票证,如银行汇票存款、银行本票存款等。这里所指的现金是广义现金。现金是酒店一种流动性最强的货币性资产。

2) 现值

现值表示资金发生在某一时间序列起点时的价值,可用符号 P 表示。例如酒店以 1000 万元对一工程进行投资,在未来期间预计可获较丰厚的回报,这 1000 万元就是现值。在现金流量图上它位于 0 这个点上,见图 1-2:

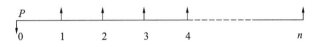

图 1-2 现值概念图示

在图 1-2 中,横轴表示一个从零开始到第四年的时间序列,轴上每一刻度表示一个时间单位,通常以年表示。零点表示时间序列的起点,即第一年年初的时间点,1~4 既表示是该年年末的时间点,又表示是下一年年初的时间点。横轴上方的箭头表示每年流入的现金量,横轴下面的箭头表示每年流出的现金量。现值就是在 0 这一时间点上的价值,酒店以后每年可获得收益,在图上就表示为每年度箭头往上的现金流入。

3) 终值

表示资金发生在某一时间序列终点时的价值,故又称将来值,用符号 S 表示。例如,某人购买 10000 元基金,每年收益为 4%,4 年期,4 年后他所得到的 11600 元即为终值。在以下现金流量图上终值位于 4 这个点上,见图 1-3:

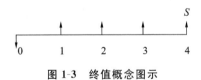

图 1-3 终值概念图示

图 1-3 中,在 4 这个时间点上所获得的报酬即为终值,它需要资金在 0 这个时间点上投入,经过一段时间后方可获得终值。购买 10000 元基金,用图表示即为在 0 这个时间点上投入,第 4 年末就是 4 这个时间点,在 4 这个时间点获得 11600 元。

4) 年金

年金表示在某一时间序列内每次等额收付的金额,符号为 A。年金具有等额性、定期性、系列性的特点。例如,日常生活中常见的每月末偿还 2000 元住房贷款;又如,张某每年 5 月底前向保险公司支付保险费 5000 元,一直持续 15 年等。现实经济生活中,通常采用年金形式的有工资、折旧费、租金、利息、保险金、养老金零存整取或每年等额收回的投资款项等。在现金流量图上年金位于每个时间点上,见图1-4:

图1-4 年金概念图示

图1-4中,在每个时间点上获得的现金流入或现金流出都是等额的,且中间相隔时间也相同。如每年5月支付保险费就是每个时间点上流出的年金A。

现值、终值及年金的计算都涉及利息计算方式的选择,也就是采用单利或是复利计算的问题。

2. 单利的计算

所谓单利,就是每期都按初始本金计算利息,即使当期未支付利息而延期合并支付,利息也不转入本金一起计息。其计算公式:

$$I = P \times i \times t$$

式中:I——到期利息;

P——初始本金,也称现值;

i——利率,通常以%表示年利率,用‰表示月利率;

t——时间,通常以年为单位。

1) 单利终值计算

某人年初以P元存入银行,存款利率为i,当t年期满时的初始本金及各年的利息之和,就是单利终值。单利终值的计算公式为:

$$S = P + I$$
$$S = P + P \times i \times t = P \times (1 + i \times t)$$

【例1-2】 千禧酒店年初存入银行10000元,年利率为5%,5年期,到期的终值为多少?

$$S = P \times (1 + i \times t) = 10000 \times (1 + 5\% \times 5) = 12500(元)$$

【例1-3】 万达酒店销售产品收到对方开来的一张4个月的带息商业承兑汇票,票面金额为100000元,票面利率为8‰。该票据的到期值为多少?

根据题意,到期值即为终值:

$$S = P \times (1 + i \times t) = 100000 \times (1 + 8‰ \times 4) = 103200(元)$$

2) 单利现值计算

根据期末本利和(终值)倒求出期初的本金称为现值。在现实生活中,经常会出现根据终值确定其现行价值。例如【例1-3】,企业持票1个月后急需资金,便可持票到银行兑现。因是提前3个月使用票据的资金,银行将按一定的利率从票据的终值中,扣除自借款日至票据到期日的应付利息,将余额付给持票人,票据归银行所有。这种票据贴现在经济生活中是一种经常发生的情况。单利现值的计算公式为:

$$P=S-I=S\times(1-i\times t)$$

式中:I——贴现利息;

i——贴现利率;

t——贴现期。

【例1-4】 循【例1-3】,一个月后该酒店因急于用款,向开户银行申请贴现,月贴现率为10‰,计算该酒店贴现后实收金额为多少?

$$P=103200\times(1-10‰\times 3)=100104(元)$$

根据票据贴现方法,银行首先计算票据到期值(终值),即103200元,再计算企业因提前3个月使用这笔资金银行应扣掉的贴现息3096元($103200\times 10‰\times 3$),最后将票据余额100104元($103200-3096$)支付给该酒店。

3. 复利的计算

现代财务管理的计算中一般用复利计算终值和现值。所谓复利方式,就是以当期本利和为计息基础计算下期利息,俗称"利滚利"。

1) 复利终值计算

已知现值P,在复利计息的前提下,年利率i,n年后本金与利息之和S即为复利终值。复利终值是本金以每年一定的利率来计算若干年后的本利和。由于复利是以上一年度的本利和作为下一年度的本金,因此可作如下推导:

第一年本利和:$S_1=P\times(1+i)$

第二年本利和:$S_2=P\times(1+i)\times(1+i)=P\times(1+i)^2$

第三年本利和:$S_3=P\times(1+i)^2\times(1+i)=P\times(1+i)^3$

……

第n年本利和:$S_n=P\times(1+i)^{n-1}\times(1+i)=P\times(1+i)^n$

所以按复利计算终值的公式为:

$$S=P\times(1+i)^n$$

公式中的$(1+i)^n$可称为复利终值系数,用符号$(S/P,i,n)$表示。例如,$(S/P,3\%,4)$表示利率为3%,4年期复利终值的系数。实际计算时可查一元复利终值表(见书后附录A)。在表中可直接查找n年期、i利率的复利终值系数,用本金P乘上该复利终值系数便可求出投资的最终值。

【例 1-5】 南丽湖酒店以 100 万元投资一项目,设年平均报酬率为 8%,10 年后酒店可收回的投资额与收益共多少?

$$S = 100 \times (S/P, 8\%, 10) = 100 \times 2.1589 = 215.89(万元)$$

10 年后企业收回的投资额与收益之和共为 215.89 万元。

上例中复利次数为一期一次,但是复利的计息期不一定总是以年为单位,有可能以半年、季、月为计息单位。当利息在一年内要复利几次时,已知的年利率为名义利率,而相当于一年复利一次的利率为实际利率。

若一期不止复利一次,而是复利 m 次,则复利终值为:

$$S = P \times [1 + (i \div m)]^{m \times n}$$

【例 1-6】 千岛湖酒店将闲置货币资金 20 万元存入银行,利率为 8%,计算一年复利一次和一季度复利一次的 3 年后的终值是多少?

一年复利一次,则:

$$S = P \times (S/P, i, n) = 20 \times (S/P, 8\%, 3) = 20 \times 1.2597 = 25.194(万元)$$

一季复利一次,则:

$$S = P \times (S/P, i/m, m \times n) = 20 \times (S/P, 2\%, 12) = 20 \times 1.2682 = 25.364(万元)$$

通过计算可以看出,复利次数越多,资金的终值越大。

2) 复利现值计算

复利现值是与复利终值相对应的另一个货币时间价值概念,它是指要将 n 年后的一笔资金 S,按利率 i(亦称折现率)折算成现在的价值。

已知未来终值 S、折现率 i 和期限 n 时,求 P。由复利终值公式推导:

$$S = P \times (1+i)^n$$

$$P = S \times \frac{1}{(1+i)^n} = S \times (1+i)^{-n}$$

公式中 $(1+i)^{-n}$ 为复利现值系数,用符号 $(P/S, i, n)$ 表示。例如,$(P/S, 3\%, 4)$ 表示利率为 3%、4 年期的复利现值系数。计算时可查一元复利现值表(见书后附录 B),其用法与一元复利终值表相同。复利现值概念是从现在的角度来分析未来收到或支付一笔固定款项相当于现在的多大价值,该概念在长期投资决策中应用十分广泛。

【例 1-7】 某人拟 5 年后购买一套价值为 50 万元的住宅,在投资回报率为 6% 时,现在他应投入多少钱?

$$P = 50 \times (P/S, 6\%, 5) = 50 \times 0.7473 = 37.365(万元)$$

现在应投入 37.365 万元方可在 5 年后得到 50 万购买价值 50 万元的住宅。

4. 年金的计算

年金是指在一个特定的时期内,每隔一段相同的时间(在连续若干期内),收入或支出相等金额的款项。所以,在制定资金决策时,年金又被叫做等年值。现实经济生活中,通常采用年金形式的有工资、折旧费、租金、利息、保险金、养老金零存整取或每年等额收回的投资款项等。年金收付的形式较多,这里主要对普通年金的终值和现值的计算进行说明,其他年金的计算皆可由此推导。年金按其收支的时间不同可分为普通年金、预付年金、递延年金和永续年金。其中普通年金和预付年金使用得比较广泛,也是学习的重点。

1) 普通年金的计算

普通年金也叫期末年金或后付年金,是指每期期末支出或收入的年金(其示意图见图1-5)。

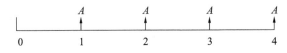

图 1-5 普通年金现金流量示意图

(1) 普通年金终值的计算。

普通年金终值是一定时期内每期期末收付款项的复利终值之和,它恰似零存整取的本利和。

如图1-6所示,普通年金终值:

$$S = A + A \times (1+i) + A \times (1+i)^2 + \cdots + A \times (1+i)^{n-1} = A \times \frac{(1+i)^n - 1}{i}$$

式中:S——年金终值;

A——每期的年金;

i——利率或折现率;

n——年金的计息期数。

公式中 $\frac{(1+i)^n - 1}{i}$ 为年金终值系数,用符号 $(S/A, i, n)$ 表示。计算时可查一元年金终值表(见书后附录C)。

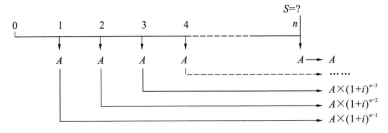

图 1-6 普通年金终值现金流量图示

【例 1-8】 假定每年年末定期存入银行 1000 元,年利率为 8%,经过 3 年,该年金终值为多少?

$$S = 1000 \times (S/A, 8\%, 3) = 1000 \times 3.2464 = 3246.4(元)$$

【例 1-9】 贵族游艇酒店计划在今后 6 年中,每年年终从留利中提取 5 万元存入银行,以备改造营业用房。目前银行存款利率为年息 7%,6 年后,该酒店改造营业用房的投资积蓄为多少?

$$S = 50000 \times (S/A, 7\%, 6) = 50000 \times 7.1533 = 357665(元)$$

偿债基金问题与年金终值问题相反,因此年金终值系数倒数叫偿债基金系数。

【例 1-10】 黄金海南大酒店拟在 5 年后还清 20 万元的债务,从现在起每年存入银行一笔款项,若银行存款复利利率为 10%,每年需要存入多少元?

由年金终值公式可知:

$$S = A \times (S/A, i, n)$$

$$A = S \div (S/A, i, n) = S \div (S/A, 10\%, 5) = 200000 \div 6.1051 = 32760(元)$$

即企业每年需要存入 32760 元,就可以在 5 年后还清债务。

(2) 普通年金现值的计算。

普通年金现值与普通年金终值的计算正相反,它是每期等额收付款项的复利现值之和。仿普通年金终值推导进行反向推导,即可得出普通年金现值公式:

$$P = A \times (1+i)^{-1} + A \times (1+i)^{-2} + \cdots + A \times (1+i)^{-n} = A \times \frac{1-(1+i)^{-n}}{i}$$

式中:P——年金现值;

A——每期的年金;

i——利率或折现率;

n——年金的计息期数。

公式中 $\frac{1-(1+i)^{-n}}{i}$ 为年金现值系数,用符号 $(P/A, i, n)$ 表示。计算时可查一元年金现值表(见书后附录 D)。

【例 1-11】 假设年利率为 8%,计算每年 1000 元的 3 年期普通年金现值为多少?

根据普通年金现值公式,可知:$P = A \times (P/A, 8\%, 3) = 1000 \times 2.5771 = 2577.1(元)$

【例 1-12】 泰德酒店 5 年前发行的一种期限 20 年,到期一次还本的债券,每张面值 1000 元,每年年末计付一次利息,票面利率为 7%,第 5 次利息刚刚支付。最近该酒店又按面值发行了一种与老债券风险相当的新债券,票面利率为8%。试计算老债券目前的市价应为多少?

因 $i=8\%, n=15, A=1000\times 7\%=70$

根据普通年金现值公式,可知:

$$P=70\times(P/A,8\%,15)+1000\times(P/S,8\%,15)$$
$$=70\times 8.5595+1000\times 0.3152=914.37(元)$$

老债券目前市价应为914.37元。

【例1-13】 三亚万豪酒店以10%的利率借得资金100万元,投资于某个合作期限为10年的项目,问该酒店每年至少要收回多少现金才是有利的?

根据普通年金现值公式,可知:$A=P\div(P/A,10\%,10)=100\div 6.1446=16.27(万元)$

即该企业每年需要至少收回16.27万元,才能归还贷款并有利可图。

2) 预付年金的计算

预付年金,也叫期初年金或即付年金,是指在每期期初时收入或支出的年金。它与普通年金的区别仅在于付款时间的不同,一个在每期期初付,一个在每期期末付。预付年金的现金流量如图1-7所示:

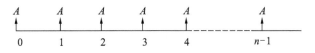

图1-7 预付年金现金流量图示

(1) 预付年金终值的计算。

图1-7表示,每期期初付出取得现金 A,在第 n 期末本利和共为多少。从图上可知,它与普通年金终值的区别仅在于每期期初支付。假如将0点的预付年金 A 转化为第0年的后付年金,则 n 年的预付年金即转化为 $n+1$ 年的普通年金,可按普通年金终值的方法进行计算。但在图1-7中,第 n 年末的现金 A 却是不存在的,因此在 n 年终值系数中应扣除1(因为第4年 A 的期末系数为1)。由此得到预付年金终值的计算公式:

$$S=A\times\left[\frac{(1+i)^{n+1}-1}{i}-1\right]$$

公式中的 $\left[\frac{(1+i)^{n+1}-1}{i}-1\right]$ 是预付年金终值系数,与普通年金终值系数 $\frac{(1+i)^n-1}{i}$ 相比,期数加1,系数减1,可记作 $[(S/A,i,n+1)-1]$,并可利用普通年金终值系数表查得 $(n+1)$ 期的值,减去1后得出预付年金终值系数。

【例 1-14】 三亚希尔顿酒店某员工计划每年年初付给保险公司 10000 元保险费,连续 10 年,假设保险公司回报率为 5%,此人在第 10 年年末可得多少款项?

根据预付年金终值计算公式:

$S = 10000 \times [(S/A, 5\%, 10+1) - 1] = 10000 \times (14.2068 - 1) = 132068(元)$

第 10 年末此人本利和共得 132068 元。

(2) 预付年金现值的计算。

从图 1-7 看,若要求 n 期预付年金现值,与 n 期普通年金现值的付款期相同,但由于付款时间不一样,因此可将 n 期预付年金现值视作少折现一年的 n 期普通年金现值。则预付年金现值的计算公式为:

$$P = A \left[\frac{1-(1+i)^{-(n-1)}}{i} + 1 \right]$$

公式中 $\left[\frac{1-(1+i)^{-(n-1)}}{i} + 1 \right]$ 是预付年金现值系数,它与普通年金现值系数 $\left[\frac{1-(1+i)^{-n}}{i} \right]$ 相比,期数要减 1,但系数要加 1,可记作 $[(P/A, i, n-1) + 1]$,并利用普通年金现值系数表查得 $(n-1)$ 期的值,加上 1 后得出预付年金现值系数。

【例 1-15】 三亚希尔顿酒店拟购置一处房产,房主提出,从现在起,每年年初支付 20 万元,连续支付 10 次,共 200 万元。假设该酒店的资金成本率(即最低报酬率)为 10%,该酒店相当于一次性付款的购价是多少?

根据预付年金现值计算公式:

$P = 20 \times [(P/A, 10\%, 10-1) + 1] = 20 \times (5.7590 + 1) = 135.18(万元)$

该酒店购置此处房产相当于一次付款的购价是 135.18 万元。

3) 递延年金的计算

递延年金,又叫延期年金,指距今若干期以后在每期期末收到或支付的年金。它是普通年金的一种特殊形式。

从图 1-8 可看出,前 2 期并没有发生收付,称为递延期。图中的第一次支付在第 3 期末发生,连续支付到第 6 期。

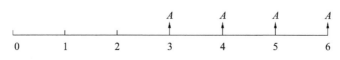

图 1-8 递延年金现金流量示意图

第一章 绪 论

递延年金的计算方法有两种:以图 1-8 为例,第一种是先将 $n-m$ 期(此图中 4 期)年金按普通年金求现值方法折算到递延期末 m(也就第 2 年期末)的现值,再按复利现值的计算方法将其再折算到 0 这一时间点。即:

$$P = A \times (P/A, i, n-m) \times (P/S, i, m)$$

第二种方法是将递延期的 2 年都虚加一个年金,使其成为一个普通年金,再减去实际并未支付的递延期 2 年的年金。如图 1-8,先将递延年金从 n 期(此图中为 6 期)按普通年金折现方法折算到 0 这个时间点,再减去实际并未支付的递延期 m(此图中为 2)的年金现值。即:

$$P = A \times (P/A, i, n) - A \times (P/A, i, m)$$

【例 1-16】 续【例 1-15】,三亚希尔顿酒店在购置房产时,房主提出了第二方案:从第五年开始,每年年初支付 25 万元,连续支付 10 次,共 250 万元。假设该公司的资金成本率为 10%,你认为该公司应选择哪个方案?

$$P = 25 \times [(P/A, 10\%, 10-4) + 1] \times (P/S, 10\%, 4)$$
$$= 25 \times 6.7590 \times 0.6830 = 115.41(万元)$$

因此,应选择方案二。

4) 永续年金的计算

永续年金,又叫无限期连续收款、付款的年金,所以没有终值,只计算现值。永续年金现金流量示意图见图 1-9。

图 1-9 永续年金现金流量示意图

同样,永续年金也是一种普通年金的特殊形式,通过普通年金现值的计算可推导出永续年金现值的计算公式:

$$P = A \times \left[\frac{1 - (1+i)^{-n}}{i} \right]$$

永续年金持续期是无限的,故当 $n \to \infty$ 时,$(1+i)^{-n}$ 的极限为 0,由此公式可简缩为:

$$P = \frac{A}{i}$$

【例 1-17】 艾美酒店拟设立一永久性的高质量服务奖,奖励当年为酒店发展作出特殊贡献的员工,计划每年颁发资金 2 万元,如银行利率为 5%,公司应于期初一次性存入多少钱?

根据公式:

$$P = \frac{A}{i} = \frac{2}{5\%} = 40(万元)$$

公司应于期初一次性投入 40 万元。

5. 小结

1) 各系数之间的关系(见表 1-2)

表 1-2 资金时间价值系数之间关系总结表

互为倒数关系	期数、系数变动关系
复利终值系数与复利现值系数 偿债基金系数与年金终值系数 资本回收系数与年金现值系数	预付年金终值系数与普通年金终值系数:期数＋1,系数－1 预付年金现值系数与普通年金现值系数:期数－1,系数＋1

2) 解决货币时间价值问题的步骤

(1) 完全了解问题;

(2) 判断这是一个现值问题还是一个终值问题;

(3) 画一条时间轴;

(4) 标示出代表时间的箭头,并标出现金流;

(5) 决定问题的类型:单利、复利、终值、现值、年金问题;

(6) 解决问题。

3) 时间价值计算应注意的问题

(1) 知三求四的问题:无论是复利问题还是年金问题,都是给出四个未知量中的三个,求第四个未知量的问题。

(2) 年内计息的问题:在实际生活中通常可以遇见计息期限不是按年计息的,比如半年付息(计息)一次,因此就会出现名义利率和实际利率之间的换算。

(3) i 和 n 时间要对应。i 是年利率,n 则是多少年;i 是月利率,n 则是多少月。

(4) 现金流量分布如不规则时,需进行调整,灵活运用各种计算方法。

二、风险控制与报酬获取

"风险"一词源于以捕鱼为生的渔民。渔民出海捕鱼的安全性主要取决于海上风浪的大小,风浪越大,危险性就越大。久而久之,人们就用"风险"表示未来遭受损失的可能性。实际上,"风险"不仅包括未来遭受损失的可能性,也包括未来获得额外收益的可能性。冒险就要得到额外的收益,否则就不值得去冒险。投资者由于冒风险进行投资而获得的超过资金时间价值的额外收益,称为投资的风险价值或风险报酬。

（一）风险的含义

风险是指在一定条件下和一定时期内可能发生的各种结果的变动程度。例如，一名投资人准备投资1000万元，有两个方案供其选择。他可以购买国库券，年利率为5%。到年末，投资可收回1050万元。这一投资的唯一风险是政府可能无力偿还本息，但这是不大可能的。因此这一投资方案基本上没有风险(即只有一个结果)。第二个方案是投资兴建一家酒店。如果酒店经营成功，五年之内就会达到4000万元的总体规模；如果经营不成功，五内之内可能最多能拍卖500万元。假设已知成功的概率为65%，不成功的概率为35%，这就是一风险决策问题，可能的结果变动范围较大(500万元～4000万元)。一般情况下，结果的变动范围越大，风险也就越大。

投资风险是指在投资时所作的预测，都是根据有关资料作出的主观设想，但在经济发展的道路上，经常会出现一些主观上难以预料的情况，有可能比原先预料的要好，也有可能比预料的要坏。如果比预料的好，其结果不是带来损失，而是带来更好的效益，投资者是愿意发生这种情况的。反之，投资者对未来的预测没有达到预期的效果，实际情况比预测的要坏，这就是投资的风险。投资风险对酒店来说，主要是利用率和价格达不到预期的水平，这两个因素的风险主要是对市场变化的估计。旅游市场是受国内外政治经济形势、自然条件、文化等诸因素的综合影响，它不像工业、商业、农业有固定的市场，因此要求在对酒店建设预测时，切忌盲目性，一定要冷静、要客观。

（二）风险的特征

20世纪80年代日本学者武井勋在其名著《风险理论》一书中总结各派观点，提出了风险的三个特征：风险与不确定性有所差异；风险是客观存在的；风险是可以被预测的。

1. 风险源于不确定性

从理论上讲，风险和不确定性是不一样的。风险是事前可以知道所有可能的结果，以及每种结果的概率。如前所举的投资案例。不确定性是事前不知道所有可能的结果，或虽然知道可能的结果，但不知道它们出现的概率。如果投资者在投资时，虽然事先知道只有成功和不成功两种情况，但不知道它们各自出现的概率，就属于不确定条件下的决策问题，而非风险决策了。

财务管理实务中，风险问题的概率往往不能准确知道，不确定问题也可以估计概率，两者很难区分。因此，我们对风险与不确定性不作区分，都将其作为风险问题对待。

2. 风险是客观存在的

风险源于事件本身的不确定性,因而具有客观性。不论将1000万元买债券还是投资酒店,收益都有不确定性。一旦决定在何时购买何种证券及购买多少之后,风险的大小就没法改变了。也就是说,特定投资的风险大小是客观的,人们能主观选择的只是是否去冒风险及冒多大的风险。

风险的大小会随时间延续而发生变化。仍以上述投资为例,要付出成本,开始的预计可能不准确,随着经营工作的开展,对成本的预计也就越来越准确。随着时间的延续,事件的不确定性越来越小。因此,风险除了是在"一定条件下",还总是在"一定时期内"的风险。

3. 风险是可以预测的

风险是可以量化的,后面会介绍一些计量风险的办法。客观地讲,风险既可能带来额外收益,又可能带来额外损失,意外损失比意外收益更值得关注。因此,在研究风险时更侧重如何减少损失。从理财角度来说,风险主要是无法确定预期报酬以及某一筹资或经营方案带来意外损失的可能性。

(三) 风险的类别

从个别理财主体的角度来看,风险可以划分为系统性风险和非系统性风险两类。

1. 系统性风险

系统性风险是指那些影响所有酒店的风险,如战争、自然灾害、经济衰退、通货膨胀等。这类风险涉及所有酒店,不能通过多元化投资来分散,又称为不可分散风险或市场风险。很多人都会有这样的体会,当经济不景气、市场萧条的时候,不论做什么样的投资都很难赢利,甚至面临破产的威胁,都要承担一定的系统性风险。

2. 非系统性风险

非系统性风险是发生于个别酒店的特有事项造成的风险,如罢工、诉讼失败、失去市场份额等。此类事件是随机发生的,可以通过多元化投资分散,即对于一家酒店不利的事件可能被其他酒店的有利事件所抵消,可叫可分散风险或企业特别风险。按照风险形成的原因,可以进一步将非系统性风险划分为经营风险和财务风险。

1) 经营风险

经营风险是指因生产经营不确定性带来的风险,是任何商业活动都有的,也叫商业风险。比如,服务人员的工资和奖金、新的酒店的出现、市场需求、市场价格等,所有这些经营方面的不确定性,都会引起企业的利润或利润率的高低变化。

财务管理中主要用经营杠杆这一指标来计量经营风险的大小。后面章节中会有详细的讲解。

2) 财务风险

(1) 广义的财务风险,指酒店所有财务管理活动(资本预算、筹资活动、投资活动、收益分配活动等)所引起的风险,包括资本预算风险、筹资风险、资金运用风险和收益分配风险等。

(2) 狭义的财务风险,指由于举债而增加的风险,也即筹资风险。

对财务风险的管理,关键是要保证一个合理的资金结构,维持适当的负债水平,既要充分利用负债经营这一手段获取财务杠杆收益,同时又要注意防止过度负债而引起的财务风险的加大,避免陷入财务困境。

(四) 风险的衡量

风险是客观存在并可以预测的,因此,正视风险并将风险程度予以量化,进行较为准确的衡量,便成为企业理财的一项重要工作。风险预测有定性的方法,也有定量的方法,但一般采用概率与数理统计相结合的方法比较多,下面将重点介绍。

1. 概率分布

在经济活动中,某一事件在相同的条件下可能发生也可能不发生,这类事件称为随机事件。概率就是用来表示随机事件发生的可能性及出现某种结果可能性大小的数值。概率分布必须符合以下两个要求:所有的概率是介于 0 与 1 之间的一个数;所有结果的概率之和应等于 1。概率越大表示该事件发生的可能性越大。

2. 期望值

期望值是各种可能的结果按其概率进行加权平均得到的平均值,它反映随机变量取值的平均化。也就是可能的收益率在以收益发生的可能性为权数时的加权平均数。预期投资报酬率的计算公式为:

$$\overline{K} = \sum_{i=1}^{n}(K_i \times P_i)$$

式中:K_i——第 i 个可能结果下的报酬率;

P_i——第 i 个可能结果出现的概率;

n——可能结果的总数。

【例 1-18】 新地酒店投资 1200 万元,实际可能实现的投资报酬率及其概率分布如表 1-3 所示,其预期投资报酬率应为多少?

表 1-3　投资报酬率及其概率分布情况

投资报酬率	概 率 分 布
20%	20%
15%	50%
10%	30%

$$\overline{K}=20\%\times20\%+15\%\times50\%+10\%\times30\%=14.5\%$$

该酒店此投资项目预期投资报酬率应为 14.5%。

3. 离散程度

离散程度是用于衡量风险大小的统计指标。一般说来,离散程度越大,风险越大;离散程度越小,风险越小。这里主要介绍标准离差和标准离差率两个指标。

1) 标准离差

标准离差是衡量变量的分布与其平均数偏离的统计量,它的平方称为方差。在实务中一般使用标准离差而不使用方差来反映风险的大小程度。一般情况下,当预期值相同时,标准离差越小,说明离散程度越小,风险也就越小;反之,标准离差越大,则风险越大。标准离差(σ)的计算公式为:

$$\sigma=\sqrt{\sum_{i=1}^{n}\left[(K_{i}-\overline{K})^{2}\times P_{i}\right]}$$

【例 1-19】　循【例 1-18】,则该投资的标准离差为多少?

$$\sigma=\sqrt{(20\%-14.5\%)^{2}\times0.2+(15\%-14.5\%)^{2}\times0.5+(10\%-14.5\%)^{2}\times0.3}$$
$$=0.035$$

该投资的标准离差为 0.035。

2) 标准离差率

标准离差是反映随机变量离散程度的一个指标,但应当注意标准离差是一个绝对指标。作为一个绝对指标,标准离差无法在两个项目预期投资报酬率不同时评价项目的风险程度。解决这一问题的思路是计算反映离散程度的相对指标,即标准离差率。

标准离差率是某随机变量标准离差相对该随机变量预期值的比率。其计算公式为:

$$V=\frac{\sigma}{\overline{K}}\times100\%$$

【例 1-20】　计算【例 1-18】中项目的标准离差率为多少?

$$V = \frac{0.035}{0.145} = 0.24$$

该酒店投资项目的标准离差率为 0.24。

(五) 风险与报酬

1. 对风险的态度

现实经济生活中,人们对待风险的态度是有差别的。对于投资报酬率相同而风险不同的项目,愿意回避风险的人,会选择风险相对较小的项目;愿意冒险的人,则会选择风险相对较大的项目;而风险中立者在乎的只是预期收益或预期投资报酬率的大小,对风险持无所谓的态度,认为项目没有差别。但总体而言,人们一般都厌恶风险。

在一般情况下,报酬率相同时人们会选择风险小的项目;风险相同时,人们会选择报酬率较高的项目。问题在于,有时风险大,报酬率也高,如何决策呢?这就要看报酬是否高到值得去冒险,以及投资者对风险的态度了。

2. 风险与报酬的关系

酒店的财务和经营管理活动总是处于或大或小的风险之中,任何经济预测的准确性都是相对的,预测的时间越长,不确定程度就越高。因此,为了简化决策分析工作,在短期财务决策中一般不考虑风险因素,而在长期财务决策中,则不得不考虑风险因素和计量风险程度。

假设有 A、B 两个行业,预期报酬率均为 20%,但投资于 A 行业的风险较投资于 B 行业大。由于大多数人都是风险厌恶者,那么投资于 A 行业的人肯定少于投资于 B 行业的人,A 行业的竞争程度降低,风险减少,报酬增加;相反,B 行业的竞争程度加大,风险增加,报酬降低。同样,如果有甲、乙两个风险程度相同的投资项目,而甲的预期报酬率高于乙,那么,甲投资项目的参与者必然多于乙,其竞争程度相对较高,风险增加,报酬降低;反之,乙项目的竞争程度相对较低,风险降低,报酬增加。可见,在市场机制作用下,会形成"高风险、高报酬,低风险、低报酬"的格局。风险与报酬的基本关系是风险越大,要求的回报率越高,这是市场竞争的结果。

3. 预期报酬率

1) 判断原则

从投资者的角度来说,其进行投资要承担风险,必然要求预期报酬率与风险相适应。在投资决策时,为衡量这两者是否适应和对等,通常要先考虑风险的必要报酬率,然后比较预期报酬率是否大于风险的必要报酬率。如果预期报酬率大于风险的必要报酬率,说明该项目值得投资,否则该投资项目就不合算。

2)风险报酬率

标准离差率虽然能正确评价投资风险程度的大小,但无法将风险与报酬结合起来进行分析。因此,还需要一个指标来将对风险的评价转化为报酬率指标,这便是风险报酬系数。风险报酬率、风险报酬系数和标准离差率之间的关系可用公式表示为:

$$R_R = b \times V$$

式中:R_R——风险报酬率;

b——风险报酬系数;

V——标准离差率。

风险报酬率 R_R 即为资本的风险价值或风险报酬,是投资者由于甘愿承受风险进行投资而可能取得的、超过货币时间价值(无风险报酬)以上的超额报酬。而投资者是否从事带有风险的投资活动主要取决于以下三个要素:风险报酬的高低、风险程度的大小以及对风险所持的态度。以上公式也可以用图 1-10 表示。

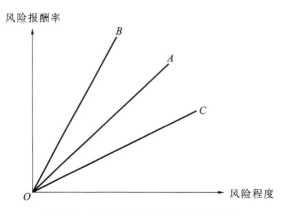

图 1-10 风险报酬率与风险程度的关系

风险报酬系数 b 又称为风险报酬斜率,表示社会对风险的平均态度。如果大家都愿意冒风险,则参与"双高"(高风险、高报酬)项目的人就多,竞争加剧,风险增加,报酬降低,图 1-10 中的投资报酬曲线就由原来的 A 处移动至 C 处,风险报酬斜率减小,风险报酬就比较小;反之,如果大家都不愿意冒风险,则参与"双高"项目的人就少,竞争减弱,风险减少,报酬增加,图 1-10 中的投资报酬曲线就由原来的 A 处移动至 B 处,风险报酬斜率增大,风险报酬就比较大。

3)必要报酬率

在不考虑通货膨胀因素的影响时,某项投资考虑风险的必要报酬率为:

$$R_B = R_F + R_R = R_F + b \times V$$

式中：R_B——必要报酬率；

R_F——无风险报酬率。

用图形表示如图1-11所示：

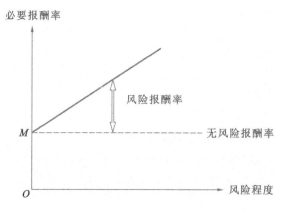

图1-11 必要报酬率与风险程度的关系

可见，考虑风险的必要报酬率是由无风险报酬率和风险报酬率两部分组成的。其中，无风险报酬率R_F是最低的社会平均报酬率，图1-11中投资报酬线表现为纵截距M。它由社会资金平均供求状况决定。如果社会资金充足，供大于求，那么，最低的社会平均报酬率就低，图1-11中投资报酬线的纵截距M点就下移；反之就上移。在财务管理实务中，一般把短期政府债券（如短期国库券）的报酬率作为无风险报酬率。

至于风险报酬系数b的大小可以通过对历史资料的分析、统计回归、专家评价获得，或者由政府部门公布。

（六）风险的控制

财务管理研究风险的意义，主要在于进行经营决策时树立风险价值观念，认真权衡风险与收益的关系，选择有可能避免风险、分散风险并获得较多收益的方案。随着市场经济体制的建立，如何防范风险，最大限度地实现资本的保值增值，已逐渐成为企业财务管理的核心问题。在财务管理实务中，控制风险的基本方法有预防、分散和转移等。

1. 风险的预防

风险的预防要求酒店充分考虑市场经营中可能出现的各种情况，对各种方案进行权衡，尽可能选择风险较小并能获得较多收益的方案。例如，酒店预防筹资风险可以从控制借款规模和负债比率、选择更有利的借款对象、提高资金使用效益等方面采取措施；预防投资风险则需进行周密的市场调查，加强投资方案的可行性研究，尽量减少决策失误。

2. 风险的分散

风险的分散要求酒店通过方案组合，抵消或分散风险，从而达到控制风险的目的。比如，现在很多酒店也会涉足其他的经营方向，不同的经营品种，景气程度不同，盈利和亏损可以相互补充，减少风险；分散筹资风险应注意分散借款的归还期；酒店也经常会涉及外汇的业务，这应该通过选择多种外币来分散外汇风险；酒店也可以通过多元化投资组合来分散投资风险。

3. 风险的转移

转移风险是指酒店采取特定的方式将酒店自身的风险转嫁到酒店以外的经济实体或个人。保险就是典型的案例，投保人交纳一定数额的保费，从而把今后蒙受意外损失的风险转移给了保险公司。酒店转移风险的能力取决于良好的信誉，同时在很大程度上还受社会金融市场发展水平的制约。完善的金融市场能广泛吸收社会资金，并将其投放到需要资金的企业中，进而为酒店转移了风险。

■ 课后复习

1. 什么是酒店？酒店产品的特点有哪些？酒店的主要功能有哪些？
2. 什么是酒店财务管理？财务管理主要包括哪些内容？
3. 如何认识财务管理的目标和原则？
4. 简述酒店财务管理的特点。
5. 现代酒店财务管理应该具备哪些理念？
6. 谈谈酒店财务管理的主要工具。
7. 你是怎样认识酒店财务管理的组织和环境的？
8. 何谓货币时间价值？
9. 何谓风险？有哪些类型？
10. 如何进行风险控制？

第二章　酒店筹资管理

课前导读

酒店筹集资金是指酒店向酒店外部有关单位或个人以及从酒店内部筹措和集中生产经营所需资金的财务活动。它可以说是财务活动的起点,是决定酒店经营规模和发展速度的重要环节。通过什么样的筹资渠道,采取什么样的筹资方式,如何保证资金链的有效运转,这些都是财务管理的重要内容。

第一节 酒店筹资概述

一、酒店筹资的动机与原则

(一)酒店筹资的动机

资金是酒店发展的根本,没有资金的支持,就没有酒店的生存与发展。酒店筹集资金的动机有很多种,如添置新的设备、重新装修酒店、调整资本结构、对外投资等。酒店筹资的动机有时候是单一的,有时候也可以是几种动机的结合。归纳起来一般分为三种:

1. 扩展性动机

扩展性动机指酒店因扩大经营规模或追加对外投资而产生的筹集资金的动机。酒店要扩大规模,往往需要购置更多的相关设备材料,开发新的服务产品,建设更强大的管理团队,为了满足酒店扩展的资金需要,酒店必须筹集资金。一般有良好前景,又正处于成长期的酒店都会产生这种筹资动机,其主要需要的是长期资金。扩展性筹资动机会使酒店资产和负债的规模都有所扩大,既给酒店带来了收益增长的机会,又给酒店带来了更大的风险。

2. 偿债性动机

偿债性动机指酒店为了偿还债务或调整资本结构而筹集资金的动机。偿债性筹资一般可分为两种情况:第一是调整性偿债筹资,即酒店虽有能力支付到期的旧债,但为调整原有的资本结构,通过增加负债比重,从而使资本结构更加合理化;第二是恶化性偿债筹资,即酒店无法偿还到期债务,被迫重新举债偿还。偿债性筹资动机的直接后果是,并没有扩大酒店资产的总体规模,只是改变了酒店原有的资本结构。

3. 混合性动机

混合性动机指酒店因同时需要长期资金和现金而形成的筹资动机。酒店在生产经营过程中,可能因扩大经营规模需要资金,同时又因为现金短缺而无法偿还到期债务,从而需要筹集资金。通过混合性筹资,同时满足了扩大经营规模和及时偿还债务的需要。显然,这种筹资混合了扩展性筹资和偿债性筹资的双重动机。

(二)酒店筹资的原则

1. 合理确定资金需要量,控制资金投放时间

这一原则要求筹资时考虑资金的数量和时间两个因素。酒店经营活动的正

常进行离不开一定数量的资金。资金欠缺,经营无法正常进行;资金太多,也会降低资金的使用效果。在确定资金需要量的前提下,还要灵活地控制资金的投放时间。酒店经营活动在某种程度上带有较强的季节性特征,接待游客的酒店更明显一些,这样便造成资金需要量在不同季节是不同的。因此,筹资时要预测不同季节的资金需要量,以便合理安排资金的投放数量和投放时间,为加速资金周转、提高资金使用效果奠定基础。

2.考虑资金成本与资金效益的比例关系

这一原则要求筹资时要将资金成本的高低作为筹资决策的一个主要参考标准。资金的稀缺性决定了筹集资金必须付出代价,这一代价就是资金成本。资金来源的渠道不同,资金成本高低也不等,而资金成本的高低是影响酒店盈利水平高低的重要因素。酒店筹资的目的是通过运用资金获得经济上的效益。资金成本是对资金的耗费,资金效益是使用资金的所得,所得大于所费,才能有经济上的效益可言,超过的越多,实现的效益越大。因此,酒店在筹资时一定要比较各种来源的资金成本,选择最有利的筹资方式组合,争取以最低的资金成本获取最佳的资金效益。

3.优化资本结构,处理好筹资风险

这一原则要求筹资时要将负债的比例控制好,以控制财务风险。酒店资金来源不外乎是所有者权益资金和负债资金两种。在市场经济条件下,利用较多负债资金来经营是一种普遍的情况。使用负债资金虽然能带来经营上及财务上的杠杆效益,但如果控制不严,规模过大,造成了资金链的断裂,就可能造成债务危机,甚至有破产的危险。因此,酒店在筹资时,必须掌握好负债资金的比例,注意筹资风险的防范,提高筹资及投资效益。

二、酒店筹资的渠道与方式

(一)酒店筹资的渠道

筹资渠道是指筹措资金来源的方向与通道,它体现着资金的来源与流向。目前我国酒店的筹资渠道主要有以下方面:

1.国家财政资金

国家对酒店的直接投资是国有酒店最主要的资金来源,特别是国有独资酒店更是如此。我国现有国有酒店的资金来源大多是国家以直接拨款的形式形成的,除此以外,还有国家对酒店"税前还贷"或减免所得税和各种税款形成的。从产权关系看,这些资金都属于国家作为所有者投入的资金,产权归国家所有。

2.银行信贷资金

银行借款筹资是当前酒店筹资的主要渠道之一。银行一般分为商业性银行和政策性银行。前者为各类酒店提供商业性借款,追求借款的营利性;后者主要为特定酒店提供政策性借款,盈利不是其主要目的。

3.非银行金融机构资金

这是指信托投资公司、保险公司、租赁公司、证券公司、酒店集团财务公司等。它们所提供的各种金融服务既包括信贷资金的投放,也包括物资的融通,还可能包括酒店承销证券等金融服务。

4.其他酒店资金

酒店在生产管理过程中,往往会有部分暂时闲置的资金,它们会因为一定的目的而相互投资;另外,在市场经济条件下,酒店间的相互投资和商业信用,使其他酒店资金也成为酒店资金的重要来源。

5.居民个人资金

居民和职工个人的结余资金作为"游离"于银行和非银行金融机构之外的社会资金,也可被酒店利用,成为酒店资金的补充渠道。

6.酒店自留资金

这是指酒店内部形成的资金,包括酒店计提的折旧、公积金和未分配利润等。这是酒店生产管理中自然形成的资金,不需要酒店去筹集。

7.外商资金

这是指外国投资者及我国香港、澳门、台湾地区投资者投入的资金,是我国外商投资酒店管理资金的重要来源。酒店利用外资筹资不仅指货币资金筹资,也包括设备、原材料等有形资产筹资与专利、商标等无形资产筹资。利用外资包括利用国际性组织、外国政府、外国社团、外国酒店与外国个人的资金。

(二)酒店筹资的方式

筹资方式是指酒店筹措资金所采用的具体形式,体现着资金的属性,是酒店主观能动的行为。目前我国酒店可以选择的筹资方式有:

1.吸收直接投资

吸收直接投资是酒店以协议等形式吸收国家、其他酒店、个人和外商等直接投入资本,形成酒店资本金的一种筹资方式。

2.吸收股份,发行股票筹资

随着社会化大生产的发展与酒店实行多元化产权的改制需要,在进行酒店产权重组的同时通过吸收股份筹资,正越来越成为当前酒店发展的一种主要方式。吸收股份筹资,主要是组织公司制酒店时,向社会法人的定向募集股份,以及向本酒店职工按改制的要求实施职工持股。对少数获国家有关部门批准的股票上市公司,则还可通过股票上市,向社会公众募集股份。在转换酒店的体制、机制的同时,通过股份与股票运作也实现了筹资。

3. 银行借款

银行借款以借款是否需要担保为标准,可分为信用借款与抵押借款。信用借款主要凭借酒店或担保人的信誉,没有实物担保,只能用于具有良好信誉的优秀酒店;抵押借款则是由借款酒店提供一定的固定资产抵押、证券抵押来作为抵押品,也有少数情况可用名牌商标的无形资产价值进行抵押,如果借款方违约,不能如期归还借款,则可拍卖商标权进行还贷。银行借款还有短期、中期与长期借款之分,利率各不相同,酒店须根据借款的用途与期限,选择恰当的借款种类。

4. 商业信用筹资

商业信用是在商品经营活动中的临时短期性借贷融资形式。如商品赊销、预收货款、预收服务费、汇票贴现、拖后纳税及酒店之间的资金拆借等方式,这些酒店间相互提供的信用都能直接解决资金缺乏的问题。

5. 发行酒店债券筹资

对于市场信誉较好、现有负债比率较低、资产控制权又较重要的酒店,不可轻易发行股票;另外,销售额与盈利情况相对稳定,增加资本可以大幅度增加盈利的酒店,可选择申请发行债券来开展社会筹资。但发行债券也必然增加酒店的负债率与经营风险,因此需要慎重决策,并做好到期还本付息的计划。

6. 租赁筹资

租赁筹资是酒店作为承租人,根据与出租人签订的租赁契约,付出一定的租金,来获得在规定时期内租赁物的使用权或经营权的一种筹资方式。租赁筹资分为融资租赁方式与服务性租赁方式两种。

7. 利用留存收益

通过资本循环积累自有资金,让资本最大地增值,这是酒店最根本的筹资渠道。要搞好商品经营的资本循环,必须从市场需求的实际出发,重点抓好从商品资本到货币资本的"惊险的一跳"。其中,资金积累的关键,一是在于附加值的大小,重点是提高科技附加值、销售附加值与名牌附加值;二是在于加速资金周转,提高资金周转次数。

此外,还可以通过吸收风险投资、BOT(建设—经营—移交)方式筹资等新兴的筹资方式获得资金。

以上各种利用外资的方式各有利弊,各有其适应的情况,酒店应根据自身实际选用适当的方式。

三、酒店筹资的组合与类型

（一）酒店筹资的组合

筹资渠道和筹资方式存在着紧密的联系，一定的筹资渠道往往对应着相应的筹资方式，一定的筹资方式又往往对应着相应的筹资渠道，但它们之间又不是单纯的一一对应关系，两者的对应关系见表2-1。掌握两者的对应关系，对于酒店合理选择筹资渠道与筹资方式，保证资金以最佳方式、最低成本获得具有重要意义。

表2-1 筹资渠道与筹资方式的对应关系

	吸收直接投资	发行股票	银行借款	发行债券	商业信用	融资租赁	利用留存收益
国家财政资金	*	*					
银行信贷资金			*				
非银行金融机构资金	*	*		*		*	
其他酒店资金	*	*		*	*	*	
居民个人资金	*	*		*			
自留资金	*	*					*
外商资金	*	*				*	

（二）酒店筹资的类型

酒店从不同筹资渠道、用不同筹资方式筹集的资金，由于具体来源、方式、期限等的不同，形成不同的类型。按照不同的标准，可以划分为权益资金和债权资金、长期资金和短期资金，以及内部资金和外部资金等。

1. 权益资金和债权资金

按照酒店资金来源性质不同，可将全部资金来源分为权益资金和债权资金两大部分。

权益资金又称自有资金，是酒店一项最基本的资金来源。在财务报表中指实收资本（或股本）、资本公积、盈余公积和未分配利润等项目的总和。权益资金所有权属于投资者，在酒店经营期内可长期自主安排使用，不需要归还，筹资风险小。一个酒店拥有权益资金的多少代表了该酒店的资金实力，是酒店组织经营活动和举借债务的基础。

债权资金是债权人提供的资金。在财务报表上表现为流动负债和长期负债。债权资金的所有权属于债权人，要求按期偿还本金和利息，有一定的风险。

债权资金包括各种债券、应付债券、应付票据、应付账款等。

2. 长期资金和短期资金

酒店的资金可以按资金时间长短分为长期资金和短期资金。合理安排酒店资金的期限结构，有利于实现酒店资金的最佳配置和筹资组合。

短期资金是指一年以内或超过一年的一个经营周期以内要归还的资金。短期资金在使用时，周转速度快，通常在一年之内就能收回、偿还，所以，可以用短期借款或商业信用等方式筹集。

长期资金是指使用期超过一年的资金，包括权益资金和长期负债。酒店需要长期资金的原因主要有购建固定资产、取得无形资产、开展长期投资、垫支于长期性流动资产等。长期资金通常采用吸收直接投资、发行股票、发行债券、长期借款、融资租赁等方式来筹措。

3. 内部资金和外部资金

酒店的资金来源既可以来自酒店内部，也可以来自酒店外部。内部资金是酒店内部通过计提折旧而形成现金来源或通过留存利润等而增加资金来源。外部资金是指在酒店内部资金不能满足需要时，向酒店外部筹资形成资金来源。

四、酒店筹资需求及其预测

（一）酒店筹资需求

酒店的生产经营过程需要一定的资产，当酒店的业务扩大时，往往需要增加流动资产，有时候还需要增加固定资产。扩大资产所需要的资金，一部分可以从酒店的自身盈余中获得，另一部分则可以通过外部筹资获得。不论是内部筹资，还是外部筹资，其数量往往受到客观条件的限制，因此，只有酒店预先对筹资的需求作出准确的预测，才能提前做好筹资的计划和准备，尽量避免发生筹资失败、现金周转不灵的问题。

（二）酒店筹资需求预测

酒店短期经营资金的适当数量，必须以对资金需要量的合理预测为基础。合理预测酒店资金需要量，可以适时保障酒店经营所需资金。资金需要量过高，会使酒店筹集过多资金，造成资金的浪费，增加酒店不必要的费用开支；资金需要量过低，易使酒店资金使用不足，影响酒店经营过程中的正常资金周转。

1. 酒店资金需要量的预测步骤

1) 预测销售量及销售收入

酒店餐饮、商品及其他各营业部门的销售都以酒店客房销售为基础，所以酒店在预测资金需要量时,必须以酒店的客房销售预测为起点。预测酒店客房销售,需要以酒店近年来的客房销售以及销售变动趋势为基础,综合考虑各种外部及内部因素对其产生的影响。影响酒店销售变动的各种外部因素有国家宏观经济形势、酒店所处城市及城区经济发展趋势、可能的突发事件的发生、客源结构的变化、旅游消费模式的转变等。影响酒店销售变动的内部因素有广告的投放及其产生的效应、促销手段的实施、定价策略等。

酒店在预测各营业部门的销售额后,就可根据现销与赊销比、收账情况,确定酒店现金流入量。

2) 预测酒店投资数额

酒店增加投资数额主要考虑两方面:旅游人数的增加对酒店规模的扩大产生影响,酒店服务质量的提高对酒店软硬件设施建设产生影响。

随着社会政治经济的稳定发展和人们生活水平的提高,人们可用于自由支配的收入稳定增加,尤其我国各种长短假期的实行,为假日经济的蓬勃发展创造了条件,对旅游热点地区的酒店扩大经营规模产生了影响。酒店的建设规模取决于计划接待的旅客人数、旅客平均滞留天数、预计客房出租率等因素。

3) 预测酒店成本费用

酒店成本费用依据与酒店销售量之间的数量关系,可以分为固定费用和变动费用。合理预测酒店销售量指标后,可以依据变动费用与销售量之间的函数关系合理确定变动费用,并逐项分析固定费用的影响因素,确定固定费用的开支范围,从而预测酒店成本费用。

4) 预测利润和留存收益

利用酒店销售收入和成本费用开支的关系,可以测算出酒店利润。利用测算的酒店利润和酒店股利支付政策,可以确定酒店的留存收益。留存收益是酒店筹集资金的方式之一。

5) 预测筹资金额

酒店依据以上预测的结果,就可以合理预测所筹集的资金数额。

2.酒店资金需要量的预测方法

1) 现金收支法

利用现金收支法预测资金需要量,是通过预测酒店现金流入量、现金流出量来预计酒店现金的多余或不足,从而确定酒店是否需要筹集资金以及所筹资金的数额。

(1) 预测酒店的现金流入量:合理预计酒店的营业收入,依据酒店赊销政策估计可能获得的现金流入,并对变卖固定资产变价收入等非营业现金收入做出估测,即可计算出酒店的现金流入量。

(2) 预测酒店的现金流出量:预计酒店成本费用的开支及赊购政策对现金流出的影响,计算酒店的现金流出量。

(3) 确定计划期现金的多余或不足:利用预计的现金流入量与流出量之间的配比,计算出酒店预测期内现金的多余或不足。现金不足时需要利用合理的筹资方式补足现金,保障酒店经营顺利进行;现金多余时则需有效利用现金投资或还债,提高现金使用效率。

2) 调整净损益法

(1) 以权责发生制原则为基础,计算预测期内酒店经营的净收益。

(2) 以现金收付制原则为基础,调整预测期内与现金收支无关的收入与支出。

(3) 利用与现金收支无关的现金收入与现金支出调整酒店经营净收益,确定酒店现金多余或不足。

3) 销售比率法

(1) 依据酒店销售预测、流动资产与销售量的比例关系,以及固定资产与酒店经营能力的变化关系,合理预计为满足经营能力所需的流动资产和固定资产总额。

(2) 依据应付账款和应计费用与销售量的比例关系,预计酒店负债总额。

(3) 计算留存收益净增加额及预计股东权益。

(4) 计算酒店所需筹资数额。

酒店筹资数额=预计总资产-预计总负债-预计总股东权益

4) 回归分析法

回归分析法是利用历史资料和最小二乘法的原理,计算各资产负债表项目和销售额之间的函数关系,以此来预测资金筹集数量的一种方法。

回归分析法假设酒店销量与资金占用之间存在线性关系,将资金占用分为不变资金、变动资金和半变动资金。不变资金包括酒店为维持正常经营而占用的最低数额的流动资金、必要的固定资产、原材料的保险储备等;变动资金包括酒店购入的直拨给厨房的食品原材料等;半变动资金可以分解为不变资金和变动资金。

第二节 酒店短期筹资管理

一、酒店短期筹资的概念与特点

(一) 酒店短期筹资的概念

酒店短期筹资是指为满足酒店临时性流动资金需要而进行的筹资活动。酒店的短期资金一般是通过流动负债的方式取得,短期筹资也称为流动负债筹资或短期负债筹资。

一般来说,短期筹资的风险要比长期筹资大。这是因为短期资金的到期日近,可能产生不能按时清偿的风险。例如,酒店进行一项为期三年的投资,而只有在第三年才会有现金流入,这时酒店如果利用短期筹资,在第一、第二年里,酒店就会面临很大的风险,因为酒店的投资项目还没有为酒店带来收益,但如果酒店采用为期五年的长期筹资的话,酒店就可以从容地利用该投资项目产生的收益来偿还负债了。

(二) 酒店短期筹资的特点

短期负债筹资所筹资金的可使用时间较短,一般不超过一年。短期负债筹资有如下特点:

(1) 筹资速度快,容易取得。

(2) 筹资富有弹性。举借长期负债,债权人或有关方面经常会向债务人提出很多限定性条件或管理规定;而短期负债的限制则相对宽容些。

(3) 筹资成本较低。短期负债的利率低于长期负债。

(4) 筹资风险高。短期负债需在短期内偿还,因而要求筹资酒店在短期内拿出足够的资金偿还债务,若酒店届时资金紧张,就会陷入财务危机。

(三) 酒店短期筹资的方式

短期负债筹资最主要的形式是商业信用和短期借款。本节第二部分内容将详细阐述各种方式的具体内容。

二、酒店短期筹资决策与管理

(一) 酒店商业信用筹资决策与管理

商业信用是指在商品交易中由于延期付款或预收货款所形成的酒店与其他企业间的借贷关系。它是酒店与其他企业之间的一种直接信用关系,产生于商品交换之中,又称为"自发性筹资"。在市场经济条件下,商业信用运用广泛,是酒店最重要的一项短期资金来源,其数额远大于银行短期借款。酒店利用商业信用融资的具体形式,主要有应付账款筹资、应付票据筹资和预收账款筹资等形式。

1. 应付账款筹资

应付账款是酒店购买了货物但暂时未支付的款项,是一种最典型、最常见的商业信用形式。应付账款方式完全建立在买方较高的信用基础上,它使得买方等于利用卖方的资金购买商品,大大减少了酒店的资金占用。依照国际惯例,卖方往往会规定一些信用条件,以便促使买方按期付款或提前付款。信用条件包括信用期限和给买方的折扣与折扣期,如"2/10、N/30"表示买方若在10天内支付款项,则可享受2%的货款折扣,若10天以后付款,则不享受折扣优惠。商业信用期限最长不超过30天。

1) 应付账款的形式

应付账款的形式按照信用和折扣取得与否,可分为免费信用、有代价信用和展期信用三种。

(1) 免费信用。如果没有现金折扣的条件,酒店在规定的付款期内付款,酒店利用了商业信用而没有资金成本;如果有现金折扣的条件,酒店在规定的付款期内付款,同样没有资金成本。

【例 2-1】 某酒店以"2/20,N/60"的条件购入货物 100 万元。

如果该酒店在 20 天之内付款,则享受 2% 的现金折扣额为:$100 \times 2\% = 2$(万元),其免费作用额为 $100 - 2 = 98$(万元)。

(2) 有代价信用。如果酒店没有享受对方给的现金折扣,而在规定的付款期最后一天付款,则需要付出相应代价而取得信用。因放弃折扣而造成的年利息成本可以由下式求得:

$$放弃现金折扣的成本 = \frac{折扣百分比}{1-折扣百分比} \times \frac{360}{信用期-折扣期}$$

【例 2-2】 条件与【例 2-1】相同,如果该酒店选择在信用期最后一天付款,它放弃现金折扣的成本应为多少?

$$\frac{2\%}{1-2\%} \times \frac{360}{60-20} = 18.37\%$$

通过计算不难看出,放弃现金折扣的成本是相当高的。以上的计算结果表明,酒店放弃现金折扣,就会产生资本成本率为 18.37% 的机会成本,这样就使得原本对公司有利的商业信用,成为一种代价很大的短期融资方式了。

(3) 展期信用。如果酒店没有享受现金折扣,也没有在规定的付款期限前付款,就形成了展期信用。考虑到相互的合作关系,对方可能也不会因为付款超过了规定付款期而加收费用。

【例 2-3】 条件与【例 2-1】相同,如果该酒店选择拖欠到 90 天付款,它展期信用的成本应该是多少?

$$\frac{2\%}{1-2\%} \times \frac{360}{90-20} = 10.5\%$$

通过上述例题计算可以看出:酒店如果在现金折扣期限之后付款,支付期越长,筹资成本也就越小。但是,拖欠别人的货款,一方面降低了自己的信用成本,另一方面也会降低酒店的信用地位和信用等级。

2) 利用现金折扣的决策

酒店在选择是否放弃现金折扣时,一定要在放弃现金折扣的利息成本和多使用资金一段时间带来的收益之间进行权衡。

(1) 如果能以低于放弃折扣的成本的利率筹集资金,酒店就应该享受现金折扣。

(2) 如果在折扣期内将应付账款用于短期投资,所得的投资收益率高于放弃折扣的成本,那么酒店应放弃折扣而去追求更高的收益。

(3) 如果酒店因缺乏资金而欲展期付款,则需在降低了的放弃折扣成本与展期付款带来的损失之间作出选择。

(4) 如果有两家以上的卖方提供不同的信用条件,酒店应衡量放弃折扣的成本大小,选用成本最小的卖方。

2. 应付票据筹资

应付票据是指购销双方按照购销合同进行商品交易,因延期付款而签发的、反映债权债务关系的一种信用凭证。应付票据是一种期票,是应付账款的书面证明,对于付款方而言是一种短期融资方式。根据承兑人不同,应付票据分为商业承兑票据和银行承兑票据。

应付票据可以附息,也可以不附息。不附息应付票据,酒店只需按票面价值付款,不存在资金成本。而附息应付票据到期除按票面价值付款外,还要按票面利率计算和支付一定的利息额,那么这时的票面利息率就构成应付票据的资金成本。

3. 预收账款筹资

预收账款是卖方从买方得到的商业信用,如果买方对预付账款不提出任何额外要求,累计付款额与商品正常售价相等,则卖方等于无偿占用买方资金,不发生任何成本。在卖方提供的商品极度紧俏时,卖方是可以得到这种无偿的商业信用的。但买方对预付账款也可能提出自己的要求,如要求享受一定比例的折扣,特别是卖方因为产品生产周期长、自身资金周转困难而要求买方预付账款时,买方很有可能提出享受折扣的要求。买方一旦提出享受折扣的要求,就会使购买价格低于商品的正常售价,这时卖方为得到商业信用就要付出一定成本,其成本计算公式如下:

$$资金成本 = \frac{销售折扣率}{1-销售折扣率} \times \frac{产品销售总额}{预付账款额} \times \frac{360}{预付账款期}$$

4. 商业信用筹资方式的优缺点(见表2-2)

表2-2 信用筹资方式的优缺点

利用商业信用融资的优点	利用商业信用融资的缺点
(1)简便易行。商业信用属于自然筹资,随商品交易自然产生,事先不必作出正式的规划安排,因而该筹资方式简便易行。 (2)灵活自如,限制少。商业信用相对于银行借款的筹资方式,没有复杂的手续和各种附加条件,也不需要抵押,取得简便、及时。利用商业信用筹资,使用也比较灵活,有弹性。 (3)筹资成本低。因为在没有现金折扣或公司不放弃现金折扣的条件下,利用商业信用筹资,就不会发生筹资成本。	(1)使用时间短。与其他短期筹资方式比较,商业信用筹资的使用期限较短。如果享受现金折扣,则使用期更短。 (2)给双方带来一定的风险。对付款方而言,如果到期不付账款,或长期拖欠账款,将会缺乏信誉感,造成今后筹资困难。对收款方而言,长时间收不回账款,会影响资金周转,造成生产经营陷入僵局。在体制不健全的情况下,也容易造成公司之间账款的相互拖欠,出现严重的"三角债",甚至"多角债"的现象。

(二)酒店短期借款筹资决策与管理

酒店短期借款是指酒店向银行或者其他非银行金融机构借入的期限在一年以内的借款。它是仅次于商业信用的短期筹资方式。

1. 短期借款的种类

1)信用借款

信用借款,又称无担保借款,是借款人完全依靠信用而不需提供经济担保和财税抵押获得的借款,主要包括以下几种:

(1)信用额度借款。又称信贷限额,它是银行与客户签署的非正式协议中所标明的,在某一特定时间内向客户提供借款的最高限额。一般有效期限为一年,定期修改。

(2)周转信贷协定。又称循环借款协定。它是银行向客户提供借款的具有法律约束力的协定,有效期内,可随时向银行提出借款要求,并且银行必须满足客户要求。在最高限额内,客户可以不停地周转使用。但客户对于周转信贷限额中的未使用资金也会给银行一笔承诺损失费。

(3) 补偿性余额借款。补偿性余额是银行要求借款人在银行中保持按借款限额或实际借用额的一定百分比(通常为10%~20%)计算的最低存款余额。

2) 担保借款

(1) 担保借款。银行要求借款人以第三方经济信誉或财产作为还款保证而发放给借款人的一种借款。

(2) 抵押借款。酒店通过提供某种资产作为担保抵押给金融机构,以此获取一定数额的借款。短期借款中,以有价证券、应收账款和存货比较多见。

2. 借款利息的支付

1) 收款法

收款法是指酒店在借款到期时向银行支付利息的方法,其名义利率等于其实际利率。

2) 贴现法

贴现法是指银行向酒店发放借款时,先从本金中扣除利息,而到期时酒店则要偿还借款全部本金的一种计算方法。

3) 加息法

加息法是指在发放分期等额偿还借款的情况下,银行根据名义利率计算的利息加到借款本金上,计算出借款的本息和,要求酒店在借款期内分期偿还本息之和金额的一种计息方法。

3. 短期借款筹资的优缺点(见表2-3)

表2-3 短期借款筹资的优缺点

利用短期借款融资的优点	利用短期借款融资的缺点
(1) 筹资速度快。银行资金充足,实力雄厚,能够随时为酒店提供所需的资金,对于临时性和突发性较强的资金需要,银行短期借款是一个最简洁、最方便的途径。	(1) 财务风险较大。短期借款的期限短,其还本付息的压力较大,其偿债风险也相对较大。
(2) 借款弹性好。银行短期借款具有较好的弹性,借款还款的时间灵活,便于酒店根据资金需求的变化安排何时借款、何时还款。	(2) 资金成本较高。与其他短期融资方式相比,银行短期借款的资金成本较高。酒店采用短期银行借款融资,其借款的成本比商业信用高。如果采用担保借款方式,由于需要支付管理和服务费用,其资金成本会更高。
	(3) 限制条款较多。酒店向银行借款,银行不仅要对公司的经营和财务状况调查以后才决定是否借款,有些银行在借款合同中会加入一些限制性的条款,如要求酒店将流动比率、资产负债比率维持在一定的水平之内,借款不得挪作他用等,目的是使银行的借款风险降到最低。

（三）酒店其他短期筹资决策与管理

1. 票据贴现

票据贴现，一般是指酒店将持有的未到期的商业汇票交付银行兑取现金的借贷行为。它产生于商业信用，在贴现时转化为银行信用。酒店利用票据贴现可以提前使用资金，其支付的代价是交付银行的贴现利息。

2. 应付费用

应付费用是指酒店应付而未付的费用，如应付税金、应付工资等。一般情况下，应付费用资金占用的数额稳定，无须支付任何代价，是一项"便宜"的短期资金来源。但使用时必须慎重，注意支付期的规定，以免因拖欠给酒店带来损失。

第三节　酒店长期筹资管理

一、酒店长期筹资的概念与特点

（一）酒店长期筹资的概念

酒店在建立和经营过程中，固定资产占有非常大的比重，往往需要大量、长期的资金来支持固定资产的购建。长期筹资指为了进行固定资产购建、大型项目的实施、迅速扩张等需要，而筹集可以在超过一年或一个营业周期内偿还或不需偿还的资金的筹资活动。通常情况下，长期筹资能够为酒店长期建设的项目缓解还款的压力和风险。

（二）酒店长期筹资的特点

与短期资金筹资相比，长期资金筹资有如下特点：

（1）取得手续相对复杂，办理时间长。

（2）筹资限制性较大。举借长期负债，债权人或有关方面经常会向债务人提出很多限定性条件或管理规定，酒店的资金使用权受到一定限制。

（3）资金成本较高。通常贷款的年限越长，资金成本也相应增加。

（4）资金风险相对较低。长期筹资中的权益资金基本没有筹资风险，只需要在酒店利润中给予投资者补偿。长期债权资金，因为还款期限长，所投资项目或资产一般能取得相应回报以偿还贷款，因此相对偿还的风险也比较小。

（三）酒店长期筹资的方式

酒店的长期资金根据筹资方式的不同，主要有两种来源：权益资金和负债资金。当酒店需要扩大规模时，需要追加资金的投入，可以是权益资金，也可以是负债资金。长期权益筹资最主要的形式是吸收直接投资、发行股票等,长期负债筹资最主要的形式是长期借款、发行债券和融资租赁等。本节第二部分和第三部分内容将详细阐述各种方式的具体内容。

二、酒店权益筹资管理

(一)酒店权益资金概述

权益资金是酒店所有者投入酒店生产经营过程中的自有资金,它是酒店得以创立、存在和发展的资本。

设立酒店时就必须进行工商登记,要有一定的资金。资本金就是酒店在工商行政管理部门登记的注册资本。我国从1993年7月1日实行法定资本金制度,这是我国资本金管理体制的最重大变革。法定资本金是指国家规定的开办企业必须筹集的最低资本金限额。我国2006年新《公司法》对注册资本金的规定是:有限责任公司的最低注册资本3万元,股份有限公司的最低注册资本500万元。注册资本只有达到限额,酒店才能设立,因为资本金是酒店购置长期资产,进行经营管理的物质基础,也是对外举借债务的保障。

(二)酒店吸收直接投资

吸收直接投资是指酒店按照"共同投资、共同经营、共担风险、共享利润"的原则,以协议等形式吸收国家、其他企业、个人和外商等主体直接投入酒店资本的方式。它不以股票为媒介,因此主要是针对非股份制酒店而言。它是非股份制酒店筹集主权资本的重要方式。

1. 吸收直接投资的种类

随着我国改革开放的不断深入,多种经济成分的共同发展,金融市场不断完善,酒店吸收直接投资的渠道日益宽广,主要包括:

(1)国家资本金,主要是吸收国家投资,即国家财政拨款。对于酒店来讲,现在完全由国家资本金构成的,已经非常少见了。

(2)法人资本金,主要是吸收企业、事业等法人单位的投资。对于大中型酒店来说,法人资本金是主要的形式之一。

(3)个人资本金,主要是吸收城乡居民和酒店内部职工的投资。一些中小型酒店主要是由个人资本金组成。

(4)外商资本金,主要是吸收外国投资者和我国港澳台地区投资者的投资。对酒店业来说,在中国开放的形势下,很多的国际酒店集团进驻到中国,他们以品牌、管理和资金对中国的酒店业进行投资。因此,外商资本金是大中型国际酒店的主要组成部分。

2.吸收直接投资的出资形式

1) 吸收现金投资

吸收现金投资是酒店吸收直接投资的最基本和最主要的形式之一。现金在使用上具有比其他出资方式更大的灵活性,它可以用于购置资产或支付费用。各国法律对现金投资在资本总额中所占的比例都有规定,但是我国目前尚无这方面的规定,需要在投资过程中由双方协商加以确定。

2) 吸收非现金投资

吸收非现金投资分为三类:一是吸收实物资产投资,即投资者以房屋、建筑物、设备等固定资产和材料、产品等流动资产作价出资;二是吸收无形资产投资,即投资者以专利权、商标权、非专有技术等无形资产投资;三是吸收土地使用权投资。

吸收非现金投资时应注意:①资产的合理估价。即资产在投资者投入时必须按评估确认的价值或合同、协议确认的价值估价;②无形资产出资应符合国家规定的出资限额。我国现行《公司法》规定,以工业产权、非专利技术等无形资产作价出资的金额,不得超过有限责任公司或股份有限责任公司注册资金的20%,含有高新技术的无形资产确需超过注册资金20%的,经有关部门审核批准,最高不得超过30%。

3.吸收直接投资的管理

吸收直接投资要注意以下方面:

1) 筹集规模适度

资金的筹集规模要与酒店的经营管理规模相适应。

2) 选择合理的出资形式

由于各种出资形式形成资产的周转能力不同,对酒店经营管理能力的影响也不同,因此,对于不同出资方式下的资产,要保证合理的资产结构关系,如实物资产与无形资产的结构关系、流动资产与长期资产的结构关系等。

3) 明确投资过程中的产权关系

明确投资过程中的产权关系,要注意:酒店与投资者间的产权关系,以各投资者所投资产办理产权转移手续为前提;对于各投资者间的产权关系,如投资比例、出资时间等,以合同、协议的方式正式确定;投资后形成的国有酒店,还必须到国有资产管理部门办理产权登记手续。

4) 认真确定各投资方的投资比例

不论各投资主体采用何种出资方式,酒店在吸收直接投资时都必须确认投资方的投资能力。按照《公司法》的规定,投资方的对外投资总额不得超过其净资产的50%。

4.吸收直接投资的优缺点

吸收直接投资是我国酒店筹资中最早、最普遍采用的一种方式,其优缺点见表2-4。

表2-4 吸收直接投资方式筹资的优缺点

利用吸收直接投资方式筹资的优点	利用吸收直接投资方式筹资的缺点
(1)有利于增强酒店信誉。吸收直接投资所筹集的资金属于权益资金,能提高酒店的信誉和借款能力,有助于酒店壮大实力。 (2)有利于降低财务风险。吸收直接投资一方面会降低负债资金在总资金中的比例,从而降低财务风险,另一方面酒店可以根据经营状况向投资者支付报酬,比较灵活,财务风险也比较小。 (3)有利于尽快形成经营能力。吸收直接投资可直接获得现金、先进的设备和技术,有利于尽快形成经营能力。	(1)资金成本较高。因为向投资者支付报酬是可分配利润与出资比例的乘积,所以吸收直接投资方式筹集资金的资金成本一般较高,尤其是酒店经营情况较好和盈利能力较强的时候。 (2)容易分散控制权。投资者一般会要求获得与投资数额相对应的经营管理权,如果外部投资很多,势必投资者会有相当大的管理权,甚至会形成对酒店的完全控制。

(三)酒店发行股票筹资

随着社会化大生产的发展与酒店实行多元化产权的改制需要,在进行酒店产权重组的同时通过吸收股份筹资,正越来越成为当前酒店发展的一种主要方式。吸收股份筹资,主要是组织公司制酒店时,向社会法人的定向募集股份,以及向本酒店职工按改制的要求实施职工持股。对少数获国家有关部门批准的股票上市公司,则还可通过股票上市,向社会公众募集股份。在转换酒店的体制、机制的同时,通过股份与股票运作也实现了筹资。

发行股票可以筹措社会资金,并分散酒店风险,但股票也不是如某些经营者误认为的"不要还本付息的长期资金"。发行股票是向社会公众交出一部分酒店资产所有权,同时也意味着公众拥有部分的所有权、收益权,以及与对酒店经营的公开监督权。如果酒店经营不理想,社会小股民虽然没有对经营者的足够的投票否决权,但他们可以抛出股票,"用脚来投票",使酒店的产权价格迅速下跌。

1.股票及其分类

股份公司的资本金称为股本,是通过发行股票方式筹集的,将股本划分成若干等份,即股份。股份是抽象的,要通过个体的物化形式来表现,这就是股票。

股票是股份公司为筹集自有资本而发行的有价证券,是持股人拥有公司股份的入股凭证。

按照不同标准,股票可有不同的分类,主要的分类见表2-5。

表2-5 股票的主要分类方式

划分方式	名称	特点	享有权利
股东权利	普通股	最普遍也是风险最大的一种股份投资,其收益率随酒店盈利的涨落而起伏,股息是不固定的	享有表决权、盈余分配权、解散清理剩余资产分配权、优先认股权、股份转让权、对董事的监督、诉讼权等
	优先股	优先股的股息是固定的	优先分配和优先索偿权,但对业务的管理决策没有表决权和选举权
票面形式	记名股票		
	不记名股票		
票面有无每股金额记载	面额股票	在股票上注明金额	
	无面额股票	不注明金额,只注明占股本总额的比例	

下面主要以普通股为对象来向大家阐述股票的发行与上市。

2.普通股的发行

股票的发行是指股份有限公司出售股票以筹集资本的过程。股票发行人必须是具有股票发行资格的股份有限公司。

1) 股票发行的条件

股份有限制的酒店要发行股票也必须符合一定的条件。按我国《证券法》和《股票发行与交易管理暂行条例》等的规定,股票发行分新设发行、改组发行、增资发行和定向募集发行四种形式。下面重点以新设发行为例来向大家介绍。

(1) 其生产经营符合国家产业政策。

(2) 其发行的普通股限于一种,同股同权,同股同利。

(3) 发起人认购的股本数额不少于公司拟发行的股本总额的35%。

(4) 在公司拟发行的股本总额中,发起人认购的部分不少于人民币3000万元,但是国家另有规定的除外。

(5) 向社会公众发行的部分不少于公司拟发行的股本总额的 25%，其中公司职工认购的股本数额不得超过拟向社会公众发行的股本数额的 10%；公司拟发行的股本总额超过人民币 4 亿元的，证监会按照规定可酌情降低向社会公众发行的部分的比例，但是，最低不少于公司拟发行的股本总额的 15%。

(6) 发行人在近 3 年内没有重大违法行为。

(7) 证监会规定的其他条件。

2) 股票发行方式

股票发行方式指通过何种渠道或途径，将自己的股票投入市场，并为广大投资者所接受。

股票发行方式，按募集的对象不同，可以分为公开发行和私募发行。采用公开发行时，面对的投资者是社会公众，必须向证券管理部门登记并符合如前面所说的一定的条件。而采用私募方式，面对的是少数的特定投资者，由投资者协商一致即可，一般不需要向证券管理部门登记。

3) 股票销售方式

我国《公司法》规定股份有限公司向社会公开发行股票，必须与依法设立的证券经营机构签订承销协议，由证券经营机构承销。承销有包销、代销发行两种方式。

(1) 包销方式。包销方式是由股票代理发行的证券机构，一次性将酒店新发行的全部或部分股票承购下来，并垫支相当股票发行价格的全部资本。在这种情况下，如果股票未能售出，风险全部由证券机构承担。当涉及的股份数额大时，有时可以由若干承销机构组成承销团负责，由其中一个承销机构充当主承销商。承销商的买入价与其实际出售价格之间的差异，就是其手续费收入。

(2) 代销方式。采取这种方式时，证券承销商并未买入股票，所以可避免上述风险。它只是作为代理人，根据所推销的股票数而收取佣金。证券承销商应尽全力推销股票，如果未能按约定的发行价格出售，则发行失败。

4) 股票发行价格

股票发行价格是指新股票发售时的实际价格，也称股票的一级市场价格。一般来说，股票发行价格有三种情况：

(1) 面额发行，也称平价发行，是指按股票面额出售新发行的股票，通常在股东配股时采用；

(2) 时价发行，也称市价发行，是指以已流通的股票或同类股票现行价格为基础来确定发行价格的方法，通常在股票公开招股和第三者配股发行时采用；

（3）中间价发行，是指以市价和等价的中间值确定发行价格，通常在股东配股发行股票时采用。

我国《公司法》规定，股票发行价格可以按面额发行或溢价发行，但不得折价发行。按面额发行的优点是酒店只需付给承销商手续费便能收回发行股票的资本；缺点是缺乏市场性。溢价发行是按高于股票面值价格发售，发行单位可从溢价发行中获得利润。无论采用何种方式发行，资本金数额应当按照面值计价。如果是采取溢价发行，则所获溢价净收入应列作资本公积金。

3. 普通股的上市

股票上市指股份有限公司公开发行的股票经批准在证券交易所进行挂牌交易。也就是说并不是所有的股份制酒店发行的股票都能上市交易，只有发行股票并获得证券交易所审查批准后，其股票才可以在证券交易所上市交易。对上市的酒店而言，股票上市可以大大提高其知名度，增强其股票的吸引力，从而可以在更大的范围内进行融资。

1) 普通股上市的条件

股份有限公司所发行的股票上市交易，也可以由国务院证券监督管理机构授权证券交易所依照法定条件和法定程序核准其上市申请。

股份有限公司申请其股票上市必须符合下列条件：

（1）股票经国务院证券监督管理机构核准已向社会公开发行；

（2）公司股本总额不少于人民币 5000 万元；

（3）开业时间在 3 年以上，最近 3 年连续盈利（原国有酒店依法改建而设立的，或者公司法实施后新组建成立，其主要发起人为国有大中型酒店的，可连续计算）；

（4）持有股票面值达人民币 1000 以上的股东人数不少于 1000 人，向社会公开发行的股份达公司股份总数的 25％以上，公司股本总额超过人民币 4 亿元的，其向社会公开发行股份的比例为 15％以上；

（5）公司在最近 3 年内无重大违法行为，财务会计报告无虚假记载；

（6）国务院规定的其他条件。

上述条件是为了使上市公司有较高的素质、比较大的规模、股权有合理分布，能形成一定的交易量，在投资者中形成较好的信誉。

2) 股票上市的暂停与终止

股票上市后有下列情形之一的，由国务院证券管理部门决定暂停其股票上市：

（1）公司股本总额、股权分布等发生变化不再具备上市条件；

(2) 公司不按规定公开其财务状况,或者对财务报告做虚假记载;

(3) 公司有重大违法行为;

(4) 公司最近3年连续亏损。

另外,公司决定解散、被行政管理部门依法责令关闭或者宣告破产的,由国务院证券管理部门决定终止其股票上市。

4.普通股筹资的优缺点(见表2-6)

表2-6 普通股筹资的优缺点

利用普通股融资的优点	利用普通股融资的缺点
(1)没有固定的负担。普通股不像债券要定期付息,酒店盈利可支付或少支付,甚至不支付股利,而无盈利则理所当然地不支付股利。 (2)没有偿还期。因为普通股是酒店的一项永久性资本,无返还资本的约定。 (3)筹资风险小,筹资限制少。由于酒店资本没有返还期限,故没有偿还压力,当然不存在还本付息的风险。筹资时不像债券有这样那样的限制条件。 (4)增强了信誉。利用普通股筹集的资金,形成酒店的权益资金,一方面增强酒店的实力,另一方面为酒店筹措债务资本提供了物质保证和信用基础。	(1)资金成本高。筹措普通股资本,其股利不可减免所得税,再加上普通股投资风险较大,因此,普通股资本成本较债务成本高。 (2)可能分散公司的控制权。增加普通股股票发行量,势必增加新股东,这将稀释原有股东对酒店的控制权。 (3)分散酒店管理者的注意力。股价的高低对酒店的管理者有重大影响。股价的易变性,往往分散酒店管理者的注意力,引发一些短视效应的决策,甚至会影响到他们的创新性和开拓性。

三、酒店长期负债筹资管理

(一) 酒店长期借款筹资

长期借款是指酒店向银行等金融机构以及向其他单位借入的、期限在一年以上的各种借款。

1.长期借款的种类

(1) 按提供借款的机构单位分类,长期借款可分为政策性银行借款、商业性银行借款、非银行金融机构借款。

政策性银行借款是执行国家政策性借款业务的银行提供的借款。我国目前有三个政策性银行:国家开发银行、中国进出口银行和中国农业发展银行。

商业性银行借款是由商业银行提供的借款。我国目前主要的商业银行包括中国工商银行、中国建设银行、中国农业银行、中国银行、交通银行、招商银行等。

非银行金融机构借款是指除银行之外的金融机构提供的借款,主要包括投资公司、保险公司、证券公司、财务公司等。

(2)按借款有无抵押品分类,长期借款可分为信用借款和抵押借款。

信用借款是指不以抵押品作为担保的借款,只是依靠借款酒店的信用而取得。

抵押借款是以特定的抵押品作为担保的借款。抵押品可以是房屋、建筑物等不动产,也可以是机器设备、存货等,还可以是股票、证券等。

(3)按借款用途分类,长期借款可以分为固定资产借款、大修理借款、技术改造借款和新产品试制借款等。

2.酒店归还长期借款的方式

长期借款的偿还期较长,归还贷款本金的方式也有多种,如:

(1)到期日一次归还。

(2)定期偿还相等份额的本息。

(3)部分分期等额偿还。

(4)分期付息,到期还本。

(5)分期等额还本,余额计息。

借款酒店如因暂时财务困难,需延期归还借款时,应向银行提交延期还贷计划,经审查核实,续签合同,按计划归还借款。逾期期间银行一般按逾期借款计收利息。

每种方式给酒店带来的影响是不同的,酒店要结合自身经营状况和能力权衡利弊,选择最有利的偿还方法。

3.保护性契约条款

金融机构在向酒店提供长期借款时,很显然会考虑该借款将带来的固有风险,按国际惯例,通常会对借款酒店提出一些有助于保证贷款按时足额偿还的条件。这些条件形成了合同的保护性契约条款,主要包括一般性保护条款、例行性保护条款、特殊性保护条款和违约惩罚性条款。

1)一般性保护条款

一般性保护条款应用于大多数贷款合同,但根据具体情况会有不同内容,主要包括:

(1)对借款酒店流动资金保持量的规定,其目的在于保持贷款酒店资金的流动性和偿债能力。

(2)对支付现金股利和再购入股票的限制,其目的在于限制现金外流。

(3)对资本支出规模的限制,其目的在于减少酒店日后不得不变卖固定资产以偿还借款的可能性,仍着眼于保持借款酒店资金的流动性。

（4）限制其他长期债务,其目的在于防止其他金融机构取得酒店资产的优先求偿权。

2）例行性保护条款

例行性保护条款作为例行常规,在大多数贷款借款合同中都会出现,主要包括：

（1）借款酒店定期向银行提交财务报表,其目的在于及时掌握酒店的财务状况。

（2）不准在正常情况下出售较多资产,以保持酒店正常的经营能力。

（3）如期清偿缴纳的税金和其他到期债务,以防被罚款而造成现金流失。

（4）不准以任何资产作为其他承诺的担保或抵押,以避免酒店过重的负担。

（5）不准贴现应收票据或出售应收账款,以避免有负债。

（6）限制租赁固定资产的规模,其目的在于防止酒店负担巨额租金,避免其偿债能力被削弱,还在于防止酒店以租赁固定资产的办法摆脱对其资本支出和负债的约束。

3）特殊性保护条款

特殊性保护条款是针对某些特殊情况而出现在部分借款合同中的条件,其目的在于防止酒店发生不利于借款金融机构的行为。主要包括：

（1）借款专款专用。

（2）不准投资于短期内不能收回资金的项目。

（3）限制高级职员的薪金和奖金总额。

（4）要求主要领导人在合同有效期间担任领导职务。

（5）要求主要领导人购买人身保险等。

4）违约惩罚性条款

几乎所有的借款协议都有违约惩罚条款,即详细规定借款人违反上述契约条款的任何一条时将受到惩罚的条款。最为常用的惩罚条款形式为"提前偿付"。即规定,如果借款人到期不能履行协议中的任何其他条款或不能偿付任何需要偿还的借款时,整个借款将立即到期并立即偿还。这一惩罚条款有助于借款人对贷款酒店正在恶化的状况采取任何必要措施,以保护其自身利益。除了提前偿付条款外,还有其他一些惩罚性契约条款。所有这些惩罚性契约条款,目的都在于保证借款人在其认为必要时能据此提出强制性建议来改进借款人的财务状况,从而确保借款人的自身利益。

4. 长期借款筹资的优缺点(见表2-7)

表2-7 长期借款筹资的优缺点

利用长期借款融资的优点	利用长期借款融资的缺点
(1)借款成本较低。就我国目前的情况看,利用银行借款所支付的利息比发行债券所支付的利息低,另外,也无须付大量的发行费用。 (2)对控制权没有影响。长期借款只是一种长期债务,债权人无权参与经营管理,故长期借款筹资不会引起控制权的转移,可避免稀释股东权益。 (3)借款筹资较快。银行借款与发行证券相比,一般借款程序较简单,所需时间较短,可以迅速获得资金。 (4)借款弹性大。在借款之前,借款酒店与银行直接商定借款的时间、数额和利率。在借款期间,如果酒店财务状况发生某些变化,亦可与银行再协商,变更借款数量及条件。因此,借款筹资对酒店具有较大的灵活性。 (5)充分发挥财务杠杆的作用。利用借款筹资,由于利息可以在所得税前支付,所以可以发挥财务杠杆作用。	(1)风险高。酒店借入长期借款,有还本付息的法律义务,给酒店带来一定的财务风险。 (2)限制条款较多。可能会影响到酒店以后的筹资和投资活动。 (3)筹资数量有限。一般不能像债券、股票那样一次性筹集到大笔资金。

(二)酒店长期债券筹资

债券是表明债权债务关系的一种书面凭证。债券是债务人为筹集资金而发行的,承诺按期向债权人支付利息和偿还本金的一种有价证券。酒店发行的债券为酒店债券或公司债券。

1. 债券的种类

债券可按不同的标准分为很多种类。酒店应从实际出发,慎重决策。

1) 按是否记名分为记名债券与不记名债券

记名债券是指在券面上记有持券人的姓名或名称的债券。记名债券到期只偿付给券面上的记名人,如果要转让,可以通过债券持有人背书并向发行公司登记后进行。不记名债券是在券面上不载明持有人的姓名,还本付息仅以债券为凭据,谁持有债券,谁就可以获得本息的支付。不记名债券的转让比较简单,债券持有人向转让方交付债券后即告生效。

2) 按是否具有抵押品分为抵押债券与信用债券

抵押债券是以酒店拥有的土地、房屋等有形资产作为抵押来发行的债券,也称担保债券。按照抵押品的不同,可进一步分为不动产抵押债券、动产抵押债券和信托抵押债券。其中信托抵押债券是以持有的其他酒店发行的有价证券作为抵押品而发行的债券。信用债券是以公司的资信为后盾来发行的债券,没有任何有形资产作抵押,也叫无担保债券。国外券商通常并没有太多的固定资产,但拥有良好的信用,因此国外券商发行的债券通常是信用债券。

3) 按利率是否固定分为固定利率债券与浮动利率债券

固定利率债券是指发行债券的券面上载有确定利率的债券。也就是说,在发行时规定的利率在整个偿还期内保持不变。浮动利率债券指发行时规定债券利率随市场利率定期浮动的债券,也就是说,债券利率在偿还期内可以进行变动和调整。

4) 按偿还方式分为一次到期债券与分次到期债券

一次到期债券是指发行公司于债券到期日一次集中清偿所发行的全部债券本金的债券。分次到期债券有两种情形,一种是分批到期偿还;另一种是对同一债券的本金分次偿付,于债券到期日还清本金。

5) 可转换债券与非可转换债券

可转换债券是指根据债券募集办法的规定,债券持有人可以将其转换为发行公司股票的债券。发行可转换债券的酒店,应规定转换办法,有义务按规定的办法将债券持有人的可转换债券换购为股票,而债券持有人有权选择将债券转换或不转换为股票。非可转换债券,是指不可以转换为普通股股票的债券。

2. 债券的发行

1) 发行债券的条件

我国发行企业债券始于 1983 年,1987 年 3 月 27 日国务院发布了《企业债券管理暂行条例》,使我国企业债券的发行、转让等各个方面开始走向规范化。按照我国现行《公司法》的规定,发行公司债券,必须符合下列条件:

(1) 股份有限公司的净资产额不低于人民币 3000 万元,有限责任公司的净资产额不低于人民币 6000 万元;

(2) 累计债券总额不得超过公司净资产额的 40%;

(3) 最近 3 年平均可分配利润足以支付公司债券 1 年的利息;

(4) 筹集的资金投向符合国家产业政策;

(5) 债券的利率不得超过国务院限定的利率水平;

(6) 国务院规定的其他条件。

2) 债券的发行方式

按债券的发行对象划分,有公募发行和私募发行两种。

(1) 公募发行,是以不特定的多数人为募集对象而公开发行债券。为了保护普通投资者的安全,公募发行一般以较高的信用等级为必要条件。在公募发行内又有三种发行方式:募集发行,指一般在发行前确定发行额度、日期、发行价等要件;出售发行,指发行额不确定,以某一发售时期内被认购的总额为发行额;投标发行,指预先确定发行额,同承销者通过投标确定发行价格。

(2) 私募发行,是指向特定的少数投资者发行债券,一般仅仅以与债券发行者有某种密切关系者为发行对象,如本酒店职工、机构投资者,主要是定向发行。

一般情况下,私募发行多采用直接销售方式,也不必向证券管理机关办理发行注册手续,因此可以节省承销费用。公募发行多采用间接销售方式,这往往要通过繁琐的注册手续。在采用间接销售方式时,发行人要通过发行市场的中间人即承销者承担债券的发行与销售业务。承销者承销债券的方式有两种,分别是代销和包销。

3) 债券的发行价格

根据市场利率与债券票面利率的不同,债券发行时的实际价格与债券面值会出现三种不同情况:等价发行(按债券的面值的价格出售,又叫面值发行)、溢价发行(按高于债券面值的价格出售)和折价发行(以低于债券面值的价格出售)。

债券之所以会存在溢价发行和折价发行,主要是因为资金市场上的利息率是经常变化的,而公司债券上的利息率,一经印出便不易再进行调整,从债券的开印到正式发行,往往需要经过一段时间,在这段时间内如果资金市场上利率发生变化,就要靠调整发行价格的方法来使债券顺利发行。

3. 债券的评级

酒店公开发行债券通常要由债券评信机构评定等级。债券的信用等级表示债券质量的优劣,反映债券还本付息能力的强弱和债券投资风险的高低。信用等级越高,债券的风险就越小;信用等级越低,债券的风险就越大。

国际上流行的3等9级,依次为:AAA、AA、A、BBB、BB、B、CCC、CC、C级。我国目前尚无统一的债券等级标准,根据中国人民银行的有关规定,凡是向社会公众发行的酒店债券,需要由中国人民银行及其授权的分行指定资信评级机构或公证机构进行评信。

4.债券筹资的优缺点(见表2-8)

表2-8 债券筹资的优缺点

债券筹资的优点	债券筹资的缺点
(1)资金成本较低。相对于发行股票等筹资方式而言,发行债券筹资方式的筹资成本比较低。这是因为债券的发行费用比股票的低,另外,债券的利息费用属于正常的经营费用,可以享受扣减所得税的优惠。 (2)不丧失酒店控制权。债务人无权参与酒店经营与管理,也不享受税后净得的分配,这样,发行债券筹资既可以使酒店获得生产经营所需要的资金,又不会分散股东对酒店的控制权。 (3)成本支出有限。债券的利息是一固定金额,债券持有者除获取利息外,不能参与酒店超额盈余的分配。 (4)可使股东获得财务杠杆收益。债券利息固定,在经营状况良好、盈利较多时,酒店利用债券筹资所带来的收益将大大高于其筹资成本,也就是说,可以提高酒店权益资本收益率,同时也便于调整公司资本结构。	(1)财务风险高。债券有固定的到期日和固定的利息支出,风险较大。当经营状况较差时,易使酒店陷入财务困境。 (2)限制条件严格。债券往往附有多种限制性条款,可能对酒店财务的灵活性造成不良影响。 (3)筹资数量限额。发行债券筹资,其数额大小有一定的限制,不能无限扩张。我国公司法规定,公司发行的债券累计总额不能超过公司净资产的40%,公司制酒店也不例外。

(三)酒店融资租赁筹资

1.融资租赁的含义

融资租赁是一种世界性的现代融资手段,在国外已十分普遍。融资租赁以专业性的租赁公司为出租人,租赁公司按承租酒店的要求,由租赁公司向银行借款,再从国外或国内购入承租酒店选定的新设备,并租赁给承租酒店使用。租赁公司一般先收设备价款的15%~20%作为定金,其余租金则在设备投产后按月分期收取,承租酒店所交的租金内容则包括设备的价款、租赁公司应取的利润及租赁公司借款所付的利息三部分。一般设备在3~5年内交清,大型设备可10年交清。在租金交清之前,所租设备的所有权属租赁公司,而所租设备的使用权归承租公司;在租金全部付清后,租赁公司出具产权转移证书,把设备的所有权让渡给承租酒店。这种将"融资"与"融物"结合起来的租赁方式,其形象化的表述就是"借鸡下蛋,以蛋还钱,最终得鸡"。

2.融资租赁的意义

融资租赁方式使承租酒店不必依靠借款筹资,依托具有直接进口能力与经验的租赁公司便能很方便地获得所需的设备,并减少风险损失。对酒店来说,无疑是开拓了一条"小钱办大事,零钱办整事,暂时没钱也能办好事"的融资融物的途径。对酒店的租赁筹资是对出租方实现所有权与经营的分离,由承租者通过交纳租金而取得出租方在一定时期内的资产使用权与经营权的一种筹资方式。由此筹得的是出租方的全部有形资产与无形资产。通过融资租赁,出租方可以盘活经营不善的闲置酒店资产,获得租金并解决员工的就业问题;承租方则可以借此而优化组合社会资源,以较低的资金即可马上实现经营能力的扩大,使自有资本能更好地增值。

3.融资租赁的类别

1)直接租赁

这是指承租人直接向出租人租入所需要的资产,并付出租金。这是一种以融通资金为主要目的的方式。直接租赁的主要出租方是制造商、独立租赁公司和专业设备租赁公司等。

2)售后租回

这是指承租人将其拥有主权的资产出售给出租人,然后又向出租人以融资租赁的方式租回该项资产并向出租人支付租金的租赁。作为融资租赁的另一种形式,返租式租赁则是承租酒店将自己已有的重大设备出售给出租方,再通过融资租赁方式租回而继续使用。这实质上是以暂时出让设备的所有权而获得一笔急需的资金,同时保留设备的使用权。售后租回的主要出租方是金融机构,如保险公司、金融公司和投资公司等

3)杠杆租赁

这涉及出租人、承租人和借款人三方当事人。出租只出购买资产所需的部分资金(一般为 20%~40%),作为自己的投资;另外以该资产作为担保向借款人借入其余资金(一般为 60%~80%),然后再以融资租赁的方式租赁给承租人。但是,借款人对其债权没有追索权,该项设备的所有权归出租方。借款方仅对资产具有第一留置权,如果出现违约,则租赁偿付款直接付给借款人。杠杆租赁使出租人以少量资金带动巨额的租赁业务,就如同杠杆原理一样,所以称为杠杆租赁。

4. 融资租赁的租金

在融资租赁方式下，承租方要按合同规定向出租方支付租金。租金的数额和支付方式对承租方的未来财务状况具有直接的影响。

1) 融资租赁的租金构成

融资租赁的租金主要包括设备价款和租息两部分，而租息又由融资成本、租赁手续费等构成。

(1) 设备价款，是租金的主要内容，它包括买价、运杂费及途中保险费等。

(2) 融资成本，是指出租方为购买租赁设备所筹资金的成本，即设备租赁期间的利息。

(3) 租赁手续费，包括出租方承办租赁设备的营业费用和一定的盈利，由承租方与出租方协商确定，按设备成本的一定比率计算。

2) 融资租赁的租金支付

租金的支付方式也影响每期租金的多少。租金的支付方式一般有以下几种：

(1) 按支付时期的长短，分为年付、半年付、季付、月付等。

(2) 按支付时间的先后，分为先付租金、后付租金。

(3) 按每期支付租金数额的不同，分为等额支付和不等额支付。

3) 融资租赁的租金计算

我国的融资租赁实务中，大多采用等额年金法。

等额年金法是运用年金现值的计算原理计算每期应付租金的方法。在这种方法下，通常以利息率作为贴现率。

【例 2-4】 某酒店 2013 年 1 月 1 日从一租赁公司以融资租赁的方式租入设备一台，价款 100000 元，租期 5 年。双方商定采用 15% 的贴现率，约定每年年末等额支付租金。请问酒店每年应付多少租金？

$$A = \frac{100000}{(P/A, 15\%, 5)} = \frac{100000}{3.3522} = 29831.16 (元)$$

即该酒店每年年末应等额支付租金约 29831.16 元。

5.融资租赁的优缺点(见表 2-9)

表 2-9 融资租赁的优缺点

融资租赁的优点	融资租赁的缺点
(1)提高资金的使用效益,降低财务风险。承租方的资产负债表中,租赁物并不在表内列示,并不改变酒店的资本结构,未来的举债能力得到增强。另外租金在整个租期内分摊,不用到期归还大量本金,可适当减少不能偿付的风险。 (2)租赁手续简便,引进速度快。与购买相比,租赁的手续相当简单,可以免去许多工作。 (3)限制较少。融资租赁可以避免长期筹资所附加的多种限制性条款,从而为酒店经营活动提供更大的弹性空间。另外,租赁是筹资与购买设备并行,比举债购买设备速度更快,更为灵活。 (4)设备淘汰风险小。科技的进步使设备更新换代的速度加快,由于租赁物的所有权在出租方,对于出租方而言,需要承担设备陈旧过时的风险,而承租方就避免了这类风险。 (5)在纳税上获得优惠。租金作为一项费用是在所得税前扣除的。融资租赁的租金很高,这样就可以起到很好的抵税作用。当前,租赁业得以快速发展的一个主要原因就是避税。	(1)资金成本较高。融资租赁尽管没有明显的利息成本,但出租人通过租金获得报酬。租金包括租赁物的原价、利润、利息和手续费等。一般说来,许多租金的隐含报酬率要高于债券的利率。因此,财务人员应预先对比进行估计以确定其合理性。 (2)丧失资产的残值。租赁期满,资产的残值一般归出租人所有,除非购买该资产,否则承租人将丧失这部分价值。 (3)难以改良资产。承租人未经出租人的同意,不得擅自对租赁资产加以改良。

■ 课后复习

1.什么是短期筹资?短期筹资的特点有哪些?
2.什么是商业信用?商业信用筹资有哪些形式?
3.采取吸收直接投资方式时,投资者的出资方式有哪些?应符合什么条件?
4.普通股与优先股有哪些不同?
5.利用可转换债券方式筹资的优缺点表现在哪些方面?
6.什么是融资租赁?它与经营租赁的区别是什么?

第三章　酒店投资管理

课前导读

酒店在筹资中和利润的积累中获得资金,要想将其组织成能不断创造价值的资源组合,就需要投资,需要选择好的投资项目,这样才能帮助酒店取得较高的价值增值,从而在竞争中处于有利的地位。本章介绍了现金流量的相关问题,由此谈到固定资产及证券投资决策的相关知识及方法。

第一节　酒店投资概述

一、酒店投资的概念与意义

（一）酒店投资的概念

酒店投资指酒店当期投入一定数额的资金而期望在未来获得回报，所得回报应该能补偿：①投资资金被占用的时间；②预期的通货膨胀率；③未来收益的不确定性。酒店投资是货币转化为资本的过程。在市场经济条件下，酒店能否把筹集到的资金投放到收益高、回收快、风险小的项目中去，对酒店的生存和发展是十分重要的。

（二）酒店投资的意义

1. 为酒店资本增值创造更多机会

酒店财务管理的目标就是不断提高酒店价值，为此，要采取各种措施增加利润，使资本实现最大程度的增值。酒店要想获得利润就必须进行投资，从投资项目中获取利润，实现资本增值。

2. 为酒店发展生产提供基本保障

在科学技术、社会经济迅速发展的今天，酒店无论是维持简单再生产还是实现扩大再生产，都必须进行一定的投资。酒店要维持简单再生产的顺利进行，就必须及时对所使用的机器设备进行更新，对产品和生产工艺进行改革，不断提高员工的科学技术水平等；要实现扩大再生产，就必须新建、扩建厂房，增添机器设备，增加员工人数，提高员工素质等。只有通过一系列的投资活动，才能增强实力，广开财源。

3. 为酒店降低风险提供重要方法

酒店把资金投向生产经营的关键环节或薄弱环节，可以使酒店各种生产经营能力配套、平衡，形成更大的综合生产能力。酒店如把资金投向多个行业，实行多元化经营，则更能增加酒店销售和盈余的稳定性。这些都是降低酒店经营风险的重要方法。

二、酒店投资的类型

（一）按投资与酒店生产经营的关系，可分为直接投资与间接投资

直接投资是以货币投入酒店，通过生产经营活动取得一定利润。在非金融

性酒店中,直接投资所占比重很大。间接投资又称证券投资,是以货币购买酒店发行的股票和债券等金融资产,以便取得股利或利息收入的投资,间接参与酒店的利润分配。随着我国金融市场的完善和多渠道筹资的形成,酒店间接投资将越来越广泛。

(二) 按投资回收时间的长短,可分为短期投资和长期投资

短期投资又称为流动资产投资,是指能够并且也准备在一年以内收回的投资,主要指对现金、应收账款、存货、短期有价证券等的投资,长期证券如能随时变现亦可作为短期投资。长期投资则是指一年以上才能收回的投资,主要指对厂房、机器设备等固定资产的投资,也包括对无形资产和长期有价证券的投资。由于长期投资中固定资产占的比重最大,所以,长期投资有时专指固定资产投资。

(三) 按投资的方向,可分为对内投资和对外投资

对内投资是为酒店自身扩大再生产奠定基础,即购建固定资产、无形资产和其他长期资产的投资。对外投资是指酒店以现金、实物、无形资产等方式或者以购买股票、债券等有价证券方式向其他单位的投资。对内投资都是直接投资,对外投资主要是间接投资,也可以通过直接投资的方式。随着酒店之间横向经济联合的开展,对外投资越来越重要。

(四) 按投资在再生产过程中的作用,可分为初创投资和后续投资

初创投资是在建立新酒店时所进行的各种投资。它的特点是投入的资金通过建设形成酒店的原始资产。后续投资则是指为巩固和发展酒店再生产所进行的各种投资,主要包括更新性投资、追加性投资和为调整生产经营方向所进行的转移性投资等。

第二节　酒店资本投资决策与管理

一、酒店资本投资概述

(一) 酒店资本投资的概念

酒店资本投资决策简称酒店投资决策,是指固定资产投资决策,即决定某个固定资产投资项目是接受还是拒绝,一般又称为酒店资本预算。资本投资要求在项目开始时投入一大笔资金,在项目投产后,通过一段较长时期逐渐收回,并取得额外报酬。资本投资对酒店而言是一项重大的资本支出项目,牵涉酒店未

来多年的生产经营状况。正确的投资决策可以使酒店的利润激增,而投资决策失误亦可使酒店一蹶不振。资本投资有投资额大、持续时间长的特点。根据酒店财务管理的目标,资本投资决策要求在多投资方案中找出对酒店最有利,能使酒店价值最大化的方案。

（二）酒店资本投资的种类

酒店在经营过程中,要扩大经营规模,维持较强的效力,必须不断发掘新的投资构想,提出不同的投资方案,再经投资决策程序进行决策,找出最佳投资方案。由于生产经营的要求不同,酒店的投资可分为以下几种类型：

1. 重置型投资

重置型投资是指酒店为提高技术水平和经济效益而进行的固定资产更新、技术改造和其他措施工程的投资。如对现行的生产设备进行更换而购置的新设备、采用的新工艺,对于已陈旧的生产设备更新或提前更新的投资等。重置型投资主要是为了凭借效率高的新设备来降低酒店的原材料费用、人工费用及其他生产费用,从而提高生产效率,获取更多的利润。

2. 扩充型投资

扩充型投资是指为了扩大酒店生产经营规模所进行的投资,如为了提高产品的产量和扩充现有销售渠道而进行的购置新设备的投资；为了生产新产品或打入新市场而进行的进口先进设施、设备的投资等。扩充型投资决策的主要目的是扩大酒店的生产规模,取得规模效益或使产品更新换代,巩固和扩大市场占有率。

3. 其他投资

其他投资是指不属于重置型和扩充型投资的投资。通常有为了保证生产安全,保护环境所需的强制性非收入的投资,如"三废"处理设备的投资；有与生产无关的投资,如修建职工食堂、营业场所等的投资。

在进行投资时,投资的类型与采用的决策方法有很大的关系,酒店使用比较严密的分析方法选择好的投资方案,可以产生较大的收益,但也要付出较高的决策费用。因此,某些类型的投资方案要进行较为详细的研究分析以后才能决定是否接受,如与生产经营密切相关的、涉及成本与收益较大数额的重置型和扩充型投资方案。而对于一些与生产经营关系不是很密切、涉及成本与收益数额不大的投资方案,则可进行简单的论证作出抉择。

（三）酒店资本投资的程序

酒店业是资金密集型行业,固定资产投资在总投资额中占的比重很大,一般要占总投资额的80％左右,而且固定资产具有回收时间长、投资的变现能力差、投资以后往往难以改变等特点,决定了酒店的固定资产投资具有相当风险。一旦决策失误,就会严重影响酒店的财务状况和现金流量,甚至会使酒店走向破产。因此,酒店的固定资产投资不能在缺乏调查研究的情况下轻率作出,而必须按特定的程序,运用科学的方法进行可行性分析,以保证决策的正确有效。酒店投资决策的程序,一般包括以下几个步骤。

1. 投资项目的提出

酒店的各级领导者都可提出新的投资项目。一般而言,酒店的高层领导提出的投资项目,多数是大规模的战略性投资项目,其方案一般由经营、营销、财务等各部分专家组成的专门小组写出。基层或中层人员提出的投资项目,主要是战术性投资项目,其方案由主管部门组织人员拟定。

2. 投资项目的评价

投资项目的评价主要涉及如下几项工作:一是把提出的投资项目进行分类,为分析评价做好准备;二是计算有关项目的预计收入和成本,预测投资项目的现金流量;三是运用各种投资评价指标,把各项投资按可行性的顺序进行排队;四是写出评价报告,请上级批准。

3. 投资项目的决策

评价投资项目后,酒店领导层要作最后决策。投资额较小的项目,有时中层经理就有决策权;投资额较大的项目,一般由总经理决策;投资额特别大的项目,要由董事会甚至股东大会投票表决。不管是谁最后决策,一般都可分为以下三种:一是接受这个项目,可以进行投资;二是拒绝这个项目,不能进行投资;三是返还给项目的提出部门,重新调查后,再做处理。

4. 投资项目的执行

决定对某项目进行投资后,要积极筹措资金,实现投资。在投资项目的执行过程中,要对工程进度、工程质量、施工成本进行控制,以便使投资按预算规定如期保质完成。

5. 投资项目的再评价

在投资项目的执行过程中,应注意原来作出的决策是否合理、正确。一旦出现新的情况,就要随时根据变化的情况作出新的评价。如果情况发生重大变化,原来投资决策已变得不合理,那么,就要对投资决策是否中途停止作出决策,以避免更大的损失。

二、酒店资本投资的现金流量分析

（一）现金流量的意义

直接投资中的现金流量是指投资项目在其计算期内(有效年限内)，与投资决策有关的现金流入量、流出量的统称，包括现金流入量、现金流出量和现金净流量三个方面。现金流量中的现金既可以是各种货币资金，也可以是项目所需的非货币资金的变现价值，如项目所需的厂房、机器设备等。进行投资方案的分析和评价应以现金流量为依据，而不是以会计利润为依据。因为：

1. 采用现金流量可反映货币的时间价值

采用现金流量而不是会计利润来衡量项目的价值，是因为会计利润是按权责发生制核算的，它与现金流量的含义完全不同。会计意义上的利润不是酒店实际可得的现金，如采用赊销方式取得的销售收入是以应收账款体现的，酒店并没有收到现金，应收账款在以后收回，按货币时间价值的观点看，其价值与当期收回是有差异的。而投资项目是一个较长时间内投放和收回资金的过程，时间跨度大，在投资决策时采用现金流量可充分体现现金收支的时间性。

2. 采用现金流量可避免会计核算方法的影响

以现金流量来衡量项目的价值还可以避免人为因素的干扰，保证投资决策的客观性。会计利润的核算往往受与会计核算方法相联系的问题的影响，如在核算利润时采用何种折旧方式，存货计价是采用先进先出法还是后进先出法等。对这些问题的处理采用不同的方法，其会计利润是不同的，因此而作出的投资决策就会产生一定的差异。例如，房屋和经营设备的投资支出要在以后会计年度内提取折旧并作为生产成本从应税收入中扣除，直接减少了会计利润，但从现金流量的观点来看，房屋和经营设备的投资支出其实已经发生，因此计提折旧费既不产生现金流入也不产生现金流出，只不过因税法规定其可以冲抵应税收入，在酒店盈利的情况下可以减少税额，带来"税盾效应"，间接带来现金流入而已。现金流量是以现金的实际收付为基础进行核算的，很少受到上述会计核算问题的影响，用它来评价投资的经济效益更具有客观性和准确性。

3. 在投资分析中，现金流动状况比盈亏状况更重要

一个项目能否维持下去，不取决于一定期间是否盈利，而取决于有没有现金用于各种支付。但利润反映的是某一会计期间"应计"的现金流量，而不是实际的现金流量，故有利润的年份，不一定能产生多余的现金用来进行其他项目的再投资。

投资项目的现金流量由现金流入量和流出量构成，其差额称为净现金流量。

现金流量按投资项目的时间不同又可分为期初现金流量、寿命期内现金流量和期终现金流量,它们分别包含不同的内容。

(二) 现金流量的构成

1. 现金流出量

现金流出量是指由于实施某项投资而引起酒店现金支出的增加量。包括:

1) 直接投资支出

这项支出是指为了使生产经营能力得以形成而发生的各项现金支出,这是投资项目最基本、最主要的支出。直接投资支出可能在项目期初一次支出,也可能在项目建设中分期支出。

2) 垫支的流动资金

新投资项目的实施,往往扩大了酒店的生产经营能力,为了使生产经营能力得到充分利用,必须相应增加原材料产品的储备,也会引起其他流动资产的增加,酒店必须追加流动资金以满足需要,这些流动资金一般在项目开始投产时支出,并能够在寿命期终一次性收回。

并不是所有的投资项目均需增加流动资金,对于一些在酒店原有生产能力基础上进行的技术改造、生产设备的更新,由于生产效率的提高,节省了人力、物力、财力,不仅不会引起流动资金的增加,甚至会减少流动资金的占用。在投资项目分析和评价时,应结合实际加以考虑。

3) 付现成本

这是指在生产经营期内每年发生的用现金支付的成本。它是当年的总成本扣除该年折旧额、无形资产摊销额、开办费摊销额等项目后的差额。每年的总成本中包含一部分当年非现金流出的内容,这些内容虽然也是成本,但不需要动用现实货币资金支出,所以不属于付现成本的范畴。

4) 支付的各项税款

这是指生产经营期内酒店实际支付的流转税、所得税等税款。

2. 现金流入量

这是指由于实施某项投资所引起的酒店现金流入的增加值。主要包括:

1) 营业现金流入

营业现金流入是指实施投资以后形成的生产经营能力开展正常的经营业务以后所产生的现金流入量。在投资决策分析中,营业现金流入量往往是以一个年度或一个生产周期核算的,通常包括营业利润和折旧。

营业利润是指投资项目实施以后,由于营业收入的增加或营业成本的降低而增加的利润。有些投资如扩充型投资项目,其目的是扩大酒店的生产规模,增加产品的生产和销售,从而提高酒店的营业收入。以项目实施后增加的营业收入扣除因项目实施而增加的营业成本即形成投资项目的营业利润。对于其他投资如重置型投资项目,其目的则是提高生产效率,节省原材料和能源,减少人工,从而降低营业成本。

$$营业现金流入量=利润+折旧$$
$$=营业收入-(营业成本-折旧)$$
$$=营业收入-付现成本$$

2) 净残值收入

这是指在投资项目寿命期终,出售报废资产时的残值收入。此项现金流入一般发生在项目计算期最后一年的年末,即发生在项目计算期的终结点。

3) 回收的流动资金

这是指生产经营期结束时回收的原垫付的全部流动资金,此项现金流入只发生在项目计算期的终结点。

3. 净现金流量

净现金流量是指一定期间内现金流入量与现金流出量的差额。这里所说的"一定期间",可以一年计,也可以整个项目持续年限计。当现金流入量大于现金流出量时,净现金流量为正值;反之净现金流量为负值。在项目建设期内,净现金流量为负值,在经营期内,净现金流量一般为正值。进行资本投资决策时,应考虑不同时期的净现金流量,即计算年净现金流量,其公式为:

$$年净现金流量=年现金流入量-年现金流出量$$

项目全过程的净现金流量的计算公式为:

$$投资期净现金流量=(直接投资支出+垫支的流动资金)$$
$$经营期净现金流量=营业现金流入量$$
$$终结点净现金流量=经营期净现金流量+回收的净残值+回收的流动资金$$

(三) 现金流量的计算

为了正确评价投资项目的优劣,必须正确计算现金流量。

(1) 估计投资方案每年能产生的现金净流量。

(2) 在确定投资方案相关现金流量时遵循"增量现金流量"原则。所谓增量现金流量,是指接受或拒绝某一个投资方案后,酒店总现金流量因此发生的变动。

(3) 为了正确计算投资方案的增量现金流量,应注意以下几个方面:

①项目实施后对酒店现金流量的影响。投资决策往往是对某一个具体投资项目的决策,但投资项目又是酒店的一个有机组成部分,因此,仅仅考虑投资项

目本身的现金流量是不够的,还要注意投资项目对酒店其他部门现金流量带来的影响。就整个酒店而言,接受某一投资项目后,除了其本身带来的现金流量以外,还会影响其他部门的现金流量。

除了对现金流入要从增量角度考虑外,对现金流出同样也要从增量角度考虑,由于实施新项目而引起酒店的成本、费用的增加,也要作为增量现金流出量计入该项目的现金流出量。

②沉没成本不是相关现金流量。沉没成本是指已经发生,在投资决策中无法改变的成本。在投资决策中,只有与投资项目决策有关的成本才是相关成本,而沉没成本并不是相关成本。

③必须考虑机会成本。机会成本是指有经济价值的资源投资在某一项目中就失去了投资其他项目的机会,则投资其他项目可能产生的现金就形成了该项目占用这些资源的机会成本,这些资源包括资金、土地、生产设备等。机会成本是客观存在的,在投资决策中不容忽视。

④注意营运资金变动的影响。当酒店投资某项新业务时,由于销售量的扩大,其对存货、应收账款等流动资金的需要量也会增加,酒店必须筹措新的资金以满足营运资金增加的需求,增加的营运资金在项目投产时投入,在项目的寿命期内持续使用,当项目终止时,营运资金仍然可以收回,作为期末的现金流入量,因此在投资决策时,必须注意不能遗漏营运资金变动的影响。

⑤融资费用和利息支付不作现金流出。通常在评价和分析投资项目的现金流量时,将投资决策和融资分开,假设全部投入资金都是酒店的自有资金,即全投资假设,那么,即使酒店投资所需资金是通过发行债券或借债筹款,与融资有关的费用支出和利息支出以及债务的偿还仍不作为投资项目的现金流出量。实际上,在计算项目现金流量时,采用的折现率已经隐含了该项目的融资成本,不再单独核算其流量。

下面用例题来说明现金流量计算的过程。

【例 3-1】 某旅游集团公司拟对一新建酒店购置一台大型设备,需投资 200 万元,一年安装完成,该设备可以使用 5 年,期末有 20 万元的净残值,采用直线法计提折旧,投产以后,预计每年的营业收入为 100 万元,营业成本为 70 万元。投产期初要垫支流动资金 30 万元,可在项目终结时一次性收回。该公司适用所得税税率为 25%。试计算这一投资的现金流量。

此投资的每年折旧额=(200-20)÷5=36(万元)

经营期各年净现金流量=(100-70)×(1-25%)+36=58.5(万元)

项目各年现金流量的计算如表 3-1 所示。

表 3-1 项目现金流量表　　　　　　　　　单位:万元

年份	0	1	2	3	4	5	6
初始投资额	−200						
垫支流动资金		−30					30
经营净现金流量			58.5	58.5	58.5	58.5	58.5
残值							20
净现金流量	−200	−30	58.5	58.5	58.5	58.5	108.5

项目现金流量图如图 3-1 所示:

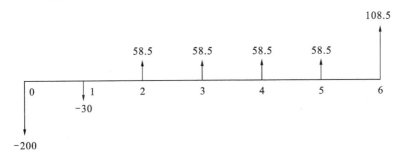

图 3-1 项目现金流量图

三、酒店资本投资决策的方法

(一)非贴现现金流量指标法

非贴现现金流量指标法,又叫静态指标法,计算时不考虑货币的时间价值,认为不同时期的现金流量的价值是相同的,可以直接相加和比较,即现在发生的投资支出和垫付的资金,可以直接用以后若干年的收益来进行补偿。若取得的收益大于支出,则认为是有利的;反之,则认为是不利的。非贴现现金流量指标的最大优点是计算简单,但是欠科学性。常用的非贴现现金流量指标包括投资回收期法和会计收益率法。

1. 投资回收期法

1) 投资回收期的模式

投资回收期是指投资项目的现金流量累计到与投资额相等时所需要的时间,通常所说的投资回收期是在不考虑资金时间价值的情况下计算出来的收回投资额所需的时间,也就是只需按时间顺序对各项的期望现金流量进行简单累计,当累计额等于原始投资时,其时间就是回收期。

(1) 原始投资一次性支出,每年净现金流量相等。

$$投资回收期 = \frac{投资总额}{年净现金流量}$$

(2) 每年净现金流量不等,或原始投资是分几年投入。一般投资方案各自的净现金流量往往不同,这时可用累计净现金流量的方法来计算投资回收期。可以用逐年获得的净现金流量补偿初始的投资总额,直到累计净现金流量为 0。

$$\sum_{k=1}^{n} CI_k = \sum_{k=1}^{n} CO_k$$

式中:CI——现金流入量;
　　　CO——现金流出量。

2) 投资回收期的分析

投资回收期法是以投资回收的时间长短作为评价和分析项目可行性标准的一种方法。一般而言,投资者总是希望能尽快地收回投资,即投资回收期越短越好。运用投资回收期法进行决策时,若投资方案的回收期短于期望回收期,则可以接受该投资方案;如果投资方案的回收期长于期望回收期,则不能接受该投资方案。

3) 投资回收期的应用

采用投资回收期法进行投资决策时,首先要确定一个酒店能够接受的期望投资回收期,然后将投资方案的投资回收期与期望投资回收期比较。

【例 3-2】　华兴酒店目前有 A、B 两个项目可供选择,两个项目预计现金流量如表 3-2 所示。

表 3-2　项目预计现金流量表　　　　　　　　　　　　单位:元

年份	项目 A	项目 B
0	−10000	−15000
1	3200	3800
2	3200	3560
3	3200	3320
4	3200	3080
5	3200	5840

项目 A 每年的营业现金流量相等,所以:

$$项目\ A\ 投资回收期 = \frac{10000}{3200} = 3.125(年)$$

项目 B 每年的营业现金流量不相等(见表 3-3),所以:

表 3-3　项目 B 现金累计流量状况表　　　　　　　　单位：元

年　份	0	1	2	3	4	5
现金流量	－15000	3800	3560	3320	3080	5840
累计流量	－15000	－11200	－7640	－4320	－1240	4600

$$项目 B 的投资回收期 = 4 + \frac{1240}{5840} = 4.2(年)$$

从投资回收期来看项目 A 更值得投资，其投资期为 3.125 年。

2. 会计收益率法

1) 会计收益率的模式

会计收益率（ARR）法是通过比较投资收益的大小评价方案的方法。它是用平均每年所获得的净收益与投资额之比来反映投资的获利能力的指标，其特点是直接采用会计报表中的资料分析和评价投资方案，由于采用的投资额不同，其计算方法也有两种：

（1）以投资总额为基础计算会计收益率。

$$收益率 = \frac{年平均净收益}{投资总额}$$

该指标反映原始投资总额在整个寿命期内平均年获利能力。

（2）以平均投资总额为基础计算会计收益率。

$$会计收益率 = \frac{年平均净收益}{平均投资额} = \frac{年平均净收益}{(投资总额 + 残值)/2}$$

2) 会计收益率法的分析

会计收益率法的评价原则是，一项投资方案的会计收益率越高越好。在投资方案评价时，首先要确定酒店期望的收益率，作为衡量的标准。在单个方案的可行性分析时，当投资方案的会计收益率大于或等于酒店期望的收益率时，接受该投资方案；当投资方案的会计收益率小于酒店期望的收益率时，拒绝该投资方案。在多个投资方案比较选择时，以满足期望收益率要求的方案中收益率最高的方案为最优方案。

3) 会计收益率的应用

（1）以投资总额为基础计算会计收益率。

【例 3-3】　以【例 3-2】的数据计算会计收益率。

$$ARR_A = \frac{3200}{10000} = 32\%$$

$$ARR_B = \frac{(3800 + 3560 + 3320 + 3080 + 5840) \div 5}{15000} = 26.1\%$$

(2) 以平均投资总额为基础计算会计收益率。以投资总额计算的会计收益率是假设在投资项目整个寿命期内占用全部投资额,实际上由于投资形成的固定资产逐年摊销,随着时间的推移,其占用的投资额逐渐减少,所以用平均投资额来计算会计收益率比较合理。

$$ARR_A = \frac{3200}{(10000+0) \div 2} = 64\%$$

$$ARR_B = \frac{(3800+3560+3320+3080+5840) \div 5}{(15000+0) \div 2} = 52.3\%$$

从会计收益率来看,项目 A 收益更高,更具有投资价值。

(二) 贴现现金流量指标法

贴现现金流量指标,又叫动态指标,计算时要根据货币时间价值的要求,将投资方案的现金流量按某一基础折算成同一时期的量,再对投资支出和各年现金流量的大小进行比较,以确定方案的可行性。由于贴现现金流量指标考虑了货币时间价值这一因素,与非贴现现金流量指标相比较,更为精确、客观,能较好地反映投资方案的优劣,但是其计算较为复杂。常用的贴现现金流量指标包括净现值、现值指数、内含报酬率。

1. 净现值法

1) 基本原理

净现值(NPV)是指投资项目的未来净现金流入量总现值与现金流出量总现值的差额。该指标是评价投资项目是否可行的重要指标。由于投资项目的支出和收入发生在不同的时间,这就需要考虑到货币的时间价值,用一定的折现率(贴现率)将它们都折算成同一时点上的数值,即现值,这样才能准确地将支出与收入进行分析对比,从而对投资效果进行准确的测算。净现值计算公式为:

$$NPV = \sum_{t=0}^{n} [(CI-CO)_t \times (1+i)^{-t}]$$

式中:CI——现金流入量;

CO——现金流出量;

$(CI-CO)_t$——第 t 年的净现金流量;

i——折现率。

2) 使用步骤

(1) 确定投资项目各年的净现金流量;

(2) 选择适当的折现率(一般为资金市场中长期借款利率),通过查表确定投资项目各年的贴现系数;

(3) 将各年的净现金流量乘以相应的贴现系数求出其现值;

(4) 将各年的净现金流量现值加以汇总,便可得出投资项目的净现值。

3) 决策分析

计算出来的净现值无非有以下三种结果:

(1) $NPV=0$,说明该投资方案的盈利率正好等于折现率,从财务上说是"合格"项目,但它是一个边缘项目。

(2) $NPV>0$,说明该投资方案的盈利率大于折现率,从财务上说是"合格"项目,可以接受此方案。

(3) $NPV<0$,说明该投资方案盈利率达不到折现率水平,从财务上说是"不合格"项目,此方案应被舍弃。

由此可见,运用净现值法进行投资项目财务评价时,主要是看净现值的大小。净现值越大,说明收入与支出的差额越大,经济效益越好。如果有若干个方案可供选择,那么应该选择净现值最大的方案。从数量上增加现金的流入量或是从时间上提前实现现金的流入都可以增大净现值。

4) 具体应用

【例 3-4】 MS 酒店有 A、B、C 三项投资机会,贴现率为 10%。各方案有关数据如表 3-4 所示,试比较各方案。

表 3-4 各项目预计现金流量表 单位:元

年份	项目 A	项目 B	项目 C
0	−20000	−40000	−60000
1	12000	8000	−10000
2	13000	18000	40000
3	8000	18000	40000
4		18000	

各方案的净现值为:

$$NPV_A = [12000 \times (1+10\%)^{-1} + 13000 \times (1+10\%)^{-2}$$
$$+ 8000 \times (1+10\%)^{-3}] - 20000$$
$$= (12000 \times 0.909 + 13000 \times 0.826 + 8000 \times 0.751) - 20000$$
$$= 27654 - 20000$$
$$= 7654(元)$$
$$NPV_B = (8000 \times 0.909 + 18000 \times 0.826 + 18000 \times 0.751$$
$$+ 18000 \times 0.683) - 40000$$

$$=47952-40000$$
$$=7592(元)$$
$$NPV_C=(-10000×0.909+40000×0.826+40000×0.751)-60000$$
$$=53990-60000$$
$$=-6010(元)$$

根据计算结果,可得出结论:

A、B 两方案的净现值为正数,说明两方案的报酬率超过了预定报酬率 10%,可行,C 方案不可行;

比较 A、B 两方案的净现值,B 方案优于 A 方案。

2. 现值指数法

1) 基本原理

净现值只是一个项目净利润绝对值的标志,很可能出现这样的情况:净现值大的项目投资也大。为此,在进行比较选择方案时,可以借助于净现值比率这一指标来进行分析。现值指数(PI),也称为盈利能力指数或获利指数,是指投资收益现值与初始投资额之比。其计算公式为:

$$PI=\frac{\sum_{t=1}^{n}\frac{CF_t}{(1+i)^t}}{CO_0}=\frac{NPV+CO_0}{CO_0}=1+\frac{NPV}{CO_0}$$

式中:CF_t——投资项目第 t 年的净现金流量;

CO_0——投资项目第 0 年的初始投资额;

i——投资的必要报酬率;

n——投资项目的寿命期。

2) 决策分析

现值指数的评价标准如下:投资项目的现值指数大于或等于 1,说明该投资项目是可行的,应该接受该项目;投资项目的现值指数小于 1,说明该投资项目是不可行的,应拒绝该项目。

3) 具体应用

【例 3-5】 以【例 3-4】的数据计算净现值比率。

$$PI_A=1+\frac{7654}{20000}=1.38$$

$$PI_B=1+\frac{7952}{40000}=1.20$$

$$PI_C=1-\frac{6010}{60000}=0.90$$

从计算结果可以得出两个结论:

(1) A、B 两个投资项目的现值指数均大于 1,说明其收益超过投资成本,即投资收益率超过预定的贴现率 10%。而 C 投资项目的现值指数小于 1,说明其收益率没有达到预定的贴现率。

(2) 在资金有限的条件下,因为 A 项目的现值比率高于 B 项目的,所以优先选择 A 项目进行投资。

3. 内含报酬率法

1) 基本原理

内含报酬率(IRR),又称内部收益率,就是使投资项目各年净现金流量现值之和等于零的折现率,即反映投资方案预期可达到的报酬率。用公式表示则为:

$$\sum_{t=0}^{n}[(CI-CO)\times(1+IRR)^{-t}]=0$$

内含报酬率公式和净现值公式实际上是一样的。但是,使用净现值公式时,折现率是已知的,要求出净现值;而使用内含报酬率公式时,是令净现值为零,要求出使净现值等于零的折现率(即内含报酬率)。

2) 使用步骤

当各年的现金流入量不相等时,计算内含报酬率可以用试算法,计算过程如下:

(1) 先估算一个折现率,将净现值计算出来;

(2) 如果该净现值为正值,说明该方案可达到的内含报酬率比估计的折现率要大,因此要提高折现率,可以重估一个较高的折现率进行计算;

(3) 如果净现值为负值,说明该方案可达到的内含报酬率比估计的折现率要低,因此要降低折现率,可再估计一个较小的折现率重新计算;

(4) 这样不断地试算,就可以找出令净现值一个为正值、一个为负值的两个相邻的折现率,然后用插值法计算出一个确切的收益率值。其公式为:

$$内部收益率 = 估计的较低的折现率 + 高低两个折现率的差额 \times \frac{低折现率计算的净现值(正值)}{高低两个折现率计算的净现值的绝对值之和}$$

各年的现金流入量不等时必须用上述试算法计算收益率。如果各年的现金流入量相等,则计算收益率就更简单了,因为这时可以把各年的现金流入量看做与年金相仿。用年金现值公式求出现值系数,反查年金现值系数表即可求出内含报酬率。其计算公式为:

年金现值 = 年金 × 年金现值系数

酒店财务管理

年金现值系数＝年金现值÷年金＝原始投资额÷每年现金流入量

3) 决策分析

将计算出来的内含报酬率与酒店的资金成本率进行比较，如果内含报酬率高于资金成本率，说明该方案的所得在抵补其资金成本以后还有一定的现金盈余，此方案可以接受；反之，如果内含报酬率低于资金成本率，此方案应被否决；如果几个相斥的方案其内含报酬率都高于资金成本率，则要选收益率最高的投资方案。

4) 具体应用

【例3-6】 某酒店有一投资方案，其投资额为80万元，各年的净现金流量如表3-5所示，用内含报酬率分析一下该方案能否接受(资金成本率为13%)。

表3-5　各年净现金流量表　　　　　　　　　　　　　　　　单位：万元

年份	1	2	3	4
净现金流量	40	35	20	15

用测试法计算内含报酬率，先用15%估算，净现值如表3-6所示。

表3-6　内含报酬率为15%时的净现值

年份	净现金流量/万元	现值系数($IRR=15\%$)	现值/万元
1	40	0.870	34.80
2	35	0.756	26.46
3	20	0.658	13.16
4	12	0.572	6.86
现值总额			81.28
减：投资额			80
净现值			1.28

净现值为正值，说明估计的折现率15%偏低。若再以18%估算，则净现值如表3-7所示。

表3-7　内含报酬率为18%时的净现值表

年份	净现金流量/万元	现值系数($IRR=17\%$)	现值/万元
1	40	0.855	34.20
2	35	0.731	25.59
3	20	0.624	12.48
4	12	0.534	6.41

续表

年份	净现金流量/万元	现值系数($IRR=17\%$)	现值/万元
现值总额			78.68
减:投资额			80
净现值			-1.32

可见,该投资方案的内含报酬率应在15%与18%之间,可用插值法公式计算:

$$内含报酬率 = 15\% + (17\% - 15\%) \times \frac{1.28}{1.28 + |-1.32|} = 15.98\%$$

此方案内含报酬率高于其资金成本率(13%),说明此投资方案财务上可以接受。

【例3-7】 有一投资方案原始投资额为15万元,在未来的7年内每年现金流入量为3.29万元,则内含报酬率为:

$$年金现值系数 = \frac{15}{3.29} = 4.559$$

反查年金现值系数表(在年金现值系数表中找到系数为4.559的地方,此点相对应的贴现率便为内含报酬率)得 $IRR \approx 12\%$。

(三)酒店资本投资决策方法的比较

1. 对投资回收期法的评价

投资回收期指标是酒店进行投资方案评价时常用的指标。它的优点是:

(1)计算简单,使用方便,同时成本较低;

(2)可以从一定程度上反映酒店投资方案的能力,对于一些资金较为紧缺的酒店,资金回收是酒店首先必须考虑的因素;

(3)可以从一定程度上反映酒店投资方案的风险。

投资回收期法具有明显的缺点,主要表现在两个方面:

(1)投资回收期法不考虑投资回收以后的现金流量,只能反映投资回收的速度,不能反映投资在整个寿命期内的盈利能力。

(2)投资回收期法不考虑货币的时间价值,即不考虑投资现金流量发生的时间性。

2. 对会计收益率法的评价

会计收益率法的优点是:

(1)计算简单,资料来源方便;

(2)考虑了项目寿命期内的全部收益,能在一定程度上反映投资所产生的盈利水平,比投资回收期指标客观、全面。

会计收益率指标也有明显的缺点:

(1) 会计收益率仍然没有考虑货币的时间价值,将几年的收益简单地平均,忽略了不同时间收益的差异,容易导致决策的失误;

(2) 会计收益率指标只考虑投资收益,没有考虑投资的回收,计算时只是每年的净收益,不包括折旧费,从而没有体现投资的回收情况;

(3) 目标收益率的选择有很大的主观性,没有客观的选择标准。

3. 对净现值法的评价

净现值法的优点在于:

(1) 它考虑了货币的时间价值,增强了投资经济性的评价;

(2) 考虑了项目计算期的全部净现金流量,能够反映出投资项目可获得的收益额;

(3) 考虑了投资风险性,折现率的大小与风险大小有关,风险越大,折现率就越高。

其缺点在于:

(1) 不能反映投资利润率的高低,特别是在投资额不等的几个方案进行比较时,仅看净现值绝对数是很难作出正确评价的,因此必须结合其他方法综合运用;

(2) 净现金流量的测算和折现率的确定比较困难,而其正确性对计算净现值有重要影响。

4. 对现值指数法的评价

现值指数和净现值的本质是相同的,只不过它是用相对数反映酒店的投资效益,而净现值是用绝对数反映的。它的优点也与净现值相类似。

5. 对内含报酬率法的评价

内含报酬率法与净现值法一样,都考虑了货币的时间价值,所不同的是内含报酬率法能对不同投资规模的项目进行比较,并且能提供收益率大小的信息。

缺点是其假设前提与实际不符,即假设每期投入的净现金流量都按内含报酬率再投资。所以比较而言,净现值法运用得更为广泛些。

(四) 酒店资本投资决策方法的应用

在对投资项目进行评价的过程中,通常用非贴现现金流量指标对项目进行初步的评价,而在对项目进行最终决策的时候,还是要通过贴现现金流量指标来进行评价。那么,对任何项目用净现值指标和内含报酬率指标进行分析,它们的分析结果是不是都一致呢?答案是否定的,必须根据具体情况分析。

1. 单一投资方案的可行性评价

单一投资方案指接受或拒绝该项目时并不会影响其他项目的投资,或者说对某项目作出接受或拒绝的投资决策都不会影响其他项目的投资决策分析。例如,某酒店在对其管理部门进行办公自动化建设的同时,也计划对客房进行全面装修,在不考虑资本限制因素时,这两个项目只要能达到要求的最低投资回报标准就是可以接受的。这样的两个项目便是单一投资项目。

在用净现值法和内含报酬率法分析和评价单一、独立的常规方案时,两者得出的结论必然相同。

如果投资方案满足以下条件,则净现值法与内含报酬率法的评价会得出一致的结论。

(1) 分析和评价的投资方案是单一的,评价结果只有两种可能:或者接受;或者拒绝。

(2) 分析和评价的投资方案是独立的,即方案是否实施不能对其他投资方案带来影响。

(3) 分析和评价的投资方案是常规方案,而不能是非常规方案;对于非常规方案,采用内含报酬率法会产生多个内含报酬率,不能正确评价投资方案。

只要投资方案的净现值在必要投资报酬率下大于零,其内含报酬率一定大于必要投资报酬率,因为这里要使净现值等于零,必须用大于必要投资报酬率的折现率来计算才行。

2. 多个互斥方案的比较与优选

所谓互斥的投资方案,是指两个以上相互排斥的待选方案中只能选择其中之一的投资方案。比如有两个互斥的投资方案,可以同时拒绝这两个方案,但不能同时接受这两个方案,如果选择了其中一个方案就必须放弃另一个方案。例如,一酒店对空调设备进行改造还是进行重置的决策便涉及两个互斥项目,即改造项目和重置项目,两者选其一。对于互斥方案的评价,净现值法与内含报酬率法可能会产生不同的结论。

【例 3-8】 某酒店有甲、乙两个互斥投资项目,各项目的有关资料如表 3-8 所示:

表 3-8　甲、乙项目净现金流量表　　　　　　　　　　　单位:元

年份	甲项目净现金流量	乙项目净现金流量
0	-10000	-10000
1	7000	1000

续表

年份	甲项目净现金流量	乙项目净现金流量
2	3000	4000
3	2000	8000

若酒店要求的必要投资报酬率为5%,分别计算两个方案的净现值和内含报酬率(计算过程略)。

$$NPV_甲 = 1115.4$$
$$IRR_甲 = 12.49\%$$
$$NPV_乙 = 1490.8$$
$$IRR_乙 = 11\%$$

根据以上计算可以看到,如果用净现值法评价则乙项目优于甲项目,用内含报酬率评价则甲项目优于乙项目,两者产生了矛盾。为了进一步分析期间的关系,可以分别计算在不同必要投资报酬率下净现值的变化,结果如表3-9所示:

表 3-9　甲、乙项目净现值表　　　　　　　　　　　　　单位:元

投资报酬率	甲项目的净现值	乙项目的净现值
0	2000.0	3000.0
5%	1115.4	1490.8
10%	345.5	225.1
15%	−329.5	−846.0

从表3-9中可以看出,随着必要投资报酬率的变动,两个方案净现值的变动程度不同,甲项目变动程度小,乙项目的变动程度大。在折现率为5%时,甲项目的净现值小于乙项目,而在折现率为10%时,甲项目的净现值大于乙项目,由此可以断定这两个方案在5%～10%之间的某一个折现率时净现值相同。可以计算出这一点的折现率。

即 $NPV_甲 = NPV_乙$ 时:

$$7000 \times (1+i)^{-1} + 3000 \times (1+i)^{-2} + 2000 \times (1+i)^{-3} - 10000$$
$$= 1000 \times (1+i)^{-1} + 4000 \times (1+i)^{-2} + 8000 \times (1+i)^{-3} - 10000$$

整理得: $6000 \times (1+i)^{-1} - 1000 \times (1+i)^{-2} - 6000 \times (1+i)^{-3} = 0$

则: $i = 8.685\%$

在该点的净现值:　$NPV_甲 = NPV_乙 = 538(元)$

通过两个项目的净现值图,可更直观观察它们之间的关系,见图3-2:

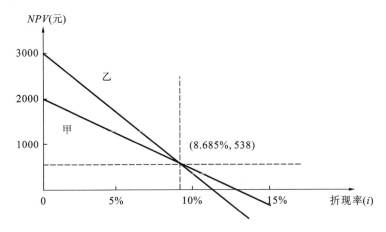

图 3-2 甲、乙项目的净现值图

从图 3-2 中可以看到,两个项目的净现值线相交于 $i=8.685\%$ 处,如果酒店要求的必要投资报酬率大于 8.685%,不管采用净现值法还是内含报酬率法,均会选择甲项目而放弃乙项目;如果酒店要求的必要投资报酬率小于 8.685%,则净现值法认为乙项目优于甲项目,而内含报酬率法认为甲项目优于乙项目。从图中可以看出,产生这个分歧的原因是乙项目净现值线的斜率大于甲项目。一般而言,投资项目后期净现金流量越大,其净现值受折现率变动的影响也越大。尽管在折现率较低时乙项目的净现值大于甲项目,但随着折现率的提高,乙项目净现值的下降幅度快于甲项目,在折现率为 8.685% 时,两者已相等,折现率超过 8.685% 时,乙项目的净现值反而低于甲项目。

图 3-2 中两条净现值的交点是用净现值法评价和分析投资项目的转折点,经过这一点,用净现值法评价的结果发生变动。图 3-2 中超过该点,用净现值法评价时,从选择乙项目转为选择甲项目。

从以上的分析可知,当酒店要求的必要投资报酬率低于该交点时,用净现值法和内含报酬率法会产生矛盾,那么究竟哪一种方法是正确的?仍可对上例甲、乙两个项目进行分析。

假设该酒店的必要投资报酬率为 5%,可以对乙项目进行修正。将乙项目第三年 8000 元中的 6000 元按 5% 的折现率折合为第一年的价值,第二年的 4000 元中的 1000 元也按 5% 的折现率折合为第一年的价值,结果如表 3-10 所示。

对比甲项目和修正以后的乙项目的各年净现金流量可以看到,除了第一年以外其他各年的净现金流量相等,第一年乙项目的净现金流量比甲项目多 395

元,如果按内含报酬率法选择甲项目,酒店相当于在第一年少获利净现金流量395元,所以用净现值法的评价结果是正确的。

表 3-10　修正后乙方案现金流量表　　　　　　　　　　　单位:元

年份	甲项目净现金流量	乙项目净现金流量	修正后乙项目现金流量
0	-10000	-10000	-10000
1	7000	1000	7395
2	3000	4000	3000
3	2000	8000	2000

净现值法与内含报酬率法之所以产生矛盾,其根本原因是两者对再投资的假设不同。前面已经分析,内含报酬率法是假设投资的净现金流量在下一期能以内含的报酬率进行再投资,而净现值法,假设投资的净现金流量在下一期能以酒店要求的必要投资报酬率进行再投资。表 3-10 中,若乙项目第三年和第二年的净现金流量以 11% 的折现率折合成第一年,则第一年的净现金流量合计为 6779<7000,此时应选择甲项目。对于一般酒店而言,获取的现金流量较有可能按照酒店要求的必要投资报酬率进行再投资,所以净现值法的再投资假设比内含报酬率合理。

在评价非常规方案时,由于内含报酬率法可能产生多个内含报酬率,无法合理判断投资方案的优劣,净现值法则不受影响,所以内含报酬率法明显不如净现值法。

四、酒店资本投资决策的风险分析

(一)酒店资本投资的风险类型

前述对酒店资本投资决策方法的介绍中一直未提及投资项目的风险问题,也就是没有考虑项目评价中现金流量的不确定性。实际上项目实施以后的未来现金流量只是对未来可能发生结果的一种预计,一旦未来实际发生的现金流量与预计的不符,就会动摇投资决策结果的可靠性。一个投资方案的实施结果不符合决策者原来所作的预计,称为投资风险。酒店在进行投资时所遇到的风险通常有项目系统性风险和非系统性风险两种。

在投资中,项目的风险可以从三个层次来反映。第一个层次是从项目本身来考虑,即项目自身所特有的风险。对酒店来说有些项目失败的可能性较大,使项目本身具有极大的风险。第二个层次是从酒店的角度来考虑,由于新投资项目本身的风险可以通过与酒店内部其他投资项目组合而分散掉一部分,酒店投资新项目主要研究该项目投资后对酒店现有项目和资产组合的整体风险所带来的影响。第三个层次是从酒店的所有者或投资者角度考虑,由于所有者或投资者本身资产多样化,又可将项目风险分散掉一部分,因而只剩下不可分散的市场风险。

因此,酒店在进行投资决策时,不能以项目本身的全部风险来作为投资决策时考虑的风险,也不能以项目特有风险已完全分散后的市场风险作为投资决策时考虑的风险,而必须同时考虑项目的市场风险和项目特有风险对酒店现有风险水平的增减效应。

（二）酒店资本投资的风险分析

前面在介绍各种投资决策方法时是与确定型决策联系在一起的,假设未来的净现金流量、必要投资报酬率以及现金流量的发生时间等均已知或确定,具有片面性。投资决策的风险分析将风险直接引入投资决策分析的过程。

衡量一个投资项目的风险常常采用概率法。投资项目的现金流量的不确定性形成了风险,因此,可以根据现金流量可能的数量及其概率,计算其期望值、标准差及变化系数,从而反映项目风险的大小。这种方法可通过以下的步骤进行。

1. 计算项目的年期望净现金流量及其现值之和

所谓年期望净现金流量,就是以概率作为权数计算的各种可能现金流量的加权平均数。其计算公式为:

$$E_t = \sum_{k=1}^{S}(E_{tk} \times P_{tk})$$

式中：E_t——第 t 年的年期望净现金流量；

S——预计第 t 年可能出现的净现金流量的个数；

E_{tk}——预计第 t 年第 k 个可能出现的净现金流量；

P_{tk}——E_{tk} 出现的概率。

将各年期望净现金流量以酒店要求的投资报酬率折合到第 0 年,求出该投资方案的期望净现金流量的现值之和（EPV）。

$$EPV = \sum_{t=1}^{n} \frac{E_t}{(1+i)^t}$$

式中：i——酒店要求的投资报酬率；

n——投资项目的寿命期限。

2. 计算项目的期望年净现金流量的标准差及综合标准差

各年期望现金流量的标准差（d_t）可用公式计算：

酒店财务管理

$$d_t = \sqrt{\sum_{k=1}^{S}[(E_{tk}-E_t)^2 \times P_{tk}]}$$

将各年期望现金流量的标准差以酒店要求的必要报酬率折合到第0年,计算出该项目的综合标准差(D)。

$$D = \sqrt{\sum_{t=1}^{n} \frac{d_t^2}{(1+i)^{2t}}}$$

3. 计算变化系数

由于标准差是一个绝对数,无法比较不同收益率项目的风险大小,在比较收益不同的投资项目时,可计算变化系数(q)。

$$q = \frac{d}{E}$$

在反映具有一系列现金流量方案的投资风险时可计算综合变化系数(Q):

$$Q = \frac{D}{EPV}$$

综合变化系数的大小说明了投资风险的程度,在其他条件相同时,综合变化系数越大,风险也越大。

【例3-9】 某酒店现有两个投资项目可供选择,其投资额与各年净现金流量如表3-11所示,酒店要求的最低投资报酬率为6%。问选择哪个方案更优?

表3-11 G、H方案投资各年净现金流量

年份	G方案		H方案	
	净现金流量(元)	概率	净现金流量(元)	概率
0	−9000	1	−3000	1
1	6000	0.25	—	—
	4000	0.50	—	—
	2000	0.25	—	—
2	8000	0.20	—	—
	6000	0.60	—	—
	4000	0.20	—	—
3	5000	0.30	3000	0.20
	4000	0.40	8000	0.60
	3000	0.30	13000	0.20

(1) 计算各年净现金流量的期望值。

G 方案：
$$E_1 = 6000 \times 0.25 + 4000 \times 0.50 + 2000 \times 0.25 = 4000(元)$$
$$E_2 = 8000 \times 0.20 + 6000 \times 0.60 + 4000 \times 0.20 = 6000(元)$$
$$E_3 = 5000 \times 0.30 + 4000 \times 0.40 + 3000 \times 0.30 = 4000(元)$$

H 方案：
$$E_1 = 0$$
$$E_2 = 0$$
$$E_3 = 3000 \times 0.20 + 8000 \times 0.60 + 13000 \times 0.20 = 8000(元)$$

(2) 计算期望净现金流量的现值之和。
$$EPV_G = 4000 \times (P/S, 6\%, 1) + 6000 \times (P/S, 6\%, 2) + 4000 \times (P/S, 6\%, 3)$$
$$= 4000 \times 0.9434 + 6000 \times 0.8900 + 4000 \times 0.8396$$
$$= 12472(元)$$
$$EPV_H = 8000 \times (P/S, 6\%, 3) = 8000 \times 0.8396 = 6716.8(元)$$

(3) 计算综合标准差。

G 方案：
$$d_1 = \sqrt{(6000-4000)^2 \times 0.25 + (4000-4000)^2 \times 0.50 + (2000-4000)^2 \times 0.25}$$
$$= 1414.21(元)$$
$$d_2 = \sqrt{(8000-6000)^2 \times 0.20 + (6000-6000)^2 \times 0.60 + (4000-6000)^2 \times 0.20}$$
$$= 1264.91(元)$$
$$d_3 = \sqrt{(5000-4000)^2 \times 0.30 + (4000-4000)^2 \times 0.40 + (4000-3000)^2 \times 0.30}$$
$$= 774.60(元)$$
$$D_G = \sqrt{\frac{1414.21^2}{(1+6\%)^2} + \frac{1264.91^2}{(1+6\%)^4} + \frac{774.6^2}{(1+6\%)^6}} = 1862.88(元)$$

H 方案：
$$d_3 = \sqrt{(3000-8000)^2 \times 0.20 + (8000-8000)^2 \times 0.60 + (13000-8000)^2 \times 0.20}$$
$$= 3162.28(元)$$
$$D_H = \sqrt{\frac{3162.28^2}{(1+6\%)^6}} = 2655.11(元)$$

(4) 计算变化系数。
$$Q_G = \frac{1862.88}{12472.8} = 15\%$$

$$Q_H = \frac{2655.11}{6716.8} = 40\%$$

从上述计算可知,G、H 两方案的净现值和变化系数分别为:

$NPV_G = 12472 - 9000 = 3472(元)$ $Q_G = 15\%$

$NPV_H = 6716.8 - 3000 = 3716.8(元)$ $Q_H = 40\%$

从风险的角度来衡量,虽然 H 方案的净现值大于 G 方案,但其风险要大得多,选择 H 方案要冒较大的风险。

通常,采用概率法只能衡量方案的风险大小,而评价方案的优劣要综合考虑其收益与风险的平衡关系。

(三) 考虑风险因素的酒店资本投资决策

风险的大小直接影响到投资项目的评价,一般而言,酒店总是厌恶风险的,在投资收益相同时,酒店往往选择风险小的项目进行投资。因此,在投资决策时必须将风险因素考虑进去,用风险的影响调整项目的收益,使投资决策更为准确。考虑风险因素的投资决策方法有风险调整贴现率法和肯定当量法。

1. 风险调整贴现率法

酒店进行任何项目投资所要求的收益除了货币的时间价值(即无风险收益率)外,还要考虑该项目风险的大小。如果投资项目所含的风险大于一般的风险,酒店就应该调高所要求的必要投资报酬率,以调整过的报酬率来贴现现金流量。这种按风险的大小调整贴现率并依其进行投资决策分析的方法叫风险调整贴现率法。

采用风险调整贴现率法意味着如果投资项目的风险水平高于酒店典型项目的风险水平,则对此项目就应采用较高的必要报酬率标准,因为风险较高的新投资项目将增加酒店整体风险水平,相应的报酬率标准就应提高,否则此项目的价值会因必要报酬率偏低而高估;反之,该项目的风险水平低于酒店典型项目的风险水平,就应采用较低的必要报酬率标准。

在确定风险后,可以根据风险调整必要投资报酬率。通常酒店的必要投资报酬率由两部分组成,即:

必要投资报酬率＝无风险投资报酬率＋风险投资报酬率

无风险投资报酬率即货币的时间价值,通常用同期国库券的利率作为标准来确定,风险投资报酬率可根据投资项目的风险程度和相应风险程度的市场投资报酬率水平来确定,也可以根据酒店设定的风险斜率和变化系数确定。采用第二种方法时计算公式为:

$$K = R_F + b \times Q$$

式中:K——必要投资报酬率;

R_F——无风险投资报酬率;

b——风险报酬斜率;

Q——投资项目的综合变化系数。

风险报酬斜率 b 的高低反映风险变化对风险投资报酬率的影响程度。b 越大,风险变化对投资报酬率的影响越大;b 越小,风险变化对投资报酬率的影响也越小。b 值一般是经验数据,可根据历史资料用高低点或回归直线法求出。风险报酬斜率 b 的大小与酒店对风险的态度有关,比较稳健的酒店,b 可定得高一些,敢于冒险的酒店,b 可定得低一些。

根据【例 3-9】的资料,用风险调整贴现率法对 G、H 两个方案进行分析和评价。根据历史资料估计,当无风险报酬率为 6%,中等风险程度项目的变化系数为 0.5 时,必要投资报酬率为 12%。

首先计算风险报酬斜率:

$$b = \frac{12\% - 6\%}{0.5} = 0.12$$

分别计算 G、H 方案的必要投资报酬率:

$$K_G = 6\% + 0.12 \times 15\% = 7.8\%$$
$$K_H = 6\% + 0.12 \times 40\% = 10.8\%$$

用经过调整的必要投资报酬率计算每个方案的净现值:

$$NPV_G = \frac{4000}{1+7.8\%} + \frac{6000}{(1+7.8\%)^2} + \frac{4000}{(1+7.8\%)^3} - 9000$$
$$= 12066.42 - 9000 = 3066.42(元)$$

$$NPV_H = \frac{8000}{(1+10.8\%)^3} - 3000$$
$$= 5882.35 - 3000 = 2882.35(元)$$

比较两个方案的净现值,G 方案的净现值大于 H 方案的净现值,则 G 方案为最优方案。如果不考虑风险的影响,则 H 方案的净现值(3716.8 元)大于 G 方案的净现金流量(3472 元),H 为最优方案。

如果以内含报酬率来评价,则可计算出 G、H 方案的内含报酬率,然后与相应的经过风险调整的必要投资报酬率进行比较。

风险调整贴现率法认为风险大的投资方案应采用高的折现率进行折现,风险小的投资方案应采用低的折现率进行折现,比较符合逻辑,得到广泛的认可和使用。但风险调整贴现率法也有缺点,它将无风险报酬和风险报酬率放在一起对现金流量贴现,意味着现金流量的风险随时间的推移而扩大,有时与实际不符。

2.肯定当量法

肯定当量法也是一种将风险引入投资决策的方法。它的基本思路是将未来各年有风险预期净现金流量转换成认为与之等值的无风险净现金流量,然后以无风险报酬率作为贴现率计算项目的净现值,以净现值的评价标准评价投资方案。其计算公式为:

$$NPV = \sum_{t=1}^{n} \frac{\partial_t \times CF_t}{(1+i)^t} - CO_0$$

式中:∂_t——第 t 年的肯定当量系数;

　　　i——无风险投资报酬率。

肯定当量系数∂_t是指等价的确定值与有风险的预期值之间的比率关系,即:

$$\partial_t = \frac{\text{肯定的无风险净现金流量}}{\text{不肯定的预期风险净现金流量}}$$

肯定当量系数∂_t的值在 0 到 1 之间变化,∂_t 等于 0 时,表示风险无穷大;∂_t 等于 1,表示无风险。将 t 年的预期有风险的净现金流量乘以∂_t,即可得其造价的无风险净现金流量。前面已述,风险的大小可用变化系数来反映,变化系数与肯定当量系数之间的经验数据如表 3-12 所示:

表 3-12　变化系数与肯定当量

变化系数(Q)	肯定当量系数(∂_t)
0.00～0.07	1
0.08～0.15	0.9
0.16～0.23	0.8
0.24～0.32	0.7
0.33～0.42	0.6
0.43～0.54	0.5
0.55～0.70	0.4

仍以【例 3-9】的资料用肯定当量法计算 G、H 方案的净现值并进行评价。

G 方案各年的变化系数:

$$q_1 = \frac{d_1}{E_1} = \frac{1414.21}{4000} = 0.35$$

$$q_2 = \frac{d_2}{E_2} = \frac{1264.91}{6000} = 0.21$$

$$q_3 = \frac{d_3}{E_3} = \frac{774.60}{4000} = 0.19$$

查表 3-12 可得：$\partial_1=0.6, \partial_2=0.8, \partial_3=0.8$。

$$NPV_G = \frac{0.6 \times 4000}{1+6\%} + \frac{0.8 \times 6000}{(1+6\%)^2} + \frac{0.8 \times 4000}{(1+6\%)^3} - 9000 = 223(元)$$

H 方案第 3 年的变化系数：

$$q_3 = \frac{d_3}{E_3} = \frac{3162.28}{8000} = 0.40$$

查表 3-12 可得：$\partial_3 = 0.6$

$$NPV_H = \frac{0.6 \times 8000}{(1+6\%)^3} - 3000 = 1030.23(元)$$

从上可以看到，用肯定当量法评价，H 方案优于 G 方案，与风险调整贴现率法有差异，主要原因是风险调整贴现率法夸大了远期现金流量的风险，从而对 H 方案的影响大于 G 方案。肯定当量法可根据各年现金流量的风险程度采用不同的肯定当量系数计算，比较正确。但是肯定当量系数的确定，在实际上是比较困难的，上述变化系数与肯定当量系数也是一个经验值。肯定当量系数与酒店对风险的态度有关，如果酒店愿意冒险，肯定当量系数可以取大一些，如果酒店比较稳健，肯定当量系数可取小一些，因此，肯定当量法受决策分析人员的主观意识影响较大。

肯定当量法与风险调整贴现率法的区别在于两者在分析中根据项目风险调整计算的位置不同，肯定当量法直接调低项目的现金流量，而风险调整贴现率法调高所要求的报酬率，以此来补偿风险的影响，从而降低项目的净现值，使投资决策更为正确。

第三节 酒店证券投资决策与管理

一、酒店证券投资概述

（一）酒店证券投资的概念

证券是根据一国政府的有关法律法规发行的，代表财产所有权或债权的一种信用凭证或金融工具。一般来讲，证券可以在证券市场上有偿转让。证券投资是指通过购买证券的形式进行的投资，它是对外投资的重要组成部分。它具有投资方便、变现能力强等特点。科学地进行证券投资，可以充分地利用酒店的闲置资金，增加酒店的收益，减少风险，有利于实现酒店的财务目标。证券投资与资本投资有不同（见表 3-13），对酒店的有效经营起着不同的作用。

表 3-13　证券投资与资本投资的差异

项目	证券投资	资本投资
实施方法	购买金融资产,间接投资于生产活动,是间接投资。	购买实物,直接投资于生产活动,属于直接投资。
分析方法	是证券分析,从市场上选择适宜的证券并组成证券组合,作为投资方案。	需要事先创造出备选方案,然后进行项目分析,研究其可行性和优劣次序,从中选择行动方案。

（二）酒店证券投资的目的

酒店进行证券投资,其目的主要有三个:

1.与现金相互补充

基于有价证券良好的市场流动性,酒店可以将有价证券作为现金的补充或替代物。酒店在现金流入超过流出时,可进行证券投资;在现金流出超过流入时,再售出证券资产获取现金,满足经营需要。

2.进行临时性投资

酒店经营中现金流出与流入在时间上的差异,使酒店有必要进行证券投资,以提高资金利用效益。例如酒店发行股票或债券后将在短时间内筹集到大量的现金,但通常这些资金不是一次性用完,而是逐步、分次使用。这样就可以把暂闲置的资金投资于金融资产以获取一定收益,而当酒店进行投资需要资金时,再卖出证券资产获取现金;酒店经营中的季节性是非常明显的,这时酒店一年中的某些月份现金就会出现溢余,而在其余月份又会出现现金短缺,酒店如果在现金溢余时购入证券资产,而在现金短缺时出售证券资产,就能更充分地利用手中资金。

3.进行战略性投资

除上述两个目的之外,酒店也可能基于战略考虑而进行证券资产投资。如一酒店集团,可能为了扩大经营规模而购买另一酒店的股票;或者购买一些集团内部酒店的债券,借以向相关酒店提供财务支援等。

（三）酒店证券投资的种类

酒店进行证券投资种类很多,主要以下面的几种为主。

1.政府债券

政府债券的发行主体是政府。它是指政府财政部门或其他代理机构为筹集资金,以政府名义发行的债券,主要包括国库券和公债两大类。一般国库券是由财政部发行,用以弥补财政收支不平衡;公债是指为筹集建设资金而发行的一种债券。有时也将两者统称为公债。中央政府发行的称中央政府债券（国家公债），地方政府发行的称地方政府债券（地方公债）。

中央政府债券又称国家债券或国家公债券。各国政府发行债券的目的通常是为了满足弥补国家财政赤字、进行大型工程项目建设、偿还旧债本息等方面的资金需要。国家债券的信誉好、风险小、流动性强、抵押代用率高，是最受投资者欢迎的金融资产之一。国家债券的发行量和交易量在证券市场一般都占有相当大的比重，不仅在金融市场上起着重要的融资作用，而且是各国中央银行进行公开市场业务的重要手段。但是，其利率一般低于其他类型的债券。

地方政府债券又称地方债券，是由省、市、县、镇等地方政府发行的债券。发行这类债券的目的，是为了筹措一定数量的资金用于满足市政建设、文化进步、公共安全、自然资源保护等方面的资金需要。地方政府债券的安全性良好，被认为是信用等级仅次于国债的债券品种，而且一般来说即使地方政府一时无法偿还到期债务，中央政府也会给以适当财政援助。

2. 公司债券

公司债券是指公司依照法定程序发行的，约定在一定期限还本付息的有价证券。公司债券是公司债的表现形式，基于公司债券的发行，在债券的持有人和发行人之间形成了以还本付息为内容的债权债务法律关系。因此，公司债券是公司向债券持有人出具的债务凭证。根据不同的划分标准，公司债券可以进一步细分为许多不同的种类：记名公司债券和不记名公司债券、可转换公司债券和不可转换公司债券、可提前赎回公司债券和不可提前赎回公司债券等。

与其他债券相比，公司债券的主要特点包括：

(1) 风险性较大。公司债券的还款来源是公司的经营利润，但是任何一家公司的未来经营都存在很大的不确定性，因此公司债券持有人承担着损失利息甚至本金的风险。

(2) 收益率较高。风险与收益成正比的原则，要求较高风险的公司债券需提供给债券持有人较高的投资收益。

(3) 对于某些债券而言，发行者与持有者之间可以相互给予一定的选择权。

3. 股票

股票是股份有限公司在筹集资本时向出资人发行的股份凭证，代表着其持有者（即股东）对股份公司的所有权。这种所有权是一种综合权利，如参加股东大会、投票表决、参与公司的重大决策、收取股息或分享红利等。同一类别的每一股股票所代表的公司所有权是相等的。每个股东所拥有的公司所有权份额的大小，取决于其持有的股票数量占公司总股本的比重。股票一般可以通过买卖方式有偿转让,股东能通过股票转让收回其投资,但不能要求公司返还其出资。股东与公司之间的关系不是债权债务关系。股东是公司的所有者,以其出资额为限对公司负有限责任,承担风险,分享收益。投资股票通常能带来较其他投资种类更高的收益,但其风险也是最大的。

4. 投资基金

投资基金是一种利益共享、风险共担的集合投资方式,即通过发行基金单位,集中投资者的资金,由基金托管人托管,由基金管理人管理和运用资金,从事股票、债券、外汇、货币等金融工具投资,以获得投资收益和资本增值。投资基金的投资领域可以是股票、债券,也可以是实业、期货等,而且对一家上市公司的投资额不得超过该基金总额的 10%(这是我国的规定,各国都有类似的投资额限制)。这使得投资风险随着投资领域的分散而降低,所以它是介于储蓄和股票两者之间的一种投资方式。投资基金可以分为开放式基金和封闭式基金。

投资基金具有组合投资、分散风险、实现专家理财的好处。根据经验,要实现投资风险的分散至少需要 10 种左右的证券,并需要充分有效的证券研究。大部分的中小投资者没有能力做到这一点。而投资基金通过集中众多中小投资者的小额资金,形成雄厚的资金实力,可以把投资者的资金分散到各种证券上,某些证券跌价造成的损失可以由其他证券上涨的盈利来弥补,借以分散投资风险。此外,投资基金还有流动性强、买卖程序简便的特点。

5. 商业票据

商业票据是指由金融公司或某些信用较高的酒店开出的无担保短期票据。商业票据的可靠程度依赖于发行酒店的信用程度,可以背书转让,但一般不能向银行贴现。商业票据的期限在 9 个月以下,由于其风险较大,利率高于同期银行存款利率。商业票据可以由酒店直接发售,但对出票酒店信誉审查十分严格;也可以由经销商代为发售,如由经销商发售,则它实际在幕后担保了售给投资者的商业票据。商业票据有时也以折扣的方式发售。

商业票据是信用性票据,直接反映了发行者的商业信用状况。商业票据评级是指对商业票据的质量进行评价,并按质量高低分成等级。其意义如下:有助于形成市场准入机制,推动票据市场的稳定发展。不能取得评级或评级不合格的酒店自然被阻止在票据市场之外,起到了降低市场的非系统性风险、保护票据投资者利益的作用。

6. 可转让存单

可转让存单,指商业银行或储蓄机构在既定时间内按固定或变动利率计付利息的一种大面额、可转让定期存款凭证。可转让存单的到期日从 30 天到 12

个月不等,其收益率高于政府债券,与银行承兑汇票、商业票据大致相当。为方便转让,绝大部分金融机构都为可转让存单设定了最低面额。到目前为止,可转让存单的流通市场还只局限在金融机构间的同业市场,因此流动性仍相对有限。

二、酒店证券投资决策与管理

（一）酒店证券投资决策概述

1. 证券评价的方法

与固定资产投资决策评价一样,证券投资的价值也应等于其未来预期现金流量的现值。这是金融资产估价的基本方法。因此,证券价值的大小受以下三个因素的影响:①预期未来现金流量的大小与时间;②未来现金流量的风险;③投资者所要求的收益率。前两项是证券的内存特征,第三项是证券投资者希望达到的最低收益标准。证券评价的基本模型可用数学公式表示：

$$V = \sum_{t=1}^{n} \frac{C_t}{(1+i)^t}$$

式中：V——证券的内在价值；

C_t——第 t 期收到的现金净流量；

i——投资者要求的收益率；

n——净现金流量发生的期限。

2. 证券评价的程序

根据评价模型,证券估价的主要程序是：

（1）估计该项证券未来各项净现金流量的水平（C_t）；

（2）根据投资者对该项证券投资未来现金流量风险的预期以及对风险的态度,确定证券投资所要求的最低收益率（i）；

（3）用投资者要求的最低收益率把未来预期现金流量折合为现值之和,即为证券的内在价值（V）。

（二）酒店债券投资决策与管理

1. 债券的估价模型

酒店在进行债券投资时,必须估计债券的价值。通常将债券的估价称为债券的内存价值或投资价值,即最高可以投资的价格。债券的投资价值高于市场价格,酒店才应投资；反之,则不应投资。评估债券价值的模型应根据债券的类型确定。

1）分期付息、到期还本债券的估价模型

西方国家发行的长期债券,多为分期付息、到期还本形式,对其进行估价,是

将未来各期所得到的利息和归还的本金按市场利率折合成现值,其估价模型为:

$$V_b = \sum_{t=1}^{n}\left[\frac{I}{(1+i)^t} + \frac{M}{(1+i)^n}\right]$$
$$= I \times (P/A, i, n) + M \times (P/S, i, n)$$

式中:V_b——债券的内在价值;

I——债券的年利息;

M——债券的到期还本额或出售价格;

i——市场利率或要求的最低投资收益率;

n——债券的投资期。

2)一次还本付息债券的估价模型

我国发行的债券,多为到期一次还本付息、不计复利的债券,其估价模型为:

$$V_b = \frac{M \times (1 + r \times n)}{(1+i)^n}$$
$$= M \times (1 + r \times n) \times (P/S, i, n)$$

式中:r——债券的票面利率。

3)贴现发行债券的估价模型

贴现发行的债券又称为无息债券。发行该种债券的酒店,不支付利息,而以低于债券面值的价格折价出售,到期按面值偿还。面值与售价之间的差额即为投资者的收益。对其进行估价,是直接将债券的面值折合成现值,其估价模型为:

$$V_b = \frac{M}{(1+i)^n} = M \times (P/S, i, n)$$

3. 债券投资收益率的计算

酒店投资购买债券,主要是为了获得稳定的投资收益。不同的债券,投资者要求的收益率是不同的。投资者最关心的是当前的证券市场价格所提示的收益率。当前的证券市场价格反映了投资者能共同接受的预期收益率。以当前的债券市场价格替代债券估价模型中的债券内在价值计算出折现率,即为市场对该债券的预期收益率。其计算公式为:

$$P_b = \sum_{t=1}^{n}\left[\frac{I}{(1+R)^t} + \frac{M}{(1+R)^n}\right]$$
$$= I \times (P/A, i, n) + M \times (P/S, i, n)$$

式中:P_b——债券的市场价值;

R——债券投资收益率;

其他符号同估价模型。

采用逐次测试法,当计算出内存价值等于市场价格时,可以计算出债券投资收益率。

(三) 酒店股票投资决策与管理

1. 股票投资的有关概念

1) 股票投资的概念和目的

股票是股份公司为筹集自有资金而发行的有价证券,是持股人拥有公司股份的基本入股凭证。酒店购买其他企业发行的股票,称为股票投资。酒店进行股票投资的目的:一是获利;二是控股。

获利是酒店股票投资的短期目的。酒店购买股票后可定期获得股利,并在未来出售股票时获取资本利得。为了减少风险,酒店应采取分散投资的方法以降低投资风险。

控股是酒店股票投资的长期目的,可通过大量购买某一企业的股票来控制该企业。为了达到控制的目的,酒店应采用集中所有资金购买同一股票的方法。酒店控股的目的,不是希望取得近期利益,而是为了取得长期利益。

2) 股利和资本利得

投资人进行股票投资的收益有股利和资本利得。

股利包括股息和红利,是股份公司从其税后利润中分配给股东的收益,也是股东所有权在分配上的体现。股利收入是投资人进行长期股票投资的主要报酬。

资本利得是投资者购入股票后,当股票市价上涨后,出售股票所取得的出售价与购买价之间的差额。资本利得是投资人进行短期投机活动的主要报酬。

3) 股票的价格和价值

(1) 股票的价格。

股票的价格是指股票的市场价格,即股票在市场交易中所反映的价格。公司发行股票时,要规定股票的面值,当股票发行后上市买卖,股票价格就与原来的面值分离。这时价格主要由预期股利和当时的市场利率决定。此外,股票价格还受经济环境变化和投资者心理等复杂因素的影响,变动很大。股市上的价格有开盘价、最高价、最低价和收盘价之分,进行股票投资决策时主要使用收盘价。

(2) 股票的价值。

从投资者的角度看,股票的价值是指股票的投资价值,也称股票的内在价值。股票的投资价值大小取决于在预期的未来获得的现金流入量的现值,包括各期预期股利收入和出售股票时所得的售价收入的现值之和。股票的投资价值反映股票的真实价值。投资者应将股票的投资价值与其市场价格进行比较,以确定是否进行股票投资。

2.股票的估价模型

酒店进行股票投资,必须对股票的投资价值进行评估。投资者投资股票除了考虑股利收益以外,也看重股票价格获取资本收益。在普通股估价中,应考虑两种类型的收益(股利增长和股票价格增长)。以下根据股票的特征,介绍股票的估价模型。

1) 短期持有的股票估价模型

酒店购买股票以后,持有一段时间,再将其转让出去。在这种方法下,普通股价值就等于持股期间所得股利的现值加上最终转让该股票时出售的价值。其估价模型为:

$$V = \sum_{t=1}^{n} \left[\frac{D_t}{(1+R_s)^t} + \frac{V_n}{(1+R_s)^n} \right]$$
$$= \sum_{t=1}^{n} [D_t \times (P/S, R_s, t) + V_n \times (P/S, R_s, n)]$$

式中:V——股票的内在价值;

D_t——第 t 年的股利;

V_n——股票的出售价格;

R_s——要求的最低投资收益率;

n——股票的投资期。

2) 长期持有的股票估价模型

酒店长期持有股票,只能获得定期的股利,将未来各期的股利折合成现值,即为股票的投资价值。其估价模型为:

$$V = \sum_{t=1}^{\infty} \frac{D_t}{(1+R_s)^t}$$

如果股票每年发放的现金股利是无规律的,则无法估计股票的投资价值;若股利的发放有一定的规律,可用简化公式来计算。

(1) 股利固定不变的股票估价模型。

某些股票,股利额是固定的,如优先股及采用固定股利政策的普通股,每期发放的股利可以看作永续年金。用永续年金求现值的方法,计算其投资价值。

$$V = \frac{D}{R_s}$$

式中:D——每期固定的股利额。

(2) 股利固定增长的股票估价模型。

对于成长型的普通股票,其股利往往是增长的,若每期发放的股利是固定增长的,假设股利的增长率为 g,并满足固定的增长率 g 小于酒店要求的必要收益率 R_s,则股票的投资价值可用下述模型计算:

$$V = \frac{D_0 \times (1+g)}{R_s - g} = \frac{D_1}{R_s - g}$$

式中:D_0——第 0 年的股利;
D_1——第 1 年的股利。

3. **股票投资的预期收益率**

以股票当前的市场价格替代前面股票估价模型中的股票投资价格,计算其贴现率,即为股票投资的预期收益率,反映了股票投资者按市场价格购买股票后预期可以得到的收益率。

1) 股利固定的股票预期收益率

优先股或股利固定的普通股的预期收益率可用股票当前的市场价格 P 替代股利固定不变的股票估价模型公式中的 V,求出贴现率 R_s,即为预期的收益率。其公式为:

$$R_s = \frac{D}{P}$$

2) 股利固定增长的股票预期收益率

同上,用股票当前的市场价格 P 替代股利固定增长的股票估价模型公式中的 V,求出贴现率 R_s,即可反映以市场价格购入普通股后,预期能得到的收益率。

$$R_s = \frac{D_1}{P} + g$$

股票的预期收益率反映了投资者购买股票的边际收益率。若预期收益率高于投资者要求的最低投资收益率,投资者就愿意购买这种股票。

■ **课后复习**

1. 什么是酒店的资本投资?有一些什么样的类别?
2. 简述酒店资本投资的基本程序。
3. 酒店资本投资的现金流量由哪几个部分组成?
4. 在投资决策中为什么使用现金流量指标?
5. 试述各种投资决策指标的优缺点。
6. 你认为如何才能在有风险的条件下正确作出投资决策?

7.酒店的证券投资和资本投资有什么区别?
8.酒店进行证券投资的主要目的体现在哪些方面?
9.请列举酒店进行证券投资的主要品种。
10.请简述证券评价的方法和程序。
11.什么是债券?列举一些不同类型债券的估价模型。
12.什么是股票?列举一些不同类型股票的估价模型。

第四章　酒店收入管理

课前导读

酒店盈利能力首先取决于酒店的营业收入,而营业收入又取决于价格。价格的确定与管理是否合理又反过来影响酒店的销售。如何使酒店收入最大化,是酒店收入管理研究的重点。本章主要介绍了客房定价、餐饮产品定价的基本方法,在合理定价的基础上实现销售收入最大化;本章还介绍了客房收入控制方法、餐饮收入控制方法以及收入审计的基本方法。酒店收入管理是一个系统工程,并且是一个动态管理的过程。加强收入管理,是提高旅游酒店盈利能力的重要途径。

第一节　酒店收入概述

一、酒店收入的概念

收入指企业在销售商品、提供劳务及让渡资产使用权等日常活动中形成的经济利益的总流入。酒店收入主要来自酒店各营业部门在经营中得到的营业收入。所谓酒店的营业收入,是指酒店企业在某一时期内,通过提供劳务、出售商品或从事其他经营活动所取得的货币收入。它包括出租客房、提供餐饮、出售商品、代办手续及其他服务项目所得的全部收入。对于酒店企业而言,客房和餐饮是其主营业务收入,而其他则属于附属业务收入。营业收入水平的高低代表了酒店经营业绩的好坏,也在一定程度上体现了社会对酒店的认可和满意程度。只有实现了一定数量的营业收入,酒店经营才能顺利进行,酒店利润的实现才有可靠的基础。

二、酒店收入的分类

（一）按业务主次分

根据酒店业务的主次之分,酒店营业收入可以分为主营业务收入和其他业务收入。酒店经常性、主要业务所产生的收入为主营业务收入,非经常性、兼营业务交易所产生的收入为其他业务收入。通常,酒店收入中主营业务收入占酒店收入的比重大,对酒店经营效益产生较大的影响。其他业务收入则占酒店收入的比重较小。酒店是以提供食宿为主、兼营其他多种服务的旅游接待设施,收入来源众多,但主要以提供服务为主,非经常性业务较少。对于酒店企业而言,客房和餐饮是其主营业务收入,而其他则属于附属业务收入。

（二）按经营内容分

1. 客房收入

客房收入主要是指酒店提供客房出租取得的收入,包括内外宾房费收入。

2. 餐饮收入

餐饮收入主要是指酒店餐厅提供餐饮服务、销售食品和饮品取得的收入,包括内外宾餐费收入。

3. 商品销售收入

商品销售收入主要是指酒店商品部销售商品取得的收入,还包括代销商品的手续费收入。

4. 洗衣收入

洗衣收入主要是指酒店洗衣房为住店宾客、外单位及个人提供洗涤棉织品等服务而取得的收入。

5. 康乐收入

康乐收入主要是指酒店娱乐部门提供保龄球、桌球、网球、游泳池、健身房、棋牌室、美容美发等娱乐健身服务项目取得的收入。

6. 商务收入

商务收入主要是指酒店商务中心提供打字、复印、电话、传真、网络服务等取得的收入。

7. 车队收入

车队收入主要是指酒店车队为住店客人或社会公众提供车辆有偿服务取得的收入。

8. 租赁收入

租赁收入主要是指酒店提供物业或其他资产出租取得的收入。

9. 其他收入

其他收入主要是指酒店取得的电话手续费等其他零星收入。

三、酒店收入的确认

（一）收入时间的确认

营业收入是酒店企业的主要追求目标，它在很大程度上反映了一家酒店在某一时期内经营成果的好坏，影响着投资者、管理者和全体员工的利益。营业收入也是确定当期收益的依据，当期费用的大小只有在营业收入确定的基础上才能予以确定。因此，营业收入确认的时间是否合理，直接关系到赢利的准确性。按照《旅游、饮食服务企业财务制度》的规定，酒店应采用权责发生制来核算营业收入，凡是在本期取得的收入，不论其款项是否已收回，都被视为本期收入；凡是不属于本期形成的收入，即使款项在本期收到，也不能作为本期收入。所以，酒店应当在劳务已提供、商品已发出，同时价款已收讫或已取得收取价款权利的凭证时，才能确认营业收入的实现。当期发生的销售折扣及销售退回，应冲减当期的营业收入。

（二）收入数额的确认

构成和影响酒店营业收入的因素较多，因而确认营业收入的正确数额则显得较为复杂。一般来说，影响营业收入的相关因素有：

1. 价格

在营业量一定的条件下,酒店营业收入的高低取决于价格的高低。在定价时,既要坚持按质论价的原则,又要符合市场供求规律。除了为提供服务而支出的成本费用及应得的利润外,酒店产品的价格还可以包括某些税金。

2. 折扣

折扣属于销售调整的项目,它对营业收入数额的准确性影响最大。销售的入账金额是发票价格减去商业折扣后的净额。为了鼓励客户及时付款,酒店通常会给予一定的现金折扣。一种处理方法是以现金净收入额作为营业收入,如果将来没有发生折扣,则将现金折扣作为追加收入记入营业收入。另一种处理方法是以发票价格作为营业收入,当将来现金折扣实际发生时,再冲销营业收入。

3. 退赔

在经营过程中,由于酒店自身的过错,未达到国家或行业规定的服务质量标准而造成宾客权益的损失,消费者有权要求退赔。当退赔或折让实际发生时,原来记人的营业收入就应全部或部分冲销。

4. 坏账

当客户无力支付其所欠的应付账款时,就会产生坏账。它是酒店企业在营业收入环节中发生的损失费。坏账实际发生时,应对收益进行调整。这种调整往往不是直接减少销售收入,而是以费用的形式冲销当期收入。

第二节 酒店客房收入管理

影响酒店营业收入的基本因素是价格和营业量。在营业量一定的条件下,营业收入的高低取决于价格的高低,价格越高营业收入就越多。但反过来,当价格超过某个限度时,就会对销售量和营业收入产生负面影响。因此,营业收入管理的目标就是制定合理的价格,最大限度地扩大销售量,实现营业收入的最大化。

一、酒店客房定价决策

价格是酒店提供各项服务的收费标准。合理定价在酒店收入管理中具有重要的意义。价格是否合理首先影响到酒店的销售,进而影响酒店成本费用的开支,最终影响酒店利润的形成。定价过高,可能会导致收入减少,从而难于实现利润;定价过低,收入难以抵消成本费用,酒店正常运转难于维持。

第四章 酒店收入管理

（一）酒店客房定价的基本原则

（1）遵守国家有关政策的规定；
（2）符合酒店客房的价值；
（3）随行就市、薄利多销；
（4）防止过度削价竞争。

酒店客房价格体系相对比较复杂，客房价格主要针对不同的季节、对象划分，酒店在淡季、平季、旺季以及节假日针对不同的顾客群会适时调整客房价格，针对不同的客户需求有不同的价格策略，以期实现收入最大化。一般酒店的客房价格体系如表4-1所示：

表4-1　酒店客房销售价格体系　　　　　　　人民币：元

价格 房型	面积	门市价	折扣价	特价	商务合同价	小包价	会议价格	团队价	旅行社散客/订房中心	半天房租	加床费
标准房											
商务房											
豪华套房											

（二）酒店客房价格竞争策略

酒店价格策略的制定是酒店销售策略的一个重要组成部分。它必须是在充分考虑旅游业的时间原则、市场环境、客源结构、销售途径和企业成本等因素之后，在市场决定价格的前提下制定出价格策略。在价格竞争策略中，客房使用最普遍的是收入最大化策略，即通过对客房出租率及客房房价的管理来实现酒店收入最大化。在实施收入最大化策略时，客房常采用的销售方法是：根据市场情况确定房价，增加或减少折扣房间数量，向客人提供价目和类型最适当的客房等。收入最大化策略的焦点是准确找到房价和出租率的最佳结合点，从而实现客房收入最大化的目标，具体策略一般包括：

1. 超额预订策略

超额预订策略是指酒店为了弥补订房不到、临时取消预订或提前离店的客人给酒店带来的损失，在客人预订已满的情况下，适当增加订房数量。超额预订发生在酒店经营的黄金时期，如果超额预订受理过少，就会使酒店蒙受损失；如果超额预订受理过多，会让订房的客人抵达酒店时没有房住，从而引起客人和酒店的纠纷。因此，客房管理人员应该合理控制超额预订的幅度。

2. 时滞控制策略

对于酒店而言,客人在酒店逗留的时间越长,为酒店带来的效益就越高,因此前厅受理客房预订时,往往要考虑客人将要逗留的时间,有时甚至可能婉言拒绝只住一晚的客人的订房要求。例如,某家酒店星期三、星期四和星期五的客房需求量都很大,就可能不受理只单独预订这三日内的一晚的订房要求,因为这会导致那些本来计划住店三天的客人另谋他处。

3. 折扣配置策略

客房管理人员应根据酒店的销售情况及客人住店时间长短、房间多少等确定房价,找到房价与出租率的平衡点,实现酒店效益的最大化。该策略的关键在于需求预测的准确性。如果预测未来一段时期内市场需求高,酒店的折扣就小,甚至没有折扣;如市场需求低,则折扣就大一些。有些酒店前厅部在实际销售过程中常常将时滞控制策略与折扣配置策略有机结合起来,这样效果更好。例如,给常住客人、协议单位的客人较大的折扣优惠,未预订散客的优惠折扣小一些;团队折扣大一些,散客折扣小一些。遇到重要活动、大型节庆活动时,前厅管理人员一般严格限制折扣配置,甚至取消一切折扣,以实现客房收入最大化。

4. 升档销售策略

升档销售(Up-selling)是一种常用的实现收入最大化的销售策略,指在可能的情况下,为客人推销更高档次的客房和服务,并让客人愿意接受,从而提高酒店的经济效益。常见技巧之一,对酒店价位较低的客房实行超额预订,一旦客房数量不够时,前厅人员可建议并劝说客人改住价位较高的客房;技巧之二是前厅人员应尽量向价格敏感度低的公务商务客人、公司客人推销价位高的客房;销售技巧之三是前厅人员在实际销售前充分把握所销售客房的特点(如朝向、装潢品位、外景观及特色等),主动告知客人。

(三)酒店客房定价的影响因素

客房价格是客人购买客房产品时优先考虑的问题,也是客房销售过程中最敏感的问题之一,其制定和变动会对酒店效益产生很大影响。客房部应对客房价格进行有效的控制,以维护酒店和客人双方的利益。影响酒店客房定价的因素有:

1. 定价目标

酒店的定价目标是由酒店的经营目标决定的,是影响客房定价的首要因素,由于酒店经营目标不同,因此酒店的定价目标也多种多样。通常,客房定价的目标有追求利润最大化、提高市场占有率、应付和防止竞争以及实现预期的投资收益等。

2.成本

成本是酒店客房定价的主要依据,成本往往是价格的下限,价格应确定在成本之上,否则将导致酒店亏损,长期下去难以生存。

3.客房的特色及声誉

酒店设计越有特色,越新颖,对客人的吸引力就越大,其定价的自由度也就越高;同样,酒店客房产品的声誉越高,其定价就越主动。

4.市场供求关系

市场供求关系总是处于不断变化的状态之中。当客房产品的供给大于客人需求时,将不得不考虑降低价格;反之,则可以考虑提高价格。如广交会期间,广州的酒店客房供不应求,很多酒店因此取消了房价折扣。客房价格应不断随供求关系的变化加以调整,以适应市场需求。

5.竞争对手价格

竞争对手的价格是酒店制定房价的一项重要的决策依据,因此,在制定房价时,应首先了解本地区同等级酒店的房价,并依此制定具有一定竞争力的价格标准。

6.客人的消费心理

酒店在定价之前,应对目标市场进行调研,了解掌握客人所能接受的客房价格的上限和下限,俗称"价格门槛"。房价过高,客人消费不起;房价过低,客人又可能怀疑质量有问题,怕上当。

7.国家政策法令

客房定价还要受政府主管部门及行业协会等组织或机构对酒店价格政策的制约。

(四)酒店客房定价的主要方法

从财务管理的角度看,酒店经营活动的最低要求是保本,如果价格的制定不能保证成本的收回,长此下去酒店经营活动将无法维持。因此,以成本为基础确定价格是酒店持续经营的前提。当然,影响价格的因素还有许多,酒店可以在以成本为基础确定价格的前提下,依据各种不同的影响因素适当地调整价格,使之适应酒店和消费者的需求。以下介绍的价格制定方法均以成本为考虑因素,对其他因素暂时抽掉不作考虑。

1.制定理论房价的基本方法

客房的价格制定应既能使酒店获得理想的经济效益,又能使酒店达到理想的客房出租率。一般地说:房价＝成本＋税金＋利润

即： 房价＝成本÷[1－(税率＋利润率)]

酒店客房的成本一般可分为固定成本和变动成本。其中,固定成本是指在一定条件下其总额不随客房出租率的升降而变动的成本,如客房部固定资产的折旧费等。而变动成本则是指在一定条件下其总额随客房出租率的升降成正比例变化的那部分成本,如客房卫生清洁用品费、宾客用品费等。由于固定成本总额在一定时期内不随业务量的变化而变化,尽管在一定时期内总会有一部分未出租的客房,因客源不足、季节性、大修理等因素出现空闲期,但空房期间的固定成本不会减少,未出租间应分摊的固定成本要由已出租的客房来承担。因此,要准确计算每间客房的固定成本,就应将空房负担的固定成本分摊到已出租房的固定成本中去,为此需要掌握、控制一个合理的出租率或是保本出租率作为定价的基础。这样,客房出租率又成为定价的基础,即:

$$\text{客房每平方米使用面积日固定成本} = \frac{\text{全年客房固定成本总额}}{\text{客房总使用面积}} \div (365 \text{天} \times \text{客房出租率})$$

客房的变动成本,由于其总额随着客房出租率的变化而变化,可按客房的间(套)数进行分摊,即:

$$\text{客房每平方米使用面积日固定成本} = \frac{\text{全年客房固定成本总额}}{\text{客房总使用面积}} \div (365 \text{天} \times \text{客房出租率})$$

这样,每间客房每天的总成本就是每间每天固定成本和变动成本之和,即:

客房每间日成本 = 客房每间日固定成本 + 客房每间日变动成本

$$= \text{客房每间使用面积} \times \text{每平方米使用面积日固定成本} + \text{客房每间日变动成本}$$

因此,

$$\text{房价} = \frac{\text{客房每间日成本}}{1 - (\text{税率} + \text{利润率})}$$

【例 4-1】 某酒店有客房 280 间,其中标准间 250 间,每间 25 平方米;双套间 20 套,每套 48 平方米;三套间 10 套,每套 68 平方米。保本出租率为 50%,客房全年预计总费用为 1000 万元,其中固定费用 830 万元,变动费用 170 万元,营业税率 5%,则:

$$\text{客房每平方米使用面积日固定成本} = \frac{8300000 \div (365 \times 50\%)}{(6250 + 960 + 680)} = 5.8 (\text{元})$$

$$\text{客房每间(套)日变动成本} = \frac{1700000}{(250 + 20 + 10)} \div (365 \times 50\%) = 33.3 (\text{元})$$

$$\text{标准间房价} = \frac{25 \times 5.8 + 33.3}{1 - 5\%} = 188 (\text{元})$$

$$\text{双套间房价} = \frac{48 \times 5.8 + 33.3}{1 - 5\%} = 328 (\text{元})$$

$$三套间房价 = \frac{68 \times 5.8 + 33.3}{1 - 5\%} = 450(元)$$

酒店确定上述价格后,可根据具体情况予以调整。若以该价格出租,出租率高于 50%,酒店可盈利。若提高价格,在出租率不变的情况下也有可能盈利。

2. 制定平均房价的常用方法

在实际工作中,有时需要能迅速地制定酒店的平均房价。其常用的方法主要有以下几种:

1) 成本定价法

成本定价法是以客房成本为基础,通过分析成本、税金和利润的数量关系,然后根据客房出租率来制定房租价格的一种方法。其计算公式如下:

$$理论成本 = \frac{客房总成本费用}{365 \times 客房总面积} \times 平均每间客房面积$$

$$出租成本 = \frac{理论成本}{(1-房间闲置率) \times 每天每间客房固定成本费用占单位成本费用的百分比}$$

$$平均房价 = \frac{出租成本}{1-(税率+利润率)}$$

2) 千分之一法

千分之一法是按照酒店的总投资来计算制定平均房价,即以每间客房的平均造价的千分之一作为它的平均房价的一种方法。

$$平均房价 = \frac{酒店总投资额 \div 房间总间数}{1000}$$

千分之一定价法适用于以住宿为主,膳食为辅的酒店,但由于现在酒店经营结构发生了很大变化,膳食收入的比重在逐渐加大,随着这种变动,对宴会厅、中西餐厅、酒吧、大厅等公共场所的建筑投资将相应增加,因此,千分之一定价法可以作为制定房价的出发点,但在正式的定价过程中,应结合实际情况进行调整。

3) 哈伯特公式定价法

哈伯特公式定价法考虑了成本、期望利润、预期客房销售量等因素。哈伯特定价法由美国酒店和汽车旅馆协会主席罗伊·哈伯特主持发明。该定价法步骤如下:

(1) 将所有者投资乘以预期投资回报率计算出预期利润;
(2) 将预期利润除以(1-所得税税率),算出税前利润;
(3) 计算固定费用和管理费用;
(4) 计算未分配营业费用,包括预计的行政管理费用、资产运营维护与能源

费用;

(5) 估计非客房部门的利润或亏损;

(6) 推算客房部利润;

(7) 计算客房部收入;

(8) 将客房部收入除以预期售出的客房数,由此计算出客房的平均房价。

4) 竞争对手定价法、直觉定价法、心理定价法

千分之一定价法和哈伯特公式定价法是以成本为基础的定价方法,而竞争对手定价法、直觉定价法、心理定价法则忽视了产品和服务的生产销售成本。竞争对手定价法是将同档次竞争者的客房价格作为定价依据。这种方法忽略了酒店间的差异,比如地理位置、产品质量、客人信誉等因素,更忽略了客房的成本与价值。直觉定价法是酒店管理人员以感觉客人愿意支付的价格为基础定价。心理定价法以客人期望支付的金额为定价基础,一些高档次度假地使用这种定价方法。因没有考虑成本,这三种定价方法往往不能获得合理的利润,应将它们与成本定价法相结合,客房定价才能更为合理。此外,对客房定价还应综合考虑酒店的历史价格、竞争因素、客人的感知等相关因素。

5) 目标利润定价法

目标利润定价法是在客房成本预算的基础上,根据计划的营业量、各项费用支出及目标利润计算确定客房价格。其步骤如下:

(1) 预算年度成本费用。项目要齐全,预算金额要尽可能符合实际。

(2) 确定目标利润。

$$目标利润 = 年度总成本费用 \times 目标成本费用利润率$$

(3) 制定平均房价。

$$平均房价 = \frac{年度总成本费用 + 目标利润}{可出租的客房数量 \times 客房出租率 \times 365}$$

采用目标利润定价法的前提,是要保证预计的全年成本费用总额、目标利润及客房出租率等指标尽可能准确。因此,用这种方法确定的房价合理与否,是由计算过程中所依据的若干假设是否有效和正确决定的。

二、酒店客房收入的内部控制

内部控制是酒店内部进行自我协调和自我制约的机制,具体是指酒店内部各职能部门及各岗位员工在明确分工的基础上,相互协调、相互适应并相互监督、相互制衡。酒店为了保证营业收入的安全完整,揭露舞弊行为,堵塞漏洞,有必要在酒店实际运作过程中实施各项控制措施。

(一) 酒店客房收入的内部控制的目的

一般来说,客房收入是酒店收入的主要来源,很多酒店客房收入占酒店收入总额的比重已超过60%。客房收入内部控制是酒店管理的重要内容。酒店客房收入的内部控制是以客房收入为对象,是对客房收入的发生、计算、收款、汇总等一系列过程进行控制的管理活动。客房收入内部控制的目的主要有以下几点:

1. 保证客房收入的合法性

为了保证客房收入的合法性,应做好以下几方面的工作:

(1) 确保宾客的入住都有合法的手续。所谓合法的手续,是指必须符合当地政府及有关管理部门的规定和要求。

(2) 确保客房租金的计收有根有据。即必须根据宾客实际入住的天数和客房的类型及其价格计收房租。

(3) 确保客房租金的增加减免符合酒店的管理程序和规定。

2. 保证客房收入的完整性

客房收入的完整性有两方面的含义,一方面是指所有卖出的客房,即发生的所有客房租金都应一分不差地全部收进来;另一方面是指入住宾客在酒店内的所有消费,包括一些杂项费也应一分不差地收进来。为了保证客房收入的完整性,酒店必须采取一切措施,堵塞在客房收入过程中可能发生的一切漏洞,防止和避免一切可能影响或损害客房收入完整性的事件发生,把客房收入的损失控制在最低限度。

3. 保证客房收入的及时性

所谓客房收入的及时性,是指所发生的客房收入应尽快收到并及时入库;暂时收不上来的,应采取措施催收,从而最大限度地减少房租租金的占用。

(二) 酒店客房收入的内部控制系统

客房收入内部控制的程序是根据客房收入的发生、结算、稽核等环节设计的,体现在客人入住登记、押金收取、离店结账、收入稽核等环节,整个过程以酒店前台收银为信息处理中心。客房收入内部控制系统要求做到:

1. 建立完善的住店客人账务管理系统

账务管理系统主要包括宾客账户的开立、记账、结账,体现在宾客入住开设账户、住店期间消费记录、客人结账离店等环节的财务控制。

客人入住酒店,首先需要在总服务台填写"住宿登记表"。前厅部将住宿登记表和宾客账单交收银员,收银员开立宾客账户并收取客人适当押金。近年来,总台接待和总台收银业务功能合并成了酒店总台管理的新趋势。

酒店各营业点的消费单据都转到总台收银处,由收银员据此将宾客住店期间的消费项目和金额记录到已开立的宾客账户内。记账方式有手工记账、收银机记账、酒店管理系统记账等。

客人离店时,前台收银处根据宾客账户中已记录的客人消费明细总额收款。结账有关凭证当天交酒店财务部稽核。当班结束后,收银员应将当班收入报表和当班现金或支票投入收银箱。

2. 建立完善的信息传递系统

由于宾客住店时间一般不会太长,因此要求酒店记账准确、走账迅速、结账清楚。如果信息不畅或信息传递速度太慢,就有可能出现跑账漏收的现象,给酒店造成一定的经济损失。酒店可根据自身实际情况选择电话传递、人工传递、酒店管理系统计算机联网传递等信息传递方式。

3. 及时结算,尽早收款,保障资金安全

酒店提供了商品和服务,应尽早收回资金,保障再生产的顺利进行。对于总台现金结账,关键要健全内部牵制制度,严格按操作程序和标准去执行和检查,不给舞弊行为留下机会。对于签单挂账的单位应及时催款结账,分析应收账款账龄,分析挂账单位信用状况,避免发生坏账。

4. 建立严密的内部牵制制度

客房营业收入正确与否,营业款收取的完整与否,需要通过各项制度和流程来规范。内部牵制制度中最重要的是收入稽核制度,酒店一般都设有夜间审计和日间审计岗位,监控酒店收入和收款的正确性。

(三) 酒店客房收入的内部控制程序

1. 客房收入内部控制环节

客房收入的内部控制主要体现在销售、服务、收款环节相互独立、相互制约,构成客房收入控制体系。这三个环节分别由销售部、客房部、财务部完成,部门间既分工协作,又相互制约。销售部完成客房预订,客人办完入住手续,住入客房,标志着销售的完成;客房部提供整洁、舒适的客房,提供房间整理、清洁客房、更换布草及其他有关服务;客人离店,财务部收取相应的付费。销售部、客房部、财务部及不同岗位的员工,在收入实现过程中既分工协作,又相互制约。

2. 客人结账环节的控制

(1) 开设宾客账户,归集客人消费。客人入住,酒店要为每位客人开设账户,以便记录客人在住店期间的各项消费,如房费、餐费、洗衣费、商务费等,住店客人一般不马上结账,而是先挂在其房账上,待退房时一并结清。因此,酒店总台应及时记录客人的消费明细,保障客人退房时没有遗漏任何费用。酒店一般应用计算机酒店管理系统开设宾客账户,归集客人消费明细。

（2）客人结账方式与控制。客人退房结账,酒店接受的付款方式一般有:现金、支票、信用卡、转账或其他方式。

现金:收款员收取现金时应当面点清,辨别真伪。对于持有外币的客人,收款员应提醒客人到大堂外币兑换处换取人民币后付款。

支票:支票是通过银行转账(转账支票)或银行提现(现金支票)实现收款的一种方式。收取支票只针对本地熟悉的、付款信誉好的公司或政府部门。为规避收款风险,除此之外不应轻易收取。收取支票应检查支票是否在有效期,签章是否相符,支票填写是否有涂改。

信用卡:持卡人可以在酒店凭有效信用卡消费,不用支付现金。收银员首先确认酒店是否受理客人所持信用卡,信用卡是否有效,请客人在签购单上签字,向信用卡公司取得授权号,按预收定金的额度申请付款金额。

转账:有签单挂账协议的单位或个人与酒店的结算方式一般是转账。采用此方式结账的客户在酒店消费签单时收银员应注意:①客户是否与酒店有签单挂账协议,协议是否有效;②签单的客户是否是公司指定的签单人;③签单项目和金额是否符合签单公司的要求;④客人签字后的账单转至酒店财务部作应收账款,由信贷收款员定期与签约方结账。

3. 收银员缴款环节的控制

（1）收银员下班时需整理好账单,编制收银报告,清点现金并缴款。

（2）收银员当班结束,将账单按现金、信用卡等不同付款方式归类整理,以便核对。酒店管理系统可自动生成当班收银员收银报告,收银报告是记录酒店客人消费和收银员收款情况的报表。

（3）收银员清理现金,将收款金额与收银报告核对,若收款金额等于现金收进与现金支出,则无误。收银员填写缴款袋投入酒店指定的投币箱。投币时必须做好登记,投币人和监投人应在记录本上签名。收银员将收银报告和账单交夜审审计。收银员报告见表4-2。

表 4-2 收银员报告

收银员_____ 班次_____ 时间_____

借 项	金 额	贷 项	金 额
房费		现金收进	
服务费		信用卡	
洗衣费		转账	

续表

借 项	金 额	贷 项	金 额
客房酒吧		支票	
电话费			
商务费			
餐费			
减扣：			
杂项费用			
现金支出			
合计		合计	
借贷差额：			

4.免费房和维修房的控制

酒店客房,按其使用状态分为售出房、空房、免费房、维修房、自用房。售出房,顾名思义,指酒店已经出租的客房;空房指尚未出租的客房;免费房是提供给特殊客户入住但免收房费的客房;维修房,也称作坏房,指发生故障而不能用于出租的客房;自用房,有些酒店还有少量客房用于高层管理人员自住或作为办公用房。

例如:某酒店有 300 间客房,假设其 2014 年×月 1 日的客房出租情况如表 4-3:

表 4-3 客房出租情况表

客 房 统 计	数量/间
售出房	200
免费房	30
已出租房间数	230
空房	50
坏房	18
可出租房间数	298
长期自用房	2
房间数量	300

由表 4-3 可见,酒店的免费房和坏房都是酒店的宝贵资源,都是可以为酒店带来收益的可出租房,只不过它们被占用了,免费房虽然出租了,但没有收益;坏

房是不符合出租条件而不能出售。酒店出售的是特定时间的空间,因它们不能出售而给酒店带来了潜在的损失。所以,酒店管理好客房资源,控制好免费房和坏房,有助于实现客房收入最大化。

1) 免费房的控制

免费房是指根据酒店销售政策、合同协议而提供给客户入住但免收房费的客房。免费房可分为公共关系免房、商业免房、营销推广免房、酒店间互免房等类型。

(1) 公共关系免房。指酒店给予特殊客人入住时免收房费。酒店对公共关系免房应该有严格的审批控制流程:①填写免费房申请单,有总经理的签批;②注明客人姓名、提供免费房详情和原因;③经批准后的免费房申请单应交日审留查;④客人离店后,免费房单和客人账单转夜审稽核。

(2) 商业免房。包括会议免房、旅行社免房或其他公司协议免费房,指针对承办会议的会务组给予免费房优惠,针对旅行社给予客房十六免一的优惠,或其他公司优惠政策。商业免房必须根据销售协议执行,账单经审计稽核。

(3) 营销推广免房。指酒店组织营销活动,将免费客房作为赠品或奖品给予客户,以免费房券方式实施。客人入住时必须提供有效的免费房券,免费房券与客人账单转审计稽核。

(4) 酒店互免房。指协议酒店之间出租互免房。酒店预订部应视出租率情况,确定是否接受互免房预订。

从免费房的类型看,免费房既有公关的作用,又有营销推广的作用等,但免费房过多,必然会影响酒店的收益;免费房管理太松,必然会导致徇私舞弊的现象。所以酒店应制定严格的免费房管理制度,严格审核,将免费房控制在合理的范围。

2) 维修房的控制

维修房是指发生故障当天不能出租的客房,又称坏房。坏房发生的原因一般为:空调及暖气设备故障、抽水马桶或淋浴设备故障、或房门故障、家具损坏、墙壁漏水、潮湿、控制板失调、房间异味、客房翻新、客房保养、地板打蜡,等等。在酒店房态表中显示的坏房不仅代表着酒店缺少了该部分可售的房源,而且表明了诸多隐患:①大量的坏房表明酒店的客房设施已经老化,运营能力低下;②坏房意味着酒店要付出更多的维修费用,酒店应注重客房日常保养;③坏房还可能是徇私舞弊的手段。

酒店对坏房的统计、确认,应以工程部的维修单为凭据,在管理上使客房部和工程部相互制约,共同促进坏房的维护保养;财务部应不定期地抽查房态,并重点抽查维修房的房态是否正确;还须控制维修期限,对维修期延长的原因进行追查。

第三节 酒店餐饮收入管理

一、酒店餐饮定价决策

餐饮价格的制定必须能够补偿食品成本和相应的经营费用,并且能够为酒店提供理想的利润。餐饮产品的价格在体现餐饮服务水平的同时也决定了餐饮成本的高低。客人享受到的产品应是物有所值的,符合客人的期望,所以餐饮价格不是越高越好。定价过高,需求降低,有可能导致销售额减少,定价过低,收入不能弥补酒店经营成本。只有合理定价,酒店才有可能获取最大收益。

（一）酒店餐饮定价的基本原则

餐饮价格的制定应考虑客人对饮食的需求以及同行业之间的竞争,但应当主要以餐饮产品的成本为定价基础,原料价格昂贵的菜品,必然导致较高的食品成本;精雕细刻的菜式,也会增加酒店的劳动成本。因此,正确制定菜单的价格,直接影响到餐饮业的盈利状况。餐饮产品定价的原则为:

(1) 制定菜品价格必须以成本为导向,适应市场的需求,反映客人的满意程度。

(2) 合理制定菜品的价格,有利于食品成本控制、减少浪费;有利于控制食品采购、减少食品库存量。

(3) 制定菜品价格要相对灵活、稳定。

(4) 制定菜品价格要服从国家政策、符合物价管理的要求。

（二）酒店餐饮定价的主要方法

1. 销售毛利法

菜品的价格不仅包含原材料的成本,还包括税金、其他经营费用(如餐饮部人工成本、燃料、水电、物料、易耗品等)。其中原材料成本可以按每道菜品制定出标准成本,但其他经营费用难以分摊到每一道菜品上。因此,餐饮制品一般根据销售毛利率定价。

菜品毛利与销售价格和餐饮成本的关系为:

$$菜品毛利＝销售价格－餐饮成本$$

菜品毛利率是菜品毛利与销售价格之间的比率。菜品毛利包含应由菜品承担的税金、餐饮经营费用和合理利润。因为菜品原材料成本都可以确定定额(标准成本),所以毛利等于菜品售价减去原材料成本。假设一道剁椒鱼头售价20元,原材料成本8元,其毛利为12元,毛利率为60%。成本率与毛利率的关系密切,成本率越高,毛利率就越低,反之亦然。

菜品毛利率与餐饮成本率的关系为:

$$菜品毛利率(\%)=1-餐饮成本率(\%)$$

确定了菜品的标准成本,就可依据其定价了。

$$毛利率=菜品毛利\div 销售价格$$
$$毛利率=(销售价格-餐饮成本)\div 销售价格$$
$$销售价格=餐饮成本\div(1-毛利率)$$

因为每道菜品的标准成本是可以计算出来的,酒店可以参考历史资料或同行业的毛利率水平确定菜品毛利率。销售毛利率法计算简便,是酒店最常用的餐饮定价方法。

例:某酒店推出新菜品虾仁豆腐,按照酒店的定价制度,首先由中餐厅厨师长制定该菜肴的标准菜谱,确定使用原材料的品种、用量、规格等;再由酒店成本控制人员根据标准菜谱,按照采购价格计算主料、辅料、调料的使用成本,从而确定该菜品的标准成本。经计算,虾仁豆腐的原材料成本为10.7元。

酒店对该类菜肴的毛利率期望值一般为60%,成本部按照销售毛利率定价法计算销售价格为:$10.7\div(1-60\%)=26.75$(元)。

考虑市场因素和消费者价格心理,成本控制部建议该菜品定价为28元,该售价经餐饮部确认,经财务总监和总经理批准后执行。按照实际售价,该菜品的销售毛利率为62%,成本率为38%。该菜品的标准成本卡见表4-4。

表4-4 食品标准成本卡

菜品名称	虾仁豆腐		规格	1份	核定售价	28.00元
	原料	采购单价	毛料/斤	净料/斤	实际用量/斤	成本金额/元
主料	老豆腐	1.2元/斤	1.5		1.5	1.80
	虾仁	45元/斤		0.1	0.1	4.5
辅料	香菇	20元/斤		0.05	0.05	1.00
	肉末	10元/斤		0.15	0.15	1.50
料头	蒜、葱、姜					0.90
调料						1.00
其他						

续表

菜品名称	虾仁豆腐		规格	1份	核定售价	28.00元
备注					原材料成本合计	10.70
					成本定价	26.75
					毛利率	62%
					建议售价	28.00

2. 成本加成定价法

成本加成定价法也是在餐饮成本的基础上考虑酒店其他费用和预期利润进行加成的一种定价方法。

成本加成定价法的步骤：

(1) 确定菜品的原材料成本，通过制作标准菜谱实现；

(2) 确定成本的加成倍数；

(3) 成本乘以加成倍数得出初步价格；

(4) 考虑市场因素、定价技巧修正此价格。

$$加成倍数＝1÷产品成本率$$

例题介绍了"虾仁豆腐"的定价方法，售价若按成本加成法定价，其步骤为：制作标准菜谱，计算该菜品的原材料成本为10.7元；酒店该类菜品加成倍数一般是2.5倍，价格可以按加成倍数初步确定为26.75元；考虑市场因素和消费者价格心理，菜品售价定为28元。

(三) 酒店餐饮定价的基本程序

1. 制作标准食谱

酒店餐厅经营的所有菜品由餐饮部制作标准食谱，标准食谱是制作菜品的依据，体现食品分配量、菜品质量，是酒店制定餐饮产品销售价格的主要参考依据。

一个标准的食品食谱应包括：

(1) 制作菜肴所需原料的名称；

(2) 调味品及辅料；

(3) 原材料的利用率；

(4) 烹调的步骤和方法。

2. 计算菜谱标准食品成本

(1) 计算出每种配料的单价和总价；

（2）计算每份产品所需配料的成本费用。

3. 确定每份产品的销售价格

考虑酒店的利润水平及市场因素、消费者价格心理等，合理确定产品价格。

4. 注意事项

（1）成本部计算每种原材料的成本时，应考虑原材料使用时产生的损耗。

（2）对食品成本的核算用货币形式来表示。

（3）标准成本卡经餐饮部确认，财务总监、总经理审批后执行。

（4）原材料采购价格发生较大变化或菜品用料发生调整时，应及时更换标准食谱。成本部应对菜单价格进行经常性的复核、调整及更新。

另外，酒水食谱及价格的制定类似于餐饮菜品的定价方法。

二、酒店餐饮收入的内部控制

餐饮和客房是酒店营业收入的两大支柱，并且经营餐饮远比经营客房潜力大，效益好。因为餐饮不但面向酒店的住客，而且还面向当地的企业、机关、居民等。一家餐饮经营比较好的酒店，其餐饮收入往往赶上甚至超过客房收入。可见，加强餐饮收入的管理和控制有着极为重要的意义。

（一）餐饮收入内部控制的特点

与客房收入的内部控制相比，餐饮收入的内部控制有以下特点：

（1）餐厅种类多，有相应的收银点；

（2）餐厅服务项目繁多，价格差异较大；

（3）餐厅人员流动性大，劳动不定型特点比较明显，宾客及服务人员都处于流动之中。

餐饮收入的内部控制必须根据上述特点进行。

（二）酒店餐饮收入内部控制的常见问题

1. 走单

表现为收银员故意丢失或毁掉账单，私吞相应收入；不开账单，私吞账款；一单重复收款等形式。

2. 走数

表现为客人账单中部分金额未收。通常的作弊手段是篡改菜单或故意漏计收入。

3. 走餐

指未开账单也不收钱，造成酒店收入的流失。这种作弊现象易出现在餐厅服务员的亲朋就餐时。

所以餐饮收入控制的关键在钱、单、物,三者在流程上相互制约、相互监督,构成餐饮收入控制中特有的"三线两点"控制方法。

（三）酒店餐饮收入内部控制的"三线两点"

1. 物品传递线

餐饮物品主要指需要烹调的食品,其传递从厨房开始,到送至客人消费为止。这一传递线由代表实物的点菜单的传递所构成,通过对点菜单传递过程的控制,达到收入控制的目的。过程如下：

（1）餐厅服务员根据客人需求开出点菜单;

（2）点菜单交餐厅收银员,收银员在点菜单上签章后,前两联退服务员,一联自存;

（3）服务员将点菜单一联送厨房,一联送传菜间;

（4）厨师根据收银员签章的点菜单制作菜品;

（5）菜品制作好后,由传菜间核对无误并勾单后,由传菜员送上菜品;

（6）每班结束,厨师将点餐单分餐厅整理后送交财务部审核。

2. 餐单传递线

餐单即客人消费的账单。餐单记录了客人消费的食品或饮品的明细和金额,是客人结账的依据。餐单的传递过程如下：

（1）收银员为每一桌消费客人开台（开立账户）,并随时将点菜单内容输入收银机;

（2）客人结账时打印餐单,根据餐单金额收款;

（3）当班结束,收银员根据餐单编制收银报告,并与收银机收入报告核对后,连同餐单一并交夜间稽核。

3. 货币传递线

货币传递程序如下：

（1）收银员根据餐单向宾客结算收款。如有信用卡、挂账、支票等非现金业务,收银员应严格按相关程序办理结算。

（2）收银员下班时,清点现金,填写缴款袋,投入收银箱或交酒店总出纳。

（3）总出纳与监点人点收现金,并送存银行。

（4）总出纳编制总出纳收款报告,送交日间稽核员审核。

4. 两个核对点

以上三条传递线形成三个终点,三个终点之间通过两个核对点连接起来,从而形成闭环控制。

（1）点菜单与餐单核对点。收入稽核人员将厨房送来的点菜单与收银员交来的餐单进行核对,以检查和测试餐单上的项目是否与厨房据此出品的点菜单相符。如有不符,应追查原因。

(2) 餐单与货币核对点。收入稽核人员根据收银员报告(表4-5)中现金结算数与总出纳交来的"总出纳收款报告"(表4-6)相核对,检查所有收银员应交金额与总出纳实收金额是否相符,并对现金的溢缺编写追查结果报告。

表 4-5　餐厅收银员报告

餐厅:　　　　　班次:　　　　　收银员:　　　　　日期:

收　入		结　算	
项　目	金　额	项　目	金　额
食　品		现　金	
饮　料		信用卡	
香　烟		支　票	
服务费		房客挂账	
杂　费		外部挂账	
		交际费用	
合　计		合　计	
餐饮消费人数			
餐单使用	自 NO.　　　NO.　　　,共　　　份;其中作废　　　份		

表 4-6　总出纳收款报告

　　　　　　　　　　　　　　　　　　　　　　　　日期:

项　目	收银员交款金额			备　注
	人民币	外　币	合　计	
总台收银				
餐厅收银				
商品部				
娱乐部				

续表

项目	收银员交款金额			备注
	人民币	外币	合计	
其他				
合计				

备注：表中分别按收银员列示交款情况。

第四节 酒店收入审计与稽核

酒店营业收入的稽核，根据工作时间和工作内容的不同，分为夜间稽核（夜审）和日间稽核（日审）。

一、酒店收入夜间稽核工作程序和内容

夜间稽核工作是在每天营业结束后，检查核对所有营业部门销售业务的记录是否正确无误，工作对象是各收银点及各营业部门交来的单据、报表等资料。夜审的工作目标是通过对这些单据、资料的审核，纠正错弊、追查责任，以保证酒店收入的真实性、正确性。

（一）酒店客房收入的夜间稽核

稽核的工作程序和内容如下：

1. 审核总台收银账单

（1）检查收银员账单和收银报告是否齐全；

（2）核对总台账单金额是否与收银报告数据一致；

（3）根据住店客人报表，审核接待部输入计算机的客人名称、房号、房价是否正确；

（4）审核客房房态与前厅房态、登记入住房号是否一致；

（5）审核每天结算的单据（包括旅行社、长包房、合同单位等），检查金额是否正确，各种原始单据是否齐全无误，价格是否按酒店的有关规定或协议执行；

（6）审核当天到达的客人或团体房价变更及变更签批是否有效；

（7）审核当日房客签单是否准确地记入客人账户，审核挂账单位消费挂账单，对于手续不齐全的，要求经办人补齐相关手续。

2. 过房租

通过检查,确认计算机中的住店客人资料正确无误后,即可将新的一天的房租自动计入住客房间的账户中,这个过程叫做客房过房租,也叫做房租过账。

3. 对当天客房收入进行试算

客房收入在输入过程中可能会出现错输、漏输、输错项目等差错,有必要编制试算平衡表(见表4-7),按下列等式进行查验:

昨日客账余额＋今日客账发生额－今日住客结清额＝今日客账余额

表4-7 试算平衡表

时间

借方项目	金 额	贷方项目	金 额
房 租		收押金	
服务费		现金收进	
洗衣费		现金支出	
客房酒吧		信用卡	
电话费		转 账	
餐 费		支 票	
杂项费用			
减 扣			
借方合计		贷方合计	

净差额:

昨日余额:

新余额:

上表借方反映的是酒店客房当天的收入,贷方反映的是住店客人当天结算的款项,净差额是借方与贷方的差额,余额反映的是当日住店客人未结算的金额。此金额再加上昨日累计客账欠款余额(昨日客账余额),新余额为截止到当日住店客人累计欠账总额(今日客账余额)。

将新余额与住客明细账的余额进行核对,住客明细账的余额反映了每一位住客当日欠款余额,住客明细账中所有客户的当日余额合计数应等于试算平衡表最后一行新余额。如两者不等,应立即检查。

4. 编制客房收益结账表

经试算检查，没有需要改动的数据了，即可编制客房收益结账表。结账表可由酒店管理系统自动生成，格式和内容与试算平衡表相同。客房收益表完成后，当天的收益活动即告结束。

（二）酒店餐饮收入的夜间稽核

餐饮收入的夜间稽核主要是审核各餐厅收银员的餐单、点菜单、收银员报表，通过严密的审核程序保证酒店餐饮收入的正确性。

1. 计算机清机

夜审员首先查验当天各收银点的收银记录是否正常，有无异常取消餐饮开台的操作记录等。然后将当天餐饮收银的数据清理出来，第二天营业时，收银系统重新从零开始累加、分类、计算数据。

2. 核查餐厅当日收银餐单、收银报表

(1) 核对餐厅收款员上交的营业单据，营业报表是否齐全；
(2) 核对餐单与收银员报表是否一致；
(3) 核对点菜单是否与餐单一致；
(4) 核对收银员报表是否与系统报表一致；
(5) 检查账单折扣是否有权限人签字，挂账的账单是否符合手续；
(6) 作废的账单是否有领班签字，应酬劳账单是否符合酒店规定。

3. 编制餐饮收入日报表

核对无误后，夜审员将各餐厅、各班次的全部收银报告汇总，编制餐饮收入日报表，并保持表中左右栏的总计相等，基本格式如表4-8。

表4-8 餐饮营业收入日报表

日期：

项目	人数	收入项目					小计	结算方式					小计
		食品	饮品	香烟	服务费	其他		现金	支票	信用卡	挂账	住客挂账	
中餐厅													
早餐													
中餐													
晚餐													
小计													

续表

项目	人数	收入项目					小计	结算方式					
		食品	饮品	香烟	服务费	其他		现金	支票	信用卡	挂账	住客挂账	小计
西餐厅													
早餐													
中餐													
晚餐													
小计													
咖啡厅													
早餐													
中餐													
晚餐													
小计													
宴会部													
送餐服务													
总计													

（三）酒店其他收入的夜间稽核

夜审员最后审核酒店其他营业部门的收入。夜审员根据娱乐部、商场、商务中心、洗衣房等营业部门交来的账单和报表审核其收入的真实性、合法性。审核中应注意：

（1）原始单据与账单是否相符；

（2）账单折扣是否有权限人签字；

（3）挂账的账单是否符合手续；

（4）作废的账单是否有领班签字等。

（四）编制酒店收入日报表

酒店当日所有收入审核完毕后，夜审员应按以上资料初步编制当日酒店营业收入日报表，营业日报表综合反映了酒店总体收入情况，方便酒店管理层及时了解酒店经营情况，方便财务总监第二天晨会时使用。营业收入日报的具体样式有多种，基本样式如表4-9。

表 4-9 每日营业报表

酒店名称： 年 月 日 累计天数：

项目名称			当日发生		本月累计		本年累计			年度	
			实际	预算	实际	预算	实际	预算	同期	年度预算	完成率/(%)
经营指标		实际出租房间数									
		可供出租房间数									
		其中:自用房									
		免费房									
		坏房									
		总入住人数									
		出租率									
		平均房价									
收入	客房部	房费收入									
		其他收入									
		客房小计									
	餐饮部	A餐厅									
		B餐厅									
		其他收入									
		餐饮小计									
		商场收入									
		娱乐收入									
		其他收入									
		收入总计									

（五）编制酒店收入夜审报告

最后,夜审员对每天稽查出来的事项包括问题单据、待查事项、不符合酒店规定的业务以及需完善的事项,均反映在夜审报告中,交给日审第二天处理。

二、酒店收入日间稽核工作程序和内容

日间稽核又称为日审,是酒店营业收入的第二次稽核。日审的工作目标是进一步检查营业记录是否正确,并对夜间审计工作进行复查,以保证销售记录的

第四章 酒店收入管理

正确性和真实性。

（一）检查收入日报表

日审员上班的第一件事情就是核查夜审员编制的酒店收入日报表，审核无误后，及时送交财务总监、总经理及相关部门，有的酒店还需报送上级单位，以便管理机构及时掌握酒店的每日经营情况。

（二）复核单据与夜审报告

核对房态，核查厨房点菜单，检查收银员的账单、报告，复核夜审完成的客房收益结账表和餐饮收入日报表，如有差错，及时更正。

（三）编制会计分录过账表

会计分录过账表是会计核算人员使用的报表，过账表将当天酒店各项收益明细清晰列示，是会计核算人员编制会计分录的依据，格式如表4-10。

表4-10 酒店营业收入过账表

年　　月　　日

科目代码	贷方		金额	科目代码	借方	金额
	客房收入	散客			现金	
		团队			现金押金	
		长包房			现金退款押金	
		客房其他收入			现金小计	
	迷你吧	食品			信用卡	
		饮品			中国银行	
	中餐厅	餐饮食品			工商银行	
		餐饮饮品			建设银行	
		餐饮香烟			维萨卡（VISA）	
		服务费			吉士美卡（JCB）	
	西餐厅	餐饮食品			……	
		餐饮饮品			信用卡小计	
		餐饮香烟				
		服务费			外部挂账	

续表

科目代码	贷方		金额	科目代码	借方	金额
	大堂吧	餐饮食品			挂账单位1	
		餐饮饮品			挂账单位2	
		餐饮香烟			挂账单位3	
		服务费			挂账单位4	
	其他收入	会议费收入			应收账款小计	
		商场收入				
		康乐收入				
		商务中心收入				
		电话收入				
		车队收入				
		洗衣收入				
	客账余额(昨)			客账余额(今)		
	合计			合计		

复核：　　　　　　　　　制表：

（四）稽核餐单与发票使用

日审员需要对餐单、点菜单的联号使用进行审核和控制，对缺号的餐单和点菜单进行追查。核查发票使用情况，杜绝收银员乱开发票的现象。

（五）核对现金

收银员收到的现金一般装入缴款袋投进指定的保险箱，次日上午由总出纳清点并送存银行。日审员负责核对收入过账表收款金额是否与总出纳实际收款额相符。日审员每日通过编制现金收入控制表（表4-11）核对现金，若发现现金有不正常的溢缺，应及时报告和处理。

表4-11　现金收入控制表

日期：　　　　　　　　　　　　　　　　　　　　　　　　　制表人：

项目	应交金额			实交金额			溢或缺
	人民币	外币	合计	人民币	外币	合计	
总台收银							
餐厅收银							

续表

项目	应交金额			实交金额			溢或缺
	人民币	外币	合计	人民币	外币	合计	
商 务 部							
娱 乐 部							
其 他							
合 计							

（六）处理夜审报告未尽事项

日审员须对夜审报告中提及的待处理事项或夜审发现的问题进行及时处理，对经常性发生或普遍存在的问题，应采取相关措施、制定相应制度完善管理。

■ **课后复习**

1. 简述客房定价应考虑的因素。
2. 简述客房收入控制程序。
3. 简述餐饮收入控制的方法。
4. 酒店如何保证收银员缴款金额无误？
5. 夜间稽核的目的是什么？夜审员是如何开展审计工作的？

第五章　酒店成本费用管理

课前导读

　　成本费用在酒店经营管理中起着重要的作用,它既是对生产经营过程中劳动耗费进行监督和衡量的工具,也是对劳动耗费的价值补偿尺度,还是酒店确定产品价格的基础和衡量酒店经营管理水平的标杆。因此,成本费用管理始终是酒店财务管理乃至整个经营管理的核心。然而,实践中许多酒店在成本费用管理方面却存在许多的误区,如一味强调成本的降低而忽视酒店发展的目标,过分强调成本的补偿性而忽视市场的作用,为降低成本而降低了酒店的服务质量,成本控制制度不健全等,这一切都说明需要树立正确的成本费用管理观念,引入科学的成本费用控制方法,以提高酒店财务管理水平。本章主要介绍了旅游酒店成本费用的主要构成,详细说明了餐饮成本费用及客房成本费用的控制方法,介绍了酒店采购流程及采购过程的控制与管理。

第一节　酒店成本费用概述

一、酒店成本费用的概念与构成

（一）酒店成本费用的概念

成本费用是指企业在一定时期的经营过程中为宾客提供服务所发生的各项费用的总和。成本是指购进商品和雇用劳动力时发生的支出，如酒店经营过程中购买各种原材料、商品等的支出。而费用则是某个时期为获取收入所发生的耗费。成本与费用既有区别又有密切联系。为了方便会计核算，酒店对经营过程中发生的各种耗费，被分为营业成本和期间费用。企业必须按国家规定的成本开支范围，将各项直接用于宾客的支出计入营业成本，将期间费用直接计入酒店的当期损益。

（二）酒店成本费用的构成

1. 酒店的营业成本

酒店的营业成本不同于工业企业的产品成本，酒店的营业成本仅指餐饮销售中的食品原材料以及饮品、香烟的耗用成本，也包括商品销售中商品的进价成本。

（1）食品成本是指将采购食品调拨餐厅、餐厅仓库领用食品或部门内部调拨的各类食品的成本（如海鲜、肉类、蔬菜类、粮油、调味品等）。食品成本应按不同餐厅来分类归集。

（2）饮料成本是指葡萄酒、中国白酒、啤酒、矿泉水、果汁等所有饮料或用作调制料的混合材料的进货成本。饮料成本按不同类型分为中国白酒、葡萄酒、洋酒、啤酒、软饮（不含酒精的定型包装饮料）、果汁、鸡尾酒、咖啡、茶水等；也可细分为酒水成本和饮料成本。

（3）香烟成本是指销售烟草的成本，可分国产香烟、进口香烟和雪茄的销售成本。

（4）传真成本是指直接带来传真收入效益所使用的传真纸、传真用品如传真机用的色粉等材料的费用，不包括传真机定期维修的费用。

（5）复印成本是指直接带来复印收入效益所使用的复印纸色粉等材料的费用，不包括复印机定期维修的费用。

（6）商品成本是指商场经销商品的销售成本。

（7）电话成本是指电话收入相对应的成本。

(8)洗衣成本是指为住店客人、外客、内部员工提供洗衣服务而产生收入的对应洗涤用品、清洁用品费用。

2.酒店的期间费用

酒店的期间费用是指酒店经营过程中发生的与经营管理有关的费用,期间费用直接计入当期损益,需要从酒店的当期经营收入中得到补偿。期间费用一般划分为营业费用、管理费用和财务费用;期间费用通常也被划分为经营费用和非经营费用。

(1)营业费用是指酒店为组织和管理经营活动发生的各项费用,如餐饮部门、房务部门等营业部门为组织经营而发生的人工费用、物料消耗、制服费用、洗涤费用、棉织品费用、办公费用等。

(2)管理费用是指酒店行政管理部门为组织和管理经营活动而发生的费用。如行政部、保安部、财务部等部门发生的人工成本、工作餐、审计费、应酬费等,还包括应由酒店承担的费用,如折旧费、财产保险费、房产税等。

(3)财务费用是指酒店在筹资活动中发生利息净支出、汇兑净损失、金融机构手续费等。

3.酒店的经营费用和非经营费用

1)经营费用

经营费用是指在酒店经营管理过程中发生的,由酒店经营管理者控制和负责的费用。如餐饮成本、客房经营费用、餐饮经营费用等。

酒店的经营费用包括以下内容:

人工成本:酒店为经营部门员工支付的工资、补贴、保险以及其他福利等费用。

工作餐费:酒店为员工提供免费工作餐而支付的费用。

洗涤费:酒店各部门洗涤布草、员工制服等发生的费用。

布草费:酒店客房部、餐饮、康体部对客服务而购买的各种布草的费用,如毯子、床罩、枕套、床单、淋浴巾、浴巾、面巾、桌布、毛巾、窗帘、方巾、台布、台裙等。

服务用品费:酒店免费提供给客人使用的一次性消耗用品,例如肥皂、洗发水、护发素、润肤露、针线包、擦鞋布、浴帽、棉花球、刮须刀、牙刷、牙膏、拖鞋、餐巾纸、快餐盒、一次性筷子、一次性刀叉、牙签、吸管、鸡尾酒搅拌器、餐具垫、筷套、洗衣袋、打包袋、礼品袋等。

瓷器费:酒店购买专门放置于客房内的所有陶瓷及餐厅或厨房使用的陶瓷的费用。包括瓷碗、瓷碟、瓷杯等的费用。

金属器皿费：酒店购买专门放置于客房内的所有不锈钢和餐厅或厨房使用的不锈钢管具，包括不锈钢刀、叉、勺等的费用。

玻璃器皿费：酒店购买专门放置于客房内的所有玻璃器皿及餐厅或厨房使用的玻璃器皿，包括玻璃杯、暖水壶、玻璃碗、玻璃碟等的费用。

金银器费：酒店餐厅对客人服务使用的镀银和镀金金属餐具的费用。

清洁用品费：保持酒店各区域清洁卫生所需用品的费用，或者酒店进行的清洁工作外包发生的费用。清洁用品包括布笪、扫帚、地毯清扫器、洗洁液、公用厕所手巾、垃圾袋、地毯污垢去除剂、碗碟清洁剂、去污剂、银器光亮剂、泳池清洁剂（消毒剂）等的费用。

餐牌及酒牌费：酒店印刷菜单、饮料单和直立式菜牌的费用，包括材料费、印刷费、装潢费和运输费。

厨房用具费：酒店厨房直接用于出品的各种厨具的费用，包括菜刀、锅、炒勺、不锈钢烧烤叉、桶、盆、碗、砧板等。

消防用具费：酒店需购入的消防配置品费用。如消防斧、灭火毯、消防服、消防帽、灭火器、灭火器加粉、消防栓等。

报废饮食品费：酒店因防止不可预计的原因而造成原材料无法再使用的费用损失，此科目限用于食品、酒水的报废。

电视、音乐及娱乐费：酒店向客人提供的免费电视频道发生的费用和提供表演有关的所有费用，例如专业演员薪金、乐师薪金、演出人员工作餐的费用、唱片费、版权费、乐器租金、钢琴调音费、电影、录像带租金、影碟等。此科目限用于客房和餐饮部。

佣金费：酒店按销售协议向旅行社、网络定房等返销的佣金。

宽带网络费：酒店客房为客人提供的宽带上网费。

装饰费：酒店对客房内部环境、大堂进行装饰以及餐饮部各营业点装饰物，含购买盆景、鲜花、干花、道具等费用。

执照费：酒店各种执照费和许可证费及娱乐场所执照费、音乐版权费。包括营业执照、卫生许可证费及出售酒类执照费和其他法律规定的各种许可证费等。

厨房燃料费：酒店厨房消耗木炭、罐装煤气、固体酒精或液体酒精燃料的费用。营业点明确时，直接计入该营业点；几个销售点共同消耗或没有分别计量时，可根据每个销售点收入比例分摊。

化学制剂费：酒店洗衣房采购用于布草、制服的洗涤原料的费用。此费用的产生未直接创造洗涤收入，区别于洗衣成本。

印刷费：酒店采购和印刷表格的费用，例如制作客人账单、点菜单、签名簿、客人意见卡、收据等(不包括促销宣传册和传单以及菜牌酒牌)发生的费用。

办公费:酒店办公文具用品费用,包括空白的打印纸、笔、墨盒等办公文具。

差旅费:酒店人员因公离开本市出差而产生的住宿、膳食、交通等费用。

交通费:酒店人员市内用车油费和公务产生的交通费。

通讯费:酒店各部门办公使用的座机月租费和通话费及因公报销的个人电话费。

行政办公费用:酒店行政办公部门发生的人工费用、办公费用、应酬费、安保费用、收账费用、车辆费用、酒店刊物及会费、审计费、咨询费、数据处理和维护费以及垃圾清运等费用。

市场营销费用:酒店销售部发生的广告费、促销费、市场推广及有关的费用。

维修保养费用:酒店为使房屋建筑、设施设备达到正常使用状态而发生的材料费及修理费或劳务承包费等。

能源费用:酒店水电费、排污费、燃气、燃油及热力等费用。

税金:酒店税款方面的支出,包括营业税及附加、房产税、土地使用税、车船使用费、所得税及其他税项。

其他费用:其他未归入上述各类的项目。

2) 非经营费用

非经营费用的发生与酒店经营管理没必然联系,需由酒店所有者承担的费用。如折旧费用、利息费用、董事会费用等。

酒店的非经营费用包括以下内容:

折旧:酒店房屋及建筑物、运输设备、摄影设备、打字复印设备、计算机设备等固定资产所计提的折旧。

长期待摊费用摊销:酒店已经支出,但摊销期限在1年以上(不含1年)的各项费用,包括固定资产大修理支出、租入固定资产的改良支出等。

财产保险:酒店房产及财产保险支出,包括房产保险、经营设备保险,此费用不包括车辆保险。

租金:酒店租赁长期资产的租金或承包租赁所产生的费用。

无形资产摊销:酒店无形资产的摊销支出。

利息支出:酒店缴付的贷款利息和手续费。

二、酒店成本费用的分类

为便于对成本费用进行管理,需要从不同的角度对其进行分类。

（一）酒店的成本费用，按其与业务量的关系划分

1. 固定成本

这是指在较短的时间内，其成本总额不随业务量的增减而变动的成本。如酒店的财产保险费、折旧费用等不会随酒店收入的增加而增加。

2. 变动成本

这是指其总额随着业务量的变化而成比例地变化。如食品收入越高、食品成本耗用就越多；客房出租率越高，客房服务用品的耗用量就越大。虽然成本费用总额随着业务量的变化而成比例地变化，但是其单位成本却保持不变。例如，餐饮部销售某种红酒，每瓶成本为100元，本月销售15瓶，该酒水成本为1500元，上月销售18瓶，成本为1800元。两个月因销售量不同，酒水成本总额也不同，但单位成本都是100元，保持不变。这里所说的成本总额随着业务量的变化而成比例地变化，是指相对于固定成本，大体成比例变化。

3. 混合成本

这是指其成本总额中既包括固定成本又包含变动成本。如酒店的电话费，固定部分为电话中的线路租金，但话费按一定标准收取，电话成本随着电话量的增多而增大。

（二）酒店的成本费用，按其管理责任划分

1. 可控成本

这是指酒店责任单位在会计期间有权确定开支的成本费用。如餐饮部可以决定采购何种食品原材料，营销部经理可以决定是否组织某项推广活动，行政部经理有权决定选派多少人参加某项培训。这些费用是可以人为掌控的，所以被称为可控成本。通常，各责任单位的变动费用是可控成本。

2. 不可控成本

这是指短期内酒店责任单位对成本费用的发生无法进行控制的项目。不可控成本一般是固定成本，如设备租金、折旧费、利息支出等。这些费用只需要酒店加以确认而不能进行控制。

控制酒店成本费用，重点要关注可控成本的特点，加强对可控成本的控制。但是，有些成本从短期看是不可控的，但从长期来看又是可控的。有些费用对这个责任单位来说是不可控的，对另一个责任单位来说是可控的。划分可控费用和不可控费用是相对一定的时间和空间而言，是为了明确各责任单位的责任，促使其更有效地控制成本费用。

酒店大部分费用都是可控费用，成本控制的重点在于可控费用的管理和控制。酒店成本控制的好坏对盈利能力产生深远的影响，往往决定一个企业的生

存。酒店成本控制需要对整个经营过程进行监督管理。

三、酒店成本费用控制的原则与方法

（一）酒店成本费用控制的基本原则

1. 事前、事中、事后控制相结合的原则

酒店成本费用是在经营过程中逐渐形成的，要实现全面的成本费用控制，就要在成本费用发生之前编制预算，制定目标成本；在成本费用形成过程中，加强控制，监督各项成本费用的支出；在成本费用形成之后，要进行分析，对差异要重点关注，及时采取改进措施，将事前、事中、事后控制相结合。

2. 成本效益原则

酒店成本费用控制的最终目的是为了降低成本，提高经济效益，增加酒店价值。因此，成本控制的过程中应坚持成本效益原则。在实施成本控制方案时，应考虑控制措施引起的费用增加及因此带来的成本费用的降低，看它们之间的比例是否恰当。不恰当的控制会导致酒店办事效率低下，不仅达不到控制的目的，而且对内降低了员工的积极性和主动性，对外降低了酒店的品牌形象。

（二）酒店成本费用控制的主要方法

1. 制度控制法

制度控制法是通过制定酒店各项成本费用管理制度来控制成本费用的开支。酒店进行成本费用控制必须遵循国家规定的成本费用开支范围及费用开支标准，以及税务、上级主管单位的有关成本费用规定。酒店为了有效控制成本费用，必须划分相应的组织机构，建立健全各项成本费用控制制度。如报销审批制度、预算审批流程、差旅费报销制度、业务活动费管理办法、成本分析制度等。

2. 预算控制法

预算控制法以预先完成的预算指标作为控制成本费用支出的依据。通过对比分析，找出差异，采取相应的改进措施，保证成本费用预算目标的实现。

预算控制还要加强事中控制，对某些成本费用的使用事先要加强申报，使用时进行预算登记，对没有预算的费用项目不允许发生，对确需发生的费用应报上级批准，并在总体预算内调剂使用。

3. 标准成本控制法

标准成本是控制成本开支、评价实际成本高低的重要依据。运用标准成本控制法的基本步骤是：制定标准成本，进行成本差异分析（就是将实际成本与标准成本进行比较，找出差异，分析原因）；对成本差异进行处理，通过对重大差异的分析，分清差异形成的原因，找出酒店可以控制的因素。

第二节 酒店餐饮成本费用控制与管理

一、酒店餐饮成本控制

(一)酒店餐饮成本的概念及构成

餐饮成本指酒店的食品成本和饮料成本。食品成本是指那些与菜品生产制作有关的费用,包括肉类、奶制品、水果、蔬菜、调味品及其他干杂原材料。一般来说,食品成本是餐饮管理中需要控制的金额较大的费用。饮料成本是指与饮料销售有关的成本。饮料一般包括啤酒、葡萄酒和白酒等酒精类饮料,也包括可乐、茶、咖啡等非酒精类饮料,还包括用来生产和调制饮品的必要原料,如西瓜、柠檬、樱桃、橄榄、酸橙等常用水果。

(二)酒店餐饮成本的计算

餐饮成本与餐饮销售收入是配比的。餐饮的月销售成本是当月销售的菜品和饮料所耗用的成本。因餐厅经营的连续性和特殊性,每天购进或领用的菜品不可能全部消耗掉,所以应通过成本倒挤的方法计算餐饮成本。

食品成本＝期初食品存货＋本期购进(领用)食品＋本期调拨食品净额－期末食品存货

饮料成本＝期初饮料存货＋本期购进(领用)饮料＋本期调拨饮料净额－期末饮料存货

期初存货是指某一会计周期开始时所有库存原材料的价值。期初存货是通过实地盘存得到的。本期的期初存货实际上是上期的期末存货。

本期购进是指本核算期内所有采购原材料成本之和。

本期领用是指本核算期内从仓库领用的原材料成本。

本期调拨净额是指本核算期从其他餐厅或部门调入餐饮原材料成本减去调出原材料成本的差额。

期末存货是指会计核算期末所有库存原材料的价值。期末存货通常是通过实地盘存来确定的。

(三)酒店餐饮成本的控制方法

餐饮成本一般采用标准成本法进行控制:在餐饮部门,菜单决定餐厅销售菜品的种类和价格,标准菜谱则控制着菜品的数量和质量。标准菜谱是对菜单上每一道菜品的制作过程和用料用量的总体描述。而且标准菜谱是保持菜品质量一贯性的保证,因为菜谱对使用原材料的标准分量和烹任方法有明确的规定。

如果一位顾客发现这次享用的菜品和上次所点的同一菜品有很大差异,就会不满意,酒店因此会失去这位顾客的再次光临。在标准菜谱基础上计算的原材料消耗成本就是该菜品的标准成本。

因此,酒店需要为每一道菜品制作标准成本卡,作为食品成本控制的依据。

【例 5-1】 表 5-1 是一份菜品的标准成本卡,它既是厨房出品的标准,又是成本计算的依据。

表 5-1 标准成本卡(菜品)

菜品名称	鲍汁鹅掌扣鲍鱼菇	食品卡编号	
服务餐厅	中餐厅	分类编号	
出品厨房	中厨房	份数	1 份
食品出品时间	30 分钟	准备时间	1 天
器皿种类	浅式碟 8 寸	销售成本	15.20 元
食物种类	家禽类	其他成本	
标准配方			
数量 & 单位	成分	数量 & 单位	成分
100 克 75 克	进口鹅掌(1 只)58 元/500 克,计 11.60 元; 百灵菇 22 元/500 克,计 3.30 元	50 克	西蓝花 3.00 元/500 克,计 0.30 元
基本制作方法(略)			

饮料的标准成本类似,需要加工制作的饮料也需要完成标准成本的计算,不需要加工的饮料其成本就是采购价格,如各类葡萄酒、白酒、啤酒及听装或瓶装饮料等。

【例 5-2】 表 5-2 是一份酒水的标准成本卡,它既是酒水出品的标准,又是成本计算的依据。

表 5-2 标准成本卡(酒水)

酒水名称	曼哈顿鸡尾酒	食品卡编号	
服务餐厅	西餐厅	分类编号	
出品厨房	调酒间	份数	1 份
酒水出品时间	10 分钟	准备时间	半天
器皿种类	4 盎司鸡尾酒杯	销售成本	15.00 元

续表

酒水名称	曼哈顿鸡尾酒	食品卡编号	
酒水种类	鸡尾酒	其他成本	
标准配方			
数量&单位	成分	数量&单位	成分
1.5盎司	波本威士忌6.00元/盎司,计9.00元;	2滴	苦艾汁0.50元
5 mL	仙山露红1.00元/mL,计5.00元	1粒	樱桃0.50元

调配方法（略）

（四）酒店餐饮成本的日常控制

餐饮成本控制要加强事前、事中、事后的管理，加强全体员工的成本控制意识，实现全方位控制，才能保障实现既定目标。

1. 餐饮成本的事前控制

完善标准成本，准确预估原材料采购量，确保采购的原材料规格和品质符合菜品要求，完善餐饮原材料市场询价、定价制度，保证最低的原材料价格。

2. 餐饮成本的事中控制

加强存货管理，防止餐饮原材料损坏、丢失；

加强收货管理，预防菜品质量不符合要求或出现缺斤短两的现象；

加强菜品加工管理，减少浪费，充分利用边角余料。

3. 餐饮成本的事后控制

酒店成本日报表反映了每日餐饮成本状况，体现了成本率指标。餐饮成本率是餐饮成本与餐饮收入的比率。餐饮成本率的高低，体现在与标准成本率之间的比较。通过对每日成本的监控，可以了解成本在不同餐厅的波动，以便有针对性地采取措施。

餐饮经营者都希望能够及时了解食品原料的使用情况，这就需要经常进行实地盘存。任何一个餐厅都不可能每天盘存，因为这确实是一件耗时耗力的事情。每日餐饮成本可以用估算的方法取得，可以把当日餐厅采购金额和当日餐厅从仓库领用金额及从其他餐厅调拨原材料金额的合计作为当日预估成本。

每日食品成本预估＝当日食品采购金额＋当日食品库房领用金额＋当日食品调拨金额

每日饮料(香烟)成本预估＝单位进价(标准成本)×每日销售数量

为了了解不同餐厅的成本状况,需要分餐厅跟踪每日成本的形成并加以控制。假设ABC酒店有两个独立经营的餐厅,酒店成本部每日对餐饮成本进行跟踪管理,并编制餐厅成本日报表。餐饮日报表每日报送酒店财务负责人、餐饮部门负责人及餐厅总厨,他们共同关注成本的波动情况,并对成本率异动采取相应的措施。表5-3为餐饮成本日报表的样式。

表 5-3　ABC 酒店餐饮成本日报表

年　　月　　日　　　　　　　　　　　　　　　　　　　　　　　单位:元

项目	食品成本					
	本日			本月累计		
	营业收入	营业成本	成本率	营业收入	营业成本	成本率
餐厅1						
餐厅2						
小计						

项目	饮料成本					
	本日			本月累计		
	营业收入	营业成本	成本率	营业收入	营业成本	成本率
餐厅1						
餐厅2						
小计						

项目	香烟成本					
	本日			本月累计		
	营业收入	营业成本	成本率	营业收入	营业成本	成本率
餐厅1						
餐厅2						
小计						

项目	成本合计					
	本日			本月累计		
	营业收入	营业成本	成本率	营业收入	营业成本	成本率
餐厅1						
餐厅2						
小计						

二、酒店餐饮费用控制

（一）酒店餐饮费用的概念与构成

除了餐饮成本，餐饮部门发生的人工成本、制服费用、洗涤费用、布草费用、餐具炊具、厨房燃料等经营费用都属于餐饮部门的费用，属于餐饮部门的可控费用。餐饮部应加强控制，避免物品因人为损坏、丢失、浪费等现象造成费用上升。餐饮总监或餐厅经理是费用管理的责任人。餐饮部的经营费用明细见表5-4。

表5-4 餐饮部经营费用表

项　　目	金　　额
人工成本	
音乐及娱乐	
制服费用	
洗涤费用	
布草费用	
清洁用品	
服务用品	
印刷及文具	
瓷器	
玻璃器皿	
餐具炊具	
厨房燃料	
通讯费	
差旅费	
交通费	
其他费用	

（二）酒店餐饮费用的预算控制

酒店餐饮部门一般用预算控制法管理各项费用。如人工成本在一般情况下是基本不变的，但是在以下情况下会发生变化：如旺季营业量大增，为此需雇佣一些临时工，会增加开支，或者是不增加人数而提高现在员工劳动强度、延长工时，这样由于需要提高工资率也会造成开支增大。因此，餐饮部需确定合理的预算标准,依据淡旺季的不同而加以调整。水电燃料消耗是餐饮费用的重要支出项目,需严格加以控制。由于接待业务量不同,水电燃料的开支也不同,因此要编制弹性费用预算,通过与预算指标的差异进行控制。

所以通过计算、对比餐饮各项明细费用占餐饮收入的比例与预算指标的差异,可以判断费用的变化是有利差异还是不利差异,对不利差异要找出原因,及时纠正。例如,表5-5为××酒店2014年3月份餐饮部门差旅费和厨房燃料的发生情况。与同期预算对比,差旅费低于预算0.1万元,费用率也低于同期预算,为有利差异;而本月实际餐饮收入为120万元,比预算有所提高,厨房燃料也理所应当耗费得多一些,但多少是合理的呢?燃料费用率标准是衡量耗用是否合理的指标。表5-5中,3月份实际耗用厨房燃料8.5万元,费用率为7.08%,超过了预算费用率,是不利差异,餐饮部门应查找本月燃料使用超标的合理原因,以避免该费用继续走高,影响预算的完成。

表5-5 实际与预算比较表　　　　　　　　　　单位:万元

项目	3月份实际	费用率/(%)	3月份预算	费用率/(%)
餐饮收入	120		110	
差旅费	0.5	0.42	0.6	0.55
厨房燃料	8.5	7.08	7.5	6.82

另外,餐饮费用控制的另一个重点是餐具的损耗。餐具是指供客人就餐时使用的碗、碟、杯、刀、叉、勺、筷子等。这些物品极易丢失和损坏,控制不好,会造成费用的大幅度上升。为了降低损耗率,需要对这些物品实行管用结合的办法,制定出合理损耗率作为控制依据,为此要建立餐具损耗统计表,并按合理损耗率进行考核。对超过合理标准发生的损耗,要给予责任人相应的处罚,对控制损耗有突出贡献的人员,也要依一定标准予以奖励。

第三节　酒店客房成本费用控制与管理

一、酒店客房成本费用的概念与构成

客房部的职能是客房部员工利用酒店客房资源提供客人住宿服务。客房部为提供客房服务而发生的各项成本费用在酒店管理中全部视为经营费用。客房费用为可控成本,客房总监或客房部经理是该费用管理的责任人。表5-6为客房部的各项明细费用。

表 5-6 客房部经营费用表

项　目	金　额
人工成本	
电视及娱乐	
制服费用	
洗涤费用	
布草费用	
清洁用品	
服务用品	
印刷及文具	
瓷器	
玻璃器皿	
执照费	
迷你吧	
通讯费	
差旅费	
交通费	
……	

二、酒店客房成本费用的控制与管理

（一）酒店客房成本费用的预算控制

客房部也和餐饮部一样，可采用预算控制法管理各项费用。通过计算和比较客房费用与客房销售收入之间的费用率，来判断费用的发生是否合理。对不利差异应进行深入的分析，查找原因，及时纠正。例如，表 5-7 为××酒店客房部洗涤费用和服务用品 2014 年 3 月份的耗用比较，虽然 3 月份洗涤费用比预算高出 0.1 万元，但洗涤费占当月客房收入的比例却低于预算比例，说明本月洗涤费的发生是合理的。同样，本月客房服务用品耗用额虽然比预算高出 1.5 万元，但费用率与预算相同，均为 5%，说明本月服务用品费用与收入是配比的，也是在合理范围内。

酒店财务管理

表 5-7　实际与预算对比表　　　　　　　　　　　　　　　单位：万元

项目	3月份实际	费用率/(%)	3月份预算	费用率/(%)
客房收入	230	—	200	—
洗涤费用	2.6	1.13	2.5	1.25
服务用品	11.5	5	10	5

此外，客房部费用中，服务用品是客房经营费用中金额较大的项目，对其耗用量应重点关注，可通过制定每间出租客房服务用品耗用定额加以控制。客房服务用品指客房里免费提供给客人使用的牙具、梳子、洗浴用品、拖鞋、便签、信封等用品。

月服务用品标准耗用＝服务用品耗用定额×月客房出租数量

月度服务用品实际耗用与标准耗用的差异如果较大，应查找原因，加强控制。

（二）酒店客房服务用品耗用定额管理

通过对一段时期酒店客房服务用品使用情况的分析，可确定每一项物品的定额使用量。定额使用量有别于标准配置，比如牙具，标准间一般都是配置 2 套，但并不是所有的客人都使用 2 套牙具，经测算 B 酒店每间出租房牙具的平均用量为 1.5 套，所以定额用量为 1.5 套，若牙具单价为 1.2 元，由此可计算每间出租房牙具套的定额为 1.8 元。以此类推，每间出租房所有客房用品的消耗之和即为每间出租房的消耗定额。如表 5-8 通过统计计算，得知 B 酒店每间出租房的服务用品耗用定额为 6.8 元。因此 B 酒店每天及月度的客房服务用品标准耗用都能轻松计算出来。假设某月出租客房 3000 间，该月服务用品标准耗用应为：

服务用品耗用定额×月客房出租数量＝6.8×3000＝20400（元）

表 5-8　B 酒店每间出租客房服务用品定额测算表

名称	单位	单价/元	定额用量	消耗定额/元
沐浴露	瓶	0.90	0.79	0.711
洗发液	瓶	0.90	0.72	0.648
香皂	块	0.8	0.04	0.032
浴帽	个	0.30	0.52	0.156
游泳梳	把	0.5	1.25	0.625
针线盒	盒	0.3	0.15	0.045

续表

名　称	单　位	单价/元	定额用量	消耗定额/元
棉签	盒	0.20	0.48	0.096
牙具套	套	1.20	1.46	1.752
圆珠笔	支	0.38	0.12	0.046
铅笔	支	0.10	0.10	0.010
卫生袋	个	0.20	0.13	0.026
剃须刀	套	1.00	0.04	0.040
指甲锉	个	0.2	0.02	0.004
礼品袋	个	0.80	0.19	0.152
擦鞋布	块	0.50	0.30	0.150
小垃圾袋	个	0.10	1.60	0.160
厚底毛巾拖鞋	双	2.60	0.04	0.104
……				
合计				6.80

第四节　酒店其他费用控制与管理

酒店客房部和餐饮部两大部门以外的其他管理部门所发生费用称为酒店其他费用，也属于可控成本。

一、行政管理费用

酒店行政管理费用包括综管部、财务部、保安部等部门发生的费用，行政管理费用属于可控费用。例如电话费如果不加控制就有可能发生巨额费用，员工利用办公室电话聊天甚至打长途，不仅费用巨大，而且影响酒店的服务。又如酒店的信用政策太过宽松会导致收账费用增加；酒店在车辆管理方面应确定百公里油耗标准，每月按车辆行驶里程数核定汽油费用；酒店的低值易耗品、办公用品，如打印纸、计算器、铅笔等，看起来不起眼，但如果管理不善，偷盗和浪费会增加，其费用也会相当可观。所以酒店在成本控制过程中应注意精细化管理，开源节流，只有这样，才能创造出更多的收益。

行政管理费用项目如下：

人工成本——酒店为管理部门员工支付的工资、补贴、保险、其他福利等费用。

工作餐费——酒店为管理部门员工提供免费工作餐而支付的费用。

差旅费——因公离开本市出差而产生的住宿、膳食、交通等费用。

印刷费——采购和印刷表格的印刷费用,例如客人账单、点菜单、签名座卡、收据等。促销宣传小册子和传单的印刷费用不包括在内(计入销售部项目),菜牌也不列于此。

办公费——办公文具用品费用,包括空白的打印纸、笔、墨盒等办公文具。

通讯费——管理部门办公使用的座机月租费和通话费及因公报销的个人电话费。

业务活动费——管理部门应酬招待支出的费用。

报纸杂志费——部门订阅的各类杂志、报纸等资料支出的费用。

咨询费——部门向中介机构进行业务咨询等发生的费用。

交通费——市内用车油费用摊销和因公事务产生的交通费。

消杀费——酒店灭四害的费用,如老鼠、苍蝇、蚊子、蟑螂等消杀的费用。

消防检测费——对酒店消防器材进行检测的费用。

坏账准备——应收款和预付款可能无法回收的备抵。

卫生检测费——客房及餐饮卫生检测的费用。

捐赠费——捐赠给贫困地区及各种慈善组织财物的费用。

垃圾清运费——生活垃圾处理的费用。

车辆保险费——每年缴纳交通服务车辆的保险费。

车辆维修费——交通服务车辆的修理费和维护费。

交易手续费——酒店各种交易活动方面的费用支出,包括房屋交易、网上交易、证券交易、银行卡交易活动过程中产生的各项费用。

收账费用——财务收账时发生的费用,包括邮寄费、外出收账的复印、传真费等。

车辆租赁费——部门因公租赁车辆的费用。

数据处理及维护费——各种管理软件处理及维护的费用。

审计费——酒店聘请中国注册会计师进行查账验资及资产评估等发生的费用。

市场营销费用——销售部发生的广告费、促销费、市场推广及有关的费用。

车辆保养费——为保证服务车辆的良好性能,定期到指定维修厂保养车辆的费用,此费用不在维修费范围内。

油费——提供交通服务所消耗的燃料费用。例如汽油、柴油、液化气。

车辆费用——提供交通服务车辆的轮胎等专用物品费用及车辆年检、年审等费用。

会费及刊物费——反映酒店会费及刊物费。例如各种报纸刊物、酒店协会费、金钥匙会员费、残联会费等。

二、市场营销费

酒店一般都有营销部门,市场营销费用属于可控费用。酒店的每一项营销活动都应有详细的计划及创收能力分析,以便管理层对酒店资源的分配作出决策。

市场营销费用项目如下:

人工成本——酒店为营销部员工支付的工资、补贴、保险、其他福利等费用。

工作餐费——酒店为营销部员工提供免费工作餐而支付的费用。

宣传用品——销售部在宣传酒店方面的支出,包括赠送客户、VIP、常住客的礼品费等。

促销费——酒店销售部促销及公关费用支出,例如记者招待会、秘书聚会、总经理鸡尾酒会等。

市场推广费——销售部促销活动中传送和邮寄费用支出,包括节日贺卡邮寄、传真式扫描、大量邮寄等。

宣传册——宣传手册、宣传单、整套宣传品等费用。

广告牌——所有室内标志的费用,例如大堂展示板、餐饮促销牌等。

广告费——酒店在公众传播媒介如电视台、电台、酒店指南、杂志、行业公报和报纸上所作的当地和国际广告的费用。包括广告代理费、制作费、摄影费等。

摄影扩印费——拍摄和冲洗酒店照片、幻灯片、印刷品和电影的费用。

行业展示会——酒店参加行业内部展示会的费用,包括登记费、摊位设立或租用费。

三、维修保养费

酒店维修部门承担着酒店设施设备的维修保养任务。管理得当的话,能延长酒店设施设备的使用寿命,保持酒店硬件的服务品质。因此,维修与保养应是有利于酒店而不是增加酒店负担。对于一些专业设备的维修保养,比如中央空调、电梯,酒店应签订维修合同,因为维修服务公司的技术会更专业,还可以减少零配件的储备和人工的费用。

维修保养费用项目如下:

维修工具——非库存的消耗工程用品和备用,例如手电筒、电池、玻璃、维修小工具等。

场地及游泳池保养——维修场地和游泳池用品的费用以及劳务承包费,包括游泳池用品的费用,如石英沙、过滤海绵,但不包括泳池清洁消毒剂的费用。

电器及机械维修——维护和修理取暖系统、通风系统、空调系统、电器和机械设备的材料费以及劳务承包费,例如锅炉检修,修理发电机、电视机、现金出纳机、收音机、电风扇,以及厨房设备、洗衣设备、办公设备和管道等。

建筑物维修——维护和修理建筑物的内、外部的材料费和劳务承包费。包括天花板和屋顶整修。

废物清理——污水处理站、员工宿舍楼化粪池及管道清理、疏通费用等。

照明设备——酒店的客房、办公、公共区域等照明灯具,如灯管、灯泡灯具,照明线路所使用的电线、开关等。

电梯保养——电梯零配件维修、更换费用和劳务承包费等。

家具及装置维修——用于家具维修的保养材料和物品,例如纺织品、纤维品、木板、金属零件、玻璃、墙纸、窗帘、壁纸、画框的费用,地毯修理、装饰织物修理、地板覆盖物的修理和家具修理费等。

水暖维修——所有水暖器材的维修及购置配件费用。

其他维修保养——消防器材及闭路监控系统、中央空调、给水系统等维修保养费。

四、能源费用

能源费用包括水电费、燃气费(煤气费)、柴油费及其他燃料费等。能源费用已经占据了酒店相当大的费用比例,控制能源费用,既是绿色环保的要求,也是提高酒店经济效益的有效方法。

很多酒店大量采用节能灯,并在办公区和员工宿舍区采取定时照明制度,或者分片区集中出租客房,客房中张贴温馨提示,提示客人客房布草和服务用品重复使用,实施绿色环保计划,以此降低能源消耗。

酒店有时将经营程序做一些调整,对于节约能源也能起到事半功倍的作用。如在黄昏时浇草坪可以减少水的蒸发,用扫帚打扫清洁而不是用水清洗地板等。

能源费用项目如下:

水费及排污费——水费、排污费支出。

电费——用电支出的费用。

燃油及热力——购置燃油或蒸汽的费用。

燃气——酒店消耗管道天然气、煤气等费用。

第五节　酒店采购流程控制与管理

为了规范酒店的财务管理，健全内部控制制度，提高经济效益，酒店应规范采购程序，加强采购成本控制。采购工作应紧紧抓住质量、价格、规格、数量、采购渠道、交货日期等主要环节，做到货比三家，物美价廉。

一、酒店采购流程

（一）酒店日常用品计划采购流程

酒店日常用品是指办公用品、工程材料、低值易耗品、洗涤用品、清洁用品、印刷品、服务用品等物品。日常用品的采购流程如下：

（1）酒店各使用部门做好月度采购计划，分门别类列明申购物品的名称、规格、单价、数量、到货时间。

（2）使用部门填列"采购申请单"，写明申购部门、申请人、联系电话、日期、物品名称、规格型号、单位、申购数量、现库存量、上月用量、要求到货时间、部门预算价格等内容。

（3）"采购申请单"报部门领导批示、采购部询价审核、成本部复核、财务总监审批后，方可由采购员按采购单的要求及到货时间通知供应商送货。

（4）物品采购回来以后，应直接送到酒店仓库，由仓管人员验收入库。

（二）酒店餐饮原材料日常采购流程

（1）每日厨房、员工食堂所需的蔬菜、水果、鲜活类等原材料，由厨师长或食堂主管指定专人开具"餐饮原材料日常采购申请单"。

（2）"餐饮原材料日常采购申请单"经厨师长签字确认后交成本部审核，审核后由采购员通知供应商按指定内容、时间送达货物。

（3）财务部收货员及厨师现场收货，使用部门通过直拨手续领用。

（4）厨房每日须提前递交次日厨房餐饮原材料"日常采购申请单"，便于采购人员及时安排采购。

（三）酒店紧急物品采购流程

（1）酒店各部门因突发事件来不及办理申购手续，需紧急采购的物品，需由使用部门请示总经理同意后，开出采购申请单交财务成本审核后送采购员先行办理。

(2) 物品采购回后申请采购部门应补全申购手续。

（四）酒店零星物品采购流程

(1) 零星采购没有采购计划,不同于批量采购,由使用部门填写"采购申请单",注明申购部门、申请人、联系电话、日期、物品名称、规格型号、单位、申购数量、现库存量、上月用量、要求到货时间、部门预算价等要求。

(2) "采购申请单"报部门领导批示、采购处询价审核、财务成本复核、财务总监审批、总经理签批后,再由采购员进行采购。

(3) 使用部门应至少提前1～3天提出采购申请,以便采购人员及时安排采购。

(4) 鲜花采购,可选定专业供应商送货,每个月规定一次品种及价格。由使用部门根据预订情况,下单给采购员直接采购。下单要明确鲜花的用途,摆放位置,花篮的大小、主花的品种等,使用部门通过直拨手续领用。

（五）酒店采购人员工作流程

(1) 采购员接到已签批生效的"采购申请单",标明具体接单时间,方可组织进货或外出采购。

(2) 严格遵照供货合同对货品的要求和规定的到货时间组织进货。

(3) 事先通知仓管人员到货时间,以便做好收货准备工作。

(4) 日常物品采购自接受生效采购单时间计,应在三个工作日内完成;省外采购自接受生效采购单时间计,应在十个工作日内完成。

(5) 如有个别物品采购不到,采购员需及时汇报财务总监,以便与使用部门协调另做决定。

二、酒店采购流程控制与管理

采购成本管理是成本控制系统的重要组成部分,也是保证酒店经营目标实现的基础。加强采购管理,对于酒店控制成本、提高经济效益具有重要意义。酒店各部门应严格执行酒店的采购成本管理制度。

（一）严格实行计划采购管理

采购计划的制定和实施是加强采购管理的关键,也是酒店经营管理的重要环节。每年第四季度,各部门根据下年度生产经营目标和上年度消耗情况,及时编制下年度采购计划。年度计划批复后,申购部门应将计划按季度、月度分解。采购时,根据生产经营实际需要在计划内进行申购。

（二）酒店物品采购价格控制

(1) 酒店应成立市场调查核价小组,小组成员应包括财务负责人、酒店各使用部门负责人及指定的相关负责人、成本控制会计、库房主管及采购员等。核价小组要定期或不定期了解市场行情,调查市场价格,建立"询价表",对产品进行三家询价,进行价格比较。

(2) 采购价格的确定:部门所需物品由供应商报价、核价小组成员询价,每月定时召开定价会议。定价会由财务成本部通知供应商和市场调查核价小组成员参加,双方经过协商最终确定采购价格,并按定价结果列出"定价表",经市场调查核价小组组长签字确认,总经理批准后执行。餐饮食品价格一般每半个月定价一次,定价后半个月内价格不再波动。

(3) 如供应商不接受询价结果可召开临时供应商竞选会,另行选择供应商。如遇到特殊情况(指不可抗力因素,如台风、洪水、冰雪天气等)酒店可考虑适当调整价格。"定价表"中有未列到的其他物品,可遵照定价程序单行定价。

(三) 酒店供应商选择与控制

酒店供应商一般应通过"招标竞价"方式,货比三家,择优入围。每半年召开一次供应商竞选会,由酒店提前一个月投放招标书,并由市场核价调查小组调查市场行情,收集多家供应商报价,列出比较表,随后召集供应商召开会议。参加人员有供应商、使用部门负责人、成本控制会计、采购员、财务总监、总经理或指定的相关负责人,最终确定合作供应商。

(四) 酒店采购物品验收控制

(1) 采购物品到位,由使用部门负责人及指定的相关负责人和仓库管理员(收货员)一同,根据"采购申请单"所列物品及其要求进行验收。

(2) 仓管员(收货员)验收合格后,开具收货单,注明品种、规格、单位、数量、单价、金额和相关文字说明。收货单由送货人、制单人、使用部门负责人签字确认。收货单一式四联,使用部门一联,送货人(或采购员)一联,财务记账一联,仓管记账一联。

(3) 无"采购申请单"而采购回的物品,收货员不能验收入库(紧急物品采购除外)。

(4) 财务成本部应对"采购申请单"与"收货单"进行核查,发现申购内容与收货物品不相符的应做出严肃处理。

(5) 验收出不合格的物品不予签收,应退还送货人。

(五) 酒店采购报销结算控制

(1) 采购员执行完采购任务,凭发票、收货单及时办理报销手续,清理所借采购备用金,前账不清不再办理借款。

（2）供应商所供应的物品与酒店先行挂账定期结算。结算时应根据供应商所持的一联收货单与酒店挂账额核对，由供应商出具发票，按照酒店规定的制度签批后支付。

（3）财务部对进货物品抽查，如有与采购单要求不符的，酒店应拒绝付款。

■ **课后复习**

　　1.酒店的成本费用如何分类？

　　2.酒店成本控制的方法有哪些？如何控制好餐饮成本？

　　3.能源费用在酒店中是一笔巨大的开支，请你帮助酒店考虑降低能源费用的几条措施。

　　4.在酒店采购管理中，怎样才能控制好采购价格？

第六章　酒店利润分配管理

课前导读

利润是酒店一定时期的经营成果,即酒店全部收入抵补全部支出后的差额。酒店利润的分配是财务活动的一个重要方面,是对酒店已实现的税后净利润或亏损进行分配或处理的过程,它体现着酒店与国家、投资者及职工之间的经济利益关系,因此,必须按照国家规定,在兼顾各方利益的基础上进行正确的处理。本章主要介绍了利润的形成以及利润的分配,并且对酒店股利的支付政策进行了分析。

第一节 酒店财务成果概述

一、酒店财务成果

（一）酒店财务成果的概念

酒店财务成果是指酒店在一定时期内通过从事生产经营活动而在财务上所取得的结果。是酒店在一定会计期间所实现的各种收入与相关费用的差额。它综合反映酒店生产、经营活动情况，是考核酒店经营管理水平的一个综合指标。酒店财务成果的计算和处理一般包括利润的计算、所得税的计算、利润分配或亏损弥补等。

（二）酒店财务成果的形式

酒店在一定会计期间所实现的各种收入与相关费用的差额，如果差额大于零，表示为盈利；如果差额小于零，表示为亏损；如果差额等于零，表示酒店处于利润的临界状态。

二、酒店利润的形成

酒店利润是指酒店在一定会计期间的经营成果，也即收入与成本费用相抵后的差额，包括酒店的营业利润、利润总额和净利润。

酒店在经营过程中需要在一定投入资金总量和结构的前提下，尽量对外提供自己的产品和服务，扩大营业收入，并减少成本费用开支，最大限度地获取利润。同时，利润也是酒店进行分配的基础。旅游企业需要按照国家规定依法纳税，以保证国民经济的良性运转，然后将当期实现的税后净利润按规定提取盈余公积金和公益金，以满足企业扩大再生产的需要和员工集体福利的需要，并按投资者的投资比例分配利润。

（一）酒店利润总额构成

酒店利润总额是酒店一定时期内实现的财务成果，由营业利润、投资净收益和营业外收支净额等几部分构成，其计算公式为：

利润总额＝营业利润＋投资净收益＋营业外收支净额＋补贴收入

1. 营业利润

营业利润是酒店正常业务活动所取得的利润，是酒店利润的主要组成部分，直接体现经营者的经营业绩和成果。酒店一定时期的营业利润等于同期经营利

润减去管理费用和财务费用后的差额,其计算公式为:

营业利润＝经营利润－管理费用－财务费用

经营利润等于同期营业收入扣除同期营业成本、营业费用和营业税金及附加后的余额,其计算公式为:

经营利润＝营业收入－营业成本－营业费用－营业税金及附加

上式中,营业收入是指酒店的各项经营业务的收入,包括客房收入、餐饮收入、娱乐收入、商品销售收入、商务中心收入和其他业务收入等。

营业成本是指经营部门发生的直接成本,包括直接材料、商品进价和其他直接费用。其中,直接材料是指餐饮部门在经营过程中耗用的原材料、调料、配料,业务经营中的燃料,车队的营业成本,洗染、修理等业务部门直接耗用的原材料、辅料等。

需要说明的是,客房部门发生各项成本费用,包括人工费用、维修费用、低值易耗品摊销、物料用品消耗、洗涤费用等,按照规定,计入营业费用,而不是计入营业成本。餐饮部门除食品原材料以外的材料、燃料、机器设备和人工耗费,也是计入营业费用。营业部门发生的人工费用,也是直接计入营业费用而不是营业成本。从理论上讲,经营过程中发生的人工费用应该计入营业成本,但是由于酒店业主要是以提供服务为主,而服务是综合性的,没有一个较为合理的分摊材料或分配依据,不便于直接将人工费用对象化,因此人工费用直接计入营业费用。

营业费用是指酒店经营过程中各营业部门发生的各种经营费用,包括运输费、装卸费、包装费、保险费、展览费、广告费、水电费、邮电费、差旅费、洗涤费、折旧费、修理费、低值易耗品摊销和直接从事经营的业务部门的人工费用,营业部门领用物料用品而发生的费用,以及餐饮部门耗用的燃料费等。

营业税金及附加是指与营业收入有关的,应由各项经营业务负担的税金及附加,包括营业税、城市维护建设税及教育费附加等。酒店、餐馆、理发、浴池、照相、洗染、修理等企业应按营业收入的一定比例计算交纳营业税。

管理费用是指酒店为组织和管理企业生产经营所发生的各项费用,以及由酒店统一负担的费用。行政管理部门在经营管理过程中发生或应由企业负担的公司经费(指行政管理部门人员工资、福利费、工作餐费、服装费、办公费、差旅费、会议费、物料消耗、低值易耗品摊销、水电费、折旧费、修理费及其他行政经费等)、工会经费、职工教育经费、劳动保险费、失业保险费、外事费、租赁费、咨询费、审计费、诉讼费、排污费、绿化费、土地使用费、土地损失补偿费、技术转让费、研究开发费、聘请注册会计师和律师费、不应从营业成本和营业费用中列支的房产税、车船使用税、土地使用税、印花税、燃料费、水电费、折旧费、修理费、无形资产摊销、低值易耗品摊销、开办费摊销、交际应酬费、坏账损失、存货盘亏和毁损、存货跌价准备等。

财务费用是指酒店为筹集生产经营所需资金而发生的费用,包括利息净支出、汇兑损失以及相关的手续费等。

如果按照各个营业部门来讲,营业利润可以包括客房部门利润、餐饮部门利润、康乐部门利润、商场部门利润等。下面以客房和餐饮部门为例介绍各部门利润的计算。

根据"客房利润＝客房收入－客房费用－税金",编制大华酒店客房部门利润表见表6-1。

表6-1　大华酒店客房部利润表　　　　　　　　　　　　　　　单位:元

项目名称		2013年度
客房收入	团队收入	9072000
	散客收入	16632000
	长包房收入	3024000
	其他	1512000
	总计	30240000
	平均房价	280
	可供销售客房数	400
	出租率	75%
客房费用	职工工资	240000
	职工福利	33600
	低值易耗品摊销	1356000
	电话租金	108000
	服务用品及其他费用	72000
	办公用品	97824
	固定费用小计	1907424
	清洁用品	293472
	针棉织品	391296
	玻璃器皿	195648
	水费	192000

续表

项目名称		2013年度
客房费用	电费	444000
	维修费	187200
	洗衣费	312000
	变动费用小计	2015616
	总计	3923040
税金	营业税及附加税率	5.5%
	营业税额	1663200
部门营业利润		24653760

根据"餐饮利润＝餐饮收入－餐饮成本－餐饮营业费用－税金",编制大华酒店餐饮部门利润表见表6-2。

表6-2　大华酒店餐饮部利润表　　　　　　　　　　　单位:元

项目名称		2013年度
餐饮收入	食品收入	17175000
	饮料收入	4580000
	其他收入	1145000
	总计	22900000
餐饮成本	食品成本	5692500
	饮料成本	1518000
	其他成本	379500
	总计	7590000
餐饮费用	职工工资	300000
	职工福利	45000
	低值易耗品摊销	77600
	办公用品	68000
	服务费及其他费用	379500
	固定费用小计	870100
	清洁用品	157450
	针棉织品	220120

续表

项目名称		2013 年度
餐饮费用	玻璃器皿	93900
	水费	182400
	电费	195000
	燃料费	163880
	维修费	85400
	洗衣费	126000
	变动费用小计	1224150
	总计	2094250
营业税金及附加		1259500
部门利润		11956250
平均消费水平		50
消费人次		458000

2. 投资净收益

酒店投资净收益是酒店对外进行的股票投资、债券投资和其他各种投资所取得的净收益，它等于投资收益减去发生的投资损失和计提的投资减值准备后的净额。如收益额大于损失额则表现为投资净收益；如收益额补偿不了损失额，则表现为投资净损失。

3. 营业外收支净额

酒店的营业外收入和营业外支出是指与酒店生产经营无直接关系的收入和支出。营业外收入减营业外支出的净额为营业外收支的净额。

营业外收入包括固定资产盘盈、处置固定资产净收益、处置无形资产净收益、罚款净收入等。营业外支出则包括固定资产盘亏、处置固定资产净损失、处置无形资产净损失、债务重组损失、计提的无形资产减值准备、计提的固定资产减值准备、计提的在建工程减值准备、罚款支出、捐赠支出、非常损失等。

4. 补贴收入

酒店的补贴收入是指酒店按规定实际收到退还的增值税，或按销量或工作量等依据国家规定的补助定额计算并按期给予的定额补贴，以及属于国家财政扶持的领域而给予的其他形式的补贴。

(二) 酒店所得税及净利润形成

1. 酒店所得税

酒店在经营活动过程中要按照税法规定交纳各种税金,主要包括营业税、城市维护建设税、增值税、所得税、车船使用税、房产税、土地使用税、印花税等。

所得税是指国家对企业或个人的各种所得按规定税率征收的税款。

酒店的经营所得和其他所得,依照有关所得税暂行条例及其细则的规定需要交纳所得税。所得税计入当期损益,作为一项费用在净利润前扣除。

企业所得税通常按年计算,其基本计算公式如下:

$$企业所得税=应税所得额\times 适用税率$$

其中,应税所得额是指企业一定时期按照税法规定可以确认的收入,扣除按费用开支范围和标准所计算的成本费用,作为企业计征所得税依据的利润额。由于企业会计准则与国家一定时期颁布的税法所规定的收入、费用的确认范围、时间和标准可能不一致,会导致企业会计利润总额与应税所得额不一致。这时,企业需要对会计利润总额按照税法的规定进行调整。例如,酒店发生年度亏损,可用下一年度的利润弥补,下一年度利润不足弥补的,可以在5年内延续弥补,延续5年未弥补的亏损,再用所得税后的利润弥补。酒店所得税交纳除上述按规定税前弥补亏损的利润免交所得税外,酒店购买的国债利息收入、对外投资分回的税后利润,按规定也不交所得税,因此不计入纳税所得额。此外,有些项目按会计规定在计算利润总额时已作为扣除项目,减少了企业的利润总额,但按税法规定这些项目也应纳税。因此,在计算酒店纳税所得额时应重新加上这些项目的金额,主要包括:超规定标准和范围多开支的业务招待费;非公益、救济性的捐赠支出;超税法规定标准的加速折旧;税收罚款和滞纳金,被没收财物的损失等。酒店调整以后的纳税所得额,应按照国家规定的税率缴纳所得税。

为了保证国家财政收入的及时和均衡,所得税采取分月、季预征,年终汇算清缴,多退少补的办法。因此,当期应交所得税额的公式可以表达为:

$$当期累计应交所得税额=当期累计应税所得额\times 适用税率$$

$$当期应交所得税额=当期累计应交所得税额-上期累计已交所得税额$$

2. 净利润的形成

酒店当期的利润总额,扣除应缴纳的企业所得税后的余额,为酒店的净利润,又称税后利润。其计算公式为:

$$净利润=利润总额-所得税$$

年度终了,应将本年度实现的净利润总额或亏损总额,全部转入未分配利润。

利润表格式如表 6-3。

表 6-3 利润表

编制单位： 年 月 单位：元

项目	本年累计数	上年金额
一、营业收入		
减：营业成本		
营业税金及附加		
营业费用		
管理费用		
财务费用		
二、营业利润（亏损以"－"号填列）		
加：投资收益（损失以"－"号填列）		
营业外收入		
减：营业外支出		
三、利润总额（亏损总额以"－"号填列）		
减：所得税费用（税率为30%）		
四、净利润（净亏损以"－"号填列）		
五、每股收益		
（一）基本每股收益		
（二）稀释每股收益		

第二节 酒店利润分配顺序

酒店的利润分配就是将酒店取得的利润按照国家规定的办法或董事会的决定，在酒店和相关的利益主体之间进行分配。这种分配不仅关系到酒店的现金流量，而且影响到酒店价值以及各利益主体的经济利益，进而影响到酒店财务的安全稳定，必须坚持正确的原则。

一、利润分配的原则

（一）执行国家有关法规

国家有关酒店利润分配的法规，最具有公正性、权威性，只有认真执行这些法规，才能协调利润分配所涉及的各方面利益关系，保证利润分配工作顺利进行。

(二) 积累优先原则

酒店的积累从最终产权归属看,仍为酒店投资者所有。因此,必须遵循市场竞争规律的要求,为提高酒店自我发展和抗风险能力进行必要的积累。在保证积累的前提下,正确处理积累与消费的比例关系,充分调动员工的积极性。我国财务制度规定,企业必须按照当年税后利润扣减弥补亏损后的余额的10%提取法定盈余公积金,提取的公积金达注册资金的50%时可不再提取。企业以前年度未分配利润,可以并入本年度利润分配。

(三) 适当考虑经营者和员工利益

酒店的税后利润全部归投资者所有,是酒店的基本制度,并成为酒店的所有者投资酒店的根本动力所在。酒店的员工包括经营者和普通员工,受聘于酒店并为酒店工作,其合法的劳动报酬是酒店支付的工资及奖金。在保障投资者利益的前提下,如何提高经营者和员工的主人翁意识,调动经营者和员工的积极性,一直是现代企业管理面临的重要而有特别意义的课题。我国的现行法规规定,在税后利润中应当提取公益金,用于员工集体福利设施的构建开支,在一定程度上有助于提高经营者和员工的工作积极性。在西方企业中,用税后可供分配的利润对具有一定年龄或作出巨大贡献的员工让送红股,使员工也成为企业的主人参与企业利润的分配。这部分红股虽然在转让、继承等方面作出了一定的限制,但对提高员工的归属感和参与意识无疑具有积极意义。

(四) 遵守公开、公平、公正的原则

酒店利润分配中应遵守公开、公平、公正的原则,不搞幕后交易,不帮助大股东侵蚀小股东利益。酒店的投资者在酒店中只以其股权比例享有合法权益,不得在酒店中牟取私利。利润分配的方式应在所有股东之间保持一致。

(五) 坚持以丰补歉、保持稳定的分红比例

从税后利润中留存一部分利润,不但可以为酒店未来经营筹措资金,提高酒店的风险应对能力,而且可以用于未来的利润分配。酒店在景气时期的较高获利中留存一部分利润,可以在衰退时期用于对投资者分配。实践证明,能够提供稳定回报的酒店比利润分配高低极不稳定的酒店更受投资者青睐。

二、酒店利润分配项目

(一) 酒店亏损及其弥补

当酒店的利润总额为负数时,说明酒店是亏损的。酒店经营过程中发生的

亏损应当予以弥补。根据我国财务和税务制度的规定,酒店当年的亏损,可由下一年度的税前利润弥补,下一年度税前利润尚不足以弥补亏损的,可以由以后年度的利润继续弥补。但是,用税前利润弥补以前年度亏损的连续期限最多不超过5年。仍不足弥补亏损的,以后由税后利润弥补。

税后利润用以弥补亏损的资金可以是酒店的未分配利润,如果亏损数额较大,用未分配利润不足以弥补的时候,可以用提存的盈余公积金来弥补亏损。需要说明的是,在酒店没有清算前,注册资金和资本公积金是不能用于弥补亏损的。

（二）盈余公积金

盈余公积金是从酒店净利润中提取形成,用于弥补酒店亏损,扩大酒店生产经营规模或者转为酒店资本。盈余公积金分为法定盈余公积金和任意盈余公积金。

法定盈余公积金是指按我国财务制度规定,净利润在弥补被没收财物损失,支付各种税收的滞纳金,弥补以前年度亏损后按10％计提的公积金,但当法定盈余公积金累计余额达到酒店注册资本的50％时,可不再提取。

任意盈余公积金是在计提法定盈余公积金和公益金后,由企业章程规定或股东会议决议提取的公积金。上市公司的任意盈余公积金应在支付优先股股利后提取,其提取比例由股东会议确定。

酒店提取的盈余公积金可用于弥补亏损。酒店的以前年度亏损数额按税法规定不能用税前利润弥补时,应用有权支配的其他资金弥补该项亏损,其中最重要的补亏资金来源就是盈余公积金。

酒店提取的盈余公积金经股东大会特别决议以后也可以用来增加酒店的注册资本。盈余公积金用于增加注册资本之后,法定盈余公积金的比例,一般不得低于酒店注册资本的25％。

（三）公益金

公益金是酒店从净利润中计提的专门用于职工集体福利的资金。酒店的公益金应在提取法定盈余公积金以后、支付优先股股利以前计提,其提取比例或金额可由企业章程规定,或由股东会议决议确定。国家有关法规规定了比例的,从其规定。

（四）股利

酒店向投资者分配利润,股份有限公司称为支付股息或股利,是利润分配的主要项目。在通常情况下,酒店要提取盈余公积金、公益金之后向投资者分配利润。利润的分配应以各投资者持有投资的数额为依据。每一投资者分得的利润与其持有的投资额成正比。如果企业当年没有利润,不得向投资者分配利润,但股份有限公司用盈余公积金抵补亏损以后,经股东大会特别决议,可按不超过股票面值6%的比率用盈余公积金分配股利。分配股利后,企业留存的法定盈余公积金不得低于注册资本的25%。

三、酒店利润分配顺序

酒店在进行利润分配时,首先要进行税前利润的调整。亏损企业应用缴纳所得税前的利润进行亏损弥补,补亏期限为5年,5年后用税后利润弥补亏损。

缴纳所得税之后的税后利润,按照我国《公司法》规定,其分配顺序如下:

(一) 计算可供分配的利润

酒店当期实现的净利润,减去被没收财物损失及各种税收的滞纳金和罚款,加上年初未分配利润(或减去年初未弥补亏损)和其他转入后的余额,为可供分配的利润。如果可供分配的利润为正数,可以进行后续分配;如果可供分配的利润为负数,则不能进行后续分配。

(二) 提取法定盈余公积

提取法定盈余公积金的基数,不是可供分配的利润,也不一定是本年的净利润,而是抵减年初累计亏损后的本年累计净利润。

(三) 提取法定公益金

即按法定盈余公积金同样的基数计提公益金,主要用于酒店职工集体福利支出。

(四) 向投资者分配利润

可供分配的利润减去提取的法定盈余公积、法定公益金等后,为可供投资者分配的利润。酒店以前年度末向投资者分配的利润,可以并入本年度分配。

酒店可供投资者分配的利润,应按下列顺序分配:

(1) 应付优先股股利,即酒店按照利润分配方案分配给优先股股东的现金股利。

(2) 提取任意盈余公积金,即酒店按规定提取的任意盈余公积金,通常按公司章程或股东会议决议提取。

(3) 应付普通股股利,即酒店按照利润分配方案分配给普通股股东的现金股利,或酒店分配给投资者的利润。

(4) 转作资本(或股本)的普通股股利,即酒店按照利润分配方案以分派股票股利的形式转作的资本(或股本),或酒店以利润转增的资本。

利润分配表见表6-4。

表6-4 利润分配表

编制单位： ××年度 单位:元

项　目	行次	本年实际
一、净利润		
加:年初未分配利润		
其他转入		
二、可供分配的利润		
减:提取法定盈余公积金		
提取法定公益金		
提取职工奖励及福利基金		
提取储备基金		
提取企业发展基金		
利润归还投资		
三、可供投资者分配的利润		
减:应付优先股股利		
提取任意盈余公积金		
应付普通股股利		
转作资本(或股本)的普通股股利		
四、未分配利润		

酒店可供投资者分配的利润,经过上述分配后剩余的,为未分配利润(或未弥补亏损)。未分配利润可留待以后年度进行分配。酒店如发生亏损,可以按规定由以后年度利润进行弥补。

第三节　酒店股利支付政策

股利指股份公司按发行的股份分配给股东的利润。股息、红利亦合称为股利。酒店股利是股份制酒店盈利中用于分配给股东的那一部分,是股东投资酒店所得的回报,而没有被分配的那部分利润将成为酒店日后发展的重要资金来源。酒店股利水平的高低,影响着酒店在金融市场上的形象和酒店股票的市价升跌。股利政策是指在法律允许的范围内,可供企业管理当局选择的,有关净利润分配事项的方针及政策。股利分配政策是酒店的一项重要财务决策,必须认真对待和研究。

简单地讲,酒店总是在以下几种情况中做出选择:不支付股利、支付略高于银行利率的股利、支付较高水平股利或是将全部盈余都用于支付股利。一般开业不久或正在迅速发展的酒店往往股利支付很少或者根本不支付股利,与此相反,发展很成熟或是特别注重形象的酒店股利支付水平就比较高。

一、股利分配政策的影响因素

股利分配政策的制定受到内部、外部众多因素的影响。企业在制定股利分配政策时,必须充分考虑各种影响股利分配政策的因素,从而使企业能够在股票吸引力与公司财务负担之间寻求一种合理的均衡。

(一)法律因素

为了保护债权人和股东的利益,《公司法》等有关法规对公司股利分配经常作如下限制:

1. 资本保全约束

要求企业发放的股利或投资分红不能来源于原始资本(或股本),而只能来自于企业当期利润或留存收益。规定的目的是为了防止企业任意减少资本结构中所有者权益的比例,以维护债权人的利益。

2. 资本积累约束

要求企业在分配收益时,必须按一定的比例和基数提取各种公积金。另外,规定公司年度净利润必须为正数时才可发放股利,以前年度亏损必须足额弥补。

3. 偿债能力约束

偿债能力是指企业按时足额偿付各种到期债务的能力。对股份公司而言,当其支付现金股利后会影响公司偿还债务和正常经营时,公司发放现金股利的数额就要受到限制。

4. 超额累积利润约束

西方许多国家规定,公司不得超额累积利润,一旦公司留存收益超过法律认可的水平,将被征收额外税款。这是为了避免一些公司通过积累利润使股价上涨方式来帮助股东避税现象的发生。我国法律目前尚未对此做出规定。

(二)股东因素

股东从自身需要出发,可能对酒店的股利分配往往产生这样一些影响:

1. 稳定收入和避税的稀释

有些股东可能要依靠定期的股利来维持生活,他们便要求公司支付稳定的股利,而反对公司留存较多的利润。而有些高收入的股东出于避税考虑(股利收入的所得税高于交易的资本利得税),往往要求限制股利的支付,而较多地保留盈余,以便从股价上涨中获利。

2. 控制权的稀释

老股东为了防止其控制权旁落他人,往往要求限制股利的支付,而愿意较多地保留盈余。这是因为,公司股利支付率越高,必然导致保留盈余减少,这就意味着将来发行新股的可能性越大,而发行新股会稀释公司的控制权。

3. 回避风险考虑

在某些股东看来,通过增加留存收益引起股价上涨而获得的资本利得是有风险的,而目前所得股利是确定的,即使是现在较少的股利,也强于未来较多的资本利得,因此他们往往要求较多地支付股利。

(三) 酒店因素

酒店出于长期发展与短期经营的目的,为了最终制定出切实可行的股利分配政策,也需要考虑一些因素,主要有:

1. 举债能力

如果一个酒店举债能力强,能够及时地从资金市场上筹措到所需资金,则有可能采取较为宽松的股利政策;反之,则应保留较多的盈余,采取较紧的股利政策。

2. 未来的投资机会

当酒店预期未来有较好的投资机会,且投资收益大于投资者期望收益率时,应首先考虑将待分配的利润用于再投资的可能性,减少分红的数额,以利于酒店的长期发展;反之,则应适当增大分红数额。正因为如此,处于成长中的酒店多采取少分多留政策,而陷于经营收缩的酒店多采取多分少留政策。

3. 盈余的稳定性

盈余是酒店支付股利的前提,盈余相对稳定的酒店对未来取得盈余的可能性预期良好,因此有可能支付比盈余不稳定的酒店更高的股利;盈余不稳定酒店由于对未来盈余的把握能力小,不宜贸然采取多分股利政策,而应采取低股利支付率政策。

4. 资产的流动性

资产的流动性是指资产的变现能力。较多地支付现金股利,会减少酒店的现金持有量,使资产的流动性降低。因而资产的流动性强、现金充足的公司,现金股利支付可多些;如果酒店资产的流动性较差,即使酒店的利润可观,也不宜分配过多的现金股利。

5.筹资成本

与发行新股或举债筹资相比,保留盈余不需花费筹资费用,因而是一种比较经济的筹资渠道,所以从资金的成本考虑,如果酒店有扩大资金的需要,应当采取低股利政策。

6.公司其他因素

如酒店有时为了使已发行的可转换债券尽快地实现转换,从而达到调整资本结构的目的;或为了达到反兼并、反收购目的等等,往往会有意多发股利,刺激公司股票价格的上涨,从而达到反并购的目的。

(四)其他因素

1.债务合同约束

酒店的债务合同,特别是长期债务合同,通常有限制酒店现金支付程度的条款,以保护债权人的利益,这使得酒店只得采取低股利政策。

2.通货膨胀

在通货膨胀的情况下,酒店折旧基金的购买力水平下降,这将导致酒店没有足够的资金来源重置固定资产。这时盈余便会被作为弥补折旧基金购买力水平下降的资金来源,因此,在通货膨胀时期酒店股利政策往往会偏紧。

二、酒店股利分配政策

股利分配政策是现代酒店理财活动的核心内容之一。一方面,它是酒店筹资、投资活动的逻辑延续,是其理财行为的必然结果;另一方面,恰当的股利分配政策,不仅可以树立起良好的酒店形象,而且能激发广大投资者对酒店持续投资的热情,从而使酒店获得长期、稳定的发展条件和机会。

股利分配政策是关于酒店是否发放股利、发放多少股利、何时发放股利等方面的方针和策略。通常税后利润中的一部分留在酒店内部,参与酒店的经营周转,作为酒店扩大再生产之用。另一部分用来进行投资者的利润分配,也就是向优先股股东和普通股股东支付股利。如果用于进行股利分配的数额较多,就会加大酒店股票在证券市场上的吸引力,使酒店能顺利筹集资金,但同时会降低留存收益,影响酒店今后的发展。相反,如果股利支付较低,留存收益较多,有助于酒店的长远发展,但是会加重酒店财务负担,而且会影响投资者投资心理,对酒店产生不利影响。因此,股利分配政策的实质就是酒店对其收益是进行分配还是留存而用于再投资的决策问题。酒店需要慎重地在支付和留存收益之间作出选择,兼顾股东和酒店的长远发展,制定科学合理的股利分配政策。

通常,在实际工作中,经常采用的股利分配政策有如下几种:

(一)剩余股利政策

剩余股利政策是在公司有着良好的投资机会时根据一定的目标资本结构(最佳资本结构),首先测算出投资所需的权益资本,先从保留盈余当中留用,作为内部融资,然后将剩余的盈余用于股利的分配。

采用剩余股利政策时,将遵循以下步骤:

(1)确定目标资本结构,即确定权益资本与债务资本的比率。在此资本结构下,综合的资金成本将达到最低。

(2)确定目标资本结构下投资所需的股东权益数额。

(3)公司的税后利润首先用于满足投资方案需增加的权益资本数额。

(4)投资方案所需权益资本已经满足后若有剩余盈余,再将其作为股利发放给股东。

【例 6-1】 假设某股份制酒店某年提取了盈余公积金、公益金后的净利润为 5000 万元,下一年的投资计划所需资金为 6000 万元,公司的目标资本结构为 6∶4。那么,按照目标资本结构的要求,公司投资方案所需的权益资本为:

$$6000 \times 60\% = 3600(万元)$$

公司当年全部可用于分配的盈余为 5000 万元,在满足上述投资方案所需的权益资本数额后还有剩余,剩余部分再作为股利发放。当年可用于发放股利的税后盈余为:

$$5000 - 3600 = 1400(万元)$$

假定该公司当年流通在外的普通股有 500 万股,那么每股股利为:

$$1400 \div 500 = 0.28(元)$$

奉行剩余股利政策,意味着公司只将剩余的盈余用于发放股利,这样做的根本理由在于保持理想的资本结构,使综合资金成本最低。

(二)固定或持续增长的股利政策

固定股利分配是一种数额稳定的分配政策,是将每年发放的股利固定在某一水平上,并在较长的时期内不变。无论酒店的经营利润是多少,每次分配总是力求保持股利的数额不变。只有当公司认为未来盈余将会显著地、不可逆转地增长时,才会调整股利,适当提高年度的股利发放额。

在通货膨胀的情况下,大多数公司的盈余会随之提高,且大多数投资者也希望公司能提供足以抵消通货膨胀不利影响的股利,因此在长期通货膨胀的年代里也应提高股利发放额。这种股利政策使得公司赢得人们的信任,有利于保持公司的信贷地位,对于股票上市的酒店而言,也有利于酒店股票价格的稳定。一些大公司或高知名度的、历史悠久的公司往往都采用这种方案。

采用这种股利政策的好处在于:稳定的股利向市场传递着公司正常发展的信息,有利于树立公司良好的形象,增强投资者对公司的信心,稳定股票的市场价格。稳定的股利额有利于投资者有规律地安排股利收入和支出,特别是对那些对股利有着很强依赖性的股东更是如此。

这种股利政策的主要缺点在于股利的支付与公司缴税后盈余相脱节,当公司盈余较低时仍要支付固定的股利,这可能导致公司资金短缺,财务状况恶化。

(三) 固定股利支付率政策

固定股利支付率政策,是公司事先确定一个股利占税后净利润的比例,每年按此比率支付股利的政策。按这一股利政策,各年股利额随公司经营的好坏而上下波动,获得较多盈余的年份股利额高,获得较少盈余的年份股利额低。

这是一种数额不稳定的分配方案,即公司按照决算出来的每股收益的固定百分比分配股利,每股收益越高,股利越多,如果每股收益等于或小于零时,股利为零。采用这种股利政策的好处是能使股利与公司盈余紧密地结合,以体现"多盈多分,少盈少分,不盈不分"的原则。这种股利政策的不利之处是:由于股利的多少被人们作为评测公司前景的指标之一,在这种政策下,股利的不稳定极易造成公司不稳定的感觉,对于稳定股票的市场价格不利。

(四) 低股利加超额股利分配政策

这种股利分配政策是在一般情况下保持固定的、较低水平的股利分配,即便公司在低利润年度或是有高额投资年度也维持这样的分红水平,因此可以保持股利的相对稳定。当收益非常好时再额外增加更多的股利,但额外股利不是固定的。新创业的酒店或是正处于高投资时期的酒店常常采用这种方案。

采用这种政策的好处在于:这种股利政策使公司具有较大的灵活性。当公司盈余较少或投资需要较多资金时,可维持设定的较低但正常的股利,股东不会有股利跌落感;而当盈余有较大幅度增加时,则可适度增发股利,把经济繁荣的部分利益分配给股东,使他们增强对公司的信心,有利于稳定股票的市场价格;可使那些依靠股利度日的股东每年可以得到虽然较低、但比较稳定的股利收入,从而吸引住这部分股东。

以上各种股利政策各有所长,公司在分配股利时应借鉴其基本决策思想,制定最适合本公司实际情况的股利政策。

三、酒店股利支付

(一) 酒店股利支付方式

1. 现金股利

现金股利是指以现金支付股利。发放现金股利的多少取决于公司的股利政策和经营业绩,它是公司支付股利的主要形式,也是最容易被投资者接受的形式。这种形式能满足大多数投资者希望得到一定数额的现金这种实在收益的要求。但这种形式增加了酒店的现金流出量,增加了酒店的支付压力,有时与酒店留存较多的现金用于酒店投资与发展的愿望相背。因此,酒店采取现金股利形式时,除了要有足够的未分配利润(特殊情况下可用弥补亏损后的盈余公积金支付)外,还要有足够的现金。这种支付方式会减少股东权益的账面价值。

2. 财产股利

财产股利是指用现金以外的资产分配股利。具体包括:

(1) 实物股利,即发给股东实物资产或实物产品,多用于额外股利的支付。这种形式并不增加酒店现金流出,因此它主要用在酒店现金支付能力较低的时期。

(2) 证券股利,即以其他公司的证券代替货币资金发放给股东。由于证券的流动性及安全性较好,因此股东也乐于接受;同时,对酒店来说,当证券作为股利发放给股东时,既发了股利,又实际保留了对其他公司的控制权。

3. 负债股利

负债股利是指以负债作为股利支付给股东。通常以应付票据支付,在不得已的情况下也有发行公司债券支付股利的。由于通常情况下,票据和债券都是带息的,因此对公司来说,利息支付压力大。所以,它只是公司已宣布并须立即发放股利而现金暂时不足时采取的权宜之策。

4. 股票股利

股票股利是指酒店以股票作为发放的股利。其具体做法可以是在酒店注册资本尚未足额时,以其认购的股票作为股利支付;也可以是发行新股支付股利。实际操作中,有的酒店增资发行新股时,预先扣除当年应分配股利,减价配售给老股东;也有的发行新股时,进行无偿增资配股,即股东不需缴纳任何现金和实物,即可取得酒店发行的股票。股票股利是一种比较特殊的股利,它不会引起酒店资产的流出或负债的增加,而只涉及股东权益内部结构的调整。发放股票股利也不会增加现金流出量,保留下来的现金可用于追加投资,扩大经营;同时,股票变现能力强,易于流通,股东乐于接受,也是股东获得原始股的好机会。但发放股票股利会因普通股股数的增加而引起每股利润的下降,每股市价有可能因此而下跌。

股份制酒店支付股利的基本形式主要有现金股利和股票股利,财产股利和负债股利实际上是现金股利的替代。这两种股利方式目前在我国上市酒店股利分配实务中很少使用。

(二) 酒店股利支付程序

各酒店完成股利支付大致要经过以下操作程序:

(1) 董事会讨论和确定股利分配方案。

(2) 召开股东大会听取董事会报告并讨论通过分配方案。

(3) 发布分配通知,通告股利数额及相关的日期限定。

股利分配方案中要包括4个日期:股利宣告日、股权登记日、除息日和股利支付日。由于股票上市酒店的股票随时都处于自由买卖之中,所以发放股利时必须明确这几个相关的日期界定。

股利宣告日即酒店董事会将股利支付情况予以公告的日期。公告中宣布每股支付的股利、股权登记期限、除息日期和股利支付日期。

股权登记日即有权领取股利的股东资格登记截止日期。只有在股权登记日前在酒店股东名册上有名的股东,才有权分享股利。

除息日也称除权日,即领取股利的权利与股票相互分离的日期。从当天(或其后)起才成为持股人的股东不能享受此次分息。在除息日前,股利权从属于股票,持有股票者即享有领取股利的权利;除息日始,股利权与股票相分离,新购入股票的人不能分享股利。这是因为股票买卖的交接、过户需要一定时间,如果股票交易日期离股权登记日太近,酒店将无法在股权登记日得知更换股东的信息,只能以原股东为股利支付对象。

股利支付日也称派息日,即向股东发放股利的日期,从当天起的几天内完成支付股利。

股利分配方案确定之后,具体派息操作可以是一次支付,也可以分几次支付。

■ 课后复习

1. 简述酒店利润分配的一般程序。

2. 不同的股利分配方案对酒店的形象会产生什么影响?

3. 简述股份公司酒店股利分配政策的基本类型。

4. 简述股份公司酒店支付股利的方式。

5. 试讨论股东是否愿意接受股票股利?酒店管理层在什么情况下愿意发放股票股利?

第七章　酒店流动资产管理

课前导读

流动资产是指企业可以在一年或者超过一年的一个营业周期内变现或者运用的资产，是企业资产中必不可少的组成部分。一般包括现金、应收账款、存货等。酒店流动资产是指酒店拥有的各项资产中变现能力较强的，或称流动性最快的资产，是酒店资产的主要组成部分。流动资产的营运是否恰当合理，直接影响到酒店的资金周转和经营的成败，同时也是决定酒店的财务状况的重要方面。

第一节 酒店流动资产管理概述

一、酒店流动资产概述

（一）酒店流动资产的概念

资产是指过去的交易、事项形成并由企业拥有或控制的资源，该资源预期会给企业带来经济效益。资产按其流动性可以分为流动资产和非流动资产。流动资产是指企业可以在一年或者超过一年的一个营业周期内变现或者运用的资产，是企业资产中必不可少的组成部分。

酒店流动资产是指酒店拥有的可以在一年内变现或者运用的资产，是酒店资产中变现能力最强的（变现能力是指资产可在多长时间内变换成现金及各种存款的能力），或称流动性最快的资产，主要包括现金、应收账款、存货等，是酒店资产的主要组成部分。

（二）酒店流动资产的特点

酒店流动资产在酒店经营的整个过程中周转速度是最快的。流动资产在酒店的经营过程中一次性被消耗，其价值转化到向顾客提供的有形或者无形的产品之中，并随着顾客的消费而一次性收回。因此，酒店流动资产与酒店非流动资产相比具有以下特点：

1. 变现能力强

这是酒店流动资产和酒店非流动资产划分的标准。现金及各种存款是在酒店经营过程中用途最广泛的，可随时偿还各种负债，同时也可随时转换为其他各种所需要的酒店资产。因此，酒店资产的变现能力是衡量酒店偿债能力及营运能力强弱的一个重要指标。在酒店资产中，酒店流动资产的变现能力是最强的，这也是由其基本定义决定的。

2. 循环周期与生产经营周期具有一致性

酒店流动资产的循环周期和酒店的营运周期是同步的，即酒店的一个营运周期就是酒店流动资产的一个循环周期，在一个营运周期内可将耗费的流动资产的价值全部收回，而非流动资产的循环则需要经过若干个酒店营运周期才可完成价值的转移与补偿。因此，酒店流动资产的循环周转速度比固定资产资产的循环周转速度快得多。

3. 投资额小，占用数量具有波动性

酒店流动资产的变现能力强，循环周转速度快，因此与酒店固定资产相比，其投资额所占比例较小。由于酒店业务活动的波动性,酒店流动资产也具有较大的波动性,对酒店财务会有一定的影响,易出现物资运动与价值运动不同步的现象。因此在对流动资产管理中,应有针对性地采取措施,尽量制定周密而灵活的计划,争取实现二者的同步运行,减小财务风险,提高流动资产的周转速度和利用效益。

4. 占用形态具有变动性

酒店流动资产的转化一般是由货币形态开始,接着转化为向顾客提供的有形或者无形的产品,最后随着顾客的消费而再次转化为货币形态。酒店经营活动由于是连续不断进行的,因此酒店流动资产的各种占用形态在时间上是相继转化、在空间上是同时并存的,相继转化性和并存性互为条件、相互制约,共同决定着流动资产的周转使用情况。

(三) 酒店流动资产的分类

从不同的角度,不同的标准,可以将流动资产划分为不同的类别。

(1) 根据进行计划管理的需要进行分类,可将酒店流动资产分为定额流动资产和非定额流动资产。定额流动资产是流动资产的基本组成部分,主要包括原材料、辅助材料等;非定额流动资产包括结算资产和货币资金。

(2) 根据表现形态进行分类,可将酒店流动资产分为货币性流动资产和实物流动资产。货币性流动资产指以货币形态存在,包括上述的结算资产和货币资产;实物形态流动资产包括原材料、储备资产、成品资产等。

(3) 根据在酒店营运过程中所起的作用进行分类,可将酒店流动资产分为流通性流动资产和生产性流动资产。流通性流动资产是指为销售而储备的资产和处于结算中的债权及可用于流通的货币资金,主要包括酒店外购来直接用于销售的商品、产成品、现金、银行存款和应收账款等。生产性流动资产是指直接为生产酒店服务产品而储备的材料物资和在生产过程中需进一步加工的在产品,包括原材料、燃料、包装物和低值易耗品、半成品、在产品等。它们在流动资产中所占的比重较大。

(4) 根据变现速度进行分类,可将酒店流动资产分为货币资产、结算资产、存货等。货币资产是指在酒店经营过程中以货币形态存在的资产,一般包括库存现金、银行存款,也包括银行汇票、银行本票等其他货币资金,是酒店资产中流动性最强的资产;结算资产指酒店销售商品、提供劳务而向顾客收取的账款或因其他经济关系应向其他单位收取的款项,一般包括应收票据、应收账款、其他应收款等;存货是指酒店在经营过程中为销售、耗用而储备的各种有形资产,包括各种原材料、燃料、包装物、低值易耗品、商品等。

二、酒店流动资产管理的要求

酒店资产由于具有变现能力强,循环周期与生产经营周期具有一致性,投资额小,占用数量具有波动性,以及占用形态具有变动性等特点,在对酒店流动资产进行管理时,主要从其资产的安全性、流动性和收益性等方面来考虑。因此,对酒店流动资产的管理应遵循以下管理要求:

1. 合理筹集酒店经营过程中需要的资金

在筹集酒店进行正常经营所需的资金时,酒店应注意选择合适的筹资方式和渠道,保证足额的资金及时到位,从而确保酒店经营活动的顺利进行,力争以较小的筹资代价取得较大的筹资效益。

2. 确定合理的资金需要量

所谓合理的资金需要量,是指既能保证酒店正常经营的需要,又无积压和浪费的资金。由于酒店的经营具有周期性、波动性等特点,因此酒店流动资产也具有周期性和波动性的特点,鉴于此,酒店应根据自身的经营情况,合理确定酒店的资金需要量,以保证经营活动的顺利进行,提高资金的收益率。

3. 加速流动资产的循环与周转

加速流动资产的循环与周转是提高酒店经济效益的有效途径之一。在酒店的经营规模及耗费水平一定时,流动资产的周转速度与占用数量成反比,故流动资产的周转速度越快,流动资产的占用数量就越少,酒店资产的收益率就越高(资产的收益率与其流动性成反比)。因此,酒店应尽量加快存货、应收账款等流动资产的循环与周转,提高酒店流动资产的利用率。

第二节　酒店现金管理

一、现金概述

(一) 现金的概念

现金是可以立即投入流通的交换媒介,具有普遍的可接受性,可立即有效地用来购买商品、货物、劳务或者偿还债务。现金有广义现金和狭义现金之分,狭义的现金仅表示库存现金,广义的现金则包括库存现金、银行存款以及其他形态的货币资金。

酒店现金是指酒店随时可用于购买所需货品、劳务或用于偿还债务的交换媒介。对于酒店而言,现金是流通性最强的资产,是唯一能够直接转化为其他任何形态资产的流动性资产,是唯一能够代表酒店现实购买力的资产。现金是保持酒店正常经营所必不可少的资源。酒店购买物资、缴纳税款、发放工资等都需要一定数量的现金。

(二)现金的分类

酒店的现金按照存放地点和用途的不同,可划分为库存现金、银行存款和其他货币资金。

1. 库存现金

酒店库存现金是由酒店财务部门出纳员保管的、作为零星开支的款项,一般包括人民币和外币现金。

2. 银行存款

银行存款是指酒店存放在银行或者其他金融机构的款项。酒店一般在银行或其他金融机构开立结算账户,除留存供日常零星开支用的现金外,其余货币资金一般应存入其结算存款户。银行存款包括人民币存款和各种外币存款。

3. 其他货币资金

其他货币资金是指除现金和银行存款以外的各种货币资金,主要有银行汇票存款、银行本票存款、外埠存款、信用卡存款等。银行汇票存款指酒店为取得银行汇票按照规定存入银行的款项;银行本票存款是指酒店取得银行本票按照规定存入银行的款项;外埠存款指酒店到外地进行临时采购或零星采购时,汇往采购地银行开立采购专户的款项;信用卡存款是指酒店为业务人员所需而存到各种信用卡上以备随时支付的款项。

(三)现金的特点

现金是较为特殊的一种酒店资产,由于其独有的特征,可以随时转换为其他任何形式的资产,因此国家针对现金颁布了一些管理办法以及运行条例来管理现金的使用。

酒店现金的特点如下:

1. 受到国家严格管理

国务院颁布的《现金管理暂行条例》以及中国人民银行发布的《银行账户管理办法》和《支付结算办法》等相关规定,都对现金进行严格管理。

2. 流动性强

现金是酒店流动性最强的一项资产,随时可以用于购买所需物资或支付有关费用。另外,现金也是最容易导致非法挪用和侵吞等犯罪行为的资产。因此,无论是酒店的投资者、债权人,还是管理层,都非常关心、重视现金的管理。

3. 同其他业务联系广泛

酒店的一切生产经营业务都与现金相联系,都可以通过现金表现出来。抓住了现金的管理,也就抓住了生产经营业务管理的主要方面。

二、酒店现金控制与管理

(一)酒店持现动机分析

酒店置存现金主要是为了满足交易性需求、预防性需求以及投机性需求。

1. 交易性需求

交易性需求是指酒店为了维持日常周转及正常商业活动所需持有的现金额。酒店经常会发生现金收入与支出,但是很难使二者在时间与数量上保持一致。如果收入大于支出,形成现金置存,就会影响酒店的盈利能力;如果收入小于支出,则易形成现金短缺,这会使酒店不能正常经营。因而,酒店必须保持适当的现金余额,以保证其业务正常进行。

2. 预防性需求

预防性需求指酒店为应付突发事件而持有的现金。酒店时常会碰到一些意料之外的现金需要,这就使酒店不得不持有若干现金以防不测。预防性需求所持有的现金量,取决于现金收支预测的可靠程度、酒店临时借款能力以及酒店愿意承担的风险程度三个方面。

3. 投机性需求

投机性需求是指为了抓住突然出现的获利机会而持有的现金,比如购买廉价的材料和其他资产,或者在适当时机购入价格有利的股票和其他有价证券等。投机性需求所持有的现金量取决于酒店预计突然出现的获利机会的多少。

(二)确定最佳现金持有量

酒店为了维持正常经营活动而必须持有一定数量的现金,若持有量较少,则影响酒店的盈利,甚至影响酒店的正常营运;若持有现金的数量较多,则会造成现金资源的浪费。因此,酒店到底应该持有多少现金量才是最合适的,这是我们必须要研究的问题。

确定酒店最佳现金持有量的方法主要有成本模式法、随机模式法、因素模式法以及存货模式法。

1. 成本模式法

成本模式法是一种分析持有现金所发生的各种成本,计算其大小,然后选择一种使综合现金成本最低的现金持有量作为最佳现金持有量的一种方法。酒店持有现金的成本主要有三种,分别是现金机会成本、现金管理成本和现金短缺

(或转换)成本。

1) 现金机会成本

机会成本是指一种资源在用于某种用途时所必须放弃的其他用途中最大的损失。现金作为一项资源,必然有机会成本存在。酒店为了经营业务而留存现金,付出相应的代价是必要的,占用现金的代价,表现为因持有现金不能将其投资到生产经营领域而丧失的收益。如果现金持有量较多,机会成本就会大幅度提高,这对酒店的经营是不利的(提高成本,酒店的利润必然降低)。显然,现金机会成本的大小与现金持有量成正比。

2) 现金管理成本

酒店为了正常营运而持有现金会发生相应的管理费用,如管理人员工资、安全措施费等。这部分费用是固定成本,与现金持有量之间没有明显的比例关系。

3) 现金短缺(或转换)成本

短缺(或转换)成本是指由于某种资源的短缺而引起的损失。现金短缺成本是指因缺乏必要的现金,无法满足酒店正常业务开支,而使酒店蒙受的损失,付出的代价。现金短缺(或转换)成本随现金持有量的增加而减少,随现金持有量的减少而增加,即现金短缺(或转换)成本与现金持有量成反比。

以上三种成本之和是酒店持有现金所要付出的总成本,总成本最小的现金持有量即为最佳现金持有量。

2. 随机模式法

随机模式法是在现金需求量难以预测的情况下,确定最佳现金持有量控制的方法,根据历史经验和现实需要,测定一个现金持有量的控制范围,即制定出现金持有量的上限与下限,将现金持有量控制在上下限之内。当现金量达到控制上限时,用现金购入有价证券,使现金持有量下降;当现金量降到控制下限时,则抛售有价证券换回现金,使现金持有量回升。若现金量在控制的上下限之内,便不必进行现金与有价证券的转换,保持它们各自的现有存量。

我们以 R 表示现金返回线,H 表示现金持有量的上限,L 表示现金持有量的下限,b 表示每次有价证券的固定转换成本,δ 表示预期每日现金余额变动的标准差,i 表示有价证券的日利息率,则现金返回线 R 与现金控制上限 H 的计算公式为:

$$R = \sqrt[3]{\frac{3 \times b \times \delta^2}{4 \times i}} + L$$

$$H = 3 \times R - 2 \times L$$

而下限 L 的确定,则要受到酒店每日的最低现金需要、管理人员的风险承受倾向等因素的影响。

【例 7-1】 假定某酒店有价证券的年利率为 9%,每次固定成本转换成本为 150 元,酒店确定的现金余额不能低于 5000 元,根据以往经验测算出每日现金余额变动的标准差为 1000 元,求现金返回线以及现金控制上限。

最优现金返回线、现金控制上限的计算分别为:

$$R=\sqrt[3]{\frac{3\times150\times1000^2}{4\times(0.09\div360)}}+5000=12663.09(元)$$

$$H=3\times12663.09-2\times5000=27989.27(元)$$

因此,当酒店的现金余额达到 27989.27 时,即应该以 15326.18 元(27989.27－12663.09)的现金去投资于有价证券,使现金持有量回落为 12663.09 元;当酒店的现金余额降至 5000 元时,则应转让 7663.09 元(12663.09－5000)的有价证券,使现金持有量回升到 12663.09 元。

随机模式建立在企业的现金未来需求总量和收支不可预测的前提下,因此计算出来的现金持有量比较保守。

3. 因素模式法

因素模式法在实际工作中具有较强的实用性,而且简便易行。它是根据企业上年现金实际占用额以及本年有关因素的变动情况,对不合理的现金占用进行调整,从而确定最佳现金持有量的一种方法。一般说来,现金持有量与企业的业务量成正比关系,业务量增加,现金需要量也会随之增加。

最佳现金持有量=(上年现金平均占用额－不合理占用额)×(1±预计业务量变动百分比)

【例 7-2】 某酒店 2013 年的实际现金平均日占用额为 10 万元,经分析其中不合理的现金占用额为 1 万元。预计 2014 年酒店销售额可比上年增长 20%,要求利用因素模式法确定该酒店 2014 年的最佳现金持有量。

最佳现金持有量=(10－1)×(1+20%)=10.8(万元)

4. 存货模式法

存货模式法根据存货经济订货批量的基本原理,来解决酒店的最佳现金持有量和一定时期内有价证券的最佳变现次数。酒店每次以有价证券转换回现金是要付出代价的(如支付经纪费用),这被称为现金的交易成本。假定现金每次交易成本是固定的,在一定时期现金使用量确定的前提下,每次以有价证券转换回现金的金额越大,平时持有的现金量便越高,转换的次数便越少,现金的交易成本就越低。由成本模式法可知,现金机会成本的大小与现金持有量成正比。现金的机会成本和交易成本相等时的现金持有量,即是总成本最低的现金持有量。

这种模式在使用的过程中需满足一定的前提,它们是:①预算期内酒店的现金需求总量一定,现金需求稳定;②酒店所需现金均可通过有价证券转换获得,且有价证券转换无阻碍;③证券的利率或报酬率以及每次交易的固定费用已知。

则有:

$$T_C = K \times (Q \div 2) + F \times (S \div Q)$$

式中:T_C——现金持有总成本;

Q——一定时期的现金持有量;

$(Q \div 2)$——平均现金持有量;

F——有价证券的转换成本;

S——一定时期的现金需求量;

K——持有现金的机会成本(等于有价证券的报酬率)。

求最佳现金持有量即是求使 T_C 最小的 Q。一阶导数为零的点即是方程的极点,因此,对上式中变量 Q 求导并令其为 0,便可求出最佳现金持有量 Q:

$$Q = \sqrt{\frac{2 \times S \times F}{K}}$$

(三)酒店现金的日常管理

现金是酒店拥有的全部资产中流动性最强的资产,其他资产的流动性是通过其在定期内变现能力来衡量的。为了保证现金的安全和金融市场的稳定,国家制定了一整套的现金管理制度和结算制度来调节和控制企业货币资金的收付和保管。

1. 现金日常管理的主要内容

1)现金的支付范围

根据国家的规定,现金交易只能用于职工个人工资的支付;各种津贴、资金、劳保、福利费用等的支付;差旅费的支付;向个人收购农副产品的款项及个人劳动报酬的支付;各种社会保险费和社会救济费的支付,如退职金、退休金等;向个人支付和结算起点(1000元)以下的零星支付,以及中国人民银行确定需要现金支付的其他开支。

不属于以上现金支付范围的支出,必须通过银行转账结算,购置国家规定的社会集团专项控制商品,必须采用转账结算,不得使用现金。

2)库存现金限额

酒店库存现金限额应根据酒店规模的大小、酒店业务的多少以及酒店距离银行的远近等条件与开户银行协商核定,一般以不超过酒店3~5天的零星开支额为度,酒店库存现金限额一般每年调整一次。现金超过限额部分,必须即日送存银行,现金不足时,应从银行提取现金补足。

3) 不得坐支

坐支是指酒店以自己的业务收入现金直接支付酒店支出的行为。酒店营业收入的现金必须在当天送银行,当日送有困难的,由开户银行确定送存时间,不得坐支。

4) 其他规定

不得出租、出借银行账户,不得签发空头支票和远期支票,以及不得套用银行信用。

2. 现金日常管理的主要制度

1) 现金预算制度

所谓现金预算制度,是指在现金业务发生以前,制定相应的现金使用计划。酒店根据以往的经验以及经营情况制定现金预算,并严格按照预算安排现金收支。

2) 及时清理现金

所谓现金的及时清理,是指现金的日清月结,确保现金账面余额与实际库存额吻合;每月银行存款余额与银行对账单余额的核对一致;每月现金、银行存款日记账余额与银行存款总账余额的核对要相符。

3) 现金管理的内部牵制制度

所谓内部牵制制度,是指由两个或两个以上的工作人员处理同一项业务活动,二者相互牵制以防出现错误或弊端。在现金的日常管理中,内部牵制制度表现在:

(1) 任何一项现金收支业务都不能由一个人独立办理,须由两人及两人以上共同完成。如出纳管钱、会计管账的钱账分管制度,现金业务的当事人与审批人分离制度等。

(2) 任何现金收支业务都必须有经办人以外的专人审核,并在原始凭证上签名盖章。

(3) 在可能的情况下,定期适当调动人员岗位,以预防一个人长期在一个岗位上所可能带来的舞弊行为。

4) 现金收付手续制度

所有现金的收付都必须以审核后的原始凭证为依据;拒绝违反财务制度的现金收付;现金收付必须当场清点,以防出现错误;现金收付后,须立即加盖"现金收讫"、"现金付讫"戳记,随时记账,以免重收、重付。

3. 现金日常管理的主要策略

1) 加速收款

加速收款是提高现金使用效率、加速现金周转的主要方式。酒店的现金流入主要来源于销售收入，提高收款率的主要途径便是缩短销售收入的回收时间。酒店的销售收入中，散客收入一般为即时收入，不存在加速收款问题。集团消费通常是由双方合作协议，存在延迟付款的问题，并且数额较大，通过银行转账方式进行，因此加速收款主要存在于集团收入中。酒店要在利用应收账款吸引顾客和缩短收款时间两者之间找到适当的平衡点，实施妥善的收账策略。

2) 控制支出

酒店在收款时，需尽量加快收款速度来提高现金使用效率，而在支出现金款项时，应该在不影响酒店信誉以及不需要支付延迟利息成本的条件下，尽可能地推迟付款。酒店控制支出的方法主要有：

（1）合理利用"现金浮游量"。从酒店开出支票，到收款人收到支票并存入银行，至银行将款项划出酒店账户，中间需要一段时间。这段时间所占用的现金量就称为"现金浮游量"。在这段时间内，虽然现金在名义上已经属于收款人，但由于款项并未实际划出，酒店仍然可以动用这笔资金，如果能够合理利用这笔"现金浮游量"的话，会给酒店带来相当可观的收益。

（2）延长支出时间。在不影响酒店自身形象和信誉的情况下，酒店可以采用一定的措施来延缓付款时间，合理控制现金支出时间是十分重要的。例如：酒店在采购物资时，付款条件是"$2/10, n/30$"，如果酒店现金充裕，应尽量争取享受折扣，那么应该在第 10 天付款，而不是第 9 天或者第 11 天。这样，酒店可以最大限度地利用现金而又不丧失现金折扣。如果现金比较紧张，酒店可以放弃现金折扣，而在第 30 天付款。

在上述情形下，酒店可在延迟期间无偿使用这一笔资金。因此酒店应视情况尽可能利用供应商提供的信用以增进酒店利益。

（3）采取合适的工资支出模式。酒店可以专门设立一个存款账户用来支付职工工资，对未来一段时间内酒店的情况做出合理的预计和结算，以相对准确的数字和时间将现金转存至工资账户，从而保证工资的如期支付，又尽量减少工资账户对现金的占用。

3) 力争现金流入和流出同步

在酒店合理编制其现金预算的情形下，尽量使它的现金流入和现金流出的时间趋于一致。现金流量同步可以将酒店可能发生的现金闲置或现金短缺的时间降到最低限度，因此这是提高酒店现金管理水平的重要措施。

第三节 酒店应收账款管理

一、酒店应收账款概述

(一) 酒店应收账款的概念

应收账款是指企业因销售商品和材料、提供劳务等,应向购货单位收取的款项,以及代垫运杂费和承兑到期而未能收到款的商业承兑汇票。应收账款是伴随企业的销售行为而形成的一项债权。广义的应收账款包括应收账款、应收票据、预付账款、其他应收款等。

酒店在日常经营过程中,除了提供客房餐饮等基本服务外,还提供交通、洗衣、购物等服务,为方便客人、加强酒店竞争力,允许客人在住店期间欠账消费。尤其是在酒店行业市场竞争日趋激烈的情况下,赊销作为一种刺激和扩大销售的手段正不断受到酒店的重视,如何加强对应收账款的管理,已成为酒店财务管理的一个重要问题。

(二) 酒店应收账款的产生

酒店存在应收账款的原因可归纳如下:

1. 商业竞争

在社会主义市场经济条件下,酒店之间的竞争日趋激烈。酒店要想扩大销售,除了依靠常规的丰富产品多样性、降低产品价格、提高产品售后服务等手段外,赊销也成为扩大销售的手段之一。企业以赊销等优惠方式吸引顾客,于是就产生了应收账款。这是酒店发生应收账款的主要原因。

2. 销售和收款的时间差

酒店一般采用先消费后结算的经营方式,因此酒店日常经营中总是存在着应收账款;另外,由付款人支付到酒店收到款项之间存在着时间差,在这段时间差之内存在着应收账款,这是由于结算时间滞后引起的,结算手段越是落后,结算时间就越长,酒店只能承认这种事实,并承担由此引起的资金垫支。这部分应收账款的收回是可预期的,不属于商业信用,也不是应收账款的主要内容。

3. 酒店内部自身原因

我国所有企业普遍存在的原因是只重视销售而忽视包括应收账款在内的内部管理,无论是应收账款管理理论还是经验相对都比较缺乏。

(三) 酒店应收账款的利弊

设置应收账款的主要目的是扩大销售及减少存货,扩大销售可以为企业增加收入、开拓市场,减少存货有助于企业加快周转,减少存货管理费用。这是酒店设置应收账款的优势。凡事都有两面性,有利必然有弊,酒店存在应收账款也要付出一定的代价。

酒店持有应收账款所付出的代价主要有增加了应收账款的管理成本,增加了应收账款的机会成本,增加了应收账款的坏账损失成本。应收账款的管理成本主要是指账簿的记录费用、收账费用、调查顾客信用情况的费用、收集各种信息的费用;应收账款的机会成本是指由于应收账款的资金不能用于其他用途的投资收益;应收账款的坏账损失成本是指由于因收账款收不回而产生的坏账损失。

应收账款对酒店而言有利也有弊。因此酒店应权衡应收账款的利弊,确定合适的应收账款大小,即赊销有度,而赊销额度的大小是由酒店的信用政策决定的。

二、酒店应收账款控制与管理

(一)酒店信用政策管理

1. 确定客户信用风险程度

酒店信用的存在给酒店发展提供了有利的条件,可以通过赊销和分期付款的方式来吸引顾客,增加营业收入。但是,任何活动都存在一定的风险性,只是程度不同而已。信用风险是指债务人不履行义务的可能性。债务人不履行义务,就会对酒店造成账款收不回来或已付款的货物收不到的情况。所以酒店在选择合作对象之前应确定客户信用风险程度,减少坏账损失。确定客户信用风险程度的因素主要有:顾客的信用品质,即债务到期时,顾客是否愿意履行偿还债务的义务,有无无故拖欠账款的行为,这是信用评估中最重要的因素;偿债能力,即通过财务报表分析得到顾客的短期偿债情况(如流动比率、存货和应收账款、周转率等);资本总额,特别是其所拥有的资产总量和获利的可能性;抵押品总量,主要是客户为了获得交易信用所提供给酒店作为担保用的资产;其他客观情况,包括总的经济情况等。

2. 信用期限的控制

酒店信用期限是指酒店允许顾客推迟付款的时间。酒店延长信用期限,给顾客相对宽松的条件,可以增强竞争力,但是,信用期限的延长会造成平均收款期的延长,酒店需要筹集资金来填补这部分资金,也使酒店坏账损失的可能性增加。因此,企业是否延长信用期限就取决于信用期限改变后的利润增加部分,即增量利润数值的大小。其计算公式如下:

第七章 酒店流动资产管理

增量投资＝平均收款期的变化×原先日均收入
　　　　＋新的年均收款期×日均增量×变动成本率
增量利润＝新增收入×边际利润率－增量投资×利率
　　　　－营业收入×坏账损失率

【例 7-3】 某酒店全年营业收入为 7200 万元,变动成本率为 20％,经过市场调查和对企业经营能力的分析,做出扩大赊销的经营策略,给客户 30 天的信用期限。预计全年营业收入可增加 72 万元。但由于延长信用期限,酒店需借款以补充流动资金的不足。同时,信用期限的延长,使坏账损失的可能性增大。假如增加的银行借款年利率为 10％,估计坏账损失率为 2‰,据此请通过计算,分析这种信用政策变化对企业利润的影响。

$$增量投资 = (30-0) \times (7200 \div 360) + 30 \times (72 \div 360) \times 20\%$$
$$= 601.2（万元）$$
$$增量利润 = 72 \times (1-20\%) - 601.2 \times 10\% - (7200+72) \times 2‰$$
$$= -17.064（万元）$$

通过计算可知,酒店延长信用期限,导致酒店的利润减少 17.064 万元。但如果酒店缩短信用期限,会导致酒店竞争力下降,同时也相应地减少坏账损失。仍如上例,若该酒店将信用期限缩短至 10 天,预计收入将减少至 7236 万元,其他情况不变,则:

$$增量投资 = (10-30) \times (7236 \div 360) + 10 \times (-36 \div 360) \times 20\%$$
$$= -402.2（万元）$$
$$增量利润 = -36 \times (1-20\%) - (-402.2) \times 10\% - (7200+36) \times 2‰$$
$$= -3.052（万元）$$

即酒店由于缩短应收账款期限,引起酒店利润减少 3.052 万元。

通过上述分析可以看出,酒店应收账款期限的设置不止影响应收账款的变化,同时对酒店利润的增减也起着重要的影响。

3. 确定酒店的信用标准

为了减少酒店的坏账损失,酒店必须设置自己的信用标准。信用标准是指客户获得酒店商业信用的最低条件。如果酒店的信用标准较严,只对信誉好、坏账损失率很低的客户予以赊销,则会减少坏账损失,但会由于门槛过高而减少销售机会,降低销售额;反之,则可以大大增加销售额,但坏账损失会加大,应收账款的机会成本会增高。信用标准的合适与否,取决于应收账款的边际成本与增加的销售额所带来的边际利润的比较,二者相等的点应是信用标准的最佳点。

4. 信用条件

信用条件是指酒店要求客户支付赊销款项的条件。信用条件规定了信用期的长短、折扣方针。如果酒店对客户的信用条件是"2/10，n/30"，表示客户如果在10天之内付款，则可以享受2%的折扣，超过10天没有折扣，30天之内必须付款。

5. 收款政策

收款政策是对超过信用期限尚未付款的应收账款所采用的收款程序。如对超期的客户可通过信件、电话、电报以及派专人等方式催款，必要时诉诸法律等。

（二）酒店应收账款日常管理

酒店应收账款的日常管理可以从以下几方面来着手：

1. 掌握应收账款的变现水平

酒店要对债务方的信用品质、偿付能力进行深入调查，分析债务方的流动资产能否满足兑现需要。应将挂账金额较大、信用品质较差的顾客作为重点考察对象。

2. 分析应收账款账龄

一般而言，应收账款的时间越长，催款收款的难度就越大，成为坏账的可能性也就越高。因此酒店必须密切关注应收账款的回收情况以及出现的变化，把过期的应收款项作为重点工作，调整新的信用工作，提高应收账款的收现率。通过编制账龄分析表，可以掌握不同收款期的应收账款的分布情况，如表7-1所示。

表7-1　某酒店账龄分析表　　　　　　　　　　单位：元

账　　龄	4月30日		7月30日	
0—30天	46000	85.2%	43000	76.8%
31—60天	5300	9.8%	5000	8.9%
60—90天	1700	3.15%	5300	9.5%
90天以上	1000	1.85%	2700	4.8%
合计	54000	100%	56000	100%

从上表可以清楚地看出该酒店应收账款的分布及变化情况。表上显示，三个月以来，应收账款形势趋于恶化，不仅应收账款总额加大，而且账龄延长，这表明该酒店的呆账风险越来越大，收账成本越来越高。酒店应分析造成这种情况的原因并采取相应的措施。

第七章　酒店流动资产管理

（三）酒店坏账损失管理

坏账损失是指经确认无法收回应收账款给酒店带来的损失。确认坏账损失，主要有三条标准：债务人破产，按照民事诉讼法清偿后，仍无法追回的部分；因债务人死亡，无遗产供清偿又无义务承担人，确实无法追回的部分；因债务人逾期三年未履行义务，确实不能收回的部分。对于确认无法收回的应收账款，应查明具体原因，报有关部门批准后做坏账损失处理。

坏账在酒店经营过程中是不可避免的，因此需要事先制定坏账损失准备制度，提取坏账准备金。按照《旅游、饮食服务企业财务制度》规定，一类旅行社按年末应收账款余额的 1‰ 计提坏账准备金，其他旅游、饮食服务企业按年末应收账款余额的 3‰～5‰ 计提坏账准备金。提取的坏账准备金，计入当期管理费用；当年实际发生的坏账损失，冲销坏账准备金，已经确认的坏账损失如果以后又收回，应增加坏账准备金；期末的坏账准备与应收账款账面余额的比例，高于或低于规定的提取比例，均应予以调整，冲回多提或补提少提的坏账准备金。

第四节　酒店存货管理

一、酒店存货概述

（一）酒店存货的概念

酒店只有随时补充消耗掉的各种物资，才能保证经营活动的正常进行，这就要求酒店必须保持一定数量的物资储备，即存货。酒店的存货主要包括原材料、辅助材料、维修材料、低值易耗品、物料用品、燃料等。

原材料是指原料和材料，经过加工后可构成产品的实体原料及主要材料，如酒店用的食物原料、维修零配件等；辅助材料是指不构成产品实体的各种材料，如酒店饮食制品的辅料和调料；维修材料及配件是指用于维修酒店内设备所需要的材料，如小五金、照明电器等；低值易耗品是指单位价值在 2000 元以下，或使用年限在 1 年以下够不上固定资产标准的各种物品，如玻璃器皿等；物料用品是指不构成产品实体的各种物体，如日常用品、办公用品等；燃料是指在经营过程中用于燃烧、发热的各种燃料，包括固体燃料、气体燃料和液体燃料。

（二）酒店存货的功能

存货的功能是指存货在酒店生产经营过程中的作用，主要表现在以下几个方面：

1. 保障酒店的正常经营销售活动得以顺利进行

酒店在正常经营过程中需要大量的物品,若即时采购,可能对酒店的运作不利,因此,酒店存货可以保障酒店的正常运作。

2. 减少意外事件造成的损失

没有足够的存货而给酒店带来的损失被称为缺货成本。它包括由于缺货而造成的经营活动中断而带来的损失,由于缺货而造成销售机会的丧失所带来利润的减少等。

3. 存货平衡功能

平衡的存货缓解了供给对需求的可得性。

(三)酒店存货的成本

存货成本是指酒店所发生的和存货相关的一切支出。主要包括采购成本、订货成本、存储成本等。

采购成本是指采购原材料的成本,即存货本身的价值,通常用数量和单价的乘积表示。用 D 表示存货的年需求量,用 P 表示单价,则存货的采购成本为:

$$采购成本 = D \times P$$

订货成本是指从发出订单到收到存货整个过程中所付出的成本,包括订单处理成本、运输费、保险费以及装卸费用等。订货成本分为两部分,一部分与订货次数无关,称为订货的固定成本(用 F_1 表示),另一部分与订货次数正相关,称为订货的变动成本。因此,可以说酒店订货成本随着一年中订货次数的增多而增加。假设每次订货的变动成本用 K_1 表示,存货年需求量用 D 表示,每次订货量用 Q 表示,则订货成本的计算公式为:

$$订货成本 = F_1 + K_1 \times (D \div Q)$$

存储成本是指存货放在仓库直到最后被消耗所发生的全部成本,即为保持存货而发生的成本。存储成本也分为两个部分,一部分与存货量的多少无关,称为存储固定成本(用 F_2 表示),如仓库的折旧费、保险费、修理费、通风照明费等仓储费用;另外一部分随着存货量的增加而增加,即存储成本与存货数量正相关,如存货本身占用资金的利息以及存货损坏所发生的损失等。假设单位商品存储费用用 K_2 表示,存货量用 D 表示,每次存货量用 Q 表示,则存储成本的计算公式为:

$$存储成本 = F_2 + K_2 \times (Q \div 2)$$

存货成本(用 TC 表示)是采购成本、订货成本及存储成本之和,即存货成本的计算公式为:

$$存货成本 = 采购成本 + 订货成本 + 存储成本$$

$$TC = D \times P + [F_1 + K_1 \times (D \div Q)] + [F_2 + K_2 \times (Q \div 2)]$$

二、酒店存货控制与管理

(一) 酒店最佳订货量确定

通过酒店存货成本的分析及计算公式可知,订货成本与订货次数成正比,而存储成本则与订货次数成反比。如果每次订货量较小,1年内的订货次数就较多,这样酒店的存货量就会减少,存储成本就会降低,而订货成本增加;反之,每次订货量较大,酒店存货量增大,存储成本就增加,订货成本减少。因此,酒店要降低成本,就需要采用经济订货量模型来确定最适宜的订货量。

经济订货量模型有一定的假设条件:需求量已知并稳定,即 D 为已知常量;存货单价不变,即 P 为已知常量;企业现金充足,不会因为现金短缺影响进货;市场货源充足,不会因为买不到货而影响其他。

设立了假设条件后,酒店存货成本的公式为:

$$TC = D \times P + [F_1 + K_1 \times (D \div Q)] + [F_2 + K_2 \times (Q \div 2)]$$

当 D、P、F_1、F_2、K_1、K_2 为常数时,酒店的存货成本仅取决于订货量 Q。最佳订货量即是存货成本最小时的订货量,即将求最佳订货量的问题转换为求最小存货成本的问题。求最小存货成本可通过上述公式求导来计算,可得:

$$Q = \sqrt{\frac{2 \times K_1 \times D}{K_2}}$$

【例7-4】 某酒店全年需要某客房用品 3600 件,每订购一次的订货费用为 400 元,每件年储存费用为 8 元,试问最佳经济订购批量为多少?

$$Q = \sqrt{\frac{2 \times 400 \times 3600}{8}} = 600(\text{件})$$

即酒店最佳经济订购量为 600 件。

运用经济订货量模型确定最佳订货量有一定的条件,比如要确定每年所需的存货量,能准确预测未来的耗用量,但从实际来讲,有时是很难做到的。因此,在运用经济订货量模型时还要结合淡旺季的特点,分不同情况来制定最佳订货量。

(二) 酒店存货的管理技术

酒店存货的管理技术可采用 ABC 分类管理方法。ABC 分类管理方法的原理是将酒店存货按照品种和占用资金份额分为特别重要的库存类(A 类)、一般重要的库存类(B 类)和不重要的库存类(C 类),然后根据不同等级的库存,选择不同的方法进行管理与控制,核心是"抓住重点,分清主次"。

1. 实施步骤

ABC 分类方法的具体步骤见图 7-1。

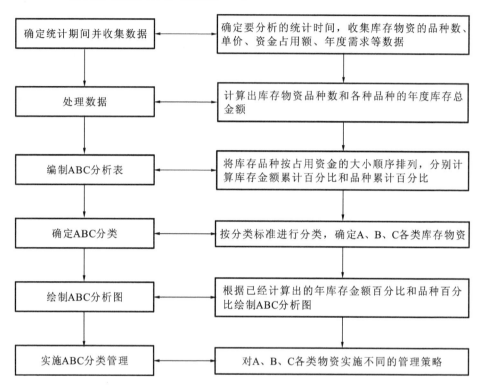

图 7-1　ABC 分类法步骤示意图

2. 管理原则

ABC 分类方法的管理原则是分级别对待。

1) A 类存货

A 类存货在所有的存货中是特别重要的，货物品种少，但占库存资金额比例较大，要重点管理，可采取下列措施：每件商品皆做编号；尽可能正确地预测需求量；少量采购，尽可能在不影响需求的情况下减少库存量；请求供货单位配合，力求出货量平稳化，以降低需求变动，减少安全库存量；与供应商协调，尽可能缩短订货提前期；采用定期订货方式，对其存货必须做定期检查；必须严格执行盘点，每天或每周盘点一次，以提高库存精度；对交货期加强控制，在制品及发货也必须从严控制；货品放置于易出库的位置；实施货物包装外形标准化，增加出入库的库位；A 类货品的采购需经高层主管审核。

2) B 类存货

B 类存货是一般重要的库存类,相对于 A 类存货,其管理要简单些。B 类货物中销售额比较高的品种要采用定期订货方式或定期定量混合方式;每 2~3 周盘点 1 次;中量采购;采购需经中级主管审核。

3) C 类存货

C 类存货种类多,但占库存资金少,是属于"不重要的大多数",采取简单的管理策略。一些货物不列入日常管理的范围,如对螺丝、螺母之类的数量大价值低的货物不作为日常盘点的货物,并可规定最少的出库批量,以减少处理次数;为防止库存缺货,安全库存要多些,或减少订货次数以降低费用;减少这类物资的盘点次数;对于可以很快订货的货物,不设置库存;采购仅需经基层主管审核。

下面举例说明 ABC 分类方法的应用:

【例 7-5】 某企业全部库存商品共计 3424 种,按每一品种年度销售额从大到小顺序,排成如表 7-2 所列的 7 档,统计每档的品种数和销售金额(见表 7-2、7-3)。要求用 ABC 分类法确定分类。

表 7-2 ABC 分类汇总表

每种商品年销售额 x/万元 (1)	品种数 (2)	占全部品种的百分比/(%) (3)	品种累计 (4)	占全部品种的累计百分比/(%) (5)	销售额/万元 (6)	占销售总额的百分比/(%) (7)	销售额累计/万元 (8)	占销售总额的累计百分比/(%) (9)
$x>6$	260	7.59	260		5800	69.13	5800	69.13
$5<x\leqslant 6$	68	1.99	328		500	5.96	6300	75.09
$4<x\leqslant 5$	55	1.61	383		250	2.98	6550	78.07
$3<x\leqslant 4$	95	2.77	478		340	4.05	6890	82.12
$2<x\leqslant 3$	170	4.96	648		420	5.01	7310	87.13
$1<x\leqslant 2$	352	10.28	1000		410	4.89	7720	92.01
$x\leqslant 1$	2424	70.79	3424		670	7.99	8390	100
合计	3424	100			8390	100		

表 7-3 销售额统计表

每种商品年销售额 x/万元	品种数	销售额/万元
$x>6$	260	5800
$5<x\leqslant 6$	68	500
$4<x\leqslant 5$	55	250
$3<x\leqslant 4$	95	340
$2<x\leqslant 3$	170	420
$1<x\leqslant 2$	352	410
$x\leqslant 1$	2424	670

解析:ABC 分类方法的步骤为确定统计期间并收集数据、处理数据、编制 ABC 分析表(见表 7-4)。

分类标准:$x>5$ 为 A 类;$1<x\leqslant 5$ 为 B 类,$x\leqslant 1$ 为 C 类。

表 7-4 ABC 分析表

分类	品种数	占全部品种的百分比/(%)	占全部品种的累计百分比/(%)	销售额/万元	占销售总额的百分比/(%)	占销售总额的累计百分比/(%)
A	328	9.58	9.58	6300	75.09	75.09
B	672	19.62	29.21	1420	16.92	92.01
C	2424	70.79	100	670	7.99	100

(三)酒店存货的日常管理

酒店存货的日常管理主要从酒店存货的采购、存货的验收入库、存货的发出以及存货的盘点四个方面来管理。

1. 存货采购

一律通过供应部统一采购,各部门需采购存货时,应填写一式三份的"采购申请表",列明其要求和建议,经部门负责人审批后交供应部。供应部根据酒店采购流程实施采购。在前面的经济订货量模型中,假设酒店的存货需求量固定,即年存货总量一定且可以计算出来。这个年存货总量的计算就是通过定额日数法和因素测算法。定额日数法是根据存货平均每日耗用量和定额日数来计算存货总量的一种方法;因素测算法是以基期种类存货的实际合理平均占用额为基础,根据对测算年度各项变动因素的分析,从而确定其总量的一种方法。

2. 存货的验收、入库

对于外购存货,酒店仓库管理人员应根据随货同行的送货单验收货物,需要确认货物是否为酒店订单所定货物,实物是否与送货单一致,货物是否有损伤。

对于自制存货,生产部门加工完毕移交于仓库的产品,由仓库部门认真验收合格后,填具产成品入库单,并经双方签字、确认。

3. 存货的发出

存货外销,由仓库管理员根据订单生成销售出库单并发货,打印销售出库单。而内部领用的存货,则由仓库管理员根据审核批准后的"领料申请单"发货。常见的发货方式有:先进先出法、后进先出法、加权平均法以及移动平均法。

先进先出法即假定先购的存货先发出,这种发货方式的优点是存货价值与当期市值最接近,缺点是发出存货的价值偏离市值;后进先出法与先进先出法刚好相反,假定后购进的存货先发出,这种发货方式的优点是发出的存货价值符合当期市值,但缺点是存货价值偏离市值;加权平均法介于先进先出法和后进先出法之间,用存货的总成本除以总数量,得出存货的加权平均成本,计算存货价值,其优缺点介于前两种方法之间;移动平均法是每次有新进存货时,都要重新计算新的平均单位成本,这种发货方式的优点是可以将物价变动引起的存货成本变化减小,但仍无法反映当时市场价值,并且每次新进存货都要计算平均成本,工作量较大。

4. 存货的盘点

酒店存货盘点是指确定库存存货实有数,以便与账存数进行核实,是酒店加强存货管理的基础和先决条件。酒店确定存货的实物数量有两种方法:一种是实地盘存制;另一种是永续盘存制。

实地盘存制就是通过盘点实物来确定存货数量,并据此算出存货的耗用量的一种方法。永续盘存制是设置存货明细账,逐笔或逐日登记收入、发出数,并随时计算其结存数的方法。在永续盘存制下,仍须对存货进行定期或不定期的实地盘点,以便核对账存数与实存数是否相等。

■ 课后复习

1. 酒店流动资产的特点有哪些?
2. 酒店持有现金的动机是什么?
3. 你认为酒店存货管理的核心问题是什么?
4. 假定某酒店有价证券的年利率为 10%,每次固定成本转换成本为 270 元,酒店确定的现金余额不能低于 8000 元,根据以往经验测算出每日现金余额变动的标准差为 1000 元,求现金返回线以及现金控制上限。

第八章　酒店固定资产管理

课前导读

　　固定资产是酒店财务管理的重要环节。酒店固定资产管理水平的高低,直接影响酒店运营的经济效益。本章主要介绍了酒店固定资产的概念、特点、分类和计提折旧等内容。

　　酒店在管理固定资产时,应根据酒店固定资产的特点,制定管理酒店固定资产的基本程序和思路,选择适合自身特点的折旧方法,从而达到提高固定资产利用效益的目的。

第八章 酒店固定资产管理

第一节 酒店固定资产管理概述

一、酒店固定资产概述

(一) 酒店固定资产的概念

酒店固定资产是指使用年限在一年以上的永久建筑、机器设备、家具以及其他与生产经营有关的设备、器具、工具等。不属于生产经营用的主要设备,但单位价值在2000元以上,并且使用期限超过2年的也属于固定资产。

酒店的固定资产一般投资金额巨大,投资回收期较长,因此,酒店固定资产管理的效益高低,直接关系到酒店管理运营水平优劣。

(二) 酒店固定资产的特点

酒店属于高固定成本型的酒店,固定资产比例很大,且具有如下特点:

(1) 一次性投资额大,使用期限长;

(2) 在较长的使用期限中不改变原来的实物形态;

(3) 在一定时期内其价值磨损逐渐转移,因而价值周转速度较慢。

在进行酒店固定资产管理时,往往容易把它同低值易耗品混淆。低值易耗品是指使用年限不足一年且单位价值超过100元的各种器具、用具和物品,即非固定资产的劳动资料。单位价值低于100元的物品,采购后直接计入费用。低值易耗品应记入存货中,按照合理的方法进行分摊。常见的分摊方法有一次摊销法、五五摊销法和使用期限摊销法等。

(三) 酒店固定资产的分类

酒店固定资产分类,就是按照一定的标准,将固定资产划分为若干类别,以便于固定资产的管理和固定资产的配置、利用。由于划分的标准不同,固定资产可以有不同的分类。

(1) 按经营用途分类,可分为营业用固定资产和非营业用固定资产。营业用固定资产是指酒店直接或间接地服务于游客的固定资产,如客房、餐厅、商场、厨房、各种健身娱乐设施、各类库房、各种供电供水供热设施及运输设备等。非营业用固定资产是指不是用于服务游客的固定资产,如职工餐厅、医务室、更衣室、员工宿舍、棋牌室等用于酒店职工生活和福利的设备设施。

这种分类可以分析酒店营业用和非营业用固定资产在全部固定资产中所占的比重,了解酒店固定资产的总体构成,分析固定资产占用资金是否运用合理。

（2）按使用情况分类，可以分为在用中的固定资产、未使用的固定资产和不需用的固定资产三大类。在用中的固定资产是指正在使用的固定资产，包括经营用的和非经营用的，由于季节性和大修理原因暂停使用以及存放在使用部门以备替换使用的机器设备，均列入使用中的固定资产。未使用的固定资产是指酒店购入而尚未投入使用的新增固定资产和停止使用的固定资产，如尚待安装调配好的固定资产，由于进行改建扩建，在一段时期内不使用的固定资产和经批准停止使用的固定资产。不需用的固定资产是指不适于本酒店使用或多余的等待处理的固定资产。

这种分类可以明确固定资产计提折旧的范围，反映酒店固定资产的利用情况，监督酒店及时将不需要用的固定资产处理掉，减少资金的不合理占用，提高固定资产的利用率。

（3）按所属关系分类，可分为自有固定资产、外单位投入固定资产和租入固定资产。自有固定资产是指用资本金或其他自有资金购置的归酒店长期支配使用的各项固定资产。外单位投入固定资产指酒店与其他单位联合经营，由其他单位投资转入的固定资产。租入固定资产是指由酒店向外单位或个人租入的支付租金的固定资产，只有使用权，而无所有权。这里还有一种属于融资租赁的固定资产，指酒店向经营租赁业务的酒店租入的固定资产，租赁期满，租赁费用付清，资产所有权即转归酒店所有。

这种分类可以反映酒店固定资产的来源情况，掌握酒店实有固定资产的水平，划分计提折旧的界限，考核固定资产的使用效果。

（4）按实物形态分类，可分为七大类：①房屋及建筑物，房屋又包括营业用房、非营业用房、简易房；②机器设备，包括供电系统设备、供热系统设备、中央空调设备、通讯设备、洗涤设备、维修设备、厨房用具设备、电子计算机系统设备、电梯、相片冲印设备、复印打字设备、其他机器设备；③交通运输工具，包括各类客车、行李车、货车、摩托车；④家具设备，包括营业用家具设备、办公用设备、各类地毯；⑤电器及影视设备，包括闭路电视播放设备、音响设备、电视机、电冰箱、空调器、电影放映机及幻灯机、照相机、其他电器设备；⑥文体娱乐设备，包括高级乐器、游乐场设备、健身房设备；⑦其他设备，包括工艺摆设、消防设备。

这种分类可以反映酒店各类不同的固定资产类别，并为确定不同类别的固定资产的折旧年限奠定了基础。

（四）酒店固定资产的计价

酒店固定资产的计价是以货币为计量单价来计算固定资产价值的大小，它是真实反映酒店财产状况的必要条件，也是计提折旧的重要前提。固定资产计

第八章 酒店固定资产管理

价通常有以下三种方式。

1. 按原始价值计价

原始价值也称原价或原始成本,是指酒店购置固定资产时所发生的全部货币支出。包括买价、运杂费、保险费等。由于固定资产来源不同,原始价值的确定也有所不同,新增固定资产按下列规定计价:

(1) 新购置的固定资产,以买价加支付的运输费、途中保险费、包装费和安装成本及缴纳的税金等计价。

(2) 酒店的在建工程按下列原则计价:工程用材料,以取得时的各项实际支出计价;工程管理费,按照实际发生的各项管理费用计价;出包工程,按应支付的工程价款及所分摊的工程管理费等计价;设备安装工程,按所安装设备的原价、工程安装费用、工程试运转支出以及所分摊的工程管理费等计价;虽已交付使用但尚未办理竣工决算的工程,自交付使用之日起,按工程预算、造价或工程成本等资料估价转入固定资产,竣工决算办理完毕后,再按决算数调整原估价;在建工程发生报废或者毁损,在扣除残料价值和过失人或保险公司等赔偿后的净损失,计入施工工程成本。

由于非常原因造成的报废或者毁损,其净损失在筹建期间计入开办费,在投入生产经营以后计入营业外支出,工程交付使用前因试营业发生的支出,不得计入工程成本,发生的收入不得冲减工程成本,收入减支出后的净额计入当期损益。

(3) 在原有固定资产基础上进行改造、扩建的,按原固定资产价值,加上由于改造、扩建而发生的支出,减去改造、扩建中发生的变价收入后的余额计价。

(4) 自制自建的固定资产,按在建造过程中实际发生的全部支出计价。

(5) 投资者投入的固定资产,按评估确认的价值或合同协议约定的价格计价。

(6) 融资租入的固定资产,按租赁协议或合同确定的价款加运输费、途中保险费、安装调试费等计价。

(7) 接受捐赠的固定资产,接发票账单或资产验收清单所列金额加上由酒店负担的运输、保险、安装等费用计价。

这种计价方式可以反映出对固定资产的原始投资规模和经营能力,也是计提折旧的重要依据,如果把它与酒店财务成果进行比较的话,还可以分析、考核固定资产的投资效果和利用效率。

2. 按折余价值计价

折余价值又称净值,是指固定资产原始价值减去已提折旧累计额后的净额。

这种计价方式可以反映酒店当前固定资产实际占用资金水平，通过折余价值与原始价值的对比，还可以了解固定资产的新旧程度，为合理安排固定资产的使用和更新打下基础。

3. 按重置完全价值计价

重置完全价值又称重估价值，是指按当前生产条件和价格标准，重新购置固定资产所需的全部支出。对于酒店来讲，以下几种情况可以使用重置完全价值计价：

（1）原始价值记录不全、不准，无法正确反映实际情况的固定资产。

（2）现有固定资产经改造、扩建后，如果实际价值与原来账面价值相差太远，经批准可以采用重置价值计价。

（3）盘盈固定资产可以按重置完全价值计价，接受捐赠的固定资产也可按重置完全价计价。

这种计价方式，可以在统一价格的基础上综合反映固定资产的投资规模，考察酒店各个时期固定资产的装备水平。

二、酒店固定资产管理的程序与要求

（一）酒店固定资产管理的基本程序

1. 管理要点

确保固定资产的准确、真实及完整。

2. 购置计划

由申购部门经理填写"采购申请单"，明确采购原因，购置资产名称，要求数量及规格等内容，经采购经理询价、报价后，由财务总监审核，再报酒店总经理审核并报酒店集团批准后执行。

3. 采购过程

采购部根据申购部门填制的"采购申请单"，进行商品采购。

4. 采购验收

根据"采购申请单"由使用部门在收货部签发的收货单上签字，再由使用部门负责人在固定资产收货单上签字确认。属于专业设施设备类则应由使用部门负责人及工程部或安全部专业人员验收合格后签字确认。

5. 账务处理

根据记账凭证建立固定资产明细账，分类编制固定资产卡号并登记该资产的数量、单位、规格、金额、使用部门以及折旧年限、净残值、月折旧。

第八章　酒店固定资产管理

6. 日常管理

（1）工程部负责酒店系统设备的维护保养任务以及各业务部门重要设备的维护保养工作。

（2）部门资产管理员负责日常维修保养工作,确保固定资产完整无缺。

（3）健全固定资产维修保养制度,提高固定资产的完好率和利用率。

为保证酒店设备的正常运转,酒店应建立健全设备维修保养制度,其主要内容如下：

①计划内维修制度,包括计划内维修的种类、要求、方法等。

②计划外维修制度,包括计划外维修工作程序、方式、要求等。

③设备维修器材保证制度,包括设备维修器材的采购、保管、领用的程序、方法及要求等。

④设备维修保养分工制度,包括内修、外修规定,内修工作组织等。

⑤设备维修保养验收制度,包括验收程序和方法等。

⑥设备维修保养技术经济指标分析制度,设备技术状态的指标,用设备完好率来表示,设备完好率计算公式如下：

$$设备完好率 = 完好设备台数 \div 设备总台数 \times 100\%$$

设备保养经济指标,可用设备维修费用率指标表示,设备维修费用率计算公式如下：

$$设备维修费用率 = 维修费用 \div 营业收入 \times 100\%$$

$$设备维修费用率 = 全年实际总维修费用 \div 本期设备平均原值 \times 100\%$$

注：全年实际总维修费用,包括大修、中修、小修、设备消耗零配件及各级保养和日常维护的全部费用。

本期设备平均原值,是指期初设备原值与期末设备原值之和的平均值。

（4）固定资产应在每年的第四季度分部门进行全面盘点,具体步骤如下：

①固定资产主管发出清查通知；

②部门资产管理员负责盘点并对账实不符部分资产查明原因；

③调查清楚后,对于不同原因造成的账实不符资产,根据酒店总经理、财务总监及部门负责人所作出的处理审批意见,作相应赔偿、报废处理。

7. 动态管理

（1）关于固定资产的内部转移,按以下规定办理：

①调入部门如需从调出部门调拨固定资产需取得调出部门经理同意；

②从财务部取得"固定资产内部调拨单",如实填写所应填写的内容并由调入部门主管说明转移原因；

③调出部门及调入部门负责人在"固定资产内部调拨单"上签字后由固定资产主管核实,经财务总监批准,报总经理审批同意;

④固定资产转入新使用部门,同时台账也随着部门转移而变动。

(2) 部门如有闲置的固定资产,需列明清单,并上交财务部,如需搬至仓库存放,由部门提出书面申请,报请财务部同意后执行。如需再启用,按物资管理申领程序办理。

(3) 需作报废的固定资产程序如下:

①由部门从固定资产主管处取得"固定资产处理表";

②申请人需写明原因,并请部门负责人签字同意;

③由工程部核实并建议有关处理事宜;

④经财务总监审批同意后,报请总经理审核并报酒店集团批准后执行;

⑤在批准报废的同时,该固定资产残值回收事项由采供部指派专人负责处理,并将收回废品款上交财务部门进行账务处理。

8. 健全固定资产维修保养制度,提高固定资产的完好率和利用率

为保证酒店设备的正常运转,酒店应建立健全设备维修保养制度。其主要内容如下:

(1) 计划内维修制度,包括计划内维修的种类、要求、方法等。

(2) 计划外维修制度,包括计划外维修工作程序、方式、要求等。

(3) 设备维修器材保证制度,包括设备维修器材的采购、保管、领用的程序、方法及要求等。

(4) 设备维修保养分工制度,包括内修、外修规定,内修工作组织等。

(5) 设备维修保养验收制度,包括验收程序和方法等。

(6) 设备维修保养技术经济指标分析制度,反映设备技术状态的指标用设备完好率来表示,设备完好率计算公式如下:

$$设备完好率 = 完好设备总台数 \div 设备总台数 \times 100\%$$

经济指标,可用设备维修费用率来表示,其计算公式如下:

$$设备维修费用率 = 维修费用 \div 营业收入 \times 100\%$$

(二) 酒店固定资产管理的主要要求

酒店固定资产管理的主要要求是:

(1) 完善固定资产管理的各项基础工作;

(2) 实行归口分级管理,与贯彻酒店内部经济责任制密切结合;

(3) 有计划地组织对现有固定资产的更新改造工作;

(4) 建立和健全固定资产管理的基本制度;

(5) 加强固定资产的日常维护保养与修理;

(6) 正确、全面、及时地记录和反映固定资产的增、减变动和结存情况,定期进行清查盘点;

(7) 及时处理多余和闲置的固定资产;

(8) 定期考核固定资产的利用效果。

第二节　酒店固定资产日常管理

一、酒店固定资产日常管理的基础工作

(一) 编制固定资产目录

酒店应该根据国家有关财务制度的规定和固定资产的实际管理状况,按固定资产的使用部门或保管部门编制固定资产目录,以了解固定资产的分布状况并明确固定资产管理的范围。

酒店使用的固定资产种类繁多且数量较大,在固定资产核算和管理中,应明确固定资产和低值易耗品的界限。因为有些劳动资料虽然价值不够固定资产的限额标准,但在酒店财产中所占比重很大,使用期限较长,也应列为固定资产。而有些劳动资料,虽然价值已经达到固定资产的限额标准,但使用期不稳定,而且更换频繁,则可列入低值易耗品。因此,财务部门要会同工程部(财产管理部门),结合生产经营的特点和管理的要求,把酒店所有的固定资产按类编制"固定资产目录"。属于固定资产的劳动资料应按不同的型号、规格逐一列入目录。固定资产目录应按每个独立的固定资产项目(连同附属设备)编制。编制时,一要统一固定资产的分类编号,使每项固定资产都有自己的固定号码,二要统一规定每项固定资产的使用年限,为计算和提取折旧提供统一的依据。"固定资产目录"的基本格式见表 8-1 所示。

表 8-1　固定资产目录

年　　月　　日　　　　　　　　　　　　　　　　　　　　　　第　　页

编号	资产名称	单位	规格型号	出厂年份出产厂名	预计使用年限	原始价值	管理部门	备注
	房屋建筑物类 一、房屋营业用房	m²	楼房	1998 年	35 年	1600000 元	工程部	

固定资产目录中,关于固定资产的编号,酒店可以采用简单的两节编号法,

即第一节用一位阿拉伯数字,代表统一规定的固定资产类别(按经济用途分类);第二节号码用三位阿拉伯数字,第一位阿拉伯数字,代表该类固定资产中的小类,后两位阿拉伯数字,代表该小类所属固定资产的数量顺序。如固定资产有附属设备,在其编号后添列顺序号以"( )"表示。例如,2—102(1),"2"代表"机械及动力设备"大类;横线后"1"代表该大类所属的小类"普通轿车","02"代表"普通轿车"小类中的第2辆C615普通轿车,"(1)"代表该轿车的第一件附属设备。

(二)建立固定资产卡片

建立固定资产卡片是指按固定资产项目开设,用以进行固定资产明细核算的账簿。在固定资产卡片中,除了列明固定资产编号、名称、规格、技术特征、建造年份、建造单位、验收日期、原值、预计残值、折旧年限、月折旧率、月折旧额等外,还应设置:使用、保管部门和内部转移记录,原值变动和折旧记录,大修理记录,停用记录,主体、附属设备及其变动记录,出售记录,报废清理记录等。固定资产卡片通常一式三份,分别由会计部门、使用部门和财产管理部门登记保管,并按固定资产类别顺序排列。在每类下,再按使用单位分组排列。遇有内部调动,应随时登记有关卡片,并相应转移它的存放位置,以便及时了解固定资产的变动情况。会计部门保管的卡片,还应定期与财产保管部门和使用部门保管的卡片进行核对。

根据酒店的具体情况,固定资产卡片的格式依酒店不同而有所不同。假设某酒店的固定资产格式如表8-2所示。

表8-2 固定资产卡片

卡片编号　　　　　　　　　　　　　　　　　　　　　　　　　　　日期

固定资产编号	固定资产名称			
类别编号	类别名称			
规格型号	部门名称			
增加方式	存放地点			
使用状况	使用年限		开始使用日期	
原值	净残值率		净残值	
折旧方法	已计提月数		尚可使用月数	
已累计折旧额	尚可计提折旧额		折旧费用类别	
折旧额计算				
年折旧额	年折旧率	月折旧额	月折旧率	累计折旧额	折余价值

（三）建立固定资产账目

为了详细、准确、及时地反映酒店固定资产的增减变化、使用和转移等情况，酒店财务部门和各使用单位都应建立各自相应的账目并经常核对。

1. 酒店固定资产账目管理

酒店固定资产账目管理的主要工作包括固定资产验收手续的办理、固定资产增加的账目分类登记、固定资产日常变动及处置的账目调整、固定资产报表的填报等。

2. 固定资产账目分类

(1) 房屋及建筑物；

(2) 机器设备；

(3) 交通运输工具；

(4) 家具设备；

(5) 电器及影视设备；

(6) 文体娱乐设备；

(7) 其他设备。

3. 固定资产账目设置

1) 固定资产分户账的设置（见图 8-1）

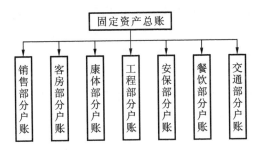

图 8-1　固定资产分户账

2) 固定资产分类账的设置（见图 8-2）

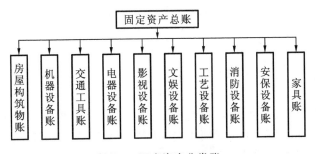

图 8-2　固定资产分类账

4. 酒店固定资产账目实行二级建账

酒店固定资产账目实行二级建账，通过酒店固定资产综合管理平台进行日常的资产管理。固定资产管理部门是酒店固定资产账目一级建账单位，其他各部门是酒店固定资产账目二级建账单位。二级建账单位也可根据需要在内部设定三级建账单位。

5. 固定资产账目管理人员及职责

（1）固定资产管理部门设固定资产总账管理员，其职责是管理全酒店固定资产总账，监督审核下属分类账和分户账的管理，负责向各二级单位提供酒店固定资产年终报表。

（2）固定资产管理部门及各二级资产管理机构设固定资产分类账管理员，其职责是通过酒店固定资产综合管理平台及各类固定资产管理系统，负责办理固定资产验收、调拨、报废手续，分类登记固定资产账目，做好固定资产日常变动的账目处理，管理二级建账单位固定资产分户账，及时向总账管理员提供准确翔实的数据，向有关部门报送统计报表。

（3）二级建账单位设专职或兼职的账管员负责管理本单位的固定资产账目，其职责是：

①在一级建账单位的授权下，通过酒店固定资产综合管理平台监督和查询本单位固定资产账目的登记情况，发现问题及时上报。

②办理本单位固定资产的增减变动手续，认真保存好本单位各类固定资产记账凭单。

③监督核查本单位"房间固定资产责任人卡片"的登记情况，定期做好账物盘查，确保固定资产账、卡、物相符。

6. 固定资产的入账

（1）固定资产分类账管理员必须依据记账凭证登记固定资产账目。酒店的固定资产记账凭证分为以下几类：

①固定资产增加凭证，主要包括"××酒店房屋及构筑物验收凭单"、"××酒店仪器设备验收凭单"、"××酒店家具验收凭单"、"××酒店交通工具验收凭单"、"××酒店电器验收凭单"等；

②固定资产日常变动凭证，主要包括"××酒店仪器设备调拨单"、"××酒店家具调拨单"、"××酒店电器调拨单"等；

③固定资产处置凭证，主要包括"××酒店房屋及构筑物拆迁（除）灭籍申请单"、"××酒店贵重仪器设备报废申请单"、"××酒店仪器设备报废申请单"、"××酒店家具报废申请单"、"××酒店电器报废申请单"、"××酒店交通工具

报废申请单"等。

（2）固定资产分类账管理员根据酒店固定资产计价以及增减变动的有关规定，认真履行固定资产验收、调拨、处置的各项程序，分类填写固定资产记账凭证，审核无误后登记入账。

二、建立健全酒店固定资产各项管理制度

（一）建立固定资产增减变动、转移交接和报废清理等手续制度

酒店应建立固定资产登记簿，将固定资产增减变动及内部转移情况及时登记在登记簿上，并相应建立固定资产增减变动、转移交接和报废清理等手续制度。对于新购建的固定资产，服务部门应协同有关部门深入现场，根据有关凭证认真办理验收手续，清点数量，检查质量，核实造价和买价，发现问题及时采取措施解决。固定资产在酒店内部各部门之间转移时，应按规定办理移交手续。调出固定资产，要核实有关调拨手续，查对实物，按质议价，并办好报批手续。固定资产报废时，也要按规定办理报废手续，经批准报废清理的固定资产，财务部门要会同有关部门到现场参加鉴定，核对实物，做好残料入库及变价收入入账等工作。对于租入的固定资产应在备查簿上进行登记，以明确使用部门的责任。

（二）建立健全固定资产管理责任制

固定资产管理责任制，就是根据管用结合的原则，把管理权限和责任下放到各使用部门并落实到班组和个人，纳入岗位责任制，使各部门使用的固定资产都有专人负责管理。

在固定资产管理责任制中，要明确酒店各部门职责，包括工程技术部门、使用保管部门和财务部门。财务部门对管理固定资产负总的责任，其主要职责是全面掌握固定资产的增减变动情况，保证酒店财产不受损失，定期组织财产清查，正确计提折旧，对固定资产的利用情况进行分析，协助各有关部门建立健全固定资产管理的各项制度。

为进一步落实固定资产管理责任制，必须完善固定资产日常管理的一些基础性工作，如：按照固定资产类别编制固定资产目录，同时通过建立固定资产总账及明细分类账、部门保管账和保管卡来完善固定资产账目体系。

（三）实行固定资产归口分级管理制度

一般来说，酒店的固定资产种类较多，数量较大，存放地点分散，其使用涉及酒店的各个部门和员工。因此，要把固定资产的使用和管理结合起来，把管理和使用的责任落实到具体的使用部门和人员。固定资产归口分级管理责任制，就

是一种集中统一领导和分级管理相结合、专业管理和群众管理相结合、权责利相结合的固定资产管理制度。

1. 固定资产归口管理

所谓归口管理，就是按照固定资产的不同类别，根据职责分工，交由酒店有关部门负责管理。具体如下：

（1）固定资产的结构和占用，归口总经理控制，总经理要做好固定资产增减决策。

（2）固定资产的技术方面，归口工程部控制，工程部要做好能源供应、工程设备维修，保证设备正常运行。

（3）固定资产的资金方面，归口财务部控制，财务部要做好固定资产配置，提高固定资产利用效率。

（4）固定资产的日常保管、保养、使用，归口设备使用部门负责。

2. 用管结合、用管定人

谁使用谁管理，谁管理谁负责，把固定资产使用与管理责任以及利用效果纳入各级岗位责任制的范围，具体落实到每个班组和个人身上，实行定机、定人、定岗、定责、定奖、定罚。对使用、保管中玩忽职守而造成重大损失的人员，还必须依法追究责任。

3. 固定资产分级管理

所谓分级管理，就是在归口管理的基础上，按照固定资产的使用地点，由各级使用单位负责具体管理，并进一步落实到部门和个人。这些单位、部门及员工，是固定资产使用、保管和维护的直接责任者，要严格遵守固定资产管理的有关规章制度，保证固定资产的合理使用、安全运行和完整无缺。

4. 责任制管理

在归口分级管理的基础上，分工负责，分别确定各部门单位的责任。

（1）工程部门的主要职责是：

①根据本酒店的实际情况，制定固定资产使用、保管、维修、保养制度，并监督使用单位和个人遵照执行。

②根据酒店的经营特点，结合固定资产性能、技术特征和使用情况，合理安排维修保养和更新改造，保证酒店所有的技术装备处于良好状态。

（2）财务部门的主要职责是：

①拟定固定资产管理制度，经总经理审批实施。

②参与固定资产投资项目的预测与决策，按预算、按进度使用资金，做好工程成本核算和竣工验收与结算。

③监督固定资产的调出、调入,报废清理和清查盘点。
④采取有力措施,促进酒店不断提高固定资产的利用效果。

(3) 营业部门、管理部门、后勤部门的主要职责是:

①严格按照财产管理制度办理各项固定资产内部转移、清理、报废等工作,及时掌握固定资产增减变动及具体分布情况,并经常与财务部门核对账卡。

②切实抓好固定资产安全使用工作,经常对使用单位和个人进行安全生产教育,并制定有力措施加以严格监督。

(4) 固定资产使用保管单位和个人的主要职责是:

①认真贯彻执行固定资产管理制度,严格遵守操作规程和设备维修保护条例,严格按设备的性能安排生产任务,防止超负荷运转,熟练操作所使用的机器设备,保证机器正常运转,以免发生意外损失。

②经常对所用的机器设备进行维修保养,随时观察设备的使用和运转情况。如发现设备运转不正常,应及时会同有关人员作出处理。

在实行归口分级管理制度时,酒店财务部门作为一个综合部门,对固定资产的价值管理负总的责任。酒店财务部门应与各分管部门协作,建立健全管理制度,组织固定资产核算和分析,发现问题及时提出改进建议,把固定资产的价值管理和实物管理结合起来,当好酒店领导的参谋和助手。

(四) 建立固定资产定期盘点清查制度

酒店应成立由相关部门责任人参加的盘点小组,进行固定资产的定期盘点清查,以便及时发现问题,查明原因,保证账账相符,账卡相符,账物相符。盘点方法有两种:以账面数字核对实物;以实际盘点数核对账存。盘点中要填制固定资产盘存单和盘盈、盘亏报告单,见表8-3和表8-4。

表8-3 固定资产盘存单

部门:　　　　　　　　　　　　　　　　　　　　　　年　　月　　日

类别	品名	单位	单价	账存数	盘点数	盘亏数	备注

表8-4 盘盈、盘亏报告单

部门:　　　　　　　　　　　　　　　　　　　　　　年　　月　　日

品名	规格	单位	盘盈		盘亏		盘盈(亏)原因及处理意见
			数量	金额	数量	金额	

对于盘点清查出来的盘盈、盘亏及毁损,要查明原因进行及时处理。盘盈的固定资产,按其原价减估计折旧的差额计入营业外收入;盘亏及毁损的固定资产按照原价扣除累计折旧、过失人及保险公司赔款后的差额计入营业外支出;酒店在工程施工中发生的固定资产清理净损失,计入有关工程成本;筹建期间发生的与工程不直接有关的固定资产盘盈、盘亏和清理净损失,以及由于非常原因而造成的固定资产清理净损失,计入开办费。

酒店对于出售或清理报废固定资产所获得的变价净收入(变价收入、残料价值减清理费用后的净额)与固定资产净值(原始价值减累计折旧)差额,计入营业外收入或营业外支出。

(五)实行对固定资产使用情况的定期考核,提高固定资产的使用效率

对固定资产使用情况的定期考核包括两方面的内容,一是做好固定资产的维护和保养,保证固定资产的正常运行,提高固定资产的完好率和利用率。这主要通过建立健全维修保养和管理的责任制度,对固定资产使用情况进行定期检查,对闲置不用或使用不足的情况提出改进的意见和建议,对发生故障的固定资产及时维修。二是定期分析固定资产的使用效果,分析固定资产的使用效果主要通过以下指标:

1. 固定资产利用率和闲置率

根据前面对固定资产的分类,可以得出各种不同分类标准下的各类固定资产的比重。其中在固定资产使用效果分析中比较常用的有固定资产利用率和固定资产闲置率,计算公式分别为:

$$固定资产利用率 = \frac{在用固定资产}{平均占用额} \div \frac{全部固定资产}{平均占用额} \times 100\%$$

$$固定资产闲置率 = \frac{不需用、未使用}{固定资产平均占用额} \div \frac{全部固定资产}{平均占用额} \times 100\%$$

这两个比率可以清晰地显示出固定资产的利用率,从而提醒管理部门采取措施合理配置固定资产,提高固定资产利用率,降低闲置率。

2. 固定资产周转率

这是衡量固定资产使用效益的比率,表示单位时间内每元固定资产为酒店带来的收入。计算公式为:

$$固定资产周转率 = 销售收入 \div 固定资产总额 \times 100\%$$

固定资产周转率越高,表示固定资产使用效益越高。

3. 固定资产增长率

这是衡量固定资产规模扩大程度的比率。其公式为:

固定资产增长率

＝(本期新增固定资产－本期减少固定资产)÷期初固定资产原值×100％

这个指标从总量上反映了固定资产扩大的程度,但不能说明固定资产更新的情况,因此还应结合固定资产更新率和报废率来使用。

固定资产更新率＝本期新增固定资产÷期末固定资产原值×100％

这个指标反映了固定资产的更新程度。

固定资产报废率＝本期报废固定资产原值÷期初固定资产原值×100％

这个指标反映了本期报废的固定资产占全部固定资产的比率。如果固定资产更新率大于报废率,则表示酒店的固定资产增加,反之则减少。

4.固定资产净值率

固定资产净值率＝固定资产净值÷固定资产原值×100％

不同时期的这一指标对比可以反映固定资产的新旧程度及其变动情况。

(六)建立健全设备事故分析制度

因设备的非常原因,造成酒店停电、停水、停冷、停暖、停煤气、停电梯,以及消防系统等设备故障影响酒店正常营业,造成恶劣影响的均属设备重大事故,各部门应立即上报工程部和保安部(影响治安时)。应组织人员紧急抢修和配合有关部门进行事故调查。对重大事故要做到三不放过,即:原因没有查清不放过,肇事者和员工没有受到教育不放过,没有采取有效防范措施不放过。事故处理结果应上报总经理批示。对事故隐瞒不报或拖延上报的部门与个人,应追究行政和经济直至刑事责任。"设备事故报告单"如表8-5。

表8-5 设备事故报告单

部门：　　　　　　　　　　　　　　　　　　　　　　　　　　年　月　日

设备编号		名　称		类　别		型　号	
事故发生时间	年　月　日　时　分			事故发生地点			
事故发生经过及损坏情况：	事故报告人						
	事故当事人						
	技术等级						
	事故性质与类别						
	修理费						
	停机台时						
	停机损失						

续表

设备编号		名 称		类 别		型 号	
事故原因分析:		违反操作规程		擅离工作岗位		超负荷运行	
		未按期检修		忽视安全措施		检修质量问题	
		设备先天不足		润滑不足		原因不清	
分析主持人	日期:						
预防事故及处理意见: 日期:		工程部意见: 日期:					
总经理意见: 日期:		上级公司意见: 日期:					

第三节 酒店固定资产折旧管理

一、酒店固定资产的折旧

(一)酒店固定资产折旧的概念、范围及影响因素

酒店固定资产折旧,是指固定资产在使用过程中,由于损耗而转移到费用中去的那部分价值。这部分价值通过提供服务,从取得的营业收入中得到补偿,为今后固定资产的更新筹集资金。

酒店固定资产的损耗按形成的原因不同可以分为两种:有形损耗和无形损耗。有形损耗是指由于使用或自然力的作用而逐渐丧失其使用价值。无形损耗是指由于劳动生产率提高或技术进步而引起的价值损耗。劳动生产率提高使耗费在产品中的社会必要劳动时间减少,固定资产原有的价值降低了,由此会形成一种无形损耗;或者是由于技术进步使设备在性能上发生明显差异,继续使用在经济上不合算,只好提前报废,由此也会形成一种无形损耗。

分析有形损耗和无形损耗是为了使酒店在确定固定资产折旧时,既考虑有形损耗所决定的自然使用年限,又考虑到无形损耗所决定的经济使用年限,这样

才能使固定资产的所有损耗都能得到适当的补偿。在计算固定资产折旧时应当考虑三个因素:固定资产原值、残值、使用寿命。

1. 固定资产原值

固定资产原值是指固定资产的账面成本,可以按照以下标准分别确认:

(1) 用基本建设拨款或基本建设贷款购建的固定资产,以建设单位交付使用的财产明细表中确定的固定资产价值为原值。

(2) 用专项拨款、专用基金和专项贷款购建的固定资产,以实际购建成本为原值。

(3) 有偿调入的固定资产,以调拨价格或双方协议价格,加上包装费、运杂费和安装费后的价值为原值。

(4) 无偿调入的固定资产,按调出单位的账面原价减去原来的安装成本,加上调入单位安装成本后的价值为原值。

2. 残值

残值是指对固定资产进行处置时估计可望收回的市场价值净额,如果在固定资产处置时会发生清理费用,则应从处置收入中扣除,其差额作为残值。如果未来的残值不确定或很小,可估计为零。如果固定资产处置时的清理费用高于清理收入,估计的残值为负数。值得注意的是,在有些固定资产计提折旧的方法中是不考虑残值的。

3. 使用寿命

使用寿命是指固定资产在其报废处置之前所提供服务的单位数量,服务单位既可用固定资产的服役时间表示(如年、月),也可以用固定资产的业务量或产出量表示(如机器小时、钢铁的吨数、汽车行驶的公里数),最常见的表示方式为固定资产的服役时间。固定资产使用寿命的上限是物质寿命。

影响固定资产使用寿命的因素主要是物质损耗和功能损耗。物质损耗是固定资产在使用过程中产生的物质磨损,或因自然环境所造成的物质上的侵蚀,使用越频繁、自然条件越恶劣,固定资产使用寿命越短。功能损耗是因固定资产过时或不适应技术进步要求而造成的,如固定资产功能落后、新型同类固定资产因技术进步而降低生产成本等。

二、酒店固定资产折旧管理

(一) 制定酒店固定资产的折旧政策

固定资产提取折旧的政策有两种:一种是加速折旧,一种是正常提取折旧。

1. 允许实行加速折旧的酒店固定资产

(1) 对在国民经济中具有重要地位、技术进步快的酒店机器设备；

(2) 对促进科技进步、环境保护和国家鼓励投资项目的关键设备，以及常年处于震动、超强度使用或受酸、碱等强烈腐蚀的酒店机器设备；

(3) 酒店电子类设备（最短折旧2年）；

(4) 酒店的生产性设备（最短折旧3年）；

(5) 外购的达到固定资产标准或构成无形资产的软件（最短折旧2年）。

固定资产加速折旧方法不允许采用缩短折旧年限法，对符合上述加速折旧条件的固定资产，应采用余额递减法或年数总和法。

2. 正常提取折旧的扣除

(1) 纳税人可扣除的固定资产折旧的计算，采取直线折旧法。

(2) 按国家统一清产核资部署，重估增值部分，所提折旧允许扣除。

(3) 下列资产不得计提折旧或摊销费用：

① 土地；

② 房屋、建筑物以外的未使用、不需用以及封存的固定资产；

③ 以经营租赁方式租入的固定资产；

④ 已提足折旧继续使用的固定资产；

⑤ 按照规定提取维简费的固定资产；

⑥ 已在成本中一次性列支而形成的固定资产；

⑦ 破产关停酒店的固定资产；

⑧ 已出售给职工个人的住房和出租给职工个人且租金收入未计入收入总额而纳入住房周转金的住房；

⑨ 自创或外购的商誉。

(二) 明确酒店固定资产折旧的计提范围

酒店在用的固定资产，包括生产经营用的、非生产经营用的、租出固定资产等，一般均应计提折旧，但是房屋和建筑物，不论是否使用都要计提折旧。因此，需要计提折旧的固定资产具体范围包括：房屋和建筑物、在用的机器设备、仪器仪表、运输工具、工具器具；季节性停用、大修理停用的固定资产；融资租入和以经营租赁方式租出的固定资产。已到预定可使用状态的固定资产，如果尚未办理竣工决算的，应当按照估计价值暂估入账，并计提折旧。待办理了竣工决算手续后，再按照实际成本调整原来的暂估价值，同时调整原已计提的折旧额，当期计提的折旧额和对原折旧额的调整，均作为当期的成本、费用处理。

酒店因更新改造等原因而调整固定资产价值的，应当根据调整后价值，预计尚可使用年限和净残值,按选定的折旧方法计提折旧。

对于接受捐赠的旧固定资产,酒店应按照酒店会计制度规定的固定资产入账价值、预计尚可使用年限、预计净残值以及酒店所选用的折旧方法,计提折旧。

融资租入的固定资产,应当采用与自有应计折旧资产相一致的折旧政策。能够合理确定租赁期届满时将会取得租赁资产所有权的,应当在租赁资产尚可使用年限内计提折旧。无法合理确定租赁期届满时能够取得租赁资产所有权的,应当在租赁期与租赁资产尚可使用年限两者中较短的期间内计提折旧。

不计提折旧的固定资产包括:房屋、建筑物以外的未使用、不需用固定资产;以经营租赁方式租入的固定资产;已提足折旧继续使用的固定资产,未提足折旧提前报废的固定资产;按规定单独估价作为固定资产入账的土地。

(三)明确酒店固定资产折旧的起止时间

从理论上讲,酒店固定资产从投入使用开始,应开始计提折旧;在报废或停止使用后,应立即停止计提折旧。但在实际工作中,为操作方便起见,现行制度规定,酒店固定资产折旧按月原价计提。月份内开始使用的同类资产,当月不计提折旧,从下月起计提折旧。月份内减少或停止使用的固定资产,当月仍计提折旧,从下月起停止计提折旧。

(四)明确酒店固定资产折旧的计提方法

影响酒店年折旧费大小的因素主要有:固定资产原值、固定资产预计使用年限、固定资产报废时的净残值以及所采用的折旧方法。从计算固定资产折旧的方法来看,目前酒店主要使用直线法,如平均年限法、工作量法等。此外还有少数酒店使用加速折旧法,如双倍余额递减法、年数总和法。

1. 平均年限法

它是根据固定资产预计使用年限(折旧年限)和预计净残值,按年均等额计算提取折旧的方法。采用这种方法,各个计算期的折旧额是相等的,在直角坐标系内表现为一条直线,故又称为"直线法"。

使用平均年限法计提折旧的计算公式如下:

年折旧额 = (固定资产 − 预计净残值) ÷ 规定的折旧年限

净残值 = 预计残值 − 预计清理费用

月折旧额 = 年折旧额 ÷ 12

【例 8-1】 某酒店有批电视机,原始价值 30 万元,预计使用年限 5 年,净残值 6 万元,用平均年限法计算每月折旧额是多少?

年折旧额 = (300000 − 60000) ÷ 5 = 48000(元)

月折旧额 = 48000 ÷ 12 = 4000(元)

如果用固定资产净残值比上固定资产原始价值便可以得到固定资产净残值率。按照酒店企业财务制度的规定,固定资产净残值率,一般按照固定资产原值的 3%～5%确定。在这种情况下,固定资产折旧额还可采用以下公式计算:

年折旧率＝(1－预计净残值率)÷规定的折旧年限

月折旧率＝年折旧率÷12

月折旧额＝固定资产原值×月折旧率

【例 8-2】 某酒店一固定资产原始价值为 26 万元,净残值率为 4%,预计可使用 6 年,则:

年折旧率＝(1－4%)÷6＝16%

月折旧率＝16%÷12＝1.33%

月折旧额＝260000×1.33%＝3458(元)

固定资产折旧率按计算对象范围大小的不同,可以分为个别折旧率、分类折旧率和综合折旧率三种。三种折旧率的计算方法各有利弊,如果为了使折旧额真实反映固定资产实际损耗情况可以用个别折旧率,但逐项计算,工作量大;如果为了简化工作量,可以用综合折旧率,但无法真实地反映各个固定资产使用及折旧情况。综合二者利弊可以采用分类折旧率。酒店固定资产品种较多,使用磨损状况各不相同,折旧期限差别也较大,因此采用分类折旧率比较适宜,即同一类别的固定资产采用同一折旧率。按照规定,酒店固定资产可分为房屋建筑物类、机器设备类、交通运输工具类、家具设备类、电器及影视设备类、文体娱乐设备类和其他设备类。以下表 8-6 所列为各类固定资产的规定折旧年限,各酒店可参考使用。

表 8-6　固定资产规定折旧年限

固定资产类别	规定折旧年限
1.房屋建筑物类	
(1)房屋	
①营业用房	20～40 年
②非营业用房	35～45 年
③简易房	5～10 年
(2)建筑物	10～25 年

第八章　酒店固定资产管理

续表

固定资产类别	规定折旧年限
2.机器设备类	
(1) 供电系统设备	15～20 年
(2) 供热系统设备	11～18 年
(3) 中央空调设备	10～20 年
(4) 通讯设备	8～10 年
(5) 洗涤设备	5～10 年
(6) 维修设备	10 年
(7) 厨房用具设备	5～10 年
(8) 电子计算机系统设备	6～10 年
(9) 电梯	10 年
(10) 相片冲印设备	8～10 年
(11) 复印、打字设备	3～8 年
(12) 其他机器设备	10 年
3.交通运输工具类	
(1) 客车	
①大型客车(33 座以上)30 万公里	8～10 年
②中型客车(32 座以下)30 万公里	8～10 年
③小轿车 20 万公里	5～7 年
(2) 行李车 30 万公里	7～8 年
(3) 货车 50 万公里	12 年
(4) 摩托车 15 万公里	5 年
4.家具设备类	
(1) 家具设备	
①营业用家具设备	5～8 年
②办公用设备	10～20 年
(2) 地毯	
①纯毛地毯	5～10 年
②混织地毯	3～5 年
③化纤地毯	3 年

续表

固定资产类别	规定折旧年限
5.电器及影视设备类	
（1）闭路电视播放设备	10 年
（2）音响设备	5 年
（3）电视机	5 年
（4）电冰箱	5 年
（5）空调器	
①柜式	5 年
②窗式	3 年
（6）电影放映机及幻灯机	10 年
（7）照相机	10 年
（8）其他电器设备	5 年
6.文体娱乐设备类	
（1）高级乐器	10 年
（2）游乐场设备	5～10 年
（3）健身房设备	5～10 年
7.其他设备类	
（1）工艺摆设	10 年
（2）消防设备	6 年

平均年限法是在使用期限内平均分摊折旧的方法。凡是在一年中均衡使用或者说基本上均衡使用，各期磨损程度相似的固定资产都可以采用这种方法。

2.工作量法

工作量法是根据固定资产用于生产经营的使用程度，按比例计提折旧的方法。具体说就是用每单位工作量相同的折旧额乘以一定时期内的实际工作量，求出此时期应提折旧额。其计算公式为：

每单位（工作小时，行驶里程等）提取折旧额
＝原值×（1－预计净残值率）÷预计总工作量

月折旧额＝每单位提取折旧额×每月工作量

【例8-3】某酒店拥有小型运输车一部，原值12万元，预计总行驶里程为40万公里，净残值2万元，则该车行驶了20万公里时应计提折旧额为：

单位折旧额＝（120000－20000）÷40＝2500（元/万公里）

行驶 20 万公里应计提折旧:
$$20 \times 2500 = 50000(元)$$

工作量法主要适用于磨损程度与工作量有密切关系的固定资产。这种计算方法,便于折旧与收入相互衔接,保持费用与收入配比的合理性。

上述两种折旧方法是我国目前普遍采用的方法。经批准后酒店部分设备可采用加速折旧的方法计提折旧。加速折旧法也叫递减折旧法,这种折旧法的最大特点是在固定资产有效使用年限的前期计提较多的折旧,在后期则计提较少的折旧,从而相对加快了折旧的速度。采用加速折旧法,由于在前期计提较多的折旧费,可以使大部分投资尽早收回,减少投资风险,满足货币时间价值的要求。同时由于使用前期多提折旧,费用增大,利润减少,从而可以少缴所得税。

3. 双倍余额递减法

双倍余额递减法是以固定资产年初折余价值乘以一个固定不变的折旧率来计算本年折旧的一种方法。折余价值即固定资产净值,是固定资产原值扣除累计折旧额的余额。其折旧率是直线法折旧率的 2 倍,所以称为双倍余额递减法。该方法计算双倍直线折旧率时,不从原值中扣减估计残值,所以将固定资产原值作为 100%,再除以折旧年限,便可得直线折旧率。其计算公式如下:

$$双倍直线折旧率 = 100\% \div 折旧年限额 \times 2$$
$$年折旧额 = 年初折余价值 \times 折旧率$$

【例 8-4】 某酒店的一台设备原值 20 万元,预计净残值为 8000 元,预计使用年限为 10 年,则:

$$年折旧率 = \frac{100\%}{10} \times 2 = 20\%$$

该设备年折旧额如表 8-7 所示。

表 8-7 该设备年折旧额

双倍余额递减法 单位:元

年限	折旧额	累计折旧	账面净值(折余价值)
1	40000.00	40000.00	160000.00
2	32000.00	72000.00	128000.00
3	25600.00	97600.00	102400.00
4	20480.00	118080.00	81920.00
5	16384.00	134464.00	65536.00
6	13107.20	147571.20	52428.80

续表

年限	折旧额	累计折旧	账面净值(折余价值)
7	10485.76	158056.96	41943.04
8	8388.61	166445.57	33554.43
9	12777.22	179222.78	20777.22
10	12777.22	192000.00	8000.00

【例 8-5】 某酒店一台设备原值为 10 万元，预计净残值为 4000 元，预计使用年限为 5 年，则：

$$年折旧率=\frac{100\%}{5}\times 2=40\%$$

该设备年折旧额如表 8-8 所示。

表 8-8 该设备年折旧额

双倍余额递减法   单位：元

年限	折旧额	累计折旧	账面净值(折余价值)
1	40000	40000	60000
2	24000	64000	36000
3	14400	78400	21600
4	8800	87200	12800
5	8800	96000	4000

采用双倍余额递减法，由于账面净值逐年递减，在折旧率不变的情况下，净值永远无法摊完。所以计算中如果某期按这种方法计算的应计折旧额小于用平均年限法计提的折旧额，可以从该期开始，改用平均年限法计提折旧，使固定资产使用期满时，其账面净值与预计净残值相等。如上例中(例 8-5)第 4 年用双倍余额递减法计提折旧额为 8640 元，而用平均年限法计提的剩余 2 年的年折旧额为 8800 元，所以从第 4 年开始改用平均年限法。有时为简化核算过程，可以在折旧年限到期前 2 年改用直线法计提折旧。

此外，还有一种处理办法，那就是始终用双倍余额递减法计提折旧，到最后一年剩多少提多少，这种方法也比较简便易行。

4.年数总和法

年数总和法是用固定资产原值扣除净残值后的余额与一个逐年变动的折旧率相乘来计算各年折旧额的一种方法。其计算公式为：

固定资产年折旧额=(固定资产原值-净残值)×当年的折旧率

当年折旧率＝年初尚可使用年数÷预计使用年数总和

该折旧率是将使用年限的序数之和作为分母,假设预计使用年限为 n 年,则分母(年数总和)可以通过 $\frac{n\times(n+1)}{2}$ 的公式来计算。

【例 8-6】 续【例 8-5】从第一年开始尚可使用的年数分别为 5、4、3、2、1,折旧率分别为 5/15、4/15、3/15、2/15、1/15。则上例该设备采用年数总和法计算的各年折旧额如表 8-9 所示。

表 8-9 该设备各年折旧额

年数总和法　　　　　　　　　　　　　　　　　　　　　　　　位:元

年份	原值－净残值	尚可使用年数	折旧率	折旧额	累计折旧	账面价值
1	96000	5	5/15	32000	32000	68000
2	96000	4	4/15	25600	57600	42400
3	96000	3	3/15	19200	76800	23200
4	96000	2	2/15	12800	89600	10400
5	96000	1	1/15	6400	96000	4000(残值)
合计				96000		

这里每年递减的折旧额是一个常数,为 6400 元,即应折旧总额 96000 元的 1/15,5 年折旧额相加为 96000 元,再加上净残值 4000 元,与原投资额 10 万元正好相等。

无论是采用直线法折旧,还是采用加速折旧法折旧,在固定资产有效使用年限内计提的折旧总额是一样的。但采用加速折旧法,由于前期计提较多的折旧费,可以使投资的大部分尽早收回,减少投资风险,满足货币时间价值的要求。同时由于多提折旧,费用增大,利润减少,从而可以少缴所得税。因此加速折旧法在不少外资酒店得到运用。

5.折旧方法的比较

无论是采用直线法折旧,还是采用加速折旧法折旧,在固定资产有效使用的年限内计提的折旧总额是一样的。但采用加速折旧法,由于在前期计提较多的折旧费,可以使投资的大部分尽早收回,减少投资风险,满足货币时间价值的要求。同时,由于多折旧,费用增大,利润减少,从而可以降低所得税的缴纳额。相对而言,直线折旧法各期摊提的折旧费用一致,虽不能像加速折旧法一样获得避税效应,但是也不会大幅度降低利润,绩效比较均匀,与费用的匹配比较均衡。

三、酒店固定资产修理费用

传统体制下,是通过提取大修理基金的办法来满足大修理对资金的需要。但在实践中固定资产的大修理与中小修理往往无法明确划分,而且各类不同的企业其大修理的需要是不尽相同的,酒店有些固定资产就不适宜大修。因此,各行业比照折旧率标准统一计提大修理基金,往往形成一些企业大修理基金结存,无法正确反映其大修理实际情况。为此新的财务制度规定:酒店发生的固定资产修理费用,不分大中小修理费,一律计入当期成本费用中,对修理费用发生不均衡的、数额较大的,可以分期摊入成本费用;也可以根据修理费计划,分期从成本中预提。凡采用预提修理费的酒店,实际发生的修理费应先冲减预提费用,实际发生数大于预提费用的数额,计入当期成本,实际发生数小于预提费用的数额,应冲减当期成本费用。凡采用待摊修理费的酒店,对发生的大修理支出可先计入待摊费用,然后根据大修理计划平均分次摊入有关成本费用。

■ 课后复习

1. 什么是固定资产,其特点有哪些?如何进行分类?
2. 简述酒店固定资产日常管理的基础工作。
3. 简述酒店固定资产管理工作的基本程序。
4. 什么是平均年限法、工作量法、双倍余额递减法、年数总和法?它们各自的优缺点和使用范围有哪些?
5. 某旅游酒店有一批机器设备,原始价值为30万元,净残值率为10%,预计可使用10年,请分别用平均年限法和年限总和法计算其月折旧额是多少?
6. 某企业2012年9月20日自行建造的一条生产线投入使用,该生产线建造成本为740万元,预计使用年限为5年,预计净残值为20万元。在采用年数总和法计提折旧的情况下,2013年该设备应计提的折旧额为多少万元?

第九章 酒店财务预算管理

课前导读

酒店财务预算管理的好坏不仅关系到财务管理工作本身的优劣,而且会影响到酒店的整体经营活动。本章介绍了酒店预算编制的基本方法以及酒店预算执行和控制的方法。酒店在编制预算时应结合本企业的特点,根据酒店的战略目标确定财务预算目标,并综合运用固定预算、弹性预算、增量预算、零基预算等预算编制方法。成功的酒店财务预算应该能够有效地组织和协调酒店的生产经营活动,达到酒店既定的经营目标。

第一节　酒店预算管理概述

一、酒店财务预算概述

（一）酒店财务预算的概念

酒店财务预算是利用货币量度对酒店某个时期的全部经济活动计划的数量反映。也就是说，预算就是计划的工作成果，它是酒店未来一定时期内经营目标和决策的具体化，是计划的量化说明。

（二）酒店财务预算的分类

1. 经营预算

经营预算也称业务预算或损益预算，它是以酒店日常发生的经营活动为对象所编制的预算。经营预算的内容包括客房、餐饮等营业部门的预算，也包括销售、会计、人事等财务和管理部门的预算，此外还包括折旧、利息和其他固定费用预算。经营预算又可分为营业预算和财务预算，前者反映营业决策的结果，包括预算损益表的各项内容；后者反映财务决策的结果，包括预算现金流量表及资产负债表。经营预算的期限为1年，通常还要划分为更短的时期，以便于日常控制。

2. 资本预算

资本预算是指有关获得土地、建筑物、设备和其他固定资产等资本性支出项目的预算。酒店是固定资产密集型酒店，资本预算的编制是酒店管理部门重点关注的对象。资本预算的预算期较长，因此会随着时间的推移不断进行调整。

3. 现金收支预算

现金收支预算是对预算期现金流量情况的预算。它主要是根据经营预算、资本预算、还本付息预算等编制。

4. 部门预算和总预算

部门预算是酒店内各部门为完成各自任务，针对各自部门的营业收入、营业支出及部门损益而编制的预算，如客房预算、餐饮预算、商品经营预算等。总预算是所有其他预算的汇总。

5. 长期预算和短期预算

长期预算是指预算期在1年以上的预算，资本预算通常表现为长期预算。短期预算指预算期在1年以内的预算，经营预算通常表现为短期预算。短期预算可以分为季度预算、月预算、周预算、日预算等。

6. 期间预算和项目预算

期间预算是以一定的预算期间为对象而编制的预算,如管理费用预算。项目预算是以特定项目的全过程为对象编制的预算,如固定资产扩建预算或更新改造预算等。

(三) 酒店财务预算的作用

酒店财务预算的作用主要体现在以下几个方面:

1. 明确奋斗目标

财务预算是财务目标的具体化,它为整个酒店内各部门确定了具体的目标和责任。通过编制预算将酒店各部门的工作目标及其制定依据、落实的措施等详细列举出来,从而使每个部门、每位员工都明确在预算期内应达到什么目标、做什么以及如何去做。

2. 促进合作与交流

为了实现酒店总体预算目标,酒店各部门的行动必须密切配合,相互协调。而预算编制正是各部门反复协商、综合平衡的过程。通过这一过程,使各部门彼此加深理解,配合更为协调,整体服务质量进一步提高,在预算的指挥下,酒店成为一个为经营目标而顺利运转的有机整体。

3. 确定财务控制标准

预算所规定的各项指标是控制生产经营活动的依据,为酒店提供了进行自我评价的标准。预算明确了酒店未来一定时期应实现的收入及支出的成本费用,或其他经营指标。这样,在预算期就可以将实际结果与预算加以比较,分析差异,找出原因,进行调查研究,采取必要的措施来控制经营活动。

4. 考核工作业绩

实际业绩考核是实行经济责任制的必要条件。衡量业绩单纯用是否超过历史水平来评价是不够的,因为超过历史水平只能说明有所进步,但不能说明这种进步是否达到应有的程度。比较而言,预算是考核实际工作业绩的更好的标准。但需要注意的是,在某些情况下没有完成预算,对预算的某些偏离,也许更符合酒店利益,而预算得到完全执行却不一定没有漏洞,因此要结合实际情况去判断。但作为考核工作业绩的标准,预算还是非常重要的。

(四) 酒店财务预算编制的原则和要求

1. 酒店财务预算编制的原则

酒店财务预算的编制是一项专业性和技术性都比较强的工作,必须树立全局观点、效益观点、平衡观点和群众观点,并遵循以下原则:

(1) 既要考虑酒店的内部条件,又要考虑酒店所处的外部环境。

(2) 既要贯彻酒店领导意图,又要有比较广泛的群众基础。
(3) 既要依据酒店现实情况,又要预计未来的发展。
(4) 既要实事求是,又要综合平衡。
(5) 既要全面安排,又要突出重点。

2. 酒店财务预算编制的要求

编制酒店财务预算的基本要求是:以目标管理为原则,以财务预算为手段,以经营活动为中心,以后勤供应为保证,综合平衡、全面筹划酒店业务经营活动,确保提高服务质量和经济效益。

二、酒店财务预算管理体系

酒店财务预算管理组织体系包括预算管理组织和预算执行组织两个层面。

(一) 酒店财务预算的管理组织

预算管理组织负责酒店预算的编制、审批、协调、考评和仲裁,一般包括预算委员会和预算编制机构。

1. 预算委员会

预算委员会是酒店预算管理的最高决策机构,一般是由酒店的总经理、副总经理、财务总监、部门经理等高级管理人员组成。预算委员会的主要职责如下:

(1) 制定有关预算管理的政策、规定、奖惩制度等相关文件。
(2) 审议、确定预算目标,提出预算编制方针和程序。
(3) 审查各部门编制的预算草案及整体预算方案,提出必要的调整意见,并对预算调整进行协调。
(4) 将经过审查的总体预算提交董事会或上级管理部门,通过后下达正式预算。
(5) 对预算执行进行监控,分析预算执行结果,及时反馈并指导酒店部门的经营管理。
(6) 预算年度终了,对预算单位进行考评,兑现奖惩政策。

2. 预算编制机构

为了完成年度财务预算的编制,酒店一般在每年10月份为编制下年财务预算而成立一个临时的机构——酒店预算编制小组。小组组长一般由酒店总经理担任,成员一般由酒店财务总监(财务负责人)、各部门经理、财务部预算管理人员组成。

(二) 酒店财务预算的执行组织

财务预算执行组织是酒店执行预算的基层组织,酒店内各职能部门都是财务预算执行组织,各职能部门负责人对本部门财务预算的完成情况负责。

第二节　酒店财务预算编制的程序与方法

一、酒店财务预算编制程序

从酒店财务预算编制的组织层次来说,从上到下一般包括:总经理室、财务预算委员会、财务部预算组、各部门经理等。这四个层次的有关人员在预算的编制过程中相互联系,形成一个密不可分的预算编制组织机构。

大型酒店一般要设置预算委员会,负责总体协调、组织、领导并考核整个酒店财务预算的编制与执行。预算委员会一般由酒店的总经理、副总经理(财务总监)、部门经理等高级管理人员组成。

财务预算的具体编制工作由财务部预算组负责。财务部预算组通常要给各部门经理提供编制部门预算所必需的统计资料。部门预算最后由财务部预算组汇总成综合预算,呈交总经理审批。

财务预算编制程序的正确与否对财务预算编制的质量及其落实效果的影响是很大的。过去有些酒店的预算编制采取单纯的自上而下的程序,即由酒店的少数几个人制定出预算后,便将预算指标分解落实到各个部门。这种方法很难调动员工去努力完成预算的积极性和主动性。为改变这种状况,充分发挥员工的主动性和积极性,有的酒店实行"自下而上"的编制预算,即由各部门先行编制各自的预算,再由酒店汇总成为总预算。但是这种方法也存在一定的不足:在缺乏统一方针引导的情况下,各部门的预算很难统一起来,有时甚至离酒店总的目标差距很大。于是就出现了第三种预算编制的程序,它将以上两种程序有机地结合起来,在共同方针指引下先编制部门预算,再调整汇总为酒店总预算,具体程序如下:

(一) 确立预算目标

一般首先由酒店的董事会或最高决策者根据对形势的分析和判断,制定出编制预算的方针,提出酒店总的财政目标,将此方针、目标传达到财务预算组,时间通常在9月份,一般提前4～5个月开始计划此项工作。然后由酒店财务部预算组将酒店最高层领导提出的方针、目标具体化为预算控制指标草案,确定出酒店未来的总体目标和具体内容;再由预算组召开酒店预算会议,将编制预算的方针、目标及控制指标草案向各部门经理传达,征求他们的意见。

酒店预算会议要为部门经理编制详细的部门预算提供指导方向。在预算会议上要审视当年经营情况,分析目前经营条件,分析当前的竞争状况,分析价格,预测客房出租率水平和总的销售量。

各部门提出意见后由财务部预算组提出酒店预算编制的具体方针和控制指标建议,并报财务预算委员会审议,由预算委员会将审议结果报总经理室,由总经理室最后决定预算编制具体方针及预算控制指标,这一过程大约历时1个月。

(二)编制各部门的财务预算草案

酒店各部门要在酒店预算方针指导下,结合本部门的实际情况编制各自的部门预算,然后呈交预算主管部门。这一过程一般在10月中旬完成。

部门经理将制定好的预算草案及时交给财务部门,并附带有关对经营的特殊变化进行说明的详细资料。财务部门要认真审核这些预算草案的准确性和完善性。

(三)以部门预算为基础,编制总预算

财务部门在完成对所有部门预算草案的审核后,对各部门预算进行综合平衡和调整,经过充分的讨论协商,在此基础上拟出汇总后的酒店总财务预算草案,报预算委员会审批,并将审批结果报总经理室。这一过程要在11月至12月初完成。

总经理和财务总监要审查整个酒店的财务预算草案、部门预算和有关的说明资料,确认所有的项目是否合理,是否切实可行。通过审查还要进一步协调好各部门的预算,以保证每一部门的经营预算将来都能被董事会采纳。

(四)审批正式预算,落实财务预算

酒店的最高管理机构对预算进行审核批准后,由主管预算的部门正式下达给酒店的各部门具体执行。酒店一般于12月中旬由总经理召开预算方案落实会议,由总会计师(财务总监)或财务经理宣布预算草案的各项指标,经过充分讨论、修改补充并按有关规定经董事会或股东大会批准后,正式下达给各部门执行。各部门再将预算指标进行分解,落实到班组、个人,实现目标管理。这一过程在12月下旬完成。

财务预算编制所经过的每一个环节都要认真执行各自的职责,按时按质地完成财务预算编制的各阶段任务,这样才能使预算的编制建立在正确的编制程序与步骤之上,使之真正起到控制标准与考核依据的作用。

二、酒店财务预算编制方法

(一)固定预算法

固定预算法又称静态预算法,是以预算期某一既定的经营活动规模或业务量水平为基础,不考虑预算期内可能发生的多种生产经营活动规模或业务量水平而编制预算的方法。其主要特点是:预算编制后除特殊情况外,一般不对预算加以调整修改,具有相对固定性。固定预算的主要优点是编制简单,其缺点是当实际销售水平与业务量发生较大差异时,其控制和评价标准只能凭主观加以调节。因此,固定预算适用于业务量比较稳定的部门,在市场变化较大或较快的情况下,不宜采用此法。

(二) 弹性预算法

弹性预算法又称可变预算法,是以预算期内预计的多种业务量水平为基础,编制出不同水平预算的方法。如客房部营业收入可以分别根据60%、70%、80%的客房出租率来编制预算。传统的预算是在某一固定的业务量基础上编制的静态预算,当实际业务量与预算业务量发生显著差异时,难以用固定预算准确地衡量业绩,预算的控制作用也因此受到削弱。酒店业是一个很脆弱的行业,市场环境变化莫测,影响酒店客源的因素也很多。受某些因素的影响,实际完成的销售量或营业收入与预算发生较大的差异,这样在进行成本费用分析时,对不同业务量水平下的成本费用进行比较的结果便不能说明问题。因此,酒店编制弹性预算是非常必要的。

1. 弹性预算法的特点

(1) 能适应一系列经营业务量。所谓一系列经营业务量是指酒店可能经常发生的若干级活动水平。它是根据历史资料和发展趋势预测确定的业务量将发生波动的一个相关区域,在该区域内按5%或10%的间距划分为若干级,从而适应不同业务量水平。

(2) 具有动态性质。弹性预算有利于随业务量的变动调整其计划。以弹性成本预算为例,它是按变动成本的变化情况分档排列,据此计算预算期末不同水平业务活动量的成本预算数额,然后再对实际成本和弹性调整后的预算数进行比较,成为对管理非常有用的控制工具。

(3) 有利于业绩衡量。与静态预算相比,弹性预算不仅能衡量销售方面的业绩,而且能在更加现实和可比的基础上进行成本控制方面的业绩衡量,这对于全面准确地衡量酒店及各部门的工作业绩是非常有效的。

2. 弹性预算法的编制步骤

(1) 确定预算期内各种业务量发生波动的相关范围,一般控制在正常业务量的70%~120%,范围过大会加大工作量,范围过小又可能找不到相近似的数值进行比较,不便于控制。

(2) 根据成本和业务量之间的依存关系将成本费用划分为固定成本费用和

变动成本费用。在编制弹性预算时,要注意运用成本习性原理,分清固定成本和变动成本。

(3) 确定在预算中所包含的各个成本项目的成本特性模式。

(4) 运用成本特性模式,按不同的业务量水平编制若干不同档次的收入、成本费用、利润预算。

其基本预算公式为:

弹性销售收入预算＝预计销售量×预计单位售价

弹性变动成本(费用)预算

＝预算期内实际活动量×单位业务量的变动成本(费用)

弹性总成本(费用)预算＝固定成本(费用)＋弹性变动成本(费用)

弹性利润预算＝弹性销售收入预算－弹性总成本(费用)预算

＝预计销售量×预计单位售价－(固定成本预算＋预计销售量×单位变动成本)

编制弹性预算时,业务活动量的计量单位要结合酒店特点进行选择,应与成本费用存在必然的联系。如客房部用客房出租数,餐饮部和商品部用营业收入,接待团体宾客用人次数等。

(三) 增量预算法

增量预算法是以历史数据为基础,按预算期内一定的收入增长率或成本费用节约率来编制下一年预算的方法。这种预算编制方法简单易行,省时省力,但缺乏科学性和先进性。增量预算法的指导思想以承认现实的基本合理性为出发点,从而使原来不合理的费用开支也会继续存在下去,甚至有增无减,造成资金的浪费,不利于激励酒店各部门增收节支。

(四) 零基预算法

零基预算法是以零为基础编制预算的方法,20世纪60年代由美国提出,并普遍为西方工业国家所采用。这种方法与传统预算法相反,传统预算法是以历史数据为基础,增减一定的百分比得出新的预算数,而零基预算法是以零为基础编制预算的方法,要求撇开上一年度的经营状况和开支水平,一切从实际出发,考虑每个项目的必要性的大小来确定各项目数额。这种编制方法打破常规,不以现存的状况为考虑问题的唯一依据,从而使之具有创新求变的内涵,这也正是它的科学性所在。这种预算编制法由于不受现成资料的束缚,使预算项目编制能够量力而行、节约开支、提高效益。由于工作量大,零基预算法的适用范围并不大,酒店可结合自身的实际情况和预算编制的要求,灵活地选择该预算法的使用范围和程度。

零基预算法的编制步骤是:

(1) 由各有关部门根据酒店提出的总目标和责任目标,具体说明每一项经济业务的性质、目的、作用及其费用项目与额度。

(2) 成立酒店预算审核委员会,通过成本效益分析,逐项审核各项经济业务开支的必要性,然后用对比法权衡每项工作的轻重缓急,并据以划分费用等级,并结合资金多少分成等级排列顺序。

(3) 在审核基础上,根据酒店预算期内可获得的收入和筹资能力,按重要性原则,分别按项目轻重缓急次序分配资金,落实预算。

(五) 滚动预算法

滚动预算法是一种随着时间的推移而自行延伸预算期间,从而使预算期始终保持在一个特定的期限内的预算方法,又称为连续预算或永续预算法。在这种预算方法下,预算期是连续不断的,始终保持一定的期限。以1年的预算为例,每经过1个月,就根据新情况对接下来的几个月的预算进行修改和调整,并在原来的预算基础上随即补充1个月的预算,使预算始终维持12个月的期间范围。如2010第一季度的预算执行完毕时,即修改和调整2010第二季度的预算,续上2011年第一季度的预算,这样始终保持四个季度的预算。采用这种预算方法,由于需要逐期修改编制,因而工作量较大。但正由于它逐期修改,能不断适应变化了的情况,从而使费用预算更加符合实际,更加便于控制。

第三节　酒店财务预算编制

一、酒店销售预算的编制

要编制酒店财务预算首先需要编制业务预算,因为财务预算所需的数据是建立在业务预算基础上的。而业务预算的编制必须从销售预算开始,没有销售预算,就无法编制预算损益表和预算资产负债表。如预算损益表中的成本、费用、税金都与营业收入的变动有直接的关系。预算资产负债表中的现金、存货、应收账款、应付账款及固定资产投资等项目都与营业收入的变动有关。如随着营业量及营业收入的增加,现销部分造成现金收入数增加,赊销部分造成应收账款增加;采购量增加造成负债项下的应付账款增加,存货也跟着变化;固定资产在已充分利用的情况下,也可能增加投资,使固定资产拥有量增加。上述这些情况都说明销售预算是酒店整个预算编制的起点和基础,必须予以足够的重视。编制销售预算后,就可以利用它与其他项目间的因果关系,编制其他各项预算。

把握好销售预算的质量,就能使酒店整个财务预算的质量有可靠的保证。

酒店销售预算必须以销售预测为基础。销售预测的方法可以分为定性预测法和定量预测法,前者包括专家意见法、推销人员意见法、德尔菲法、消费意见法等;后者包括时间序列预测法(算术平均法、移动平均法、指数平滑法)和回归分析预测法。

预测是假设过去的影响因素及因果关系在未来时期仍继续存在和发生影响,因此进行预测时必须掌握大量的历史数据及现实资料,包括以往的销售量及其发展趋势、价格及经营策略、社会经济发展的周期性变化情况、市场竞争状况及其他影响销售的因素。

下面以酒店几个主要部门为例说明酒店销售预算的编制方法。

(一)客房营业收入预算的编制

客房营业收入主要受客房出租率和房价两个因素所影响,在平均房价不变的情况下,客房出租率越高,客房收入也越高。当房价发生变动时,客房收入也会发生变化。

客房营业收入的预算指标可按下列公式计算:

客房部预算营业收入=可供出租客房数×预计出租率×预计平均房价
　　　　　　　　　　×预算期营业天数

【例 9-1】 三亚酒店有客房 300 间,预计 2014 年 11 月份出租率可达 90%,预计平均房价为 500 元,则 11 月客房营业收入预算为:

客房部预算营业收入=300×90%×500×30=4050000(元)

如果考虑价格调整因素,则营业收入也会发生变化。如果酒店的 300 间客房中有 20 间客房经过重新装修增添了设备,房价由 500 元/(间·天)上升为 800 元/(间·天),则客房营业收入会增加 162000 元(300×20×30×90%)。

如果考虑住房宾客消费结构,则营业收入还会发生变化。按规定房价为 500 元/间/天,但如果其中按 80%收费的客房占出租客房数的 10%,则:

客房部预算营业收入=(500×270+500×30×80%)×90%×30=3969000(元)

根据酒店各月的预计出租率和预计平均房价,把各月的营业收入填列在营业收入预算表中,则客房部全年营业收入预算就做好了。为了进一步编制现金预算,通常在营业收入预算表下面附上现金收入预算表,它包括从本期销售中获得的现金和从上期应收账款中获得的现金。客房部营业收入预算表见表 9-1。

第九章　酒店财务预算管理

表 9-1　三亚酒店客房部营业收入预算表（2014 年）

单位：元

	1	2	3	4	5	6	7	8	9	10	11	12	全年
营业收入	400000	420000	800000	950000	1370000	1380000	1383000	1388000	1390000	1400000	1000000	700000	12581000
年初应收账款余额	18000												18000
1月营业收入	280000	120000											400000
2月营业收入		294000	126000										420000
3月营业收入			560000	240000									800000
4月营业收入				665000	285000								950000
5月营业收入					959000	411000							1370000
6月营业收入						966000	414000						1380000
7月营业收入							968100	414900					1383000
8月营业收入								971600	416400				1388000
9月营业收入									973000	417000			1390000
10月营业收入										980000	420000		1400000
11月营业收入											700000	300000	1000000
12月营业收入												490000	490000
合计	298000	414000	686000	905000	1244000	1377000	1382100	1386500	1389400	1397000	1120000	790000	12389000

注：每个月的营业收入中有 30% 要到下个月才能收到现金。

(二)餐饮营业收入预算的编制

编制餐饮营业收入预算,要结合客房出租量、客人数量及消费水平,还要结合各种促销手段综合考虑。由于早、中、晚餐的座位周转率和人均消费额差别很大,所以应该针对不同餐厅、不同就餐时间分别计算,然后再汇总。

具体步骤与方法如下:

1. 预测就餐人数

根据前几年的历史资料和餐厅接待能力,分析市场发展趋势、酒店准备采取的推销措施等因素,分餐厅、按餐次分别预算出各个餐厅的就餐人数。

2. 预测人均消费水平

不同餐厅和餐次的人均消费水平是不同的,因此预测人均消费水平时,应根据历史资料和价格指数的变动情况,按餐次分别预测各个餐厅的人均消费水平,然后预测营业收入;或根据历史资料和变动情况,直接预测日人均消费水平。

3. 测算平均上座率

酒店各餐厅的上座率不同,需根据前几年的餐饮部销售实绩和各月度的销售水平分别进行测算。

4. 测算餐厅就餐人天数

餐厅就餐人天数是根据不同的餐厅的座位数和上座率分别测算的。其计算公式为:

$$餐厅就餐人天数 = 某餐厅座位数 \times 上座率 \times 预算期营业天数$$

预测餐饮部营业收入预算的计算公式为:

$$餐饮部营业收入预算 = \sum (某餐厅日人均消费数 \times 某餐厅的座位数 \times 某餐厅餐位上座率 \times 预算期营业天数)$$

【例 9-2】 三亚酒店餐饮部 2014 年 11 月份营业收入预算如表 9-2 所示:

表 9-2 三亚酒店餐饮部营业收入预算表(2014 年 11 月)　　　　单位:元

部门	计算依据	金额
中餐厅	早餐:300×40%×10×30=36000 午餐:300×50%×20×30=90000 晚餐:300×60%×30×30=162000	288000
西餐厅	早餐:150×40%×15×30=27000 午餐:150×30%×20×30=27000 晚餐:150×50%×30×30=67500	121500

续表

部 门	计 算 依 据	金 额
宴会厅	早餐、午餐：—— 晚餐：150×50%×30×30=67500	67500
自助餐厅	早餐：150×40%×15×30=27000 午、晚餐：150×50%×30×30=67500	94500
咖啡厅	早餐：100×40%×15×30=18000 午、晚餐：100×30%×20×30=18000	36000
酒吧	早餐：—— 午餐：80×40%×20×30=19200 晚餐：80×70%×20×30=33600	52800

将每月营业收入预算进行汇总，就是三亚酒店餐饮部全年营业收入预算。同客房预算一样，在预算表下面列出现金收入预算。

酒店其他部门均可参照上述方法分别编制部门的营业收入预算，将酒店各部门营业收入预算汇总起来便成为酒店营业收入预算。依照弹性预算法，可编制不同水平的营业收入预算，此处不再举例。

二、酒店成本费用预算的编制

成本费用预算的编制可以大体分为两部分进行，一部分为营业成本预算，一部分为费用预算。下面将分别概述：

（一）营业成本预算

酒店营业成本预算主要包括餐饮成本预算和商品销售成本预算。

1. 餐饮成本预算的编制

餐饮营业成本主要是指制作食品菜肴的原材料、调配料及直接销售的饮料的购入成本。餐饮成本预算是在编制营业收入预算的基础上编制的，它有两种编制方法。

方法一：首先根据营业收入和过去历史资料、酒店星级、市场供求关系等确定本酒店餐饮的毛利率，然后根据毛利率预计营业成本。其计算公式为：

预算期餐饮成本预算 = $\sum$ [某餐厅餐饮营业收入预算×(1−某餐厅毛利率)]

方法二：根据标准成本率测算餐饮营业成本。其计算公式为：

预算期餐饮成本预算 = $\sum$ (某餐厅餐饮营业收入预算×标准成本率)

由于餐饮部经营的制成品种类繁多,酒店应对每一品种或主要品种制定控制和考核的依据。根据标准菜谱上列明的每一品种的主料、辅料、调味料的用量和预算净料成本来制定单位产品预算成本。其计算公式为:

每一种品种预算单位成本
＝预算主料耗用成本＋预算辅料耗用成本＋预算调味料耗用成本

至于主要原材料耗用成本,则是由预算期主要原材料的耗用总量和购进成本(也可按净料成本算)组成的。其计算公式为:

主要原材料耗用成本额
＝预算期某主要原材料耗用量×预算期该原料单位购进成本

2. 商品部销货成本预算的编制

商品部的营业成本是指已售商品的进价成本。商品部经营商品种类较多,且毛利率各不相同。如果按综合毛利率来制定成本预算,可能会使预算与实际产生很大的距离,因为不同毛利率的商品在总销售量中所占比例不同,它会直接影响到商品销售成本。因此,应该分别计算各类商品的成本,或者将毛利率相同的商品归为一类,分别计算然后再汇总,即为营业成本总额。其计算公式为:

商品销售成本预算额
$= \sum$ [预算期某类商品预计销售额×(1−该类商品预计毛利率)]

（二）费用预算

这里的费用预算是酒店经营过程中发生的营业费用和管理费用。对于费用预算的编制,可以首先根据费用开支与经营业务量的关系不同,分为固定费用和变动费用,分别编制预算,然后再将有关项目汇总成为总的费用预算。

无论是营业费用还是管理费用,涉及的项目都很多,对各项目变化的影响因素各不相同,所以在编制预算时必须给以充分的考虑。如国家的有关政策规定、费用列支标准规定,以及根据经营活动的需要对有关项目的预算目标及增减变动的希望、可能有的机遇等。有些因素可能对所有费用项目都有影响,有些因素可能只对某一种或几种因素有影响。正确认识这些影响因素,可以帮助我们选择更适宜的编制方法,使费用预算的编制更准确科学。

1. 部门变动费用预算的编制

变动费用是随着酒店各部门业务量的变动而变化的,应分部门进行测算。

1) 客房部变动费用预算

客房部变动费用是随着客房出租量的变化而变化的,如燃料费、洗涤费、水电费、物料用品消耗、修理费、其他费用等,对这些费用应分别进行预算。一般可以根据酒店历史及有关资料计算出每间出租客房单位额度标准,汇总为每间客房每天变动费用额,再乘以预算期内预计客房出租数量,从而计算出变动费用预算总金额。其基本测算公式为:

预算期客房变动费用预算＝每间客房每天变动费用消耗定额×可供出租客房数×预计出租率×预算期天数

【例9-3】 仍以三亚酒店为例,2014年11月份预计客房出租率为60%,根据表9-3所示有关资料编制客房部营业费用弹性预算。

表9-3 客房部营业费用弹性预算表(2014年11月) 单位:元

出租数	3000	3300	3600	3900	4200
出租率/(%)	50	55	60	65	70
占预计出租数的比例/(%)	83	92	100	110	120
变动费用					
燃料费:$a=2.8$	8400	9240	10080	10920	11760
洗涤费:$a=3$	9000	9900	10800	11700	12600
水电费:$a=8$	24000	26400	28800	31200	33600
物料用品:$a=5$	15000	16500	18000	19500	21000
修理费:$a=2$	6000	6600	7200	7800	8400
其他费用:$a=1.2$	3600	3960	4320	4680	5040
小计	66000	72600	79200	85800	92400
固定费用小计	250000	250000	250000	250000	250000
总计	316000	322600	329200	335800	342400

注:a表示出租每间客房费用。

在上述营业费用中,酒店有些费用发生后无法直接计入某个营业部门,如燃料费、水电费等,对于这些费用,需要选择一定的标准分摊到各个部门。具体如何分摊应根据不同情况决定,如可以根据各部门营业收入占酒店总收入的百分比,再用本期该项费用总额乘以上面计算的百分比即可。

物料用品消耗的预算可以按单位标准费用开支额与预计的客房销售量相乘来计算。

对于低值易耗品的费用预算可以根据酒店所选择的低值易耗品摊销办法所确定的摊销率与低值易耗品原值相乘来计算。

2) 餐饮部变动费用预算

餐饮部变动费用也是随着接待业务量（或营业额）的变化而变化的。如燃料物料消耗、能源消耗、日常维修等，一般均按消耗定额计算费用预算额。但对水电费等能源消耗量大的，一般可以采用以下两种方法测算。

方法一：根据上一年水电能源费用的实际消耗数，结合预算期营业收入增减百分比和费用降低率加以考虑。其计算公式为：

餐饮部水电能源费用预算额＝上年水电能源实际消耗数×(1＋预算期内营业收入增减百分比)×(1－预算期水电能源费用计划降低率)

方法二：按部门营业收入额百分比分摊。其计算公式为：

餐饮部水电燃料能源费用预算额＝上年水电燃料能源实际消耗数×部门预算营业收入额占酒店预算营业收入额百分比×(1－预算期水电燃料能源费用计划降低率)

其他营业部门变动费用预算测算方法与此基本相同。

2. 部门固定费用预算的编制

在费用中不随着业务量变化而变化的部分为固定费用，如工资、福利费、工作餐费、折旧费、保险费、工会经费和教育经费等。这些费用在预算期内比较稳定，可以根据上年度固定费用水平、预算期内营业收入、利润计划等情况综合编制出预算期固定费用预算总额，然后分解到每个营业部门及管理部门，以便进行考核。下面以客房部固定费用预算的编制为例作简单说明。

客房部固定费用主要是与客房部经营活动直接有关的固定费用，主要包括工资、福利费、折旧费、大修理费、服装费、保险费等。由于这部分支出在预算期内比较稳定，一般不随经营量的变动而变动，所以主要是确定费用的开支额。对于国家规定提取比率或开支标准的费用项目，应按标准计算，不得擅自变更。如折旧费可以按国家规定的不同类别的折旧率与各自相应的固定资产原值相乘来计算预算额，并将各类折旧额相加，求出年折旧额的预算数。其计算公式为：

年折旧额预算数＝$\sum$［(全年使用的各类固定资产原值×年折旧率)＋(新投入使用的固定资产原值×其月折旧率×使用的月数)＋(减少或封存的各类固定资产原值×其月折旧率×减少或封存前使用的月数)］

再如，福利费是按工资总额的 14％ 提取，所以只要定出应计提职工福利费的工资总额，就可计算出职工福利费预算数。其计算公式为：

福利费预算数＝预算期应计提职工福利费的工资总额×14％

工资中的固定部分可以在原基础上，根据预计增减因素来进行计算，其公式为：

工资预算数＝上年实际工资＋本年增加职工工资和调整工资增加数
　　　　　－本年退休人员工资

对于管理费用的预算来说,可以实行定额控制、预算包干的办法,由预算制定部门提出年度预算指标,超支不补,节约有奖,分项目进行管理费用的预算。

当分部门、分项目的成本与费用的预算编制出来后,就可以汇总在一起,填在成本费用预算内,形成酒店的成本费用预算。

三、酒店利润预算的编制

酒店利润预算的编制,一般来说是以酒店预算期的销售收入预算、成本费用预算为主要依据,结合其他有关资料和上期利润预算的完成情况来编制。基本方法有以下三种:

(一)直接计算法

这种方法是根据预算期的营业收入预算、成本费用预算、税金预算直接计算出利润额的大小,运用这种方法需要区别不同的营业部门、项目,分别计算各部门、项目的预算利润额,再汇总为酒店总的利润预算额。其计算公式为:

某营业部门利润预算总额＝某营业部门预算营业收入总额
　　　　　　　　　　　－某营业部门预算成本费用－某营业部门预算税金

【例9-4】 长江酒店客房部2014年营业收入预算额为15523410元,营业费用预算额为3842000元,营业税预算额为723400元,则:

客房部利润预算额＝15523410－3842000－723400＝10958010(元)

(二)指标计算法

这种方法是利用相关指标来预测利润的一种方法,如利用营业收入利润率、费用率来测算利润。

【例9-5】 黄河酒店2014年营业收入预算额为1000000元,营业收入利润率预计为20%,则弹性利润率预算可见表9-4。

表9-4 黄河酒店弹性利润预算(2014年)　　　　　　　　　　单位:元

预计营业收入	800000	900000	1000000	1100000	1200000
完成预算的比例	80%	90%	100%	110%	120%
预计利润	160000	180000	200000	220000	240000

(三)变动成本法

变动成本法是在保本点分析的基础上运用下列公式预测利润,即:

预计经营利润＝(营业收入－保本点收入)×边际贡献率

【例 9-6】 长江酒店客房部有客房 200 间,固定费用每月为 140000 元,客房出租房价为 300 元,每出租一间客房日变动费用为 50 元,客房保本点营业收入为 200000 元,如果客房部某月预算营业收入为 400000 元,则:

边际贡献率 $=(300-50)\div 300=0.8333$

预计经营利润 $=(400000-200000)\times 0.8333=166660$(元)

餐饮部也可用这种方法来预算利润。其计算公式为:

预算经营利润 $=$(预计营业收入－保本点收入)$\times$调整后毛利率

【例 9-7】 长江酒店餐饮部每月固定费用为 150000 元,调整后毛利率为 50%,则保本点营业收入为 250000 元,如果某月预算营业收入为 500000 元,则:

预算经营利润 $=(500000-250000)\times 50\%=125000$(元)

无论用哪种方法预算利润,将各部门利润预算制定出来后汇总在一起,即为酒店总的利润预算。根据营业收入预算、成本费用预算等,即可编制利润预算表。利润预算表编制出来后还要制定利润分配预算,它是根据酒店董事会或最高决策层的事前决策,对预算期净利润总额进行分配和年末未分配利润结余的一种预算。

四、酒店总预算的编制

如前所述,在部门营业收入预算的基础上,可以汇总编制整个酒店的营业收入预算;在部门成本费用预算的基础上,可以汇总编制整个酒店的成本费用预算;在部门经营利润预算的基础上,或在整个酒店营业收入预算与成本费用预算的基础上,可以编制整个酒店的预计损益表。

根据各部门经营利润预算之和减去预计的未分摊费用,可以得出酒店的预计净利润。未分摊费用是指由于分摊标准和方法比较难以确定,而尚未分摊到各个部门预算中去的费用。由于这些费用一般是固定的,所以不受各部门业务量的影响。这些费用各个部门无法控制,也无法对它们完全负责。这些费用主要是会计上的管理费用和财务费用,具体包括:各种行政管理费,市场营销费,财产管理及维修费,列入管理费用的各种税金、租金、保险费、利息、折旧及所得税等。

一般来说酒店里的这些未分摊费用是按年计算的,但是,如果酒店的预计损益表需要按月编制并且包括未分摊费用,那么简单的办法是用每项未分摊费用除以 12,从而得到每月应分摊的未分摊费用数额。表 9-5 说明了在编制季度预算时如何分配未分摊费用,也表明了该年度中有两个季度预算亏损。显然,这种预算亏损是不合理的,因为在这两个低销售收入的季节,负担那么多的未分摊费用是不公平的。因此分摊这种费用较公平的方法是根据各季度(月度)的预算收入比例来分摊,如表9-6、9-7所示。

表9-5　按季度分配未分摊费用分配表　　　　　　　　　单位:万元

	第一季度	第二季度	第三季度	第四季度	全年合计
业务收入	300	600	800	300	2000
直接经营费用	-250	-450	-550	-250	-1500
经营利润	50	150	250	50	500
未分摊费用	-75	-75	-75	-75	-300
净利润	-25	75	175	-25	200

表9-6　按销售额分摊的未分摊费用估算明细表　　　　　单位:万元

季度	营业收入预算数	占年度营业收入/(%)	所承担的未分摊费用
1	300	15	300×15%=45
2	600	30	300×30%=90
3	800	40	300×40%=120
4	300	15	300×15%=45
合计	2000	100	300

表9-7是用新的未分摊费用分摊方法对上述季度预算表进行修正后列出的。该表所采用的方法可以保证该年各季度没有预算亏损,而一年期间的预算总利润保持不变。

表9-7　按销售额分摊的未分摊费用分配表　　　　　　　单位:万元

	第一季度	第二季度	第三季度	第四季度	全年合计
营业收入	300	600	800	300	2000
直接经营费用	-250	-450	-550	-250	-1500
经营利润	50	150	250	50	500
未分摊费用	-45	-90	-120	-45	-300
净利润	5	60	130	5	200

五、酒店现金预算的编制

酒店的现金预算,是酒店资金运动的重要表现形式。酒店的现金收入表现为各种资金从不同的来源形成和取得,而现金支出则表现为各种资金的使用和耗费。酒店编制现金预算的目的,是为了有效地控制各种收入的取得,合理安排各项支出,使收入和支出在数额和时间上相适应并保持平衡,以保证资金运动不间断地进行。

(一)短期现金预算

现金预算主要包括预算期内现金的流入和支出,现金的盈余和短缺,现金的筹集和使用等几个方面。酒店的财务人员要根据现金管理的原则,对预算期内的全部现金流量进行预测和估算,规定最低现金存量金额,其目的在于实现现金余额的最佳化,使之既能满足经营活动的需要,又不至于拥有太多的现金而降低其营利性。通常,现金预算包括以下几个部分:

1. 现金收入预算

包括预算期的期初现金余额,加上本期预计可能发生的现金收入。一般来说,现金收入的主要来源是营业收入的现付部分和应收账款的收回,可以从销售预算中获得该项资料。

2. 现金支出预算

是指预算期的全部现金支出,既包括成本费用支出,也包括税收、投资等支出,如食品原材料和物料用品的采购支出,工资、租金、保险费、利息、税金、固定资产购置、支付股息红利等的支出。

3. 现金盈缺预算

是现金收入和现金支出的差额,差额为正数表示现金盈余,差额为负数表示现金不足。

4. 现金筹措预算

通常酒店要规定一个现金的最低限额,以保证一定的支付能力。当可供利用的现金低于这一限额时,就需筹措资金,如向银行借款或出售有价证券。当拥有的现金余额大大超过最低限额时,则需考虑进行短期投资以提高资金利用率。

编制现金预算的基础是预计损益表,它可以预测酒店在预算期内每个月的预计营业收入和营业费用。下面表9-8和表9-10列举了某酒店在4月、5月、6月的预计损益以及在此基础上编制的同期现金预算。

表9-8 某酒店预计损益表(2014年4—6月) 单位:万元

项　　目	4月	5月	6月
营业收入	35	40	45
减:营业成本	12	14	16
毛利	23	26	29
减:工资及相关费用	9	10.5	12

续表

项　　目	4月	5月	6月
物料及其他费用	1.5	1.75	2
能源费用	0.5	0.75	1
租金	1	1	1
广告费	0.5	0.5	0.5
计提折旧前利润	10.5	11.5	12.5
减：折旧	2	2	2
净利润	8.5	9.5	10.5

在预计损益表以及其他一些财务信息的基础上，酒店财务人员便能够计算编制现金预算所需的各种数据。首先，酒店财务人员编制4月份的现金预算（即现金预算的每一个月份），见表9-9。

表9-9　某酒店现金预算表（2014年4月）　　　　　　单位：万元

项　　目	4月
月初现金余额	10.2
现金收入：	
现金销售	18
收回应收账款	11.2
合计	39.4
现金支出：	
现金采购	3
偿还应付账款	8.25
工资及相关费用	9
物料及其他费用	1.5
能源费用	0.5
租金	1
合计	23.25
期末现金余额	16.15

在现金预算表里，每期的现金余额都自动成为下一期现金余额。表9-10是整个预算期（2014年4—6月）的现金预算表。

表 9-10　某酒店现金预算表(2014 年 4—6 月)　　　　　　　　单位:万元

项目	4月	5月	6月
月初现金余额	10.2	16.15	22.65
现金收入:			
现金销售	18	21	24
收回应收账款	11.2	12	14
合计	39.4	49.15	60.65
现金支出:			
现金采购	3	3.5	4
偿还应付账款	8.25	9	10.5
工资及相关费用	9	10.5	12
物料及其他费用	1.5	1.75	2
能源费用	0.5	0.75	1
租金	1	1	1
合计	23.25	26.5	30.5
期末现金余额	16.15	22.65	30.15

根据对表 9-10 的分析,该酒店的现金余额,将从预算期初的 102000 元增加到预算期末的 301500 元。显然,如果预算较准确,该酒店的现金盈余将一直在增加。但是,酒店不应当把多余的现金存放在银行的账户上,因为银行存款利息收入毕竟有限。酒店应将多余的现金从银行提出,投资于收益较高的短期有价证券。假如没有现金预算,酒店往往难以确定是否有多余的现金可以利用。显然,当酒店计划某月份从银行提出现金用于短期投资时,财务人员应将此作为现金支出,反映在现金预算之中;当酒店计划某月份出售有价证券获得现金时,则应将其作为现金收入反映在现金预算表内。

由此可见,编制现金预算,特别是 1 年以上的长期现金预算,不仅有助于酒店管理人员将多余的现金进行短期投资,还能帮助酒店提早安排筹资事宜,以应付可能出现的现金短缺。它还能帮助酒店的决策者,对于酒店的大修理、固定资产更新,以及支付股东股息等重大问题作出决定。

编制现金预算的重要性还在于,一项好的现金预算,可以使酒店管理人员事先根据酒店在预算期内的现金状况,决定在经营中的轻重缓急,避免胸中无数及准备不足,在一时出现资金缺口时,不会因资金无法及时到位而使酒店遭受损失。

(二) 长期现金流量预算

长期现金流量预算是指预算期超过 1 年以上的现金流量预算。与短期现金预算不同,长期现金流量预算不考虑营运资金各账户之间的现金流量变动,并假定在整个预算期内的流动资产和流动负债是相对稳定的。

长期现金流量预算主要有以下几种作用:

(1) 它可以使酒店的管理人员了解酒店将需要多少现金,以满足偿还长期抵押贷款、债券以及其他贷款的需要。

(2) 它可以使酒店了解是否需要安排新的长期贷款或发行新的股票。

(3) 它可以帮助酒店决定是否有足够的现金用于更换或添置新的固定资产。

(4) 它可以帮助酒店决定是否支付股息,以及支付的数量。

编制长期现金预算的出发点,是预算期内各年的净收益。每年的折旧费要加到各年的净收益中,还要减去酒店在此期间所要偿还的长期贷款本金。在此基础上,编制出长期现金流量预算,见表 9-11。

表 9-11　某酒店长期现金流量预算表(2014—2018 年)　　　单位:万元

	2014 年	2015 年	2016 年	2017 年	2018 年
净收益	10	21.5	30	35.5	40
加:折旧	80	72	65	59	55
小计	90	93.5	95	94.5	95
减:偿还长期贷款	−60	−63	−65	−67	−68
净现金流量	30	30.5	30	27.5	27
累积净现金流量	30	60.5	90.5	118	145

六、酒店财务预算表

酒店通过编制资产负债表、损益表、现金流量表,反映其在过去会计期间的各种财务信息,与此同时还要将酒店多方面的预算汇总起来形成预算损益表、预算资产负债表和预算现金流量表,反映其对未来经营成果和财务状况的预测。预算损益表按月编制,所需数据来自业务预算的有关资料。预算资产负债表是对预算期期末资金占用和资金来源状况的安排,它是根据上年资产负债表和本年业务预算、现金预算及其他预算所反映的各项余额的预期增减情况编制的。

财务人员借助这些报表,能够计算酒店在未来一定时期内的各种财务比率,并能较为容易地分析出酒店的发展情况以及因此而产生的财务需求。

编制预算财务报表是一种有效的管理手段。在未来经营活动实现后,人们可以将预计数字同实际实施的结果进行比较分析,从而进行调整控制。同时,这些财务报表能够帮助管理者对未来的发展和变化做好充分的心理准备,预先拟定对策,并据此协调酒店的财务政策。

第四节 酒店财务预算执行

酒店财务预算编制的目的,是对实际财务活动进行科学、有效的控制。通过对实际经营结果与预算数据进行比较,确定差异,明确重大差异,分析重大差异产生的原因,并据以寻求解决的办法,达到酒店预算控制的目的。具体包括以下几个步骤和内容。

一、确定酒店财务预算执行差异

预算差异是酒店实际经营结果与预算之间的差额。为了更直观、更清晰地了解差异,酒店应编制预算分析报告,详细列示各项收入费用的差异情况。预算分析报告既要体现金额差异,又要体现百分比差异;既要揭示月度差异,又要反映年度迄今为止的累积差异。因年度差异是月度差异的累计,所以差异分析的重点在于月度分析。

金额差异是实际与预算的金额之差,反映的是收益或费用的实际发生金额比预算增加或减少的数量值。对于收入、利润项目,实际金额大于预算,为有利差异,反之则为不利差异,有利差异以"+"表示,不利差异用"-"表示;对于费用项目,实际金额小于预算,为有利差异;反之则为不利差异。费用项目与收入、利润项目相反,有利差异用"-"表示,不利差异用"+"表示。

百分比差异是金额差异除以预算额得到的比率,反映的是实际完成比预算增长或减少的比率。

【例9-8】 表9-12是某酒店餐饮部预算执行比较报表,2014年1月份餐饮部收入的金额差异是-2.55万元,百分比差异是-3.4%。该数据反映了本月收入为不利差异,实际收入比预算少2.55万元,低于预算3.4%。又如2014年1月份餐饮部人工成本实际与预算的金额差异为-0.5万元,为有利差异;百分比差异为-3.6%,表示本月人工成本实际发生额比预算节支3.6%。

第九章 酒店财务预算管理

表 9-12 餐饮部损益预算执行比较表

2014 年 1 月 单位:万元

项目	本月实际	本月预算	差异 金额	差异 百分比
食品收入	62.00	65.00	−3.00	−4.6%
饮品收入	5.20	4.80	0.40	8.3%
服务费收入	3.50	3.75	−0.25	−6.7%
其他收入	1.10	0.80	0.30	37.5%
净收入合计	71.80	74.35	−2.55	−3.4%
营业成本	24.80	24.67	0.13	0.5%
食品成本	22.63	22.75	−0.12	−0.5%
饮品成本	1.51	1.44	0.07	4.9%
其他销售成本	0.66	0.48	0.18	37.5%
经营毛利(亏损)	47.00	49.68	−2.68	−5.4%
营业税金及附加	3.9	4.1	−0.20	−4.9%
经营费用				
人工成本	13.50	14.00	−0.50	−3.6%
音乐及娱乐	1.00	1.00	—	—
洗涤费	0.40	0.50	−0.10	−20.0%
清洁用品	0.20	0.30	−0.10	−33.3%
厨房燃料	2.80	2.50	0.30	12.0%
其他费用	2.20	2.00	0.20	10.0%
经营费用合计	20.10	20.30	−0.20	−1.0%
部门利润	23.00	25.28	−2.28	−9.0%

从表 9-12 可以看出,餐饮部 1 月份收入同比预算下降 2.55 万元,下降了 3.4%,主要在于本月食品收入下降较多,食品收入同比预算下降了 3 万元,是影响本月餐饮部收入未完成预算的主要原因。至于食品收入下降的进一步原因,应通过预算执行分析来查找,并采取相应的措施进行补救。

二、明确酒店财务预算执行重大差异

因为任何精细的预算编制过程都不可能做到尽善尽美,所以,预算分析报告的预算收入和费用项目很难和实际金额相同(固定费用可能除外)。因此存在差异，并不意味着管理部门就必须进行专门分析，并采取纠正措施。只有重大差异才需要管理部门进行这种分析，并采取相应的行动。

确定重大差异的标准在各个酒店是不同的。酒店的经营规模和收入费用的控制能力不同，则确认标准也不同。一般来说，酒店规模越大，金额差异标准越高；酒店对项目的控制力度越大，标准则越低。酒店总经理及财务总监应结合本酒店实际情况，确定一套适合自己酒店的确认标准，以便管理部门发现重大差异，并及时采取措施解决问题。

在确定差异是否重大时，应同时结合金额差异和百分比差异。在酒店管理中经常会遇到这样的情况，金额差异看似很大，但百分比差异很小；或者金额差异很小，但百分比差异却很大。例如：客房收入和预算金额相差2万元，但2万元的金额差异和500万元的预算相比，百分比差异只有0.4%，因此没有必要认为这是重大差异。但如果是另一个规模较小的酒店，其客房收入预算为20万元，2万元的金额差异将导致10%的百分比差异，这时必须将其视为重大差异来分析。同样，假设某项费用的预算为100元，10元的金额差异会导致10%的百分比差异，这一差异似乎是重大的，但是不必花费时间和精力去分析调查这10元钱的差异。因此，在确定差异是否重大时，应同时综合考虑金额差异和百分比差异。

三、分析酒店财务预算执行重大差异

为了更多地了解差异的有关信息，有必要对重大差异进行分析，以便于酒店各职能部门能更好地确定造成差异的原因。例如：收入差异的分析，将揭示实际收入和预算收入产生差异的原因是单价和销售量发生了变化，但它却不能揭示单价和销售量为何发生变化。又如：变动性的人工费用差异分析，将揭示这一费用实际和预算产生差异的原因是工资率、用工效率（数量）发生了变化，但是不能揭示工资率、用工效率（数量）为何发生变化。这后一步的工作则需要管理部门另行调查研究，以确定差异产生的确切原因。例如：不利的人工工资率差异可能是由于人事问题或超额的加班费用，或这两者的结合所造成的。

下面以收入差异分析为例，说明如何进行差异的分析。这里所介绍的基本模式也适用于其他项目的差异分析。

1. 收入差异分析

酒店的收入取决于销售数量和销售价格，收入差异的形成在于两方面的原因：销售价格脱离标准价格形成的价格差异，以及销售数量脱离标准数量形成的数量差异。

第九章 酒店财务预算管理

收入差异＝实际收入－预算收入
　　　　＝实际销量×实际价格－预算销量×预算价格
　　　　＝实际销量×(实际价格－预算价格)－预算价格×(实际销量－预算销量)
　　　　＝价格差异＋数量差异

收入差异分析相关关系如下：

① 预算销量×预算价格　　②－①业务量差异
② 实际销量×预算价格　　　　　　　　　　　　③－①收入差异
③ 实际销量×实际价格　　③－②价格差异

（1）价格差异。价格差异是指实际销售收入与预算收入之间因销售价格（如客房平均房价、餐饮人均消费）的变动而产生的差额。

（2）销量差异。销量差异是指实际销售收入与预算收入之间因销售数量（如客房销售间夜数、餐饮消费人次）的变动而产生的差额。

【例 9-9】 A 酒店某月的客房收入预算为 305900 元，平均房价预算为 115 元，出租房预算为 2660 间；本月客房实际收入 301200 元。通过比较，本月客房收入为不利差异 4700 元。其中平均房价比预算高 5 元，由此产生的价格差异为 12550 元；而本月实际销售数量比预算少 150 间，由此产生的数量差异为 －17250 元。计算如下：

$$价格差异 = 2510 \times (120 - 115) = 12550 (元)$$
$$数量差异 = 115 \times (2510 - 2660) = -17250 (元)$$
$$收入差异 = 价格差异 + 数量差异 = 12550 - 17250 = -4700 (元)$$

A 酒店本月客房收入差异分析可参见表 9-13。

表 9-13　A 酒店客房收入差异分析　　　　　　　　　单位：元

	实际	预算	差异
客房收入	301200	305900	－4700
平均房价	120	115	
出租房数量	2510	2660	
价格差异			12550
数量差异			－17250

上表两项差异之和等于客房收入的总差异 4700 元，这说明销售量和价格两个因素的变化共同影响了客房收入，使其实际比预算少了 4700 元。至于销售量减少，客房价格上升的确切原因，则属于需进一步调查研究的内容。

2. 变动成本费用差异分析

变动成本费用的多少取决于物品的实际用量与实际价格，其差异的形成同样归结于价格脱离标准价格形成的价格差异以及用量脱离标准数量形成的数量差异。变动成本费用差异分析与收入差异分析相似。

3.固定费用差异分析

固定费用通常在一定时间和业务范围内是不变的,超过一定业务范围则要发生变动,因此固定费用差异的分析需要结合酒店经营能力的变动和特定项目的实际情况来分析。

四、纠正酒店财务预算执行重大差异

分析重大差异之后,下一步就是由管理部门进行调查研究以确定发生差异的确切原因。例如,客房服务员的直接人工费差异分析可能揭示出不利差异的大部分来自于工资率,即实际直接人工费用高于预算人工费用的主要原因是实际工资率高于预算工资率。管理部门必须进一步进行调查研究,弄清为什么实际工资率高于预算工资率。它可能是因为安排了比原计划工资更高的客房服务员,或者客房服务员超额加班工资,或者还可能存在其他原因。每一项重大差异都需要管理部门进行调查研究,以找出确切原因。

预算控制的最后步骤是采取措施,纠正不合理的做法,预防不利差异持续扩大,以此督促管理人员不断改进经营管理方法,提高酒店经济效益。

■ 课后复习

1.什么是财务预算?试述财务预算的种类。
2.简述财务预算的作用。
3.简述编制酒店财务预算的基本程序。
4.什么是固定预算、弹性预算、零基预算、滚动预算?简述它们各自的优缺点和使用范围。
5.如何编制酒店的营业收入预算?
6.酒店成本费用预算的编制思路是什么?
7.编制现金预算的作用有哪些?
8.简述酒店预算控制的步骤和内容。

第十章　酒店财务分析

课前导读

酒店财务分析是以酒店财务报告(包括资产负债表、利润表、现金流量表及有关附表和财务情况说明书)为主要依据,运用专门的方法对酒店财务活动过程及结果所进行的分析。它是酒店经济活动分析的重要组成部分,也是酒店财务管理的重要环节。酒店财务分析所提供的信息,不仅能够说明酒店目前的财务状况,也能够为酒店未来的财务决策和财务预算提供重要依据。

第一节　酒店财务分析概述

一、酒店财务分析的产生与发展

(一) 酒店财务分析的产生

一般认为,财务分析产生于19世纪末20世纪初。最早的财务分析主要是为银行服务的信用分析。当时,借贷资本在企业资本中的比重不断增加,银行家需要对借款人进行信用调查和分析,借以判断其偿债能力。

(二) 酒店财务分析的发展

资本市场形成后衍生出盈利分析,财务分析由主要为贷款银行服务扩展到为投资人服务。随着社会筹资范围扩大,非银行的贷款人和股权投资人增加,公众进入资本市场和债务市场,酒店投资人要求的信息更为广泛。财务分析开始对酒店的盈利能力、筹资结构、利润分配进行分析,发展出比较完善的外部财务分析。

酒店这种组织形式发展起来以后,财务分析由外部分析扩展到内部分析。酒店经理为改善酒店内部管理服务,改善盈利能力和偿债能力,以取得投资人和债权人的支持,开发了内部分析。内部分析,不仅可以使用公开报表的数据,而且可以利用内部的预算、成本等数据进行分析,找出管理行为和报表数据的关系,通过管理来改善未来的财务报表。

二、酒店财务分析的内涵与特点

(一) 酒店财务分析的内涵

酒店财务分析是指酒店利益相关者以财务核算资料和其他相关环境信息为依据,采用一系列专门技术与方法,对酒店财务运行的结果及其形成过程、形成原因进行评价,并在分析酒店财务能力和潜力、预测未来财务趋势和发展前景的基础上,评估企业的预期收益和风险,为特定决策提供理性的财务信息支持。

财务分析是酒店财务管理的重要组成部分。在财务管理循环中,财务分析既是循环的终点,又是下一个循环的起点。通过财务分析可以总结以往经营管理中的经验教训,找出管理工作中的薄弱环节,采取必要的措施改进财务管理工作。因此,它对于提高酒店的经营效率及成果,正确处理与各利益相关者的财务关系,提高决策的科学性,具有重要的意义。

1. 财务分析的主体是酒店各个利益相关者

利益相关者大致可以划分为现实利益相关者、潜在利益相关者和决策服务相关者三个层面。其中现实利益相关者是指目前与酒店存在经济利益关系的经济组织和个人,主要包括股东、债权人及经营者等;潜在利益相关者是指可能对酒店实施投资行为的资本持有人;决策服务相关者是指需要利用酒店财务报告进行财务评价,为酒店各利益主体的投资决策提供信息支持的有关组织和个人,如证券经纪公司、投资研究与咨询机构等。

2. 财务分析的依据是酒店财务报告和相关环境信息

财务报告信息和相关环境信息是财务分析的主要依据。其中财务报告包括财务报表和报表附注;相关背景信息则是指非财务性质的,或受某些条件限制而在财务报告中无法披露的,对酒店财务状况与经营业绩的现状及其变化趋势存在或者产生影响的各种环境信息,具体可分为酒店内部环境信息和外部环境信息两个方面。

3. 财务分析的视角是多元的

因为财务分析的复杂性与影响因素的多元性,酒店财务分析必须是多视角的。从性质来看,财务分析的视角包括财务状况、经营业绩及各项财务能力(主要是偿债能力、盈利能力、营运能力、发展能力);从时间上看,财务分析的视角包括财务现状、财务趋势及财务前景;从与投资决策的相关性看,财务分析的视角则包括投资的预期收益与风险等。以上财务分析视角的内容是相互交叉和相互重叠的。例如,无论是财务现状与前景的分析,还是预期收益与风险的分析,均需要从财务状况、经营业绩及财务能力等方面分析,而财务状况、经营业绩及财务能力的每一个方面也都需要从现状、趋势、前景以及对预期收益与风险的影响等方面进行考察与分析。

4. 财务分析的目的是为特定决策提供理性的财务信息

所谓理性的财务信息,是指能够反映酒店财务各构成内容之间相互依存、相互制约的内在联系,能够揭示酒店财务变化趋势和特征的财务分析与评价结果。由于财务报告所提供的财务信息和环境信息具有外在性的特征,这使得财务报告信息使用者也只能据以形成一种有关酒店财务现象的外部联系的感性认识,是一种财务陈述性信息;而酒店利益相关者的特定决策是一种以预期收益与风险为依据,以获得对酒店经营状况和财务状况的理性认识为前提的理性决策。因此,财务分析正是实现财务信息从"感性"到"理性"转化的主要手段。

(二)酒店财务分析的特点

酒店财务分析的起点是财务报表,分析使用的数据大部分来自公开发布的财务报表。因此,酒店财务分析的前提是正确理解酒店财务报表。

(1) 酒店财务分析的问题性。财务分析是对酒店的偿债能力、盈利能力、发展能力和抵抗风险能力作出评价或指出存在的问题。

(2) 酒店财务分析是过程性。酒店财务分析是把整个财务报表的数据,分成不同部分和指标,并找出有关指标的关系,以达到认识酒店偿债能力、盈利能力和抵抗风险能力的目的。

(3) 酒店财务分析的方向性。通常只能发现问题而不能提供解决问题的现成答案,只能作出评价而不能改善酒店的状况,但能指明需要详细调查和研究的项目。

三、酒店财务分析的主体与目的

(一) 酒店投资者的财务分析

酒店的投资者向酒店投入资本,是酒店有形与无形资产的所有者,其利益与酒店经营成果及财务状况密切相关,可以说与酒店休戚相关。各个投资者在酒店中有利共享、有亏共担,因此他们密切关注酒店的财务状况和经营成果。投资者对酒店投资后,享有与投资额相对应的权益,可以通过一定的组织形式参与酒店的决策,也就需要通过对酒店财务活动的分析来评价酒店经营管理人员的业绩,考核他们作为资产的经营者是否称职;也需要通过财务分析,评价酒店资本的盈利能力、各种投资的发展前景及风险程度等,作为进行投资决策的依据。

(二) 酒店债权人的财务分析

债权人与酒店之间存在着借贷关系,对他们借给酒店的资金,酒店要按期付息、按期还本。债权人的利益与酒店的财务成果不挂钩,与酒店的关系没有投资者那么密切。尽管如此,酒店经营的好坏,对贷款银行、原材料赊销供应者和债券持有者等债权人的利益也会有很大的影响。如果酒店经营不好,不能及时偿还债务,债权人的资金周转就会发生困难。如果酒店发生亏损,资不抵债,债权人就会发生坏账损失,甚至导致全部借款收不回来。因此,债权人也需要密切关注酒店的财务状况、偿债能力,要分析酒店资产的流动性、负债比率等。

(三) 酒店经营管理者的财务分析

酒店内部经营管理人员是酒店生产经营活动的指挥者和组织者,他们有责任保证酒店的全部资产合理使用,并得到保值和增值。在生产经营活动中,他们既要保持酒店雄厚的偿债能力和良好的营运能力,又要为投资者赚取尽可能多的利润。因此,他们对酒店财务分析的目的与要求是全方位的。通过财务分析评价酒店前期的经营业绩,如营业收入的大小、利润数额的多少、投资报酬率的高低等;衡量酒店当前的财务状况,如酒店财务状况是否稳定、财务结构是否合理、酒店资金的余缺情况如何等;还要预测酒店未来的发展趋势,为进行财务决策提供依据。

（四）相关政府监管部门的财务分析

其他与酒店有利益关系的单位主要包括会计师事务所、财政部门、税收部门、银行等。会计师事务所作为社会中介机构,要对酒店年中、年末的财务报告进行查证、分析,并向投资者和有关单位提供酒店经营成果和财务状况及鉴证意见;财政和银行等部门和单位,也需要从税金的缴纳、贷款的运用等方面对酒店进行财务分析,以便取得宏观调控需要的资料。

四、酒店财务分析的基本内容

（一）酒店偿债能力分析

酒店偿债能力分析主要考察酒店的偿债能力,包括短期偿债能力和长期偿债能力。通过分析了解酒店的融资结构是否合理,衡量酒店偿债能力的大小,为酒店融资及其融资能力的提高提供信息并创造条件。

（二）酒店营运能力分析

酒店营运能力分析主要考察酒店各类资产的周转利用情况,包括流动资产周转速度、固定资产周转速度及总资产周转速度等。通过分析了解酒店资产结构的合理性及各类资产利用率情况,从而为合理调配现有资产的配置比例、提高资产利用效率和效益创造条件。

（三）酒店获利能力分析

酒店获利能力分析主要考察酒店创造利润的能力及其情况,包括营业收入分析、成本费用分析、利润分析等。通过分析了解酒店增收节支方面的管理水平及其效果,广开财源,堵塞漏洞,从而创造更大效益。

（四）酒店增长能力分析

酒店增长能力即酒店的成长性,是酒店通过自身的生产经营活动,不断扩大积累而形成的增长潜能。衡量酒店增长能力的核心是酒店价值增长率,价值增长率以销售增长率、资本积累率为基本指标,以三年资本平均增长率、三年销售平均增长率、技术投入比率等指标为辅助指标建立分析评价指标体系,进行酒店发展能力分析。

（五）酒店财务综合分析

财务综合分析就是将酒店偿债能力、营运能力、盈利能力和增长能力等诸方面的分析纳入到一个有机的整体之中,全面地对酒店经营成果及财务状况进行解释和分析,从而对酒店经济效益的优劣作出准确的评价与判断。财务综合分析的主要方法是杜邦财务分析法和综合评价法。

五、酒店财务分析的主要方法

(一) 酒店财务比较分析法

酒店财务比较分析法是将经济指标进行对比的一种方法,通常以本期实际指标与下列各项指标比较。

(1) 与本期预算指标相比较,用以检查预算完成程度,了解实际与预算的差异。

(2) 与上期、上年同期或历史最好水平的实际指标相比较,用以了解各项指标的升降情况和发展趋势。

(3) 与条件大致相同的先进酒店的实际指标相比较,找出本单位的薄弱环节,向先进企业看齐。

采用比较分析法,必须注意各指标之间的可比性,即在时间、范围、项目、内容、计算方法等方面具有一致性,只有这样才能得出正确的结论。

(二) 酒店财务比率分析法

酒店财务比率分析法是指通过将两个有关的会计项目数据相除,从而得到各种财务比率的方法,即使同一张财务报表中不同项目之间或不同财务报表的有关项目之间所存在的内在联系的一种分析方法。

财务比率指标有不同的类型,主要有以下三种:

1. 构成比率

构成比率又称结构比率,用以计算某项经济指标的各个组成部分占总体的比重,反映部分与总体的关系。其典型的计算公式为:

$$构成比率 = 某个组成部分数额 \div 总体数额$$

流动资产占总资产的比重、负债占总权益的比重、收不回来的应收账款占全部应收账款的比重等,都属于构成比率指标。利用构成比率指标,可以考察总体中某个部分的形成和安排是否合理,以便协调各项财务活动。

2. 效率比率

效率比率用以计算某项经济活动中所费与所得的比例,反映投入与产出的关系,如成本费用与营业收入的比率、成本费用与利润的比率等。利用效率比率指标,可以进行得失比较,考察经营成果,评价经济效益。

3. 相关比率

相关比率用以计算部分与整体关系、投入与产出关系之外具有相关关系的指标的比率。反映有关经济活动的联系，如资产总额与负债总额的比率、流动资产与流动负债的比率等。利用相关比率指标，可以考察有联系的相关业务安排得是否合理，以保证生产经营活动能够顺畅进行。相关比率指标在财务分析中应用得十分广泛。

（三）酒店财务因素分析法

酒店财务因素分析法是指对某项综合性财务指标的变动原因，按其内在组合的原始因素进行数据分解，以测定各因素对综合指标影响程度的一种分析方法。运用因素分析法，需将各个原始因素按照某种既定顺序把其中一个因素当做可变因素，把其他因素当做不变因素，进行逐个替换，分别找出每一个因素对综合财务指标的影响程度。其计算程序如下：

（1）先计算预算数，以预算数为基础。

（2）从各因素的实际数逐次替换预算数，每次替换后，实际数就保留下来，直到各因素都换成实际数为止。

（3）将每次替换的结果与前一个计算结果进行比较，两数的差额即为某一因素对预算完成结果的影响程度。

（4）求出各因素影响数值的代数和，就等于实际完成数与预算数的总差额。

例如，酒店商品部某年毛利额完成情况以因素分析法分析，见表10-1。

表10-1　毛利额完成情况表　　　　　　　　　　　单位：万元

	预算	实际	差异
商品销售额	1000	1150	＋150
毛利率	10%	9.8%	－0.2%
毛利额	100	113	＋13

分解模式：商品销售额×毛利率＝毛利额

计划数：1000×10%＝100　　　　　由于销售增加150（万元）

替代（1）：1150×10%＝115

替代（2）：1150×9.8%＝113（取整数）　　由于毛利率降低2（万元）

验证：113－100＝15－2＝13（万元）

上述计算说明，酒店商品部毛利额增加13万元，是商品销售额增加和毛利率降低综合影响的结果，其中前者是主要因素。

（四）酒店财务趋势分析法

酒店财务趋势百分比分析，又称为趋势分析或指数分析，是指将连续多年的财务报表的数据集中在一起,选择其中某一年份作为基期,计算每一期间各项目对基期同一项目的百分比或指数,以揭示各期间财务状况的发展趋势。对不同规模的酒店,在一定条件下也可采用百分比来进行比较。这种趋势百分比可以按下列公式计算:

$$某期趋势百分比=报告期金额÷基期金额$$

六、酒店财务分析的基础数据

(一)酒店财务报表概述

酒店财务分析的基础数据和主要依据是酒店各种会计核算资料,主要包括酒店的各种财务报表。因此,酒店会计核算资料的真实性和相关性在很大程度上决定了酒店财务分析结果的可靠性和可信度。酒店最主要的财务会计核算资料是利润表、资产负债表及现金流量表,它们构成酒店财务分析的基本数据;酒店的管理会计核算资料也是财务分析的重要数据来源,表现为向酒店管理者提供的有关成本、业务量等方面信息的各种内部报告。资产负债表是反映酒店在某一特定日期财务状况的报表,它依据会计恒等式"资产=负债+所有者权益"编制。从格式上看,整张资产负债表分为左、右两边,左边为资产方,反映酒店的各种资产;右边为负债及所有者权益方,体现酒店的负债和所有者权益;左右两边总额相等,反映资产与权益的平衡关系。利润表是反映酒店一定时期内经营成果的报表。大多数的酒店都依利润情况编制这张表,即将一定时期内的营业收入减去与之相匹配的成本,所以利润表以营业收入为起点,以净利润为终点。现金流量表是反映企业一定期间现金流入和现金流出信息的会计报表。

(二)酒店资产负债表

1.资产负债表概述

资产负债表是反映酒店某一特定日期(通常是月末、季末、半年末、年末)的财务状况的报表,其主要提供酒店在某一时点的资产、负债、所有者权益及其相互关系的静态信息。它是酒店在过去一定时期的经营活动、投资活动和筹资活动的最终结果的总结。

资产负债表的结果是根据"资产=负债+所有者权益"这一基本公式展开,按一定的分类标准和一定的次序,把企业在一定日期的资产、负债和所有者权益项目予以适当排列。其基本格式分为账户式和报告式。我国《企业会计准则》规定使用账户式。即将报表分为左右两方,左方为资产,右方为负债和所有者权益。

左方资产按其流动性的强弱顺序排列,分为流动资产、长期资产、固定资产、无形资产和其他资产。

(1) 流动资产。指可以在1年或者超过1年的一个营业周期内变现或耗用的资产,主要包括货币资金、交易性融资资产、应收票据、应收股利、应收利息、应收账款、其他应收款、预付账款、存货等。

(2) 长期投资。指为获取长期利益或为了控制被投资的企业而进行的投资,包括持有时间准备超过1年(不含1年)的各种股权性质的投资、不能变现或不准备随时变现的债券、其他债券投资和其他长期投资。在资产负债表中,长期投资项目包括长期股权投资、持有至到期投资和投资性房地产等。

(3) 固定资产。指酒店使用期限超过1年的房屋、建筑物、机器、机械、运输工具以及其他与生产、经营有关的设备、器具、工具等。此外,单位价值在2000元以上,使用年限超过2年的不属于生产经营主要设备的物品,也作为固定资产。固定资产在资产负债表中主要通过固定资产原值、累计折旧、固定资产净额和固定资产清理等内容进行披露。

(4) 无形资产和其他资产。指酒店为经营或者提供劳务,出租给他人,或为管理目的而持有的、不具有实物形态但能给酒店带来高额利润的非货币性长期资产。在资产负债中,主要通过无形资产、长期待摊费用及其他长期资产等内容进行披露。

右方负债和所有者权益分别列示负债项目和所有者权益项目。

负债类项目,应根据其偿还期的长短,按由短到长的顺序排列,包括流动负债和长期负债。

(1) 流动负债。是指将在1年(含1年)或者超过1年的一个营业周期内偿还的债务,通过短期借款、应付票据、应付账款、预收账款、应付职工薪酬、应付股利、应收税费、其他应付款和一年内到期的非流动负债等内容披露。

(2) 长期负债。是指偿还期在1年或者超过1年的一个营业周期以上的负债,包括长期借款、应付债券、长期应付款等。若长期负债将于1年内到期,则应将其作为流动负债单独列示。

所有者权益项目,包括实收资本、资本公积、盈余公积、未分配利润等。资产负债表的编制主要根据资产、负债、所有者权益类账户的期末余额填制,并且编制完成后资产的总额等于权益总额。其具体格式如表10-2所示。

表 10-2　ABC 酒店 2013 年度的资产负债表　　　　　　　　　单位：元

报告期		2013-12-31	
资产		负债及股东权益	
流动资产	期末数	流动负债	期末数
货币资金	37199945	短期借款	95000000
短期投资	11052143	应付账款	9214446
减：短期投资跌价准备	6630422	预收账款	15163120
短期投资净额	4421721	应付工资	6183159
应收账款	23524703	应付福利费	4479913
应收账款净额	18334851	应交税金	1408975
其他应收款	74702370	其他应交款	1046055
其他应收款净额	11780154	其他应付款	62777307
减：坏账准备	68112068	预提费用	334763
应收款项净额	30115005	预计负债	596808
预付账款	20060	流动负债合计	196204546
存货	3873658	长期负债	
减：存货跌价准备	1035012	长期应付款	12097684
存货净额	2838646	长期负债合计	12097684
待摊费用	249868		
流动资产合计	74845245		
长期投资		负债合计	208302230
长期股权投资	39939157	少数股东权益	7362003
长期投资合计	51511488	股东权益	
减：长期投资减值准备	11572331	股本	269673744
长期投资净额	39939157	股本净额	269673744
固定资产合计	554753138	资本公积金	289310855
无形资产及其他资产		盈余公积金	120501613
无形资产	50045467	其中：公益金	37428669
长期待摊费用	78515047	未分配利润	－97052390
无形资产及其他资产合计	128560514	股东权益合计	582433822
资产总计	798098055	负债及股东权益总计	798098055

2.资产负债表的作用

资产负债表的阅读者通过它了解酒店的如下经济信息:

(1) 通过资产负债表,可以了解酒店在某一时刻拥有的经济资源及其分布情况,分析其资产、负债、所有者权益结构构成的合理性。从资产负债表的结构可知,资产负债表反映了酒店某一时期资产的总额是多少,资产总额中对应的资金来源,有多少是负债筹集的,有多少是所有者权益筹集的。因此,首先,报表使用者通过它可知酒店的资产是否出现资不抵债,或纯粹只有所有者权益的资金来源,从而判断酒店的存续期和发展前景及资产是否充分利用。其次,通过资产负债表的资产构成(按其性质、用途分成流动资产、非流动资产等,各类资产下又分成不同项目,如流动资产分为货币资金、交易性金融资产、应收及预付款、存货等),报表阅读者可以一目了然地从资产负债表中了解到酒店所拥有资产的总额及其分布结构,从而分析酒店资产结构是否合理、酒店资产质量是否良好。

(2) 通过资产负债表,可以了解酒店的负债水平,分析酒店的偿债能力。通过资产负债表对流动负债和长期负债的反映,可以了解酒店的负债总额和结构,通过资产和负债的对比,可以衡量酒店的负债水平,分析酒店的偿债能力。

(3) 通过资产负债表,可以掌握酒店的所有者权益变动情况,了解其长期的盈亏状况。通过资产负债表可以了解投资者在酒店资产中所占的份额,了解所有者权益结构,及投资者投入资本以及资本的增值情况,从而判断酒店长期以来的盈亏情况。

(4) 通过资产负债表期初和期末的对比,可以反映酒店财务状况的变动趋势。

(三) 酒店利润表

1.利润表概述

利润表又称损益表,是反映酒店在一定会计期间经营成果的报表。它通过把一定期间的收入和与其相关的成本、费用进行配比,计算出该酒店在一定期间的净利润(或净亏损)。

我国《企业会计准则》中利润表的结构是多步式的,即根据利润的计算公式展开。

(1) 以营业收入为基础,减去营业成本、营业税金及附加、营业费用、管理费用、财务费用和资产减值损失,再加上公允价值变动收益、投资收益,计算出营业利润。

(2) 以营业利润为基础,加上营业外收入,减去营业外支出,计算出利润总额。

(3) 以利润总额为基础,减去所得税费用,计算出净利润。

(4) 以净利润为基础,计算出每股收益。

利润表的具体格式如表 10-3 所示。

表 10-3　ABC 酒店 2013 年度的损益表　　　　　单位:元

项　　目	金　　额
一、主营业务收入	294603888
主营业务收入净额	294603888
减:主营业务成本	24996951
主营业务税金及附加	16438419
二、主营业务利润	253168518
营业费用	96499958
管理费用	113743269
财务费用	6504838
三、营业利润	36420453
加:投资收益	760194
营业外收入	980469
减:营业外支出	869576
营业外收支净额	110893
四、利润总额	37291540
减:所得税	367504
减:少数股东权益	909382
五、净利润	36014654
加:年初未分配利润	－133067044
六、可分配利润	－97052390
减:提取法定盈余公积	
提取法定公益金	
七、可供股东分配的利润	－97052390
八、未分配利润	－97052390

2. 酒店资产利润表的作用

利润表反映酒店一定期间的经营成果,故该报表一般根据有关账户的发生额直接填制。报表阅读者通过利润表所提供的信息,可以了解酒店在一定期间经营的收益和成本耗费情况,了解酒店的获利能力和经营业绩,分析酒店利润增减的动因,预测酒店未来的获利趋势,判断对酒店业投资的报酬和风险。具体来说,利润表有以下几方面的作用。

1) 有助于了解酒店的利润构成,预测酒店的经营成果和获利能力

利润表通过对一定期间酒店收入、成本费用、营业利润、投资净收益以及营业外收支等情况的反映,可以计算酒店的经营成果。同时,通过利润构成可以帮助报表的使用者了解酒店利润的来源主要是来自主营业务还是其他业务,从而帮助酒店的经营者作出正确的经营决策,帮助报表的阅读者评价和预测酒店的获利能力和发展后劲。

2) 有助于评价、预测酒店的偿债能力

酒店的偿债能力不仅取决于酒店的资本结构和资产的流动性,还取决于酒店的经营成果,所以,债权人可以通过利润表所反映的酒店的经营成果,来评价和预测酒店的偿债能力,以确定偿还债务本金、支付利息是否会有保证,从而作出其信贷决策。

3) 有助于考核酒店管理人员的经营业绩,改善经营管理

在现代酒店经营中,所有权和经营权分离,酒店的所有者如何考核酒店经理人的受托经营责任,并进行业绩的评价成为一个重要的课题。酒店的所有者了解酒店的经营业绩一般通过对外报送的利润表。因为利润是一个综合性很强的指标,可以直接反映酒店在经营、理财和投资等各项活动中所取得的业绩。通过分析酒店利润的增减变化情况及其变动趋势,找出酒店经营中存在的问题,并采取相应的措施,改善酒店的经营管理,提高酒店经济效益。

(四) 酒店现金流量表

1. 现金流量表概述

现金流量表是反映酒店一定期间现金流入和现金流出信息的会计报表。

现金流量表中的"现金"是"大现金"概念,包括货币性资金及现金等价物。货币性资金是指酒店的库存现金、银行存款以及其他货币资金中的外埠存款、银行汇票存款、银行本票存款等可随时用于支付的款项。现金等价物是指酒店持有期限短、流动性强、易于转换为现金、风险很小的投资。例如,酒店持有的期限短于或等于三个月、易于变现的短期债券投资。现金流量是指酒店在一定时期内现金及现金等价物的流入和流出的数量。

现金流量表的净现金净流量是由经营活动产生的现金流量净额、投资活动产生的现金流量净额和筹资活动产生的现金流量净额及汇率变动对现金流量的影响等部分组成。

经营活动是指酒店投资活动和筹资活动以外的所有交易和事项。也可理解为酒店在正常业务范围内进行的各种经济行为,如购买货物、销售商品额、支付租金、支付工资、缴纳税款等。

投资活动是指酒店长期资产的构建和不包括在现金等价物范围内的投资及其处置活动。如购买和处置固定资产、无形资产的行为;购买和处置长期股权投资、持有至到期投资的行为。

筹资活动是指导致酒店资本及债券规模和构成发生变动的活动,以及酒店进行的与筹集资金有关的行为,包括吸收资本、发行债券、借入资金,以及偿还借款或债务、减少资本、分配股利或利润的活动。

2. 现金流量表格式

现金流量表的结构是根据"(现金的期末余额－现金的期初余额)＋(现金等价物的期末余额－现金等价物的期初余额)＝经营活动产生的现金流量净额＋投资活动产生的现金流量净额＋筹资活动产生的现金流量净额＋汇率变动对现金流量的影响＝现金及现金等价物的净增加额"公式展开的,其基本格式如表10-4所示:

表 10-4　ABC 酒店 2013 年度的现金流量表　　　　　　　　单位:元

项　　目	金　　额
一、经营活动产生的现金流量	
销售商品、提供劳务收到的现金	299129084
收到的其他与经营活动有关的现金	9812062
经营活动现金流入小计	308941146
购买商品接受劳务支付的现金	81824969
支付给职工以及为职工支付的现金	73992552
支付的各项税费	24934635
支付的其他与经营活动有关的现金	15142884
经营活动现金流出小计	195895040
经营活动产生的现金流量净额	113046106
二、投资活动产生的现金流量	
收回投资所收到的现金	521569
取得投资收益所收到的现金	1933695
处置固定无形和长期资产收回的现金	1657312

续表

项　　目	金　　额
收到的其他与投资活动有关的现金	840930
投资活动现金流入小计	4953506
购建固定无形和长期资产支付的现金	61157206
投资所支付的现金	23330218
投资活动现金流出小计	84487424
投资活动产生的现金流量净额	－79533918
三、筹资活动产生的现金流量	
借款所收到的现金	135000000
收到的其他与筹资活动有关的现金	800000
筹资活动现金流入小计	135800000
偿还债务所支付的现金	150000000
支付的其他与筹资活动有关的现金	6031721
筹资活动现金流出小计	156031721
筹资活动产生的现金流量净额	－20231721
四、汇率变动对现金的影响	175
五、现金及现金等价物净增加额	13280642
附注	
1.不涉及现金收支的投资和筹资活动	
2.将净利润调节为经营活动的现金流量	
净利润	36014654
加：少数股东损益	909382
计提的资产减值准备	689782
固定资产折旧	32173541
无形资产摊销	2791386
递延资产摊销	—
长期待摊费用摊销	29077817
待摊费用的减少(减增加)	1443189
预提费用的增加(减减少)	－47263

续表

项　目	金　额
处置固定无形和其他长期资产的损失(减:收益)	−742762
固定资产报废损失	295664
财务费用	4807782
投资损失(减收益)	−1143243
存货的减少(减增加)	741308
经营性应收项目的减少(减增加)	−6060496
经营性应付项目的增加(减减少)	12095365
经营活动产生的现金流量净额	113046106
3.现金及现金等价物净增加情况	
货币资金的期末余额	37199945
减:货币资金的期初余额	23919303
现金及现金等价物净增加额	13280642

第二节　酒店财务比率分析

比率分析法是根据经营活动客观存在的相互依存、相互联系的关系,将财务报表中不同项目之间、不同类别之间或不同报表之间的数据加以比较,用比率来反映它们之间的相互关系,以评价酒店的财务状况,从而发现酒店经营中存在的问题。

一、酒店偿债能力分析

(一)酒店短期偿债能力分析

酒店的短期偿债能力,是指偿付短期债务的能力,它体现的是资产的变现能力和债务多少的相互关系。衡量酒店短期偿债能力的主要有流动比率、速动比率两个指标。

1.流动比率

流动比率是酒店流动资产总额除以流动负债总额的比值。流动比率用以衡量酒店流动资产在短期债务到期以前可以变现用于偿还流动负债的能力。其计

算公式为:

$$流动比率 = 流动资产总额 \div 流动负债总额 \times 100\%$$

流动资产大于流动负债,一般表明酒店偿还短期债务能力强。流动比率越高,酒店资产的流动性越大,表明酒店有足够的变现资产用于偿债。从短期偿债能力的角度看,流动比率越高越好。但是酒店的流动资产在清偿流动负债之后,能基本满足日常经营中的资金需求即可,并不要求流动比率越大越好。因为,比率越大表明流动资产占用较多,会影响经营资金周转效率和获利能力。如比率过低,说明偿债能力较差。一般认为合理的最低流动比率是200%。这是因为在流动资产中变现能力最差的存货金额,约占流动资产总额的一半,剩下的流动性大的流动资产至少要等于流动负债,酒店的偿债能力才会有保证。

2. 速动比率

速动比率是反映酒店流动资产项目中扣除存货部分之后与流动负债总额的比例关系的指标。速动比率又称酸性测试比率,用于衡量酒店流动资产中可以立即用于偿付流动负债的能力。其计算公式为:

$$速动比率 = 速动资产 \div 流动资产 \times 100\%$$

$$速动资产 = 流动资产 - 存货$$

速动资产是指能够变现的资产。存货则需通过销售和应收账款等环节变现。至于待摊费用,不能变现,因此在计算速动比率时应从流动资产中扣除。影响速动比率高低的重要因素是应收账款的变现能力。

(二) 酒店长期偿债能力分析

酒店的长期偿债能力,是指偿还长期债务的能力。分析一个酒店的长期偿债能力,主要是为了确定酒店偿还债务本金与支付债务利息的能力。长期偿债能力主要是通过资产负债率指标来反映。

资产负债率是酒店负债总额除以资产总额的百分比,也就是负债总额与资产净值总额的比例关系,即在酒店的资产净值总额中负债总额占多大比重,用以衡量利用债权人提供资金进行经营活动的能力,以及债权人发放贷款的安全程度。负债的比率越低,表示酒店的偿债能力越强,债权人得到保障的程度越高,贷款不会有太大的风险。其计算公式为:

$$资产负债率 = 负债总额 \div 资产净值总额 \times 100\%$$

公式中的负债总额不仅包括长期负债还包括短期负债,资产净值总额则是扣除累计折旧后的净额。

从债权人的角度看,资产负债率越低越好。他们最关心的是贷款给酒店的安全程度,也就是能否按期收回本金和利息。如果股东提供的资本与酒店资本总额相比,只占较小比例,这对债权人来说是不利的。

从股东的角度看,股东提供的资金与酒店通过举债筹措的资金,在经营中发挥的作用是相同的,所以股东所关心的是全部资本盈利率是否超过借入款项的利率,在全部资本利润率高于贷款利息时,负债比例越大越好,否则反之。

从经营者的角度看,如果举债很大,超出债权人心理承受程度,则被认为是不保险。若酒店不举债或负债比例很小,说明经营者利用债权人资本进行经营活动的能力很差。

二、酒店营运能力分析

酒店的营运能力,是指酒店对各种经济资源的管理能力和运用能力。通常可以把酒店的资源分为两类:人力资源和生产资料。因此,酒店的营运能力分析也要从这两方面入手,分别分析人力资源营运能力和生产资料营运能力。人力资源是生产的主体,是企业财富的直接创造者。人力资源运用效率的提高会促进其他财务指标的好转。生产资料营运能力体现的是酒店对各种实物资产的管理使用能力,包括固定资产和流动资产的营运效率。

(一)酒店人力资源营运能力分析

所谓人力资源营运能力,是指酒店管理者组织协调员工发挥主动性、积极性、创造性来创造价值的能力。评价分析人力资源营运能力的目的在于考核酒店的管理层是否有效地运用了酒店的劳动力资源,通过对相关指标的评价来改进酒店在员工管理方面的措施,提高经营效率。通常采用劳动生产率这一指标来评价人力资源营运能力。

$$劳动生产率 = 销售收入 \div 平均职工数$$

另外,在酒店行业一般使用每间客房的用工数来衡量酒店的人力资源营运能力。

$$每间客房的用工数 = 期末职工人数 \div 酒店固定客房数$$

在我国酒店业,每间客房的用工人数较多,一般都在1:1.5以上,而国际酒店管理集团的酒店,此比率一般控制在1:1左右。

(二)酒店各项资产营运能力分析

除人力资源资产以外,酒店的资产营运能力分析主要包括六个指标。

1. 流动资产周转率

流动资产周转率,是指酒店的销售收入与流动资产平均占用额的比率。反映流动资产的周转速度。其计算公式为:

$$流动资产周转率 = 销售收入 \div 流动资产平均占用额$$

流动资产周转天数＝360天÷流动资产周转次数
　　　　　　　＝流动资产平均占用额÷销售收入×360
　　　　　　　＝360÷流动资产周转率

流动资产周转率是反映流动资产周转情况的一个综合指标。在一个会计年度内，流动资产周转率越大，表明流动资产周转速度越快，这样，会相对节约流动资产，扩大资产投入，增强酒店的盈利能力；反之，流动资产周转率越小，则周转速度越慢，会降低酒店的盈利能力。

2. 应收账款周转率

应收账款周转率是指营业收入总额与应收账款平均余额之比，是反映应收账款变现速度快慢的一项指标，用公式表示为：

应收账款周转率＝营业收入总额÷应收账款平均余额
营业收入总额＝销售收入－现销收入－销售退回－销售折让－销售折扣
应收账款平均余额＝（期初应收账款＋期末应收账款）÷2
应收账款周转天数＝360天÷应收账款周转率

为了更精确地计算应收账款周转率，营业收入总额可以用酒店的赊销收入净额来代替进行计算。其中，应收账款平均余额是用期初、期末的应收账款相加除以2得到的一个近似平均值，需要注意的是，酒店业是一个季节性很强的行业，这个指标可能不能反映酒店经营的实际情况，因此，根据实际经营需要可以改用各月或各季度数据来计算应收账款平均余额，以提高计算的准确程度。

一般来说，应收账款周转率越高，表明应收账款回收期越短，应收账款的回收速度越快，资产的流动性越强，酒店经营活力就越大，坏账的风险就越小。反之，应收账款的周转率越低，则应收账款回收速度就越慢，经营活力就欠佳，变现能力差，坏账损失的风险加大，意味着酒店要为呆账坏账付出很大代价。

3. 存货周转率

存货周转率表示在一定时期内存货更新的次数，是用以考察酒店购入存货、投入生产、销售收回等各环节管理状况的综合性指标。它是酒店一定时期（一年）内销售成本与存货平均余额之比，通常用周期次数和周转天数两种方式表示。其计算公式为：

存货周转率＝本期销售成本÷本期平均存货
本期平均存货＝（期初存货余额＋期末存货余额）÷2
存货周转天数＝360天÷存货周转率

一般来说，存货周转率越高，表示占用在存货上的资金少，流动性越强。但是,存货周转率过高,并不一定带来最佳经营效益,因为它可能意味着存货供应不足。酒店一旦发生缺货,不能满足客人的消费需求,就可能导致酒店的信誉受损,使酒店失去很多获利的机会。当然,周转率过低,会影响资金使用效率,对于酒店的经营管理同样不利。

4. 股东资产周转率

股东资产周转率是营业收入与固定资产平均占用额之比(净值)。其计算公式为:

股东资产周转率＝营业收入÷固定资产平均占用额

固定资产平均占用额＝(期初固定资产占用额＋期末固定资产占用额)÷2

酒店的固定资产比例较大,其利用程度如何关系到酒店的盈利能力,要有效地利用固定资产,必须关注固定资产周转率的高低。固定资产周转率高则表示酒店能够有效地利用其所拥有的固定资产,盈利能力较强。但要注意的是,由于计算固定资产周转率用的是固定资产净值,那么折旧方法的不同会造成周转率高低不等,对一个选择加速折旧法的酒店来说,在其他条件不变的情况下,能快速收回投资成本,其固定资产周转率会有所提高。

5. 总资产周转率

总资产周转率又称为总资产周转次数,是营业收入与平均资产总额之比。它反映资产总额的周转速度,可以集中反映酒店总资产的营运能力。其计算公式为:

总资产周转率＝营业收入÷平均资产总额

平均资产总额＝(期初资产总额＋期末资产总额)÷2

通常,总资产周转率越高,酒店的资产使用就越有效,若该比率有下降的趋势,则要进一步分析,是否资产占用过多,使用效率不高。

6. 所有者权益周转率

所有者权益,是指酒店投资人对酒店净资产的所有权。在数量上,它等于酒店的全部资产减去全部负债后的余额,即酒店净资产的数量。所有者权益周转率,可以衡量酒店对这部分净资产的利用程度。它反映了一定时期内,通常为一年内,营业收入与所有者权益平均余额之间的比例关系。用下面公式表示:

所有者权益周转率＝营业收入÷所有者权益平均余额

所有者权益平均余额＝(期初所有者权益余额＋期末所有者权益余额)÷2

所有者权益周转天数＝360 天÷所有者权益周转率

三、酒店获利能力分析

（一）概念与内涵

酒店获利能力就是酒店赚取利润的能力,不论是投资人、债权人还是酒店经营者,都重视和关心酒店的获利能力。对投资人来讲,不仅他们的股息是从酒店盈利中支付的,而且盈利增长还会使股票价格上涨,在转让股票时还可以额外获利;对债权人来讲,利润是酒店用于偿还债务的重要来源;对经营者来说,盈利水平的高低是衡量他们业绩和管理效能优劣的最重要标准;同时,酒店员工也会因企业利润水平高、集体福利可能有较大改善而获得更多实惠。一切与酒店相关的人,都关心酒店的获利能力并希望它不断提高。

（二）主要分析指标

反映酒店获利能力的指标很多,以下是常用的分析指标。

1. 经营毛利润

经营毛利润反映了酒店每百元销售的获利能力。这一指标一方面可以反映利润额和销售额之间的比例关系,用它来说明在影响利润的其他因素不变的条件下,由于酒店销售额的扩大应该增加多少利润。采用这一指标,就可以联系酒店经营业务的完成情况来考核酒店经营活动的经济效益。从另一方面来看,这一指标还可以反映酒店利润和酒店各项开支之间的关系,用它来说明酒店经营管理水平的高低。酒店利润额的大小和酒店的营业成本、营业费用、管理费用成反比例关系。即各项开支越多,利润额越小,经营毛利润率越低;反之越高。经营毛利润率的计算公式为:

$$经营毛利润率 = 经营毛利润 \div 营业收入 \times 100\%$$

一般来讲,经营毛利润率反映实现的经营毛利润在营业收入中所占的比重,比重越大,酒店的获利能力越高,单位收入所耗成本越低,企业经济效益越好。

2. 资本利润率

资本利润率是利润总额与投入资本金总额的比率,说明一定时期酒店每一元投入资本可获得多少利润,用于衡量投资者投入资本金的获利能力,它是直接衡量酒店经营成果的尺度,具有现实意义。其计算公式为:

$$资本利润率 = 利润总额 \div 资本金总额 \times 100\%$$

一般来说,资本利润率越高,投资带来的经济效益越好,酒店经营管理水平越高;资本利润率越小或是负数,效益就越差,资本有丧失的可能性越大。

3. 每平方米经营毛利润

每平方米经营毛利润反映了酒店每平方建筑面积所产生的利润。每平方米

经营毛利润是酒店年经营毛利润总额除以酒店总建筑面积,反映酒店每平方米建筑面积每年所产生的利润。其计算公式为:

$$每平方米经营毛利润 = 年经营毛利润 \div 总建筑面积$$

4. 人均利润

人均利润就是用年经营毛利润除以年平均员工人数,反映酒店每位员工每年为酒店创造的经营毛利润。这个指标一方面反映酒店每位员工的创利能力,另一方面反映酒店在用工人数控制方面的能力。其计算公式为:

$$人均利润 = 年经营毛利润 \div 年平均员工人数$$

$$年平均员工人数 = (期初企业员工人数 + 期末企业员工人数) \div 2$$

5. 成本利润率

成本利润率是指一定期间的利润与成本费用总额的比率。反映酒店一定时期每一元成本费用可获得多少利润,用于表示酒店成本费用与利润的关系,表明酒店在成本费用降低方面取得的经济效益如何。其计算公式为:

$$成本利润率 = 利润总额 \div 成本费用总额 \times 100\%$$

成本利润率反映酒店投入产出水平,即所得与所费的比率。用最低的成本费用取得最大的利润,是酒店追求的目标。一般来说,成本费用越低,酒店获利水平越高;成本费用越高,酒店获利水平则越低。

四、酒店增长能力分析

(一)酒店增长能力分析的目的

增长能力是指酒店未来经营的发展趋势和发展水平,包括酒店资产、销售收入、收益等方面的增长趋势和增长速度。增长能力分析的指标主要包括销售(营业)增长率、资本积累率、总资产增长率和利润增长率。

(二)酒店增长能力的指标分析

1. 销售(营业)增长率

销售(营业)增长率是指酒店本年主营业务收入增长额与上年主营业务收入总额的比率。它反映酒店的主营业务收入在不同时期的增减变动情况,是评价酒店成长状况和增长能力的重要指标。其计算公式为:

$$销售增长率 = 本年主营业务收入增长额 \div 上年主营业务收入总额 \times 100\%$$

公式中,本年主营业务收入增长额是本年主营业务收入总额与上年主营业务收入总额的差额。

销售(营业)增长率是衡量酒店经营状况和市场占有能力、预测酒店经营业务拓展趋势的重要指标。主营业务收入的不断增长,是酒店生存和发展的前提条件。该指标越高,表明增长速度越快,酒店市场前景越好。该指标的分析应结合酒店历年的主营业务收入水平、酒店市场占有情况、行业未来发展及其他影响因素来进行,也可以结合酒店前三年的销售(营业)增长率进行。

2. 资本积累率

资本积累率是指酒店本年所有者权益增长额与年初所有者权益的比率。它反映酒店当年资本的积累和成长力,是评价酒店发展潜力的重要指标。其计算公式为:

$$资本积累率 = 本年所有者权益增长额 \div 年初所有者权益 \times 100\%$$

公式中,本年所有者权益增长额是所有者权益的年末数与年初数的差额。

资本积累率是酒店当年所有者权益的增长率,反映酒店所有者权益在当年的变动水平,体现酒店资本的积累情况,是酒店发展实力大小的标志,同时也是酒店扩大再生产的源泉,体现酒店的发展潜力。另外,它还能反映投资者投入酒店资本的保全性和增长性。该指标值越高,表明酒店的资本积累越多,抗拒风险和持续发展的能力越强;若该指标出现负数,则说明酒店的资本受到损失,所有者权益受到损害。

3. 总资产增长率

总资产增长率是指酒店本年总资产增长额同年初资产总额的比率。它反映酒店资产规模的增长情况。其计算公式为:

$$总资产增长率 = 本年总资产增长额 \div 年初资产总额 \times 100\%$$

公式中,本年总资产增长额是资产总额年末数与资产总额年初数的差额。

总资产增长率是反映酒店资产总量的扩张所形成的酒店发展能力,表明酒店规模的增长水平对酒店发展后劲的影响。该指标越高,表明酒店一定时期内资产经营扩张的速度越快。不过要注意资产规模扩张的质与量的关系,以及酒店的后续发展能力,避免资产盲目扩张。

4. 利润增长率

利润增长率的计算公式为:

$$利润增长率 = 本年利润增长额 \div 上年利润 \times 100\%$$

式中利润可表现为主营业务利润、营业利润、利润总额、净利润等多种指标,相应地,利润增长率也具有不同的表现形式。在实际中,通常使用的是主营业务利润增长率,净利润增长率这两种指标。

利润增长率越大,说明酒店收益增长得越多,表明酒店经营业绩突出,市场竞争能力越强;相反,如果酒店的利润增长率越小,则说明酒店收益增长得越少,表明酒店经营业绩不佳,市场竞争能力越弱。

利润增长率应结合酒店的销售收入增长情况来全面认识。如果酒店的利润增长率高于销售增长率,则表明酒店的获利能力在不断提高,酒店正处于高速成长阶段,具有良好的增长能力;相反,如果酒店的利润增长率低于销售增长率特别是营业利润增长率,反映酒店的成本费用上升超过了销售的增长,这说明酒店的利润增长能力并不好。

上述资产增长率、资本积累率、销售增长率、利润增长率等指标从不同侧面反映了酒店的增长能力。在实际运用时,只有把四种指标相互联系起来,才能正确评价企业的增长能力。一般来说,如果一个酒店的资产增长率、销售增长率、净利润增长率能够持续保持同步增长,且不低于行业平均水平,则基本可以认为这个酒店具有良好的增长能力。

(三) 酒店持续增长策略分析

1. 酒店可持续增长率

1) 可持续增长率指标内涵和计算

可持续增长率可以把酒店的潜在成长率与目前的经营成果和财务成果联系起来,又可以把酒店未来成长目标与酒店未来的经营策略和财务策略结合起来。前者称为可持续增长率分析,后者称为可持续增长策略分析。

经营策略主要是指酒店的销售政策和资产营运政策,财务策略主要是指融资政策和股利政策。一个酒店为了达到获利和发展目的,通常利用这四个经济杠杆。可持续增长率可以用来衡量酒店利用这些经济杠杆获得的持续增长效果。

可持续增长率是酒店在保持目前经营策略和财务策略的情况下能够实现的增长速度。可持续增长率主要是指酒店可持续收益增长率。

为了计算可持续增长率,应做以下假设:①酒店想以市场条件允许的速度尽快发展;②酒店经营者不愿意或者不能够筹集新的权益资本;③酒店想维持目标资本结构和固定的股利政策。在这些假设条件下,一个酒店的收益要想以过去的增长速度持续增长,就必须增加销售收入;而在酒店的总资产周转率一定的条件下,增加销售收入必须信赖于资产的相应增加。要增加资产,在不对外进行权益资本融资的条件下,其来源渠道不外乎酒店内部积累和对外进行债权融资。在不改变目标资本结构的情况下,债务的增加又取决于酒店自身内部积累的多少,而酒店内部积累数量又取决于其本身的盈利能力和既定的股利政策。因此可持续增长率指标可以表示为:

可持续增长率＝净资产收益率×(1－股利支付率)×100%

注意:公式中的净资产收益率、股利支付率根据酒店当年资产负债表和利润表计算。可持续增长率越高,表示企业收益的未来增长速度越快;反之,则反映酒店收益的未来增长速度越慢。

2）影响可持续增长率的因素

可持续增长率指标的计算公式是在假设酒店经营策略和财务策略不变的前提下导出的。由于净资产收益率可以进一步分解,所以可将可持续增长率分解如下：

$$可持续增长率 = 销售净利率 \times 资产周转率 \times 权益乘数 \\ \times (1 - 股利支付率) \times 100\%$$

注意：公式中的权益乘数应以期初权益计算,与杜邦财务分析体系中的含义不同。从公式可以看出,影响一个酒店可持续增长率的因素有四个：销售净利率、资产周转率、权益乘数和股利支付率。下面对可持续增长率与其影响因素之间的关系作进一步说明：

（1）销售净利率。该指标反映了酒店的经营能力,酒店的盈利能力越强,销售净利率越高。在资产周转率、财务杠杆水平和留存盈利比率等条件不变的情况下,销售净利率越高,可持续增长率就越高;反之,销售净利率越低,可持续增长率就越低。

（2）资产周转率。资产周转率是反映酒店资本运营能力的财务指标,可用于说明酒店资产的运用效率。在销售净利率、财务杠杆水平和留存盈利比率等条件不变的情况下,资产周转率越高,可持续周转率就越高;反之,资产周转率就越低。

（3）权益乘数。权益乘数是资产与权益之比,该指标表示酒店的负债程度,权益乘数越大,酒店负债程度越高,能给酒店带来较大的杠杆利益,同时也给酒店带来较大的风险。在其他条件不变的前提下,权益乘数越大,可持续增长率就越高;反之,可持续增长率就越低。

（4）股利支付率。股利支付率是指净收益中股利所占的比重,它反映企业的股利分配政策和支付股利的能力。在其他条件不变的前提下,股利支付率越大,可持续增长率就越低;反之,可持续增长率就越高。

2.持续增长策略分析

一个酒店的可持续增长率受销售净利率、资产周转率、权益乘数和股利支付率等四个因素的影响,其中销售净利率和资产周转率是酒店经营业绩的综合体现,反映的是酒店的经营策略效果;而权益乘数和股利支付率分别体现了酒店的融资政策和股利政策,反映的是酒店的财务策略效果。因此,如果一个酒店想要改变增长速度,就必须改变酒店的经营策略或者财务策略或者两者的组合。例如,一个酒店如果要使实际的增长速度超过可持续增长速度,就必须通过改变可持续增长率的四个影响因素中的一个或者几个来实现,也就是酒店想超速发展,要么增强自身的基本获利能力(提高销售净利率),要么提高自身的经营效率(提高资产周转率),要么改变自身的财务策略(降低股利支付率或提高财务杠杆水平)。当然,几个方面同时调整和改变也是可行的。

持续增长策略分析就是在利用本年度财务报表相关数据计算出酒店可持续增长率的基础上,结合酒店的外部市场环境和酒店内部的实际情况,分析影响酒店可持续增长率的各项因素,从而确定酒店下一年度的增长目标,并相应调整酒店的经营策略的财务策略,以实现酒店的持续增长目标。

五、酒店营业比率

(一)酒店销售组合比率

在酒店业,当销售额相同时,客房收入能比其他收入为酒店提供更大的贡献,获取更多的利润。在饮食业,主菜的销售混合构成产生一定的贡献,但不同的销售混合构成还为间接费用和利润提供不同的贡献。因此,获得所希望的销售混合构成很重要。为了确定销售混合构成,酒店可以将各营业部门的收入加以合计,并计算出它在总收入中的百分数。实际销售混合构成确定以后,要与预算中所确定的目标构成相比较,与过去和同行业的平均水平相比较。

(二)酒店客房出租率

客房出租率是酒店出租客房的数量与可出租房间总数的比率。这是所有酒店共同使用的指标,它反映了酒店客房的利用情况。出租率越高,客房利用效果越好,客房销售收入相应增加;反之,则客房收入减少。其计算公式为:

客房出租率＝本期实际出租客房数÷总可出租房数量×100%

总可出租房数量＝可出租房数量×本期日历天数

(三)酒店出租房均价

出租房均价是客房部的关键比率。尽管在酒店里单人间和双人间,散客和团体客人及会议客人,平日和周末,以及旺季和淡季等的房价有很大不同,但是大多数酒店还是要计算出租房平均价的。其计算公式为:

出租房均价＝客房收入÷售出的客房总数

评价实际的出租房均价的最佳标准是作为当期客房部经营目标的预算房价。这一平均价格还应该按不同的销售对象分别予以计算。

(四)酒店可出租房均价

可出租房均价是某时期内实际客房销售收入与本期实际出租客房数之比。

它的单位是元/(间·天)。其计算公式为:

$$可出租房均价 = 某时期客房销售收入 \div 当期出租客房数$$

可出租房均价和客房出租率具有同等主要地位,它从一个方面反映了酒店的等级标准。一般来讲,在其他条件不变的条件下,平均房价越高酒店的效益越好。

(五) 酒店人均客房消费额

人均消费额是酒店客房销售收入与入住人数的比率,它反映每位住客在客房上的支付水平。通常情况下,人均客房销售额越高,酒店的效益越好。其计算公式为:

$$人均客房销售额 = 客房销售收入 \div 入住人数$$

(六) 酒店餐饮成本率

餐饮成本率是饮食服务企业使用的一种重要比率。它是食品销售成本与食品销售收入之比。大多数餐饮行业的经理们都依据这一比率来确定食品成本是否合理。其计算公式为:

$$餐饮成本率 = 食品销售成本 \div 食品销售收入 \times 100\%$$

实际的餐饮成本率要与预算的或标准的食品成本率相比较。食品成本率超过目标可能是由于售出的分量没予以良好控制,食品成本过高,并且有偷窃、浪费及食品腐烂等情况;餐饮成本率过低可能表示销售的食品的质量低于预期,或者表示售出的分量小于标准食谱所规定的。餐饮成本率低于目标同样应该引起重视。值得一提的是,管理者不应该只看到食品成本率的相对大小,还要注意营业额大小和利润绝对额的高低。例如,一份煎鸡蛋的售价为 2 元,销售成本为 0.6 元,其餐饮成本率为 33%,毛利润是 1.4 元;一份牛排的销售价是 20 元,销售成本是 10 元,虽然其餐饮成本率高于前者,为 50%,可是实现了更多的现金流入。从这一角度看,增加的餐饮成本反而显得不是很重要了。

(七) 酒店人工成本率

人工成本率是指酒店用工成本与经营毛利润的比率。用工成本是一个相对复杂的项目,包括基本工资、津贴、奖金、其他福利等。显然,人工成本率与酒店的经营效益成反比例关系,人工成本率越高,酒店的净收益越低;相反,人员成本率越低,酒店的净收益越高。其计算公式为:

$$人工成本率 = 用工成本 \div 经营毛利润 \times 100\%$$

第三节　酒店财务综合分析

一、酒店财务综合分析的含义与特点

(一)酒店财务综合分析的含义

财务分析的最终目的在于全方位地了解酒店经营的状况,并借以对酒店经济效益的优劣作出系统的、合理的评价。单独分析任何一项财务指标,都难以全面评价酒店的财务状况和经营成果。要想对酒店财务状况和经营成果有一个总的评价,就必须进行相互关联的分析,采用适当的指标进行综合性的评价。

所谓财务综合分析,就是将营运能力、偿债能力和获利能力等诸方面的分析纳入一个有机的整体之中,全面地对酒店经营成果、财务状况进行解剖和分析,从而对酒店经济效益的优劣作出准确的评价与判断。

(二)酒店财务综合分析的特点

财务综合分析的特点,体现在其财务指标体系的要求上。一个健全有效的综合财务指标体系必须具备三个基本条件:

1. 指标要素齐全适当

指标要素的齐全性,意味着所设置的评价指标必须能够涵盖酒店获利能力、偿债能力及营运能力诸方面总体考核的要求。

2. 主辅指标功能协调匹配

所谓主辅指标功能协调匹配,实质上在于强调两点:第一,在确立获利能力、偿债能力、营运能力诸方面评价的主要指标与辅助指标的同时,进一步明晰总体结构中各项指标的主辅地位;第二,不同范畴的主要考核指标所反映的酒店经营状况、财务状况的不同侧面与不同层次的信息有机统一,应当能够全面而真实地揭示酒店经营理财的实绩。

3. 满足以酒店为中心的多方位财务信息需要

这要求评价指标体系能够提供多层次、多角度的信息资料,满足酒店内部管理当局实施决策时对充分而具体的财务信息的需要;披露各项应当依法公开的、能够在某种程度上满足酒店外部投资者和政府经济管理机构要求的,并据此进行决策和实施宏观调控的基本信息。

二、酒店财务分析的方法

酒店财务分析的方法很多,其中应用比较广泛的有杜邦财务分析体系和沃

尔比重评分法。

(一)杜邦财务分析体系

1.杜邦财务分析体系的概念

杜邦分析法是由美国杜邦公司的一位管理者创造的。杜邦分析法就是利用各个主要财务比率指标之间的内在联系,来综合分析企业财务状况的方法。利用这种方法可把各种财务指标间的关系绘制成杜邦分析图,如图10-1所示。

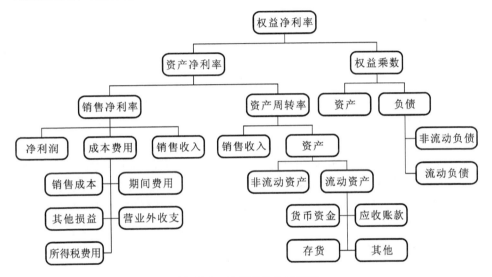

图10-1 杜邦财务分析体系

2.杜邦财务分析体系的比率

1)权益净利率

权益净利率是一个综合性最强、最具有代表性的财务比率,是杜邦财务分析系统的核心,其他各项指标都是围绕这一核心,通过分析相互间的相互依存关系,来揭示酒店的获利能力及其因果关系。财务管理的目标是使所有者财富最大化。权益净利率反映所有者投入资金的获利能力,反映酒店筹资、投资、资产运营等活动的效率。提高净利率,是所有者财富最大化的基本保证。

所以,酒店所有者、经营者都十分关心这一财务指标,权益净利率的高低,取决于资产净利率和权益乘数的水平。

权益净利率=资产净利率×权益乘数

资产净利率=销售净利率×资产周转率

权益净利率=销售净利率×资产周转率×权益乘数

从上面三个公式中可以看出,决定权益净利率高低的因素有三个:销售净利率、资产周转率和权益乘数。通过分解之后,可以较准确地确定权益净利率这样一项综合性指标在发生升降变化时的具体原因,比只用一项综合性指标更能说明问题。

2) 权益乘数

权益乘数反映股东权益同酒店总资产的关系。在总资产需要量既定的前提下,酒店适当开展负债经营,相对减少股东权益所占的份额,就可使此项财务比率提高。因此,酒店既要合理使用全部资产,又要妥善安排资本结构,这样才能有效地提高权益净利率。权益乘数越大,酒店负债程度越高。其计算公式为:

$$权益乘数 = 1 \div (1 - 资产负债率)$$

权益乘数主要受资产负债比率的影响,负债比例大,权益乘数就高,说明酒店有较高的负债程度,能给酒店带来较大的杠杆利益,但同时也给酒店带来较大的财务风险。

3) 资产净利率

资产净利率反映了酒店全部资产的获利能力。它的大小又取决于销售净利率和资产周转率。销售净利率反映的是酒店的销售收入对净利润的贡献程度,即反映了酒店的获利能力;资产周转率是酒店资产的周转次数,它反映了酒店资产的使用效率和营运能力。因此,资产净利率是反映酒店经营效率和获利能力的最好指标。

4) 销售净利率

销售净利率反映了酒店利润总额与销售收入的关系,从这个意义上看,提高销售净利率是提高酒店获利能力的关键所在。要想提高净利率,一是要扩大销售收入,二是要降低成本费用。扩大销售收入具有重要的意义,它首先有利于提高销售利润率,同时它也是提高总资产周转率的必要前提。降低成本费用是提高销售净利率的另一重要因素,利用杜邦分析图可以研究酒店成本费用的结构是否合理,从而加强成本控制。这里联系到资本结构来分析,还应研究利息费用同利润总额的关系,如果酒店承担的利息费用太多,就需要查明酒店的负债比率是否过高,防止资本结构不合理影响酒店所有者的收益。

5) 总资产周转率

总资产周转率是反映运用资产以产生销售收入能力的指标。对总资产周转率的分析,需对影响资产周转率的各因素进行分析。除了对资产的各构成部分从占用量上是否合理进行分析外,还可以通过对流动资产周转率、存货周转率、应收账款周转率等有关各资产组成部分使用效率的分析,判别影响资产周转率的主要问题出在哪里。在资产营运方面,要联系销售收入分析酒店资产的使用是否合理、流动资产和非流动资产的比例安排是否恰当。酒店资产的营运能力和流动性,既关系到酒店的获利能力,又关系到酒店的偿债能力。如果酒店持有的现金超过业务需要,就可能影响酒店的获利能力;如果酒店占用过多的存货和应收账款,则既要影响获利能力,又会影响偿债能力。为此,就要进一步分析各项资产的占用数额和周转速度。

从杜邦分析图中可以看出,权益净利率与酒店的销售规模、成本水平、资产营运、资本结构有着密切的联系,这些因素构成一个相互依存的系统。只有把这个系统内各个因素的关系安排好、协调好,才能使权益净利率达到最大,才能实现股东财富最大化的理财目标。

杜邦分析方法是一种分解财务比率的方法,而不是另外建立新的财务指标,它可以用于各种财务比率的分解。总之,杜邦分析方法和其他财务分析方法一样,关键不在于指标的计算,而在于对指标的理解和运用。

3. 杜邦财务分析体系的特点

杜邦模型最显著的特点是将若干个用以评价酒店经营效率和财务状况的比率按其内在联系有机地结合起来,形成一个完整的指标体系,并最终通过权益净利率来综合反映。采用这一方法,可使财务比率分析的层次更清晰、条理更突出,为报表分析者全面仔细地了解酒店的经营和获利状况提供方便。杜邦分析法有助于酒店管理层更加清晰地看到权益资本收益率的决定因素,以及销售净利率与总资产周转率、债务比率之间的相互关系,给管理层提供了一张明晰的考察酒店资产管理效率和使股东投资回报最大化的路线图。

尽管杜邦分析法是长期以来酒店进行财务分析的一个重要的工具,但是实践证明杜邦分析法存在一定的局限性。从酒店绩效评价的角度来看,杜邦分析法只包括财务方面的信息,不能全面反映酒店的实力,有很大的局限性,在实际运用中需要加以注意,必须结合酒店的其他信息加以分析。主要表现在:

(1) 对短期财务结果过分重视,有可能助长酒店管理层的短期行为,忽略酒店长期的价值创造。

(2) 财务指标反映的是酒店过去的经营业绩,衡量工业时代的酒店能够满足要求。但在目前的信息时代,顾客、供应商、雇员、技术创新等因素对酒店经营业绩的影响越来越大,而杜邦分析法在这些方面是无能为力的。

(3) 在目前的市场环境中,酒店的无形知识资产对提高酒店长期竞争力至关重要,杜邦分析法却不能解决无形资产的估值问题。

4. 杜邦财务分析体系的作用

1) 符合酒店的理财目标

欧美国家关于酒店的理财目标的主流观点是股东财富最大化,日本等亚洲国家的主流观点是酒店各个利益群体的利益有效兼顾。在我国酒店的理财目标经历了几个发展时期,每一个时期都有它的主流观点。计划经济时期产值最大化是酒店的理财目标,改革开放初期利润最大化是酒店的理财目标,由计划经济向市场经济转轨时期有人坚持认为利润最大化仍然是酒店的理财目标,有人则提出所有者权益最大化是酒店的理财目标,但也有人提出酒店价值最大化才是酒店的理财目标。至今还没有形成主流观点。笔者认为,我国酒店的理财目标应该是投资人、债权人、经营者、政府和社会公众这五个利益群体的利益互相兼顾。在法律和道德的框架内使各方利益共同达到最大化,任何一方的利益遭到损害都不利于酒店的可持续发展,也不利于最终实现股东财富的最大化。只有各方利益都得到有效兼顾,酒店才能够持续稳定协调地发展,最终才能实现包括股东财富在内的各方利益最大化。这是一种很严密的逻辑关系,它反映了各方利益与酒店发展之间相互促进、相互制约、相辅相成的内在联系。

从股东财富最大化这个理财目标我们不难看出,杜邦公司把股东权益净利率作为杜邦分析法核心指标的原因所在。在美国,股东财富最大化是酒店的理财目标,而股东权益净利率又是反映股东财富增值水平最为敏感的内部财务指标,所以杜邦公司在设计和运用这种分析方法时就把股东权益净利率作为分析的核心指标。

2) 有利于理顺委托代理关系

广义的委托代理关系是指酒店财产拥有人(包括投资人和债权人)将自己合法拥有的财产委托给经营者,依法经营而形成的,包含双方权责利关系在内的一种法律关系。狭义的委托代理关系仅指酒店投资人与酒店经营者之间的权责利关系。下面将从狭义的委托代理关系来解释酒店经营者为什么也青睐杜邦分析法?首先,由于存在委托代理关系,无论是在法律上还是在道义上经营者都应该优先考虑股东的利益这一点与股东的立场是一致的;其次,由于存在委托代理关系,委托人、投资人、股东、代理人和经营者之间就必然会发生一定程度的委托代理冲突,为了尽量缓解这种委托代理冲突,委托人和代理人之间就会建立起一种有效的激励与约束机制,将经营者的收入与股东利益挂起钩来,在股东利益最大化的同时也能实现经营者的利益最大化。在这种机制的影响下,经营者必然会主动地去关心股东权益净利率及其相关的财务指标。

股东投资者使用杜邦分析法,其侧重点主要在于权益净利率的多少、权益净利率的升降及影响权益净利率升降的原因;相关财务指标的变动对权益净利率将会造成什么影响,应该怎么样去激励和约束经营者的经营行为,确保权益净利率达到要求。

而经营者使用杜邦分析法的侧重点主要在于,经营结果是否达到了投资者对权益净利率的要求;如果经营结果达到了投资者对权益净利率的要求,经营者的薪金将会达到多少,职位是否会稳中有升;如果经营结果达不到投资者对权益净利率的要求,薪金将会降为多少,职位是否会被调整;应该重点关注哪些财务指标,采取哪些有力措施,使经营结果达到投资者对权益净利率的要求,使经营者薪金和职位都能够做到稳中有升。

(二)沃尔比重评分法

亚历山大·沃尔是财务状况综合评价的先驱者之一。他在20世纪初出版的《信用晴雨表研究》和《财务报表比率分析》中提出了信用能力指数的概念,把若干个财务比率用线性关系结合起来,以此评价企业的信用水平。他选择了7种财务比率,分别给定了其在总评价中占的比重,总和为100分。然后确定标准比率,并与实际比率相比较,评出每项指标的得分,最后求出总评分。下面用沃尔比重评分法,给某酒店的财务状况予以评分,其结果见表10-5。

表10-5 某酒店的沃尔比重评分表

财务比率	比重 ①	标准比率 ②	实际比率 ③	相对比率 ④=③÷②	评分 ①×④
流动比率	25	2	2.33	1.17	29.25
净资产÷负债	25	1.5	0.88	0.59	14.75
资产÷固定资产	15	2.5	3.33	1.33	19.95
销售成本÷存货	10	8	12	1.5	15
销售额÷应收账款	10	6	10	1.7	17
销售额÷固定资产	10	4	2.66	0.67	6.7
销售额÷净资产	5	3	1.63	0.54	2.7
合 计	100				105.35

沃尔比重评分法从技术上讲有一个问题,就是某一个指标严重异常时,会对总评分产生不合逻辑的重大影响。这个缺陷是由相对比率与比重相"乘"引起的。财务比率提高100%,其评分增加100%;而缩小100%,其评分只减

少 50%。

沃尔比重评分法从理论上讲，有一个弱点，就是未能证明为什么要选择 7 个指标，而不是更多或更少些，或者选择别的财务比率，以及未能证明每个指标所占比重的合理性。这个问题至今仍然没有从理论上解决。

沃尔比重评分法尽管在技术上不够完善，在理论上还有待证明，但它还是在实践中被应用。耐人寻味的是，很多理论上相当完善的经济计量模型在实践中往往很难应用，而实际使用并行之有效的模型却又在理论上无法证明。这可能是由于人类对经济变量之间数量关系的认识还相当肤浅造成的。另外，值得注意的是，沃尔比重评分法是一种基本的综合评价方法，在具体运用时，可根据具体情况在分析指标的设置和权重的分配等方面予以适当变动一下。

■ 课后复习

1. 什么是财务分析？简述财务分析的内涵。
2. 简述财务分析的主体和目的。
3. 常用的财务分析方法有哪些？各自的主要内容有哪些？
4. 怎样评价酒店的长、短期偿债能力？主要的评价指标有哪几种？
5. 怎样评价酒店的增长能力？主要的评价指标有哪几种？
6. 怎样分析酒店的获利能力？
7. 酒店的营业比率是如何测算的？
8. 什么是杜邦分析法？杜邦分析法的主要指标包括哪些？
9. 简述杜邦分析法的主要特点。

第十一章　酒店集团财务管理

课前导读

在日益激烈的市场竞争环境及经济全球化背景下,酒店的经营逐渐走向集团化。酒店集团又称酒店联号公司或连锁公司,内部推行统一的CI系统、统一的服务标准和质量标准,利用集团庞大的市场网络和预订系统,整体推广促销,有效调配客源,同时凭借雄厚的资本实力、良好的品牌信誉、人才及管理优势,进行区域性投资和开发。酒店集团顺应了旅游业的迅猛发展,是世界酒店业发展的一种趋势。事实上,目前全世界最知名的酒店均隶属于不同酒店集团。酒店集团资本雄厚,竞争力强,但同时经营风险也较大。对酒店集团来说,企业成败的关键在于管理,而管理的核心则是财务管理。因此,选择合适的集团财务管理体制和管理方法,加强财务管理,对酒店集团来说是至关重要的。

第一节　酒店集团概述

一、酒店集团的产生与发展

(一) 酒店集团的产生

酒店集团在国外一般称为酒店联号、酒店公司，以区别于单体酒店。酒店集团是以经营酒店为主的联合经营的经济主体。它在本国或世界各地以直接或间接方式控制多个酒店，以相同的商标和店名，统一的经营程序、同样的服务标准和管理风格与水准进行联合经营。酒店集团是现代酒店管理的发展趋势。

酒店集团是第二次世界大战以后发展起来的，特别是 20 世纪 50 年代，各类酒店集团获得了巨大的发展。目前，在世界范围内国际性的酒店集团已多达数百家，每个集团拥有的酒店数少则数十家，多则上千家。据统计，全世界至少有 57% 以上的酒店以各种形式隶属于某个集团，成员酒店 25%～30% 的客源是由集团提供的。

(二) 酒店集团的联合

国际上集团的经营模式主要采取联合经营形式。其形式有横向联合、纵向联合和各种混合联合等。

1. 横向联合

横向联合是指酒店与酒店之间的互相联合，一切酒店集团都是以横向形式联合起来的。横向联合通常有 3 种形式：所有并管理自己所有的酒店；对酒店进行特许经营；通过提供酒店管理人员，签订酒店管理合同的方式对他人所有的酒店进行管理。

(1) 公司联号酒店。通常由这一酒店联号公司所有并管理，使用联号对酒店内部进行管理。

(2) 特许经营联号酒店。通常由不同的公司所有，联号只提供特许经营许可及技术支持，一般情况下，不对联号酒店进行管理。

(3) 管理合同联号酒店。通常由不同的公司所有并统一由另一家公司(酒店管理公司)进行管理，没有统一的品牌。

这些基本的所有权和管理权的安排在近几年发生了很大的变化，日益复杂。有时，一家独立所有的酒店既是一个联号特许经营权的受让者，同时又由这家联号对其进行合同管理。再如，一家独立所有的酒店获得了一家联号的特许经营权，可以采取自己管理的方式，或另外聘请一家独立酒店管理公司经营酒店。

2. 纵向联合

纵向联合有两种形式：前向联合和后向联合。

（1）前向联合。即酒店与销售商联合。例如酒店与航空公司联合，航空公司可以保障游客到目的地有住处，而酒店靠航空公司带来客源。有的酒店还与旅行社联合，酒店集团开设旅行社，将游客送到各地的酒店中。

（2）后向联合。即酒店与供应商联合。这从酒店角度出发可以保障供应，如有些酒店与酒厂联营。我国天津凯悦酒店与家具厂、装潢厂合资并开办农场，保障经营所需要的物资供应。

纵向联合的酒店集团，"联合"和"一体化"可以大大降低各成员酒店之间存在的交易成本，提高经营利润，减少风险。

3. 混合联合

混合联合，即采用纵横向结合的联合方式。随着酒店经营的多元化，这种联合方式的酒店日渐增多。

二、酒店集团的内涵与特征

（一）酒店集团的内涵

我国理论界与实务界对企业集团的界定随着人们对企业集团的认识在不断发展。现代意义上的企业集团，是指由控股公司及其附属公司所组成的多层次的、稳定的经济组织。换言之，企业集团是以一个或多个实力强大、具有投资中心功能的大型企业为核心，以若干个在资产、技术上有密切联系的企业、单位作为其外围层，由各成员企业按照自愿互利原则组成的具有多层次组织结构的大型经济联合体。企业集团是一个经济组织，而不是行政机构；企业集团是一个联合组织，而不是单个企业。

酒店集团是以一个拥有名优产品的大企业为核心，以资产和生产经营关系为联结纽带，联合一批具有共同经济利益、受这个核心不同程度控制和影响的酒店组成的一个多层次的特殊经济联合体。国际酒店集团的出现与增加，是世界酒店业发展的重要标志。国际酒店集团在世界酒店业起着支配性作用，也是当今世界酒店业的一大特点。目前，我国也成立了金陵酒店集团、锦江集团公司等几十家酒店集团，连锁管理酒店七百余家。

一般来说，酒店集团都是以一个固定相同的商标在不同的地区或国家推广其相同的酒店经营风格及水准，这实质上是一种横向的联合活动。正因为酒店集团是一种横向经济联合体，它充分发挥了横向经济联合的优势，在国际上才得以迅速发展和壮大。酒店集团这种横向经济联合的优势主要表现在以下几个方面：

(1) 悬挂酒店集团的统一招牌，对客人有极大的吸引力。

(2) 统一的预订系统与销售网络，有利于提高全面经济效益。

(3) 科学管理酒店，推行集团成熟的经营风格和服务水准。

(4) 统一采购货物，降低成本，提高经营效果。

(5) 统一使用人才，并提供良好的职业培训，使其达到统一的标准，有利于提高经营管理水平和服务水平。

(6) 实行统一的会计制度，便于财务分析和指导工作。

(二) 酒店集团的特征

1. 法律特征

酒店集团是非法人的企业联合体。从法律上看，酒店集团虽然是一个多层次的大型经济联合组织，但它不具备作为法人享有经济权利和承担经济义务的条件。也就是说，酒店集团本身不是独立法人，不具有法人地位，只是由若干个法人组成的一种经济联合体。从财产上看，酒店集团不具有自己能够独立支配的财产，没有法定的资本额，酒店集团的财产只表现为各成员企业的独立财产。

2. 组织特征

酒店集团成员之间存在着广泛的经济联系，包括产品、生产技术、经营管理，特别是资本联系，使得酒店集团在组织上具有一定的稳定性和层次性。由于酒店集团在经营上存在着共同的利益和风险，所以在组织上表现为稳定性；同时，由于集团成员之间联合的紧密程度不同，所以表现出层次性。酒店集团的组织结构是多层次的，既有核心企业、骨干企业，又有一般成员企业，还有大量只有协作关系的企业。酒店集团组织就是在更大的范围内，对各种生产要素进行重新组合，优化配置，有效利用，实现集团企业的共同利益目标。

3. 经营特征

为了分散经营风险和投资风险，酒店集团的经营规模一般都比较庞大，并不断地扩大经营范围，向多元化、综合化方向发展，许多酒店集团跨地区、跨部门、跨行业甚至跨国经营。

4. 融资特征

酒店集团是与金融机构密切结合的经济联合组织，具有强大的融资功能。随着商品经济的发展，产业资本发展到一定的程度必然要与金融资本相结合，以增强其向国内外扩张的实力。

5. 会计特征

酒店集团是一种特殊的非独立核算的会计主体，它需要编制以母公司为基础的合并会计报表。

三、我国的酒店集团的发展

（一）我国酒店集团的发展简况

改革开放以来,中国旅游业成就辉煌,旅游已成为国民经济中发展最快、最具生机和活力的新兴产业之一。旅游酒店作为旅游业的支柱产业,经过 30 多年的发展,数量从少到多,产业规模从小到大,管理和服务水平从低到高,同样取得了辉煌的成就。旅游业与酒店业的发展也极大地促进了我国自己酒店集团的形成与发展;同时,随着我国加入世界贸易组织,中外经贸和人员的交流日益频繁,综合国力进一步提高,中国作为旅游大国的地位进一步加强。越来越多的国外酒店集团把中国作为进一步扩张的主要市场。

1. 国外酒店集团在中国的发展模式

酒店行业是集中度非常高的行业,在全世界范围内,几家最大的酒店集团基本上垄断了酒店市场或者主要酒店的市场。这种垄断和主导主要体现在 3 个方面:一是有统一的管理模式,在市场上形成了统一的标准,形成了消费者的高度信任感;二是有统一的品牌,这样统一的品牌遍及世界,使消费者感到非常方便;三是有统一的酒店销售和组织网络,大的酒店集团内部彼此之间供应的客源一般可占到 30% 以上。由于集团经营在这三个方面的优势,使国际性的跨国集团在国际竞争中处于有利地位。

自中国改革开放以来,这些跨国酒店集团就开始瞄准中国这个潜在的大市场,并逐步进入这个市场。1984 年北京丽都假日酒店作为国际酒店管理集团进军的第一步,之后各个集团相继进入。到目前为止,大的酒店集团基本上在中国都有了自己的点,并且在逐步向网络化发展。现在规模最大的假日集团在中国已经管理了 30 余家酒店。目前,国内的高星级酒店多数是由国际酒店管理集团经营管理的;他们凭借着在信息搜集与客房预订、宣传促销与管理以及培训等方面的优势,使其在中国的市场份额和经济效益都处于我国酒店业的领先地位。

2. 国际酒店集团在中国的发展模式

从国际酒店集团在中国几十年的发展过程来看,基本模式就是培训起步、资金开路、技术主导、占领市场。

(1) 培训起步。员工培训是国际酒店集团充分发挥自己优势的方式之一。通过培训,一方面扩展了这些跨国集团的管理模式,另一方面培养了在中国市场上再开拓的代理人。因此,这种培训也通过多种形式表现出来,有的是组织人员到海外进行培训,有的是在国内已形成的网点基础上大规模培训。

(2) 资金开路。由于这些酒店集团在市场上销售的主要是其酒店管理模式,因此,一般来说不存在投资参股的问题。但在中国的市场上,酒店的业主多数都有资金方面的要求,因此,近年来这些酒店集团为了适应中国的国情,逐步采用的是资金开路的方式。香格里拉集团所管理的酒店基本上都是由香格里拉集团全资建设或参股建设的酒店。

(3) 技术主导。国际酒店集团正是通过技术主导的方式来达到占领中国酒店市场的目标。国外的酒店集团通过几十年甚至上百年丰富的行业经营管理经验和先进的管理理念,已经拥有成熟的技术套路,这些技术是国内酒店业在迅速发展阶段极为需要的营养品。

(4) 占领市场。就目前的状况来说,中国高档酒店的市场基本上已经被国际酒店管理集团把握了主导权。在中国的酒店业市场上,已形成了一个新的格局,即国际竞争国内化,国内市场国际化。所谓国际竞争国内化,就是由于跨国酒店集团的大规模进入,使国际竞争在国内市场上已经普遍发生,国内的酒店管理者用不着走出国门,就可以深刻地感受到竞争的激烈。所谓国内市场国际化,正是由于中国存在一个庞大的旅游市场,才引起了世界各国的关注。目前,这个国内市场也已在很大程度上国际化。海外资金的进入要求回报,经营所形成的一部分利润势必要汇出去。国际管理的进入,大量的海外来华客人要求国际化的管理和国际化的服务,也使国内市场的相当部分直接国际化。

总之,目前酒店管理跨国公司进军中国已达到了相当的规模,在市场上也形成了相应的份额,在竞争中保持着优势的地位。就目前来说,这种发展态势并没有停止,而且有进一步发展的趋势。

(二) 我国酒店集团的基本特点

我国改革开放后,旅游业与酒店业的发展极大地促进了国内酒店集团的形成。酒店集团的发展,体现了所有权与经营权的分离和酒店管理的专业化与商品化。它代表了先进的生产管理模式与发展方向。集团在追求规模经济效益的同时,也有利于提高落后地区酒店企业的管理水平和帮助部分效益不好的国有酒店走出困境,并有利于推广先进的酒店管理模式。因此,酒店集团和酒店管理公司的发展,得到了政府行政管理部门的肯定和支持。1993年国家旅游局颁布了《酒店管理公司管理办法》,鼓励国内酒店管理公司的发展,推广酒店管理公司科学化的管理方式和集团化的经营模式。

1. 我国酒店集团的特点

(1) 依托于经营成功的酒店。我国酒店集团多数依托某一经营成功的酒店发展起来,经营者希望将他们成功经营某一酒店的经验能够推广开来,如白天鹅、汕头金海湾、上海锦江宾馆莫不如此。

(2) 集中在经济与旅游业发达地区。我国酒店集团多数集中在旅游业发达与经济发达地区,如北京、上海、福建、珠江三角洲地区,广大的中西部地区相对较少。

(3) 形成了具有特点的管理模式。我国酒店集团积累了一定的经验,形成了具有特点的管理模式,如富有东方情感的服务模式。

(4) 酒店集团以星级酒店为主。我国大多数酒店集团的成员为星级酒店,尤其是三星级以上酒店。

(5) 经济型连锁酒店正在兴起。目前,以北京首旅集团的如家快捷和上海锦江国际集团的锦江之星为代表的经济型连锁酒店正在兴起,截止到2011年第一季度如家快捷在全国有1000多家连锁店,而在2008年底锦江之星在全国就有460多家连锁店。

2. 我国酒店集团的不足之处

从总体上看,我国酒店集团规模较小,发展的地域性不广且扩张较慢,在全国有影响的酒店集团很少,在管理规模和档次上还处于初级阶段。近几年,国家旅游局公布的数据表明,星级酒店营业收入前10强和外汇收入前10强,大部分隶属于国际连锁酒店集团,并且在各类星级酒店的评比活动中,国际酒店集团隶属酒店的成绩始终引人注目。海外酒店集团,以其先进的管理经验、雄厚的人才和技术优势以及国际连锁经营网络,占据了我国合资酒店和四、五星级高档酒店的大部分市场。从战略上看,我国酒店集团与酒店管理公司,除存在旅游企业集团普遍存在的集团财务控制能力不足、战略规划与战略管理能力不足外,还主要存在以下5个方面的不足:

(1) 服务与经营模式不够成熟。目前,我国酒店管理公司的管理多限于服务规范、服务操作程序与质量标准,集团业务能力不足,如对管理对象的采购、借贷、培训与财务资助方面的能力较弱,服务与经营模式仍不够成熟与稳定,缺乏一套科学的经营管理运作体系。

(2) 管理体制上存在缺陷。目前,我国的酒店集团在处理集团与管理公司的关系,形成资产连接纽带或形成集团核心层、紧密层、松散层的母子公司体制等方面,缺乏应有的规范,核心层也缺乏强有力的控制能力,组织管理体制存在缺陷,未形成企业集团规范的组织体制。

(3) 缺乏先进的预订销售系统。我国的酒店集团营销能力不足,销售、预订网络不发达,尤其缺乏中央预订系统、国际销售网络、信息系统与价格政策。在国际促销上,既无法与外国同行抗衡,无法实现集团内的统一营销、统一广告宣传、互相推荐客源等，也缺乏集团范围内的营销规划。

（4）资金运作能力弱。我国大部分酒店集团由于资金短缺，财务融资能力不强，无法筹集足够的资金用于发展，制约了集团的发展。

（5）集团扩张形式单一。我国大多数酒店集团成员采用自有、参股、委托经营的方式，特许经营权转让形式较少，集团扩张的形式比较单一。

以上原因，导致了我国酒店集团扩张缓慢，在与国外酒店集团抗争中处于劣势。我国酒店集团必须努力学习外国酒店集团市场化运作的成功经验，加快改革步伐，缩小与外国酒店集团的差距，形成我国酒店集团的管理特色，并根据我国的国情，努力走出一条深化发展、创新发展的路子。

第二节　酒店集团联合形式及利益分配

一、紧密联合形式及其利益分配

紧密型的联合是带有联合公司性质的新联合体，有独立的法人地位，在经营管理上是一个独立核算、自负盈亏的自主单位和经济实体。紧密型联合有股权式联合与契约式联合两种。

（一）股权式联合及其利益分配

股权式联合其实就是一种合资经营模式，是酒店集团公司和其他单位共同出资建造酒店，或集团公司通过控股、参股的形式与其他单位共同经营已有的酒店。根据双方签订的协议和章程，建立酒店的决策和管理机构，共同管理酒店，按股权份额分享利润，分担亏损。

股权式联合的关键是需要计算双方的投资。它是合资双方进行利润分配的依据，直接涉及国家与企业、企业与企业之间的分配关系。

（二）契约式联合及其利益分配

契约式联合其实就是一种合作经营模式，合作双方的权利和义务不依各自投入资本的多少决定，而由双方签订协议或合同来规定。契约式的一般做法是：酒店集团公司除了提供少量的资本数额用于购置家具、设备、存货、开业准备费用及经营需要的流动资本外，主要提供经营管理和建设的专门知识，酒店挂酒店集团招牌经营，由酒店集团派出管理人员，掌握经营管理权，而另一单位一般提供酒店建设资金。这是一种知识与资本结合的横向经济联合，是酒店提高服务质量、管理水平和经济效益的有效途径，它是商品经济高度发达的产物，反过来也将大大促进商品经济的发展。

股权式联合与契约式联合的区别主要体现在:在利润分配上,股权式联合是按照投资双方的股权份额来分享的,而契约式联合是在签订的协议或合同规定的双方同意的任何基础上分享的;在经营管理上,股权式联合是由双方共同参与经营管理,而契约式联合主要由酒店集团委派管理人员进行经营管理。

二、松散联合形式及其利益分配

松散式联合是一种联合者仍旧保持原有的独立法人地位,独立核算,自负盈亏的联合形式,主要有租赁经营联合、管理合同联合和特许经营联合三种模式。

(一)租赁经营联合及其利益分配

租赁经营联合是酒店集团以承租方式租赁某个酒店,取得租赁期内该酒店的生产资料的使用权,即掌握该酒店的经营管理权,并按租赁合同向酒店所有者支付租金的联合形式。租赁经营联合通常有直接租赁联合和利润分成租赁联合两种。

1. 直接租赁联合

直接租赁联合是指酒店集团租用某个酒店,按租赁合同每期固定支付一笔租金给酒店所有者,以取得酒店经营管理权的联合形式,它实际上是一种固定租金额的租赁。在这种情况下,酒店集团就是该酒店的经营管理者,对酒店的一切财产和盈亏承担全部责任,其利润除交纳租金外,其余全部归酒店集团所有。

在一般情况下,租赁经营的对象只包括酒店的建筑与设施,但是如果酒店拥有家具和设备时,这些也租赁给酒店集团,但租赁合同必须列明这些家具和设备的更新由谁承担。同时,必须列明谁负担有关财产的一些固定费用,如房产税、保险费以及其他一些费用项目。另外,必须强调指出,为了保证酒店经营管理的连续性,酒店租赁期限通常在数年以上。

在直接租赁联合下,酒店集团公司应支付的固定租金额可采用以下两种方法计算:

(1)根据利润确定应付租金,即以资本利润率、投资报酬率等作为租金率来确定租金。

(2)根据还本付息额确定应付租金,把酒店的生产资料的价值作为本金,以在租赁期限还本付息额来计算租金。

2. 利润分成租赁联合

利润分成租赁联合是指酒店在租赁给酒店集团期限内,由酒店集团进行经营管理,所有者分享利润。

在利润分成租赁下,酒店集团最通常的做法是根据酒店经营毛利来确定应支付给酒店所有者的租金。在这种租赁形式下，酒店集团利润分成租赁应付租金的计算，通常有下列方法：

(1) 租金按营业收入的一定百分比计算。这种支付租金的方式对承租方酒店集团来说是不太有利的。因为即使营业收入保持不变，但如果物价上涨而房价不变，那么成本提高的结果就是毛利率下降，而租金没有改变，结果必然是酒店集团损失较大。

(2) 租金按经营毛利的一定百分比计算。这种租金计算方式比第一种要好一些，但如果酒店经营管理较差导致管理费用居高不下，那么毛利较高的结果是酒店集团承担更多租金，而实际净利润下降。

(3) 租金按营业收入的一定百分比加上经营利润的一定百分比计算。这种租金计算方法综合了前两种方法对酒店集团的不公平，是一种容易为双方接受的租金计算方法。

(4) 租金也可以在订立最低限额的基础上用其他公式计算。在这个基础上，如果计算出来的租金比最低限额高，则以计算出来的金额为租金额；如果计算出来的租金比最低限额租金低，则按最低限额租金支付。最低租金限额往往是根据还本付息基数确定的，这是酒店拥有其相应资产所应该得到的平均报酬率。这种租金计算方法保障了酒店的利益，对酒店集团来说也比较公平，易于接受。

(二) 管理合同联合及其利益分配

管理合同联合是指酒店所有者委托酒店集团代为经营管理酒店的联合形式。这种形式与利润分成联合形式既有许多相同之处，也有基本的原则性区别。在利润分成租赁和直接租赁形式下，经营者以法人资格经营酒店。在管理合同形式下，酒店在法律上完全依赖于所有者，酒店的经营者作为酒店所有者的代理人从事酒店的经营管理。

在管理合同联合中，要明确经营者代理酒店所有者的职责。酒店诉讼损失由所有者承担，最终财产成果的盈与亏是酒店所有者而不是经营者承担，经营者实质上是代表所有者作为酒店的管理者，经营者需收取管理服务费，这笔费用可以每年度支付一次，但是通常是随着经营成果的变化而变化。在管理合同形式下，经营者就是酒店集团，酒店集团向酒店所有者收取的管理费计算公式有如下几种：

(1) 根据营业收入的一定百分比计算。

(2) 根据经营毛利润的一定百分比计算。

(3) 根据营业收入的一定百分比，加上经营毛利润的一定百分比计算。

第十一章　酒店集团财务管理

管理费仅根据收入的一定百分比计算，经营者可以花费大量资金进行广告宣传，以获得较高的营业收入，从而获得较高的管理费。酒店的经营成果如何，经营者不甚关心。若仅以经营毛利润的一定百分比计算，虽然经营者对酒店的经营成果较为关心，但是当客观条件超出其控制范围时，经营成果不好也是难以挽回的，因此根据总营业收入的一定百分比加上经营毛利润的一定百分比计算，无论是对经营者还是酒店所有者都是合理公正的。

管理合同除了阐明计算管理费的方法及经营者代理酒店所有者的职责外，通常还包括以下条款：

（1）酒店的类型和质量要求，以及酒店所有者提出的其他要求。

（2）合同期限。

（3）不受干扰的抵押许诺。即使酒店所有者不执行许诺而把酒店转手时，也可以保证酒店集团连续地经营管理酒店。

（4）酒店集团所要完成的技术服务及其收费标准，这些费用通常是用每间多少元表示。这些技术服务通常有：

①审查酒店建筑师、工程师、专家和顾问编制的建筑和工程设计方案；

②与酒店的装饰专家一起对内部设计和装潢提出意见和建议；

③审查酒店的机电工程设计——供热、通风、空调、管道、供电、电梯、电话等；

④和酒店所有者及其顾问一起，审查厨房、酒吧、洗衣设备购置方案；

⑤帮助和指导采购与安装家具、固定装置与设备、瓷器、玻璃器皿、纺织品、银器、制服、纸制品、清洁材料和其他消耗用品，以及食品和饮料等；

⑥实地考察，帮助提供各种设备的详细目录。

（5）酒店集团所要完成的开业前服务以及这些服务的费用。这些服务的费用通常由最初几年的经营成本分摊，作为经营利润的减项。这些服务有：

①制作招牌，培训和指导新员工；

②宣传促销，吸引客人在开业后住店；

③租赁谈判，领取执照，订立仓库、办公室等的租赁合同和商品供应合同；

④领取酒店经营所需的许可证，包括酒水和餐食销售许可证；

⑤酒店正常经营所需要的其他服务，包括开业典礼。

（6）酒店集团的职责通常包括：

①一流酒店的维修和保养；

②制作招牌，提升、开除、督促酒店员工；

③监督会计部门预先建立账簿、核算体系及其他工作，包括记录员工的

工资；

④处理承租人、宾客以及使用酒店设施者的申诉；

⑤订立和维护酒店服务合同；

⑥采购所有材料和正常经营所需的用品；

⑦房屋的维修；

⑧收取应支付给酒店的费用；

⑨确定该酒店在酒店集团广告中的名称。

(7) 建立储备基金,作为更新、增加家具、固定装置和设备之用。

(三) 特许经营联合及其利益分配

在现代酒店中,转让酒店经营许可权是酒店集团公司扩张的主要形式。假日酒店集团是特许经营联合模式最成功的公司,目前享有其经营特许权的酒店已有2400多家。喜来登酒店集团有酒店400多家,其中300多家是采用经营特许权形式的。

酒店集团转让经营特许权的主要特点是,酒店通过采购经营特许权而成为酒店集团的成员。这样,酒店集团允许酒店悬挂其商标；转让酒店经营管理技术、操作程序和服务标准；负责培训酒店管理人员,让管理人员到酒店集团的其他酒店里实习；提供酒店管理方法和制度,包括会计制度；定期派人员检查酒店的经营服务质量是否符合酒店集团标准；提供统一的销售、预定系统,联合进行广告宣传,帮助享有经营特许权的酒店进行推销,通过预定中心系统提供客源；帮助采购经营设备、家具及营业用品,以及提供建筑设计咨询,如新建酒店的选址与可行性研究,基建项目管理和室内装潢设计,并为筹集资金献计献策。

酒店集团转让经营特许权与其直接投资或采取管理合同形式相比,可以不必花很大代价就能迅速扩展,酒店集团可以不投资或少投资,就可得到利润(主要指转让经营特许权所收的费用以及代购营业品赚取的手续费等),同时,对使用经营特许权酒店的经济效益又不承担责任。

酒店通过使用经营特许权参加世界上有名的酒店集团,使用酒店集团的名牌商标,享有其商标的声誉,可以迅速地获得市场,节省开发市场的时间和广告推销费用,比起自己独立经营重新创牌子,有见效快的特点。酒店可以从酒店集团那里得到管理技术和管理专家的指导,特别是新建的酒店没有管理经验,需要酒店集团从建筑设计、设备安装、组织项目、管理技术、培训员工等方面的帮助,在试开业的困难阶段也能获得支持。同时,酒店投资者可以掌握酒店的经营管理权。

酒店使用经营特许权的不利之处是：转让经营特许权的酒店集团所收取的

费用都很高,酒店除一次性交纳商标使用费外,每月还需交纳转让费。酒店集团通常使用的收费方法有:

(1) 每月收取固定的转让费。

(2) 每月收取固定的转让费,加上通过酒店集团预定中心系统预定客房的提成费。

(3) 按客房营业收入的一定比例计算。

(4) 按营业总收入的一定比例计算。

(5) 按可供出租客房收取一定比例的费用。

(6) 按实际出租客房收取一定比例的费用。

同时,酒店要按照酒店集团的标准进行操作,这就限制了酒店本身的发挥。以往的经验证明,酒店集团在转让时所报出的客房销售量,实际经营中却达不到,这样酒店净收入就有减少的风险。采用经营特许权与管理合同形式比较有以下几点区别:

(1) 采用管理合同形式的酒店不一定悬挂酒店集团的商标,而采用经营特许权形式的酒店必须悬挂酒店集团的商标;

(2) 酒店集团采用管理合同形式不投入或投入部分资本,采用经营特许权形式不投入资本;

(3) 酒店集团采用管理合同形式时需要承担经营管理责任,对董事会要求达到的经济效益负有责任,而采用经营特许权形式时,酒店集团不必承担任何经营管理责任,对经济效益不负责任;

(4) 酒店采用管理合同形式可以通过管理公司优先获得客源,采用经营特许权形式可通过酒店集团的预订中心系统组织客源;

(5) 酒店集团采用管理合同形式时,不转让经营管理技术及操作程序,采用经营特许权形式时,则转让经营管理技术及操作程序,并提供实习基地;

(6) 酒店集团采用管理合同形式时,派出整套管理班子,控制整个酒店的经营管理,采用经营特许权形式时,一般不派出管理人员(特殊情况下可在合同中订立),不掌握经营管理权;

(7) 酒店集团采用管理合同形式时,不负培训管理人员的责任,而采用经营特许权时,则负责培训管理人员,可以培养出管理人员;

(8) 酒店集团采用管理合同形式的收费要比采用经营特许权形式的收费高,如新加坡世纪村喜来登采用经营特许权形式,其转让费按照客房营业收入的 2.75% 计算;而新加坡喜来登大厦采用管理合同形式,其管理费是按营业总收入的 3% 计算。

第三节　酒店集团财务管理体制

酒店集团内部的组织结构往往是复杂多样的，采取何种财务体制，可视集团组织结构和规模而定，关键在于实现酒店集团的发展战略目标。财务管理体制是规范酒店集团财务权限分割、财务责任划分和利益分配关系的基本制度，是正确处理酒店集团各种财务关系的基本规定。

一、酒店集团财务管理体制的基本模式

由于酒店集团联合的紧密程度、集团企业利益等因素存在差异，酒店集团的财务管理体制有多种不同的模式。根据财权的集中程度，酒店集团财务管理体制有以下三种基本模式。

（一）集权制

集权制是指酒店集团财权绝大部分集中于母公司，母公司对子公司实行严格控制和统一管理的管理体制。这种模式的特点是：财务管理决策权高度集中于母公司，子公司只享有很小部分的财务决策权，其人、才、物和供、产、销统一由母公司控制。子公司的资本筹集、运用、工资奖金、费用开支、利润分配、资产重组、人事任免等重大财务事项，都由母公司统一管理，母公司通常下达生产经营任务，并以直接管理的方式控制子公司的生产经营活动。

这种模式的优点是：有利于制定和安排统一的财务政策，降低行政管理成本；有利于母公司发挥财务管理功能，实现集团财务管理战略目标；有利于统一调度酒店集团的资本，降低资本成本。其缺点是：财务管理权限的高度集中容易挫伤子公司的积极性；酒店集团财务管理缺乏合理分工和横向协作关系。

（二）分权制

分权制是指母公司对子公司实行间接管理为主，子公司拥有充分的财务管理权限的管理体制。这种模式的特点是：在财权上，子公司在资本筹集、运用、工资奖金、费用开支、利润分配、资产重组、人事任免等重大财务事项方面有充分的决策权，子公司可以根据市场环境和公司情况作出重大的财务决策。在管理上，母公司不是以行政方式来干预子公司的生产经营活动，而是以间接管理的方式进行管理。同时，母公司鼓励子公司积极参与竞争，扩大市场占有份额；在利益分配上，母公司从子公司的发展出发，利益分配向子公司倾斜，用以增强子公司的竞争实力。

这种模式的特点是：子公司有很大的积极性，利于抓住市场机会，集团高层

只对少数关系全局利益和发展的重大问题有决策权。其缺点是：难以统一指挥，不利于及时发现子公司面临的风险和可能出现的重大经营问题；弱化了母公司对子公司的财务控制权，有的子公司可能为了追求自身利益而忽视集团利益。

（三）混合制

在实践中，完全集权和完全分权的酒店集团财务管理模式都是比较少见的，大多数是一种集权与分权相结合的混合模式。这种模式强调在分权的基础上的集权，是一种自下而上的多层次决策的管理体制。

二、酒店集团财务管理体制的建立

（一）酒店集团财务管理体制的设计原则

1. 母子公司间关系的处理必须以产权制度安排为基本依据

母公司对子公司有两种最基本的权利：以股东身份享有出资人的基本权益；作为第一大股东入主子公司董事会，从而拥有对子公司收益分配、资本变更的决策权，其他重大投融资事项的决策权，以及对子公司经营者的选择权与督导权等。

在第一种权利上，母公司与其他股东并无多大区别，权利的形式都必须严格遵守出资人的行为规范，并体现财产所有权与子公司法人财产所有权的本质差异。第二种权利则不同，它体现的是董事会与经营者之间的委托代理关系，入主子公司董事会的母公司拥有对子公司的最高决策权以及对子公司经营者的委托督导权。然而，所不同的是，母、子公司分别是两个独立的法人。这样，在母、子公司间委托代理的关系处理上必然要有别于单一法人制企业内部董事会与经营者之间所遵循的权责利规范。从法律角度看，二者关系的处理必须以如下两条原则为依托：

（1）独立责任原则。母、子公司作为两个独立的利益主体，有着各自独立的责任。包括子公司经营上的风险损失责任以及财务上的偿付风险责任等，均需由子公司独立承担。在经营上，母、子公司间不能进行盈亏的相互转移，彼此必须承担独立的纳税责任或独立的亏损弥补责任；在母、子公司间没有提供债务担保的前提下，各自的债务风险不能相互转嫁。独立责任是法人制度的重要组成部分，也是法人经济组织区别于非法人经济组织的本质特征，并且这一特征不会因为法人组织参与酒店集团而改变。

（2）有限责任原则。无论是通过控股、参股或者其他方式进入集团的成员企业依然保持着原有的法人资格，其独立身份不会因为加入集团的行为而改变。母公司对子公司的责任也以出资额为最大限度，承担有限责任。因此，有限责任原则成为母公司处理与子公司以及其他成员企业产权关系的一般规则。

2.充分体现财务管理的战略思想

财务管理体制是集团战略的重要组成部分,以母公司为主导的集团财务管理体现为一种战略管理,因此要求:

(1)从母公司角度对集团整体的财务战略进行定位,并制定统一的理财行为规范,保证母公司的战略规划与决策目标能够为各层财务管理组织或理财主体有效贯彻执行。

(2)以制度或"法治"管理代替个人的行为管理,保证酒店集团财务管理的连续性。

(3)遵循集团治理结构体系,明确股东大会、董事会、经营者(包括子公司经营者)、财务经理各自的管理职权、管理责任、管理目标、管理内容等。

3.适应集团不同的组织结构

在直线职能制组织结构下,财务管理必须体现集权管理思想,强化财务部门的管理职能,配合集团整体的集权管理体制。

在事业部制组织结构的酒店集团里,分权是财务管理的主要特征。在财务管理上必须遵循以下原则:一是强化母公司对财务战略、财务政策以及其他重大财务事项的决策权,充分发挥母公司财务资源上的聚合优势,并通过集团财务预算控制推动母公司财务战略的有效实施;二是在母公司财务战略、财务政策的基本框架下,强化对子公司的分权,并配之以明确的责任与利益,从而激发子公司理财的积极性;三是通过健全有效的激励约束机制,强化母公司对子公司的监控与考核,确保子公司在追求自身利益最大化的过程中,能够沿着集团战略与整体利益最大化的目标轨迹高效地秩序化运行。

(二)酒店集团财务管理体制的权责确定

1.母公司董事会及其财务权责

母公司董事会不属于财务管理的专职机构,而是整个集团经济活动的最高决策中心。在财务方面,董事会的职能与权责主要定位于如下几个方面:

(1)财务战略、财务政策(投资政策、融资政策、收益分配政策等)的制定权、调整变更权、解释权、督导实施权。

(2)财务管理体制、财务组织机构的选择、设置与调整变更权,以及总部与子公司高层财务管理人员的聘任、委派、解职权。

(3)对母公司战略目标与控股权结构产生直接或潜在重大影响的财务活动的决策权,以及非常例外财务事项的处置权,如巨额投融资项目决策权、核心产业或主导产品战略性重组调整权、影响母公司或核心企业股权控制结构变更的投融资项目决策权等。

2. 集团财务总部及其财务权责

集团财务总部通常就是母公司财务部，它是集团日常财务管理的直接发动者、组织领导者与最高负责者。但母公司财务部本身并不具备法人地位，而是母公司的职能部门。其主要负责人是总部主管财务工作的副总经理或总会计师。在一些国有控股企业集团，政府委派的财务总监甚至成为财务上的最高负责人。作为集团日常财务管理的总部，母公司财务部的职能与权限主要包括如下方面：

（1）参与母公司董事会财务战略、财务政策、基本财务制度（财务组织制度、财务决策制度、预算责任制度、财务高层人员委派制度、经营者激励制度等）、重大投融资及分配方案的制定，为决策提供信息支持，发挥价值方面的咨询参谋作用。在母公司董事会授权的情况下，可能会直接参与上述过程。

（2）在董事会的直接监督下，在集团整体范围内负责财务战略、财务政策的组织与实施工作，并对组织与实施的效果负责。

（3）作为母公司总经理直接领导下的财务职能部门，必须从财务角度协助总经理高效率地完成受托责任目标，其中一项重要的工作就是实施财务预算控制，并在预算管理委员会中发挥突出作用，处于预算控制体系的枢纽地位。

（4）为了保证母公司董事会财务战略、财务政策的有效实施以及总经理受托责任目标的顺利完成，负责战略预算的编制、实施与监控。

（5）规划集团的最佳资本结构，做到既能确保母公司对子公司的控制权，又能满足实施战略预算对资本的需要，并规划资本来源渠道，确定集团的最佳资本结构，以保证实施战略预算的资本需要。

（6）协调集团内外部各利益相关者的财务关系。

（7）检查、监督各级财务机构对财务战略、财务政策、基本财务制度、财务预算等的贯彻实施情况，同时建立绩效衡量的标准化制度并实施业绩考核，最后需要将检查与考核的结果报于母公司总经理，并通过总经理提交董事会、监事会。

（8）强化集体财务风险监测与财务危机预警体系。

3. 子公司财务部及其财务权责

子公司财务部是否单独设置，取决于集团的规模、业务的复杂程序以及空间跨度等。对于规模较小、业务相对简单、空间跨度不大的酒店集团，子公司财务部通常不单独设立，而是合并于母公司财务部，或由结算中心、财务公司等代行职权。如果集团规模大、子公司业务较为繁杂或是母、子公司空间跨度较大，可以单独设置子公司财务部。但无论子公司财务部是否单独设置，有两点是必须明确的，一是维护子公司作为独立法人的权利与地位，尤其是财务方面的合法权益；二是必须遵循总部的财务战略、财务政策与基本财务制度，将子公司自身的财务活动纳入集团的财务一体化范畴。

为维护集团整体利益，强化对子公司经营管理活动的财务控制与监督，集团公司还可直接对子公司委派财务总监，并纳入集团财务部门的人员编制，实行统一管理与考核的财务控制方式。

第四节　酒店集团财务管理内容

酒店集团的财务活动一般分为四个层次，即母公司层、子公司层、关联公司层和协作企业层。其中，母公司层、子公司层的财务活动是酒店集团财务管理的主要内容。

一、酒店集团产权管理

（一）酒店集团产权关系管理

母子公司关系是酒店集团财务关系的核心。从法律关系看，母子公司都是独立平等的市场竞争主体，追求资本收益最大化目标，之间不存在行政上的依附关系，而仅仅是所有者与经营者、投资者与受资者之间的关系。因此，母公司对子公司的管理与控制必须依照《公司法》进行，不能超越所有者权限介入子公司的日常经营事务，以确保子公司真正独立的法人地位。从内部产权关系看，为了维护和实现集团利益，母公司通过产权关系，依法对子公司经营活动进行控制和监督，保障其投入资本的安全性，并依股东权益获取收益，从而促使子公司经营目标与母公司经营总体战略目标保持一致。

在处理母子公司关系时，应当防止两种情况：一种情况是，母公司缺乏对子公司有效的监督管理手段，致使子公司经营活动偏离母公司的发展战略目标，危及母公司利益；另一种情况是，母公司为了实现其经营目标，超越所有者权限，侵犯子公司的独立经营权。

（二）酒店集团产权结构管理

产权结构的设置要充分考虑母子公司关系。母公司从经营战略和发展规划出发，依据集团公司的产业布局，将其持有的有形资产、无形资产、债权资产分别投资于各子公司，并依法落实其法人财产权和经营自主权，形成以产权为纽带的母子公司关系，通过产权关系的约束控制，间接实施管理。子公司在获得投资资产的实际占有权后，成为具有独立承担民事责任能力的有限责任公司或股份有限公司，独立从事生产经营活动，实现母公司的资产经营目标。

母公司在确定产权结构时,应积极引导子公司寻求多元化的投资,建立多元化的产权结构。一般来说,对于集团公司的支柱产业、资金密集型产业,母公司应严格控股,将其建立成全资子公司,形成单一的产权结构;对于集团公司生产和发展具有重要导向作用的技术密集型产业和关键辅助性生产,母公司可以相对控股(51%以上持股),建成控股子公司,同时积极吸收社会法人参股,鼓励公司内部员工持资入股,形成多元化产业格局;对于集团公司生产有关的配套产业或第三产业,母公司只参股而不控股。

二、酒店集团融资管理

(一)酒店集团外部融资管理

酒店集团外部融资的方式有很多,包括银行贷款(如集团企业"上贷下拨,统贷统还",或集团成员企业"谁贷谁还")、发行股票、发行债券、商业信用、融资租赁、国内联营等。不同的融资方式体现了不同的经济关系。其中发行股票、国内联营体现的是所有权关系;银行借贷、发行债券、商业信用体现的是债权债务关系;融资租赁实际上是一种借贷行为,但如果租赁物所有权发生转移,按照其资本来源归属于投资者。酒店集团在选择融资方式时,应权衡每一种融资方式的经济性质,有选择地加以利用。

(二)酒店集团内部融资管理

酒店内部融资主要是指集团内部资本横向融通使用,如酒店集团统一使用集团发展基金;集团成员相互借贷融通,或者直接横向划拨使用。实行统贷统还的发展项目贷款,可由集团公司借入后,再向子公司投资处理,子公司以向投资者分配利润的形式向集团公司缴付,贷款本息由集团公司负责归还。

(三)酒店集团产融结合管理

产融结合有多种形式,如建立融洽的银企关系,寻求银行长期稳定的信贷支持;寻求金融机构入股;酒店集团直接建立作为非银行金融机构的财务公司。

三、酒店集团资本管理

(一)酒店集团资本统一管理

集团公司应该坚持成员企业集中统一管理的原则,集团成员企业的资本筹措和使用,只有纳入集团公司统一管理、统一安排,才能够在整个集团范围内进行有效配置和合理使用。

(二)酒店集团资本过程管理

集团公司要从酒店集团的资本筹措、投放再到资本的收益取得,实施全过程管理，把集团公司的财务部门变成酒店集团的资本管理中心、资产营运监控中心、资本筹措的调配中心以及资本扩张的投资中心。

（三）酒店集团资本重点管理

集团公司对大额的资本收付、对外投资、境外付款、贷款担保和财产抵押等特殊的资本，应严格审批权限或者作出限制，实行重点管理。

有些酒店集团组建财务公司或财务结算中心，集中管理成员企业的财务收支活动。

四、酒店集团投资管理

（一）母子公司投资关系管理

母公司对于其投入子公司的资产具有收益权和处分权（如分红或转让），依据其股权大小行使所有权职能。子公司是股东投入资产的实际占有者，具有资产占有权和使用权，以其全部资产对公司债务承担有限责任。因此，在资产管理关系上，虽然母公司对资产具有约束力，但不能直接实施控制；子公司在占有资产、独立经营的基础上，也不能脱离母公司的产权约束，实现绝对的独立。所以，母子公司之间资产关系的协调是实现双方利益的前提。在保证子公司自主经营的基础上，母公司通过选派股权代表进入子公司决策管理机构，将其经营战略意图贯彻到子公司的具体经营活动中，同时通过建立严密的资产经营考核体系，促进子公司自觉实现母公司制定的资产经营目标。

（二）酒店集团投资资产管理

1.确定管理重点，优化资产结构

母子公司应明确各自的资产管理重点，一般来说，母公司应重点控制固定资产和其他长期资产，而子公司应重点控制流动资产。同时，为了规范酒店集团的投资行为，应对集团资产增量和存量实行分类管理，控制集团的经营性资产和非经营性资产的比例，确保集团公司资产营运与战略发展的一致性，提高资产利用效率。

2.明确管理权限，规范管理程序

母公司采取完全集中的财务管理体制，在财务总监负责下，由筹资部、投资部、规划部、财务公司和市场部等专业部门组成的投资决策中心，具体负责对母公司直接投资的项目进行全方位集权管理，实行统一调控。子公司应设置相应的投资管理部门，具体负责管理规模小的投资项目，规模较大的投资项目由母公司直接管理。集团企业应严格规范资产管理的程序，资产的购置、调剂、使用、报废、处置,不仅要做到权限分明、责任清楚,而且必须按照规范的程序进行管理。

3. 严格资产变动管理

核心层酒店与紧密层、半紧密层酒店之间虽然建立了产权关系,但随着酒店生产经营情况的变化和产业结构的调整,集团成员酒店之间还会出现资产转让现象。为防止资产流失,必须做到:集团成员酒店之间流动资产的转让必须是有偿的,固定资产的转让若为无偿调拨,必须经集团有关部门领导审查批准,凭无偿调拨手续办理;集团各成员酒店向集团外单位转让固定资产,必须有偿转让,并经集团有关部门领导审查批准。

(三)酒店集团投资决策管理

1. 选择投资机会

投资机会的选择是一个复杂的过程,集团公司应全面分析影响投资的各种因素,包括市场短缺分析、经济政策分析、行业分析,科学选择投资机会。

2. 引导投资方向

集团公司需要认真研究国家的财政政策、税收政策、货币政策和产业政策,选择适当的投资方向,通过对产业结构的效益进行比较和分析,及时提出资本结构的调整方案,引导成员企业的资金流动方向,使成员企业在授权的范围内,通过财务管理实现良好的投资效益。

3. 控制投资规模

集团公司应从集团整体利益出发,对投资规模进行全面和长远的规划,将各成员企业的投资规模控制在一定范围之内。

4. 审定投资项目

集团公司应当统一规定投资项目可行性分析和审定的决策程序,对规模较大的项目由集团公司审批,规模较小的项目由成员企业按照决策程序自行决定。

五、酒店集团内部转移管理

内部转移管理是指酒店集团各成员企业转让中间产品及其所用价格的决策管理。通常采用内部转移价格进行酒店集团内部结算,可以使酒店集团成员企业处于类似于市场交易的买卖两极,起到与外部市场价格相类似的作用,从而在保证成员企业利益的前提下实现集团整体利益最大化。内部转移价格有利于划清集团成员企业的经济责任,使业绩考核建立在客观可比的基础上,从而激励各成员有效经营,在集团内部优化资源配置。此外,内部转移价格还是进行内部核算、利润分配和财务控制的依据。

内部转移价格的制定应坚持集团整体利益高于成员企业利益这一基本原

则,做到公平合理。

六、酒店集团财务监控

(一)酒店集团财务人员控制

集团公司可通过对子公司财务人员的控制,来影响子公司的财务活动。为此,有必要对内部财务人员管理体制进行改革,实行财务人员的垂直管理,具体有以下几种做法。

1. 集中管理

子公司的财务负责人由集团公司统一委派,其人事关系、工作关系集中在集团公司财务部门。财务负责人的职责是:负责子公司的会计核算和财务管理;参与子公司经营决策,执行母公司资金管理制度。集团公司建立财务负责人的例会制度,沟通情况,落实任务,同时加强对财务负责人的指导与监督,制止违章行为。集团公司审计部门加强对子公司的财务审计、年度审计和离任审计,形成自上而下的审计约束机制。这种做法的优点是:一是实现了集中统一的垂直领导,财务管理指令畅通,财务人员能够正常行使职权,从而解决"顶得住,站不住"或"站得住,顶不住"的问题;二是加强了专业化管理,有利于统一核算口径与方法,提高财务信息质量。但其缺点是横向联系不够紧密,容易造成某些脱节。

2. 双重管理

子公司的财务负责人由集团公司统一任免,但他们的人事关系和工资关系不集中在集团公司财务部门。这种做法能够加强横向联系,避免脱节,也在一定程度上体现垂直管理。但由于人事关系和工作关系的原因,垂直管理的力度也很有限。

(二)酒店集团财务制度控制

由于酒店集团组织形式具有特殊性,现行财务与会计制度尚不能对酒店集团的财会工作加以全面规范,所以酒店集团还应结合集团经营管理和自主理财的需要,补充制定集团内部财务与会计管理制度,用以规范集团内部各层次企业的财务管理工作。

集团公司应根据内部核算的需要,补充部分会计科目(对母子公司具有相互对应关系的会计科目要作明确的使用说明),并统一设计规范的内部报表格式和封面,以便统一执行。对于合并财务报表,要作出具体规定,母子公司必须严格执行,以便于全面反映酒店集团的整体财务状况,满足信息使用者的需要。

(三)酒店集团审计监控

酒店集团财务管理内部层次多,财务关系复杂,需要运用内部审计手段,强化酒店集团内部的财务监督。酒店集团外部的财务监督工作由国家授权的专门部门和机构进行,集团内部的财务监督工作主要由集团公司审计部门统一组织。

1. 健全审计机构

一是把内部审计机构交由董事会或总经理直接领导,以保证审计监督的力度;二是配备足够的符合条件的审计人员,以保证按质按量完成审计任务;三是制定内部审计工作制度,把审计工作纳入规范化的轨道。

2. 明确审计重点

检查各项制度的执行情况,如内部牵制制度、内部财会制度等;验证收入的真实性、成本费用的合规合理性;实施针对性的专项审计,对经营管理中重大弱点问题提出改进意见,为酒店领导提供决策依据。

3. 改进审计方法

根据集团公司点多面广的实际,应将以详细审计为主改为以抽样审计为主,提高审计工作效率;将以一次性审计为主改为以经常性审计为主,保证审计的及时性;将以送达审计为主改为以就地审计为主,体现内部审计的务实性;将经常性财务收支审计、经济责任审计和经济效益审计结合起来,保证各成员企业在受控状态下开展工作;同时,以审计结果为依据,对各成员企业的财务活动进行规范、考核和评价。

第五节　酒店集团财务公司

财务公司是经济体制和金融体制改革过程中出现的新事物。酒店集团的发展仅仅依靠一般意义上的信贷资金是不够的,建立酒店集团财务公司,增强融资能力,提高资金效益,是酒店集团发展的重要选择。

一、酒店集团财务公司的性质与特点

(一) 酒店集团财务公司的基本性质

根据发展社会主义市场经济和深化经济、金融体制改革的要求,为支持大企业集团发展,中国人民银行自 1987 年起先后批准 60 多家企业集团试办财务公司。由于财务公司主要依托于大型企业集团存在,有"企业集团内部小银行"之称。可以预测,随着企业集团经济的发展和我国金融体制的深化改革,也将会有酒店集团建立财务公司。

财务公司是经中国人民银行批准设立的、为企业集团内部成员提供金融服务的非银行金融机构。财务公司作为企业集团的成员,在行政上受企业集团的

直接领导;作为非银行金融机构,在金融业务上接受中国人民银行的管理和监督,它是我国金融体系的重要组成部分。

(二) 酒店集团财务公司的设立条件

按国家有关规定,酒店集团设立财务公司需要具备以下条件。

(1) 申请人必须是具备以下条件的酒店集团:

① 符合国家产业政策。

② 申请前一年集团控股或按规定并表核算的成员单位总资产不低于80亿元人民币或等值的自由兑换货币,所有者权益不低于30亿人民币或等值的自由兑换货币,且净资产率不低于35%。

③ 集团控股或按规定并表核算的成员单位在申请前连续3年每年营业收入不低于60亿元人民币,利润总额不少于2亿元人民币或等值的自由兑换货币。

④ 母公司成立3年以上并具有集团内部财务管理和资金管理经验,近3年未发生重大违法违规行为。

(2) 具有符合《中华人民共和国公司法》和《企业集团财务公司管理办法》规定的章程。

(3) 具有符合《企业集团财务公司管理办法》规定的最低限额注册资本。

(4) 具有符合中国人民银行规定的任职资格的高级管理人员和从业人员。

(5) 有健全的组织机构、管理制度和风险控制制度。

(6) 有与业务经营相适应的营业场所、安全防范措施和其他设施。

(7) 中国人民银行规定的其他条件。

(三) 酒店集团财务公司的主要特点

酒店集团财务公司是专门办理酒店集团内部金融业务的非银行金融机构,与信托投资公司、证券公司、保险公司和租赁公司等其他非银行金融机构相比,酒店集团财务公司具有以下特点:

1. 特定服务

酒店集团财务公司建立在集团成员酒店对金融组织共同需要的基础上,集团成员酒店的投资是财务公司资本来源的基本形式,因此,财务公司必须为酒店集团提供特定的金融服务。

2. 双重管理

一方面,财务公司在行政上隶属于酒店集团,接受酒店集团董事会的领导;另一方面,在业务上接受中国人民银行的领导、管理和监督。

3. 综合职能

财务公司可以运用存款、贷款、代理结算、资金拆借、证券业务等金融手段,从事经批准的人民币与外汇金融业务,为酒店集团的发展提供综合性金融支持。

4. 资本单一

财务公司的资本仅限于集团成员酒店投入的股本金和集团成员酒店的存款等,资金实力相对有限。

二、酒店集团财务公司的业务与功能

(一)酒店集团财务公司的业务范围

经中国人民银行批准,财务公司可从事下列部分或全部业务:

(1)向集团内的各酒店吸收一年以上的专项存款,发放技术改造贷款、新产品和新技术开发贷款。

(2)向有关银行或其他金融机构办理资金拆借以及集团内酒店之间的资金融通和管理业务。

(3)承办国家支持酒店集团技术和产品开发贷款的划拨和管理。

(4)办理集团内设备融资租赁和产品融资租赁业务。

(5)办理集团公司所属单位委托的信托投资和信托贷款。

(6)经中国人民银行批准,发行或代理成员酒店发行债券。

(7)进行技术经济咨询,对新产品、新技术开发应用和技术改造投资可行性分析予以评估。

(8)办理集团内的经济担保及鉴证业务。

(9)经中国人民银行批准的其他业务。

(二)酒店集团财务公司的主要功能

1. 信贷功能

财务公司将其筹集的资金,以贷款的方式发放给集团内需要资金的酒店,做到财尽其用。在信贷管理上,信贷管理人员可以发挥其熟悉集团内部财务管理、生产管理、销售管理的特长,深入酒店供、产、销各环节进行调查研究,适时把握好资金的投向,在贷款发放和回收管理上起到商业银行难以起到的作用。

2. 融资功能

财务公司运用同业拆借、发行债券、发行新股、进行配股、从事外汇及有价证券的交易等手段,为酒店集团开辟广阔的融资渠道,成为酒店集团的融资中心。

3. 投资功能

集团财务公司可以将集团内部的闲散资金向效益高、风险小的产业投放,也可以将资金投向那些能够发挥集团优势、促进集团发展的重要项目,从而提高资金利用效率。财务公司还可作为中介机构,当好集团公司的投资参谋。

4. 服务功能

财务公司在酒店集团通过内部票据承兑、贴现、转账结算等方式,尽量减少资金占用,加速资金周转,提高资金使用效率;通过开展融资租赁和买方信贷,注入少量资金,解决酒店集团中间产品的购销问题;通过开展对集团成员酒店办理信用证、提供担保、资信调查、信息服务、投资咨询等中介业务,为集团成员酒店的发展提供全方位的服务。

三、酒店集团财务公司的组织与职责

财务公司的最高权力机构为董事会。董事会由董事长、副董事长、董事若干人组成。董事长可由集团公司推荐,副董事长、董事由出资单位协商产生。

(一)董事会的职责

(1)制定和修改公司章程,并报中国人民银行批准。

(2)任命经理,副经理由经理提名、董事会批准。

(3)根据国家有关方针、政策和财经法规,制定公司的经营方针和经营目标。

(4)根据国家规划,审定批准集团公司远期和近期信贷投资计划。

(5)根据公司的业务发展,确定分支机构的设立。

(6)需要由董事会决定的其他重大问题。

(二)经理的职责

财务公司实行董事会领导下的经理负责制。经理的职责主要包括以下方面:

(1)组织制定公司经营目标和发展规划,经董事会批准后贯彻执行。

(2)组织年度信贷计划的编制和审定重大投资项目。

(3)向董事会报告公司年度财务决算和利润分配方案。

(4)任免公司职能部门和分支机构的负责人。

(5)制定公司的各项规章制度并组织实施。

四、酒店集团财务公司的运作要求

(一)严格遵守法律法规

财务公司在经营管理上,要认真执行国家有关的金融法规,执行批准的信贷计划及存贷款利率。严格按照中国人民银行颁布的《企业集团财务公司管理办法》规定的业务范围,而不能超越业务范围。例如,财务公司不能办成商业银行,开展一般商业银行业务;不得在境内买卖或代理买卖股票、期货及其他衍生金融工具;不得投资于股权、实业或集团成员企业的债券。

(二)控制公司金融风险

财务公司应当建立和健全公司内部的业务管理和财务管理制度,制定存款、贷款、投资等管理办法,对经办的贷款项目要执行严格的资信调查和可行性研究。在投资执行过程中,要进行检查监督,维护公司的利益。公司受托的信托投资、贷款项目必须单独核算。同时,公司应当建立呆账准备金制度。

(三)正确处理各种关系

1. 财务公司与其他金融机构的关系

首先,财务公司要受中国人民银行的领导,中国人民银行要根据国家金融管理有关法律和规定,对财务公司的金融业务活动进行管理和监督。其次,由于财务公司经营范围较广,与银行和其他非银行金融机构在业务上有重叠和交叉,这就要求财务公司正确处理好与上述两者的关系。

2. 财务公司与酒店集团的关系

虽然财务公司在行政上隶属于酒店集团领导,但它是独立法人。因此,一方面酒店集团不能对财务公司的正常业务进行行政干预;另一方面,财务公司要定期地向董事会汇报业务经营情况,在日常业务经营中,也要接受集团总部的具体领导和监督。

3. 财务公司与集团财务部门的关系

财务公司是酒店集团所属的具有法人资格的非银行金融机构,而集团财务部门则是酒店集团从事财务工作的专门部门,本身不是独立的法人。两者在集团资金的筹措和运用方面有一定的业务联系,但应互不干涉并互相独立地开展各自的业务,不存在领导和被领导的关系。

4. 财务公司与集团各成员酒店的关系

财务公司与集团成员酒店之间是一种平等自愿、互惠互利的关系。成员酒店既是财务公司的股东,又是财务公司服务的对象。各成员酒店向财务公司开设存款户和贷款户,由财务公司负责资金的统一管理,并由其向银行开户,办理信贷和结算,统一上缴流转税。这样,财务公司对外与银行及财税部门发生联系,对内与集团各成员酒店发生联系。

五、酒店集团财务公司的变通形式

财务公司作为非银行金融机构,它的设立需要经过中国人民银行批准。因此,能够建立财务公司的只是少数特大型酒店集团。在实践中,大多数酒店集团采用一种变通形式,即建立财务结算中心。

财务结算中心是酒店集团内部独立核算、自负盈亏的非法人二级企业。在非法人地位上,它不同于财务公司,但与财务公司具有相同的作用。从实质上看,财务结算中心是把财务公司的运作机制引入酒店集团内部,对整个集团资金实行统存统贷管理,在所有权和使用权不变以及自有资金随时可用的原则下,把分散在集团内各个下属酒店的资金集中到财务结算中心,统一管理、分配和使用,并监督资金的流向。

酒店集团的一切收入都集中到财务结算中心。除了日常零星开支外的一切支出都通过财务结算中心转账支付。财务结算中心向集团内部吸收存款、发放贷款,并具体办理股份制改造、证券自营、债券发行、投资审议等业务。

财务结算中心除了每月提供中心的会计报表外,每天还提供银行存款日报表和企业存款日报表;每周星期一编制上周重大资金变动表,分别报送酒店集团总经理和主管财务的副总经理,从而防止资金在投放、运转和回笼中可能出现的漏洞,降低酒店集团的财务风险。

实践证明,建立酒店集团财务结算中心能够实现资金集中管理,强化资本经营意识,发挥集团资金优势,有利于减少银行户头,盘活存量资金,提高资金效率;有利于在同等生产经营规模下减少贷款特别是长期贷款,降低财务费用;有利于加强对所属酒店资金的监管,控制不合理的开支,避免重大资金流失;有利于提高集团信贷信用等级,树立良好的企业形象,寻求银行的优惠贷款支持。

■ 课后复习

1. 简述酒店集团的内涵和特点。
2. 简述酒店集团的紧密联合形式及其利益是如何分配的。
3. 简述酒店集团的松散联合形式及其利益是如何分配的。
4. 简述酒店集团财务管理体制的基本模式以及怎样建立适合酒店发展的财务管理体制。
5. 酒店集团财务管理的内容主要包括哪几个方面?每一方面又主要涵盖什么问题?
6. 学会认识酒店集团财务公司,从公司的业务与职能、组织与职责以及运转要求等方面进行讨论。
7. 当酒店集团不能设立财务公司时,通常选择哪种变通形式?

附录 A　一元复利终值表

期数	1%	2%	3%	4%	5%	6%	7%	8%	9%	10%
1	1.0100	1.0200	1.0300	1.0400	1.0500	1.0600	1.0700	1.0800	1.0900	1.1000
2	1.0201	1.0404	1.0609	1.0816	1.1025	1.1236	1.1449	1.1664	1.1881	1.2100
3	1.0303	1.0612	1.0927	1.1249	1.1576	1.1910	1.2250	1.2597	1.2950	1.3310
4	1.0406	1.0824	1.1255	1.1699	1.2155	1.2625	1.3108	1.3605	1.4116	1.4641
5	1.0510	1.1041	1.1593	1.2167	1.2763	1.3382	1.4026	1.4693	1.5386	1.6105
6	1.0615	1.1262	1.1941	1.2653	1.3401	1.4185	1.5007	1.5869	1.6771	1.7716
7	1.0721	1.1487	1.2299	1.3159	1.4071	1.5036	1.6058	1.7138	1.8280	1.9487
8	1.0829	1.1717	1.2668	1.3686	1.4775	1.5938	1.7182	1.8509	1.9926	2.1436
9	1.0937	1.1951	1.3048	1.4233	1.5513	1.6895	1.8385	1.9990	2.1719	2.3579
10	1.1046	1.2190	1.3439	1.4802	1.6289	1.7908	1.9672	2.1589	2.3674	2.5937
11	1.1157	1.2434	1.3842	1.5395	1.7103	1.8983	2.1049	2.3316	2.5804	2.8531
12	1.1268	1.2682	1.4258	1.6010	1.7959	2.0122	2.2522	2.5182	2.8127	3.1384
13	1.1381	1.2936	1.4685	1.6651	1.8856	2.1329	2.4098	2.7196	3.0658	3.4523
14	1.1495	1.3195	1.5126	1.7317	1.9799	2.2609	2.5785	2.9372	3.3417	3.7975
15	1.1610	1.3459	1.5580	1.8009	2.0789	2.3966	2.7590	3.1722	3.6425	4.1772
16	1.1726	1.3728	1.6047	1.8730	2.1829	2.5404	2.9522	3.4259	3.9703	4.5950
17	1.1843	1.4002	1.6528	1.9479	2.2920	2.6928	3.1588	3.7000	4.3276	5.0545
18	1.1961	1.4282	1.7024	2.0258	2.4066	2.8543	3.3799	3.9960	4.7171	5.5599
19	1.2081	1.4568	1.7535	2.1068	2.5270	3.0256	3.6165	4.3157	5.1417	6.1159
20	1.2202	1.4859	1.8061	2.1911	2.6533	3.2071	3.8697	4.6610	5.6044	6.7275
21	1.2324	1.5157	1.8603	2.2788	2.7860	3.3996	4.1406	5.0338	6.1088	7.4002
22	1.2447	1.5460	1.9161	2.3699	2.9253	3.6035	4.4304	5.4365	6.6586	8.1403

续表

期数	1%	2%	3%	4%	5%	6%	7%	8%	9%	10%
23	1.2572	1.5769	1.9736	2.4647	3.0715	3.8197	4.7405	5.8715	7.2579	8.9543
24	1.2697	1.6084	2.0328	2.5633	3.2251	4.0489	5.0724	6.3412	7.9111	9.8497
25	1.2824	1.6406	2.0938	2.6658	3.3864	4.2919	5.4274	6.8485	8.6231	10.8347
26	1.2953	1.6734	2.1566	2.7725	3.5557	4.5494	5.8074	7.3964	9.3992	11.9182
27	1.3082	1.7069	2.2213	2.8834	3.7335	4.8223	6.2139	7.9881	10.2451	13.1100
28	1.3213	1.7410	2.2879	2.9987	3.9201	5.1117	6.6488	8.6271	11.1671	14.4210
29	1.3345	1.7758	2.3566	3.1187	4.1161	5.4184	7.1143	9.3173	12.1722	15.8631
30	1.3478	1.8114	2.4273	3.2434	4.3219	5.7435	7.6123	10.0627	13.2677	17.4494

期数	11%	12%	13%	14%	15%	16%	17%	18%	19%	20%
1	1.1100	1.1200	1.1300	1.1400	1.1500	1.1600	1.1700	1.1800	1.1900	1.2000
2	1.2321	1.2544	1.2769	1.2996	1.3225	1.3456	1.3689	1.3924	1.4161	1.4400
3	1.3676	1.4049	1.4429	1.4815	1.5209	1.5609	1.6016	1.6430	1.6852	1.7280
4	1.5181	1.5735	1.6305	1.6890	1.7490	1.8106	1.8739	1.9388	2.0053	2.0736
5	1.6851	1.7623	1.8424	1.9254	2.0114	2.1003	2.1924	2.2878	2.3864	2.4883
6	1.8704	1.9738	2.0820	2.1950	2.3131	2.4364	2.5652	2.6996	2.8398	2.9860
7	2.0762	2.2107	2.3526	2.5023	2.6600	2.8262	3.0012	3.1855	3.3793	3.5832
8	2.3045	2.4760	2.6584	2.8526	3.0590	3.2784	3.5115	3.7589	4.0214	4.2998
9	2.5580	2.7731	3.0040	3.2519	3.5179	3.8030	4.1084	4.4355	4.7854	5.1598
10	2.8394	3.1058	3.3946	3.7072	4.0456	4.4114	4.8068	5.2338	5.6947	6.1917
11	3.1518	3.4786	3.8359	4.2262	4.6524	5.1173	5.6240	6.1759	6.7767	7.4301
12	3.4985	3.8960	4.3345	4.8179	5.3503	5.9360	6.5801	7.2876	8.0642	8.9161
13	3.8833	4.3635	4.8980	5.4924	6.1528	6.8858	7.6987	8.5994	9.5964	10.6993
14	4.3104	4.8871	5.5348	6.2613	7.0757	7.9875	9.0075	10.1472	11.4198	12.8392
15	4.7846	5.4736	6.2543	7.1379	8.1371	9.2655	10.5387	11.9737	13.5895	15.4070

附录A 一元复利终值表

续表

期数	11%	12%	13%	14%	15%	16%	17%	18%	19%	20%
16	5.3109	6.1304	7.0673	8.1372	9.3576	10.7480	12.3303	14.1290	16.1715	18.4884
17	5.8951	6.8660	7.9861	9.2765	10.7613	12.4677	14.4265	16.6722	19.2441	22.1861
18	6.5436	7.6900	9.0243	10.5752	12.3755	14.4625	16.8790	19.6733	22.9005	26.6233
19	7.2633	8.6128	10.1974	12.0557	14.2318	16.7765	19.7484	23.2144	27.2516	31.9480
20	8.0623	9.6463	11.5231	13.7435	16.3665	19.4608	23.1056	27.3930	32.4294	38.3376
21	8.9492	10.8038	13.0211	15.6676	18.8215	22.5745	27.0336	32.3238	38.5910	46.0051
22	9.9336	12.1003	14.7138	17.8610	21.6447	26.1864	31.6293	38.1421	45.9233	55.2061
23	11.0263	13.5523	16.6266	20.3616	24.8915	30.3762	37.0062	45.0076	54.6487	66.2474
24	12.2392	15.1786	18.7881	23.2122	28.6252	35.2364	43.2973	53.1090	65.0320	79.4968
25	13.5855	17.0001	21.2305	26.4619	32.9190	40.8742	50.6578	62.6686	77.3881	95.3962
26	15.0799	19.0401	23.9905	30.1666	37.8568	47.4141	59.2697	73.9490	92.0918	114.4755
27	16.7387	21.3249	27.1093	34.3899	43.5353	55.0004	69.3455	87.2598	109.5893	137.3706
28	18.5799	23.8839	30.6335	39.2045	50.0656	63.8004	81.1342	102.9666	130.4112	164.8447
29	20.6237	26.7499	34.6158	44.6931	57.5755	74.0085	94.9271	121.5005	155.1893	197.8136
30	22.8923	29.9599	39.1159	50.9502	66.2118	85.8499	111.0647	143.3706	184.6753	237.3763

期数	21%	22%	23%	24%	25%	26%	27%	28%	29%	30%
1	1.2100	1.2200	1.2300	1.2400	1.2500	1.2600	1.2700	1.2800	1.2900	1.3000
2	1.4641	1.4884	1.5129	1.5376	1.5625	1.5876	1.6129	1.6384	1.6641	1.6900
3	1.7716	1.8158	1.8609	1.9066	1.9531	2.0004	2.0484	2.0972	2.1467	2.1970
4	2.1436	2.2153	2.2889	2.3642	2.4414	2.5205	2.6014	2.6844	2.7692	2.8561
5	2.5937	2.7027	2.8153	2.9316	3.0518	3.1758	3.3038	3.4360	3.5723	3.7129
6	3.1384	3.2973	3.4628	3.6352	3.8147	4.0015	4.1959	4.3980	4.6083	4.8268
7	3.7975	4.0227	4.2593	4.5077	4.7684	5.0419	5.3288	5.6295	5.9447	6.2749
8	4.5950	4.9077	5.2389	5.5895	5.9605	6.3528	6.7675	7.2058	7.6686	8.1573

续表

期数	21%	22%	23%	24%	25%	26%	27%	28%	29%	30%
9	5.5599	5.9874	6.4439	6.9310	7.4506	8.0045	8.5948	9.2234	9.8925	10.6045
10	6.7275	7.3046	7.9259	8.5944	9.3132	10.0857	10.9153	11.8059	12.7614	13.7858
11	8.1403	8.9117	9.7489	10.6571	11.6415	12.7080	13.8625	15.1116	16.4622	17.9216
12	9.8497	10.8722	11.9912	13.2148	14.5519	16.0120	17.6053	19.3428	21.2362	23.2981
13	11.9182	13.2641	14.7491	16.3863	18.1899	20.1752	22.3588	24.7588	27.3947	30.2875
14	14.4210	16.1822	18.1414	20.3191	22.7374	25.4207	28.3957	31.6913	35.3391	39.3738
15	17.4494	19.7423	22.3140	25.1956	28.4217	32.0301	36.0625	40.5648	45.5875	51.1859
16	21.1138	24.0856	27.4462	31.2426	35.5271	40.3579	45.7994	51.9230	58.8079	66.5417
17	25.5477	29.3844	33.7588	38.7408	44.4089	50.8510	58.1652	66.4614	75.8621	86.5042
18	30.9127	35.8490	41.5233	48.0386	55.5112	64.0722	73.8698	85.0706	97.8622	112.4554
19	37.4043	43.7358	51.0737	59.5679	69.3889	80.7310	93.8147	108.8904	126.2422	146.1920
20	45.2593	53.3576	62.8206	73.8641	86.7362	101.7211	119.1446	139.3797	162.8524	190.0496
21	54.7637	65.0963	77.2694	91.5915	108.4202	128.1685	151.3137	178.4060	210.0796	247.0645
22	66.2641	79.4175	95.0413	113.5735	135.5253	161.4924	192.1683	228.3596	271.0027	321.1839
23	80.1795	96.8894	116.9008	140.8312	169.4066	203.4804	244.0538	292.3003	349.5935	417.5391
24	97.0172	118.2050	143.7880	174.6305	211.7582	256.3853	309.9483	374.1444	450.9756	542.8008
25	117.3909	144.2101	176.8593	216.5420	264.6978	323.0454	393.6344	478.9049	581.7585	705.6410
26	142.0429	175.9364	217.5369	268.5121	330.8722	407.0373	499.9157	612.9982	750.4685	917.3333
27	171.8719	214.6424	267.5704	332.9550	413.5903	512.8670	634.8929	784.6377	968.1044	1192.5333
28	207.9651	261.8637	329.1115	412.8642	516.9879	646.2124	806.3140	1004.3363	1248.8546	1550.2933
29	251.6377	319.4737	404.8072	511.9516	646.2349	814.2276	1024.0187	1285.5504	1611.0225	2015.3813
30	304.4816	389.7579	497.9129	634.8199	807.7936	1025.9267	1300.5038	1645.5046	2078.2190	2619.9956

附录 B 一元复利现值表

期数	1%	2%	3%	4%	5%	6%	7%	8%	9%	10%
1	0.9901	0.9804	0.9709	0.9615	0.9524	0.9434	0.9346	0.9259	0.9174	0.9091
2	0.9803	0.9612	0.9426	0.9246	0.9070	0.8900	0.8734	0.8573	0.8417	0.8264
3	0.9706	0.9423	0.9151	0.8890	0.8638	0.8396	0.8163	0.7938	0.7722	0.7513
4	0.9610	0.9238	0.8885	0.8548	0.8227	0.7921	0.7629	0.7350	0.7084	0.6830
5	0.9515	0.9057	0.8626	0.8219	0.7835	0.7473	0.7130	0.6806	0.6499	0.6209
6	0.9420	0.8880	0.8375	0.7903	0.7462	0.7050	0.6663	0.6302	0.5963	0.5645
7	0.9327	0.8706	0.8131	0.7599	0.7107	0.6651	0.6227	0.5835	0.5470	0.5132
8	0.9235	0.8535	0.7894	0.7307	0.6768	0.6274	0.5820	0.5403	0.5019	0.4665
9	0.9143	0.8368	0.7664	0.7026	0.6446	0.5919	0.5439	0.5002	0.4604	0.4241
10	0.9053	0.8203	0.7441	0.6756	0.6139	0.5584	0.5083	0.4632	0.4224	0.3855
11	0.8963	0.8043	0.7224	0.6496	0.5847	0.5268	0.4751	0.4289	0.3875	0.3505
12	0.8874	0.7885	0.7014	0.6246	0.5568	0.4970	0.4440	0.3971	0.3555	0.3186
13	0.8787	0.7730	0.6810	0.6006	0.5303	0.4688	0.4150	0.3677	0.3262	0.2897
14	0.8700	0.7579	0.6611	0.5775	0.5051	0.4423	0.3878	0.3405	0.2992	0.2633
15	0.8613	0.7430	0.6419	0.5553	0.4810	0.4173	0.3624	0.3152	0.2745	0.2394
16	0.8528	0.7284	0.6232	0.5339	0.4581	0.3936	0.3387	0.2919	0.2519	0.2176
17	0.8444	0.7142	0.6050	0.5134	0.4363	0.3714	0.3166	0.2703	0.2311	0.1978
18	0.8360	0.7002	0.5874	0.4936	0.4155	0.3503	0.2959	0.2502	0.2120	0.1799
19	0.8277	0.6864	0.5703	0.4746	0.3957	0.3305	0.2765	0.2317	0.1945	0.1635
20	0.8195	0.6730	0.5537	0.4564	0.3769	0.3118	0.2584	0.2145	0.1784	0.1486
21	0.8114	0.6598	0.5375	0.4388	0.3589	0.2942	0.2415	0.1987	0.1637	0.1351
22	0.8034	0.6468	0.5219	0.4220	0.3418	0.2775	0.2257	0.1839	0.1502	0.1228

续表

期数	1%	2%	3%	4%	5%	6%	7%	8%	9%	10%
23	0.7954	0.6342	0.5067	0.4057	0.3256	0.2618	0.2109	0.1703	0.1378	0.1117
24	0.7876	0.6217	0.4919	0.3901	0.3101	0.2470	0.1971	0.1577	0.1264	0.1015
25	0.7798	0.6095	0.4776	0.3751	0.2953	0.2330	0.1842	0.1460	0.1160	0.0923
26	0.7720	0.5976	0.4637	0.3607	0.2812	0.2198	0.1722	0.1352	0.1064	0.0839
27	0.7644	0.5859	0.4502	0.3468	0.2678	0.2074	0.1609	0.1252	0.0976	0.0763
28	0.7568	0.5744	0.4371	0.3335	0.2551	0.1956	0.1504	0.1159	0.0895	0.0693
29	0.7493	0.5631	0.4243	0.3207	0.2429	0.1846	0.1406	0.1073	0.0822	0.0630
30	0.7419	0.5521	0.4120	0.3083	0.2314	0.1741	0.1314	0.0994	0.0754	0.0573

期数	11%	12%	13%	14%	15%	16%	17%	18%	19%	20%
1	0.9009	0.8929	0.8850	0.8772	0.8696	0.8621	0.8547	0.8475	0.8403	0.8333
2	0.8116	0.7972	0.7831	0.7695	0.7561	0.7432	0.7305	0.7182	0.7062	0.6944
3	0.7312	0.7118	0.6931	0.6750	0.6575	0.6407	0.6244	0.6086	0.5934	0.5787
4	0.6587	0.6355	0.6133	0.5921	0.5718	0.5523	0.5337	0.5158	0.4987	0.4823
5	0.5935	0.5674	0.5428	0.5194	0.4972	0.4761	0.4561	0.4371	0.4190	0.4019
6	0.5346	0.5066	0.4803	0.4556	0.4323	0.4104	0.3898	0.3704	0.3521	0.3349
7	0.4817	0.4523	0.4251	0.3996	0.3759	0.3538	0.3332	0.3139	0.2959	0.2791
8	0.4339	0.4039	0.3762	0.3506	0.3269	0.3050	0.2848	0.2660	0.2487	0.2326
9	0.3909	0.3606	0.3329	0.3075	0.2843	0.2630	0.2434	0.2255	0.2090	0.1938
10	0.3522	0.3220	0.2946	0.2697	0.2472	0.2267	0.2080	0.1911	0.1756	0.1615
11	0.3173	0.2875	0.2607	0.2366	0.2149	0.1954	0.1778	0.1619	0.1476	0.1346
12	0.2858	0.2567	0.2307	0.2076	0.1869	0.1685	0.1520	0.1372	0.1240	0.1122
13	0.2575	0.2292	0.2042	0.1821	0.1625	0.1452	0.1299	0.1163	0.1042	0.0935
14	0.2320	0.2046	0.1807	0.1597	0.1413	0.1252	0.1110	0.0985	0.0876	0.0779
15	0.2090	0.1827	0.1599	0.1401	0.1229	0.1079	0.0949	0.0835	0.0736	0.0649

附录B 一元复利现值表

续表

期数	11%	12%	13%	14%	15%	16%	17%	18%	19%	20%
16	0.1883	0.1631	0.1415	0.1229	0.1069	0.0930	0.0811	0.0708	0.0618	0.0541
17	0.1696	0.1456	0.1252	0.1078	0.0929	0.0802	0.0693	0.0600	0.0520	0.0451
18	0.1528	0.1300	0.1108	0.0946	0.0808	0.0691	0.0592	0.0508	0.0437	0.0376
19	0.1377	0.1161	0.0981	0.0829	0.0703	0.0596	0.0506	0.0431	0.0367	0.0313
20	0.1240	0.1037	0.0868	0.0728	0.0611	0.0514	0.0433	0.0365	0.0308	0.0261
21	0.1117	0.0926	0.0768	0.0638	0.0531	0.0443	0.0370	0.0309	0.0259	0.0217
22	0.1007	0.0826	0.0680	0.0560	0.0462	0.0382	0.0316	0.0262	0.0218	0.0181
23	0.0907	0.0738	0.0601	0.0491	0.0402	0.0329	0.0270	0.0222	0.0183	0.0151
24	0.0817	0.0659	0.0532	0.0431	0.0349	0.0284	0.0231	0.0188	0.0154	0.0126
25	0.0736	0.0588	0.0471	0.0378	0.0304	0.0245	0.0197	0.0160	0.0129	0.0105
26	0.0663	0.0525	0.0417	0.0331	0.0264	0.0211	0.0169	0.0135	0.0109	0.0087
27	0.0597	0.0469	0.0369	0.0291	0.0230	0.0182	0.0144	0.0115	0.0091	0.0073
28	0.0538	0.0419	0.0326	0.0255	0.0200	0.0157	0.0123	0.0097	0.0077	0.0061
29	0.0485	0.0374	0.0289	0.0224	0.0174	0.0135	0.0105	0.0082	0.0064	0.0051
30	0.0437	0.0334	0.0256	0.0196	0.0151	0.0116	0.0090	0.0070	0.0054	0.0042

期数	21%	22%	23%	24%	25%	26%	27%	28%	29%	30%
1	0.8264	0.8197	0.8130	0.8065	0.8000	0.7937	0.7874	0.7813	0.7752	0.7692
2	0.6830	0.6719	0.6610	0.6504	0.6400	0.6299	0.6200	0.6104	0.6009	0.5917
3	0.5645	0.5507	0.5374	0.5245	0.5120	0.4999	0.4882	0.4768	0.4658	0.4552
4	0.4665	0.4514	0.4369	0.4230	0.4096	0.3968	0.3844	0.3725	0.3611	0.3501
5	0.3855	0.3700	0.3552	0.3411	0.3277	0.3149	0.3027	0.2910	0.2799	0.2693
6	0.3186	0.3033	0.2888	0.2751	0.2621	0.2499	0.2383	0.2274	0.2170	0.2072
7	0.2633	0.2486	0.2348	0.2218	0.2097	0.1983	0.1877	0.1776	0.1682	0.1594
8	0.2176	0.2038	0.1909	0.1789	0.1678	0.1574	0.1478	0.1388	0.1304	0.1226

续表

期数	21%	22%	23%	24%	25%	26%	27%	28%	29%	30%
9	0.1799	0.1670	0.1552	0.1443	0.1342	0.1249	0.1164	0.1084	0.1011	0.0943
10	0.1486	0.1369	0.1262	0.1164	0.1074	0.0992	0.0916	0.0847	0.0784	0.0725
11	0.1228	0.1122	0.1026	0.0938	0.0859	0.0787	0.0721	0.0662	0.0607	0.0558
12	0.1015	0.0920	0.0834	0.0757	0.0687	0.0625	0.0568	0.0517	0.0471	0.0429
13	0.0839	0.0754	0.0678	0.0610	0.0550	0.0496	0.0447	0.0404	0.0365	0.0330
14	0.0693	0.0618	0.0551	0.0492	0.0440	0.0393	0.0352	0.0316	0.0283	0.0254
15	0.0573	0.0507	0.0448	0.0397	0.0352	0.0312	0.0277	0.0247	0.0219	0.0195
16	0.0474	0.0415	0.0364	0.0320	0.0281	0.0248	0.0218	0.0193	0.0170	0.0150
17	0.0391	0.0340	0.0296	0.0258	0.0225	0.0197	0.0172	0.0150	0.0132	0.0116
18	0.0323	0.0279	0.0241	0.0208	0.0180	0.0156	0.0135	0.0118	0.0102	0.0089
19	0.0267	0.0229	0.0196	0.0168	0.0144	0.0124	0.0107	0.0092	0.0079	0.0068
20	0.0221	0.0187	0.0159	0.0135	0.0115	0.0098	0.0084	0.0072	0.0061	0.0053
21	0.0183	0.0154	0.0129	0.0109	0.0092	0.0078	0.0066	0.0056	0.0048	0.0040
22	0.0151	0.0126	0.0105	0.0088	0.0074	0.0062	0.0052	0.0044	0.0037	0.0031
23	0.0125	0.0103	0.0086	0.0071	0.0059	0.0049	0.0041	0.0034	0.0029	0.0024
24	0.0103	0.0085	0.0070	0.0057	0.0047	0.0039	0.0032	0.0027	0.0022	0.0018
25	0.0085	0.0069	0.0057	0.0046	0.0038	0.0031	0.0025	0.0021	0.0017	0.0014
26	0.0070	0.0057	0.0046	0.0037	0.0030	0.0025	0.0020	0.0016	0.0013	0.0011
27	0.0058	0.0047	0.0037	0.0030	0.0024	0.0019	0.0016	0.0013	0.0010	0.0008
28	0.0048	0.0038	0.0030	0.0024	0.0019	0.0015	0.0012	0.0010	0.0008	0.0006
29	0.0040	0.0031	0.0025	0.0020	0.0015	0.0012	0.0010	0.0008	0.0006	0.0005
30	0.0033	0.0026	0.0020	0.0016	0.0012	0.0010	0.0008	0.0006	0.0005	0.0004

附录 C 一元年金终值表

期数	1%	2%	3%	4%	5%	6%	7%	8%	9%	10%
1	1.0000	1.0000	1.0000	1.0000	1.0000	1.0000	1.0000	1.0000	1.0000	1.0000
2	2.0100	2.0200	2.0300	2.0400	2.0500	2.0600	2.0700	2.0800	2.0900	2.1000
3	3.0301	3.0604	3.0909	3.1216	3.1525	3.1836	3.2149	3.2464	3.2781	3.3100
4	4.0604	4.1216	4.1836	4.2465	4.3101	4.3746	4.4399	4.5061	4.5731	4.6410
5	5.1010	5.2040	5.3091	5.4163	5.5256	5.6371	5.7507	5.8666	5.9847	6.1051
6	6.1520	6.3081	6.4684	6.6330	6.8019	6.9753	7.1533	7.3359	7.5233	7.7156
7	7.2135	7.4343	7.6625	7.8983	8.1420	8.3938	8.6540	8.9228	9.2004	9.4872
8	8.2857	8.5830	8.8923	9.2142	9.5491	9.8975	10.2598	10.6366	11.0285	11.4359
9	9.3685	9.7546	10.1591	10.5828	11.0266	11.4913	11.9780	12.4876	13.0210	13.5795
10	10.4622	10.9497	11.4639	12.0061	12.5779	13.1808	13.8164	14.4866	15.1929	15.9374
11	11.5668	12.1687	12.8078	13.4864	14.2068	14.9716	15.7836	16.6455	17.5603	18.5312
12	12.6825	13.4121	14.1920	15.0258	15.9171	16.8699	17.8885	18.9771	20.1407	21.3843
13	13.8093	14.6803	15.6178	16.6268	17.7130	18.8821	20.1406	21.4953	22.9534	24.5227
14	14.9474	15.9739	17.0863	18.2919	19.5986	21.0151	22.5505	24.2149	26.0192	27.9750
15	16.0969	17.2934	18.5989	20.0236	21.5786	23.2760	25.1290	27.1521	29.3609	31.7725
16	17.2579	18.6393	20.1569	21.8245	23.6575	25.6725	27.8881	30.3243	33.0034	35.9497
17	18.4304	20.0121	21.7616	23.6975	25.8404	28.2129	30.8402	33.7502	36.9737	40.5447
18	19.6147	21.4123	23.4144	25.6454	28.1324	30.9057	33.9990	37.4502	41.3013	45.5992
19	20.8109	22.8406	25.1169	27.6712	30.5390	33.7600	37.3790	41.4463	46.0185	51.1591
20	22.0190	24.2974	26.8704	29.7781	33.0660	36.7856	40.9955	45.7620	51.1601	57.2750
21	23.2392	25.7833	28.6765	31.9692	35.7193	39.9927	44.8652	50.4229	56.7645	64.0025
22	24.4716	27.2990	30.5368	34.2480	38.5052	43.3923	49.0057	55.4568	62.8733	71.4027

续表

期数	1%	2%	3%	4%	5%	6%	7%	8%	9%	10%
23	25.7163	28.8450	32.4529	36.6179	41.4305	46.9958	53.4361	60.8933	69.5319	79.5430
24	26.9735	30.4219	34.4265	39.0826	44.5020	50.8156	58.1767	66.7648	76.7898	88.4973
25	28.2432	32.0303	36.4593	41.6459	47.7271	54.8645	63.2490	73.1059	84.7009	98.3471
26	29.5256	33.6709	38.5530	44.3117	51.1135	59.1564	68.6765	79.9544	93.3240	109.1818
27	30.8209	35.3443	40.7096	47.0842	54.6691	63.7058	74.4838	87.3508	102.7231	121.0999
28	32.1291	37.0512	42.9309	49.9676	58.4026	68.5281	80.6977	95.3388	112.9682	134.2099
29	33.4504	38.7922	45.2189	52.9663	62.3227	73.6398	87.3465	103.9659	124.1354	148.6309
30	34.7849	40.5681	47.5754	56.0849	66.4388	79.0582	94.4608	113.2832	136.3075	164.4940

期数	11%	12%	13%	14%	15%	16%	17%	18%	19%	20%
1	1.0000	1.0000	1.0000	1.0000	1.0000	1.0000	1.0000	1.0000	1.0000	1.0000
2	2.1100	2.1200	2.1300	2.1400	2.1500	2.1600	2.1700	2.1800	2.1900	2.2000
3	3.3421	3.3744	3.4069	3.4396	3.4725	3.5056	3.5389	3.5724	3.6061	3.6400
4	4.7097	4.7793	4.8498	4.9211	4.9934	5.0665	5.1405	5.2154	5.2913	5.3680
5	6.2278	6.3528	6.4803	6.6101	6.7424	6.8771	7.0144	7.1542	7.2966	7.4416
6	7.9129	8.1152	8.3227	8.5355	8.7537	8.9775	9.2068	9.4420	9.6830	9.9299
7	9.7833	10.0890	10.4047	10.7305	11.0668	11.4139	11.7720	12.1415	12.5227	12.9159
8	11.8594	12.2997	12.7573	13.2328	13.7268	14.2401	14.7733	15.3270	15.9020	16.4991
9	14.1640	14.7757	15.4157	16.0853	16.7858	17.5185	18.2847	19.0859	19.9234	20.7989
10	16.7220	17.5487	18.4197	19.3373	20.3037	21.3215	22.3931	23.5213	24.7089	25.9587
11	19.5614	20.6546	21.8143	23.0445	24.3493	25.7329	27.1999	28.7551	30.4035	32.1504
12	22.7132	24.1331	25.6502	27.2707	29.0017	30.8502	32.8239	34.9311	37.1802	39.5805
13	26.2116	28.0291	29.9847	32.0887	34.3519	36.7862	39.4040	42.2187	45.2445	48.4966
14	30.0949	32.3926	34.8827	37.5811	40.5047	43.6720	47.1027	50.8180	54.8409	59.1959
15	34.4054	37.2797	40.4175	43.8424	47.5804	51.6595	56.1101	60.9653	66.2607	72.0351

附录C 一元年金终值表

续表

期数	11%	12%	13%	14%	15%	16%	17%	18%	19%	20%
16	39.1899	42.7533	46.6717	50.9804	55.7175	60.9250	66.6488	72.9390	79.8502	87.4421
17	44.5008	48.8837	53.7391	59.1176	65.0751	71.6730	78.9792	87.0680	96.0218	105.9306
18	50.3959	55.7497	61.7251	68.3941	75.8364	84.1407	93.4056	103.7403	115.2659	128.1167
19	56.9395	63.4397	70.7494	78.9692	88.2118	98.6032	110.2846	123.4135	138.1664	154.7400
20	64.2028	72.0524	80.9468	91.0249	102.4436	115.3797	130.0329	146.6280	165.4180	186.6880
21	72.2651	81.6987	92.4699	104.7684	118.8101	134.8405	153.1385	174.0210	197.8474	225.0256
22	81.2143	92.5026	105.4910	120.4360	137.6316	157.4150	180.1721	206.3448	236.4385	271.0307
23	91.1479	104.6029	120.2048	138.2970	159.2764	183.6014	211.8013	244.4868	282.3618	326.2369
24	102.1742	118.1552	136.8315	158.6586	184.1678	213.9776	248.8076	289.4945	337.0105	392.4842
25	114.4133	133.3339	155.6196	181.8708	212.7930	249.2140	292.1049	342.6035	402.0425	471.9811
26	127.9988	150.3339	176.8501	208.3327	245.7120	290.0883	342.7627	405.2721	479.4306	567.3773
27	143.0786	169.3740	200.8406	238.4993	283.5688	337.5024	402.0323	479.2211	571.5224	681.8528
28	159.8173	190.6989	227.9499	272.8892	327.1041	392.5028	471.3778	566.4809	681.1116	819.2233
29	178.3972	214.5828	258.5834	312.0937	377.1697	456.3032	552.5121	669.4475	811.5228	984.0680
30	199.0209	241.3327	293.1992	356.7868	434.7451	530.3117	647.4391	790.9480	966.7122	1181.8816

期数	21%	22%	23%	24%	25%	26%	27%	28%	29%	30%
1	1.0000	1.0000	1.0000	1.0000	1.0000	1.0000	1.0000	1.0000	1.0000	1.0000
2	2.2100	2.2200	2.2300	2.2400	2.2500	2.2600	2.2700	2.2800	2.2900	2.3000
3	3.6741	3.7084	3.7429	3.7776	3.8125	3.8476	3.8829	3.9184	3.9541	3.9900
4	5.4457	5.5242	5.6038	5.6842	5.7656	5.8480	5.9313	6.0156	6.1008	6.1870
5	7.5892	7.7396	7.8926	8.0484	8.2070	8.3684	8.5327	8.6999	8.8700	9.0431
6	10.1830	10.4423	10.7079	10.9801	11.2588	11.5442	11.8366	12.1359	12.4423	12.7560
7	13.3214	13.7396	14.1708	14.6153	15.0735	15.5458	16.0324	16.5339	17.0506	17.5828
8	17.1189	17.7623	18.4300	19.1229	19.8419	20.5876	21.3612	22.1634	22.9953	23.8577

续表

期数	21%	22%	23%	24%	25%	26%	27%	28%	29%	30%
9	21.7139	22.6700	23.6690	24.7125	25.8023	26.9404	28.1287	29.3692	30.6639	32.0150
10	27.2738	28.6574	30.1128	31.6434	33.2529	34.9449	36.7235	38.5926	40.5564	42.6195
11	34.0013	35.9620	38.0388	40.2379	42.5661	45.0306	47.6388	50.3985	53.3178	56.4053
12	42.1416	44.8737	47.7877	50.8950	54.2077	57.7386	61.5013	65.5100	69.7800	74.3270
13	51.9913	55.7459	59.7788	64.1097	68.7596	73.7506	79.1066	84.8529	91.0161	97.6250
14	63.9095	69.0100	74.5280	80.4961	86.9495	93.9258	101.4654	109.6117	118.4108	127.9125
15	78.3305	85.1922	92.6694	100.8151	109.6868	119.3465	129.8611	141.3029	153.7500	167.2863
16	95.7799	104.9345	114.9834	126.0108	138.1085	151.3766	165.9236	181.8677	199.3374	218.4722
17	116.8937	129.0201	142.4295	157.2534	173.6357	191.7345	211.7230	233.7907	258.1453	285.0139
18	142.4413	158.4045	176.1883	195.9942	218.0446	242.5855	269.8882	300.2521	334.0074	371.5180
19	173.3540	194.2535	217.7116	244.0328	273.5558	306.6577	343.7580	385.3227	431.8696	483.9734
20	210.7584	237.9893	268.7853	303.6006	342.9447	387.3887	437.5726	494.2131	558.1118	630.1655
21	256.0176	291.3469	331.6059	377.4648	429.6809	489.1098	556.7173	633.5927	720.9642	820.2151
22	310.7813	356.4432	408.8753	469.0563	538.1011	617.2783	708.0309	811.9987	931.0438	1067.2796
23	377.0454	435.8607	503.9166	582.6298	673.6264	778.7707	900.1993	1040.3583	1202.0465	1388.4635
24	457.2249	532.7501	620.8174	723.4610	843.0329	982.2511	1144.2531	1332.6586	1551.6400	1806.0026
25	554.2422	650.9551	764.6054	898.0916	1054.7912	1238.6363	1454.2014	1706.8031	2002.6156	2348.8033
26	671.6330	795.1653	941.4647	1114.6336	1319.4890	1561.6818	1847.8358	2185.7079	2584.3741	3054.4443
27	813.6759	971.1016	1159.0016	1383.1457	1650.3612	1968.7191	2347.7515	2798.7061	3334.8426	3971.7776
28	985.5479	1185.7440	1426.5719	1716.1007	2063.9515	2481.5860	2982.6444	3583.3438	4302.9470	5164.3109
29	1193.5129	1447.6077	1755.6835	2128.9648	2580.9394	3127.7984	3788.9583	4587.6801	5551.8016	6714.6042
30	1445.1507	1767.0813	2160.4907	2640.9164	3227.1743	3942.0260	4812.9771	5873.2306	7162.8241	8729.9855

附录 D 一元年金现值表

期数	1%	2%	3%	4%	5%	6%	7%	8%	9%	10%
1	0.9901	0.9804	0.9709	0.9615	0.9524	0.9434	0.9346	0.9259	0.9174	0.9091
2	1.9704	1.9416	1.9135	1.8861	1.8594	1.8334	1.8080	1.7833	1.7591	1.7355
3	2.9410	2.8839	2.8286	2.7751	2.7232	2.6730	2.6243	2.5771	2.5313	2.4869
4	3.9020	3.8077	3.7171	3.6299	3.5460	3.4651	3.3872	3.3121	3.2397	3.1699
5	4.8534	4.7135	4.5797	4.4518	4.3295	4.2124	4.1002	3.9927	3.8897	3.7908
6	5.7955	5.6014	5.4172	5.2421	5.0757	4.9173	4.7665	4.6229	4.4859	4.3553
7	6.7282	6.4720	6.2303	6.0021	5.7864	5.5824	5.3893	5.2064	5.0330	4.8684
8	7.6517	7.3255	7.0197	6.7327	6.4632	6.2098	5.9713	5.7466	5.5348	5.3349
9	8.5660	8.1622	7.7861	7.4353	7.1078	6.8017	6.5152	6.2469	5.9952	5.7590
10	9.4713	8.9826	8.5302	8.1109	7.7217	7.3601	7.0236	6.7101	6.4177	6.1446
11	10.3676	9.7868	9.2526	8.7605	8.3064	7.8869	7.4987	7.1390	6.8052	6.4951
12	11.2551	10.5753	9.9540	9.3851	8.8633	8.3838	7.9427	7.5361	7.1607	6.8137
13	12.1337	11.3484	10.6350	9.9856	9.3936	8.8527	8.3577	7.9038	7.4869	7.1034
14	13.0037	12.1062	11.2961	10.5631	9.8986	9.2950	8.7455	8.2442	7.7862	7.3667
15	13.8651	12.8493	11.9379	11.1184	10.3797	9.7122	9.1079	8.5595	8.0607	7.6061
16	14.7179	13.5777	12.5611	11.6523	10.8378	10.1059	9.4466	8.8514	8.3126	7.8237
17	15.5623	14.2919	13.1661	12.1657	11.2741	10.4773	9.7632	9.1216	8.5436	8.0216
18	16.3983	14.9920	13.7535	12.6593	11.6896	10.8276	10.0591	9.3719	8.7556	8.2014
19	17.2260	15.6785	14.3238	13.1339	12.0853	11.1581	10.3356	9.6036	8.9501	8.3649
20	18.0456	16.3514	14.8775	13.5903	12.4622	11.4699	10.5940	9.8181	9.1285	8.5136
21	18.8570	17.0112	15.4150	14.0292	12.8212	11.7641	10.8355	10.0168	9.2922	8.6487
22	19.6604	17.6580	15.9369	14.4511	13.1630	12.0416	11.0612	10.2007	9.4424	8.7715

续表

期数	1%	2%	3%	4%	5%	6%	7%	8%	9%	10%
23	20.4558	18.2922	16.4436	14.8568	13.4886	12.3034	11.2722	10.3711	9.5802	8.8832
24	21.2434	18.9139	16.9355	15.2470	13.7986	12.5504	11.4693	10.5288	9.7066	8.9847
25	22.0232	19.5235	17.4131	15.6221	14.0939	12.7834	11.6536	10.6748	9.8226	9.0770
26	22.7952	20.1210	17.8768	15.9828	14.3752	13.0032	11.8258	10.8100	9.9290	9.1609
27	23.5596	20.7069	18.3270	16.3296	14.6430	13.2105	11.9867	10.9352	10.0266	9.2372
28	24.3164	21.2813	18.7641	16.6631	14.8981	13.4062	12.1371	11.0511	10.1161	9.3066
29	25.0658	21.8444	19.1885	16.9837	15.1411	13.5907	12.2777	11.1584	10.1983	9.3696
30	25.8077	22.3965	19.6004	17.2920	15.3725	13.7648	12.4090	11.2578	10.2737	9.4269

期数	11%	12%	13%	14%	15%	16%	17%	18%	19%	20%
1	0.9009	0.8929	0.8850	0.8772	0.8696	0.8621	0.8547	0.8475	0.8403	0.8333
2	1.7125	1.6901	1.6681	1.6467	1.6257	1.6052	1.5852	1.5656	1.5465	1.5278
3	2.4437	2.4018	2.3612	2.3216	2.2832	2.2459	2.2096	2.1743	2.1399	2.1065
4	3.1024	3.0373	2.9745	2.9137	2.8550	2.7982	2.7432	2.6901	2.6386	2.5887
5	3.6959	3.6048	3.5172	3.4331	3.3522	3.2743	3.1993	3.1272	3.0576	2.9906
6	4.2305	4.1114	3.9975	3.8887	3.7845	3.6847	3.5892	3.4976	3.4098	3.3255
7	4.7122	4.5638	4.4226	4.2883	4.1604	4.0386	3.9224	3.8115	3.7057	3.6046
8	5.1461	4.9676	4.7988	4.6389	4.4873	4.3436	4.2072	4.0776	3.9544	3.8372
9	5.5370	5.3282	5.1317	4.9464	4.7716	4.6065	4.4506	4.3030	4.1633	4.0310
10	5.8892	5.6502	5.4262	5.2161	5.0188	4.8332	4.6586	4.4941	4.3389	4.1925
11	6.2065	5.9377	5.6869	5.4527	5.2337	5.0286	4.8364	4.6560	4.4865	4.3271
12	6.4924	6.1944	5.9176	5.6603	5.4206	5.1971	4.9884	4.7932	4.6105	4.4392
13	6.7499	6.4235	6.1218	5.8424	5.5831	5.3423	5.1183	4.9095	4.7147	4.5327
14	6.9819	6.6282	6.3025	6.0021	5.7245	5.4675	5.2293	5.0081	4.8023	4.6106
15	7.1909	6.8109	6.4624	6.1422	5.8474	5.5755	5.3242	5.0916	4.8759	4.6755

附录D 一元年金现值表

续表

期数	11%	12%	13%	14%	15%	16%	17%	18%	19%	20%
16	7.3792	6.9740	6.6039	6.2651	5.9542	5.6685	5.4053	5.1624	4.9377	4.7296
17	7.5488	7.1196	6.7291	6.3729	6.0472	5.7487	5.4746	5.2223	4.9897	4.7746
18	7.7016	7.2497	6.8399	6.4674	6.1280	5.8178	5.5339	5.2732	5.0333	4.8122
19	7.8393	7.3658	6.9380	6.5504	6.1982	5.8775	5.5845	5.3162	5.0700	4.8435
20	7.9633	7.4694	7.0248	6.6231	6.2593	5.9288	5.6278	5.3527	5.1009	4.8696
21	8.0751	7.5620	7.1016	6.6870	6.3125	5.9731	5.6648	5.3837	5.1268	4.8913
22	8.1757	7.6446	7.1695	6.7429	6.3587	6.0113	5.6964	5.4099	5.1486	4.9094
23	8.2664	7.7184	7.2297	6.7921	6.3988	6.0442	5.7234	5.4321	5.1668	4.9245
24	8.3481	7.7843	7.2829	6.8351	6.4338	6.0726	5.7465	5.4509	5.1822	4.9371
25	8.4217	7.8431	7.3300	6.8729	6.4641	6.0971	5.7662	5.4669	5.1951	4.9476
26	8.4881	7.8957	7.3717	6.9061	6.4906	6.1182	5.7831	5.4804	5.2060	4.9563
27	8.5478	7.9426	7.4086	6.9352	6.5135	6.1364	5.7975	5.4919	5.2151	4.9636
28	8.6016	7.9844	7.4412	6.9607	6.5335	6.1520	5.8099	5.5016	5.2228	4.9697
29	8.6501	8.0218	7.4701	6.9830	6.5509	6.1656	5.8204	5.5098	5.2292	4.9747
30	8.6938	8.0552	7.4957	7.0027	6.5660	6.1772	5.8294	5.5168	5.2347	4.9789

期数	21%	22%	23%	24%	25%	26%	27%	28%	29%	30%
1	0.8264	0.8197	0.8130	0.8065	0.8000	0.7937	0.7874	0.7813	0.7752	0.7692
2	1.5095	1.4915	1.4740	1.4568	1.4400	1.4235	1.4074	1.3916	1.3761	1.3609
3	2.0739	2.0422	2.0114	1.9813	1.9520	1.9234	1.8956	1.8684	1.8420	1.8161
4	2.5404	2.4936	2.4483	2.4043	2.3616	2.3202	2.2800	2.2410	2.2031	2.1662
5	2.9260	2.8636	2.8035	2.7454	2.6893	2.6351	2.5827	2.5320	2.4830	2.4356
6	3.2446	3.1669	3.0923	3.0205	2.9514	2.8850	2.8210	2.7594	2.7000	2.6427
7	3.5079	3.4155	3.3270	3.2423	3.1611	3.0833	3.0087	2.9370	2.8682	2.8021
8	3.7256	3.6193	3.5179	3.4212	3.3289	3.2407	3.1564	3.0758	2.9986	2.9247

续表

期数	21%	22%	23%	24%	25%	26%	27%	28%	29%	30%
9	3.9054	3.7863	3.6731	3.5655	3.4631	3.3657	3.2728	3.1842	3.0997	3.0190
10	4.0541	3.9232	3.7993	3.6819	3.5705	3.4648	3.3644	3.2689	3.1781	3.0915
11	4.1769	4.0354	3.9018	3.7757	3.6564	3.5435	3.4365	3.3351	3.2388	3.1473
12	4.2784	4.1274	3.9852	3.8514	3.7251	3.6059	3.4933	3.3868	3.2859	3.1903
13	4.3624	4.2028	4.0530	3.9124	3.7801	3.6555	3.5381	3.4272	3.3224	3.2233
14	4.4317	4.2646	4.1082	3.9616	3.8241	3.6949	3.5733	3.4587	3.3507	3.2487
15	4.4890	4.3152	4.1530	4.0013	3.8593	3.7261	3.6010	3.4834	3.3726	3.2682
16	4.5364	4.3567	4.1894	4.0333	3.8874	3.7509	3.6228	3.5026	3.3896	3.2832
17	4.5755	4.3908	4.2190	4.0591	3.9099	3.7705	3.6400	3.5177	3.4028	3.2948
18	4.6079	4.4187	4.2431	4.0799	3.9279	3.7861	3.6536	3.5294	3.4130	3.3037
19	4.6346	4.4415	4.2627	4.0967	3.9424	3.7985	3.6642	3.5386	3.4210	3.3105
20	4.6567	4.4603	4.2786	4.1103	3.9539	3.8083	3.6726	3.5458	3.4271	3.3158
21	4.6750	4.4756	4.2916	4.1212	3.9631	3.8161	3.6792	3.5514	3.4319	3.3198
22	4.6900	4.4882	4.3021	4.1300	3.9705	3.8223	3.6844	3.5558	3.4356	3.3230
23	4.7025	4.4985	4.3106	4.1371	3.9764	3.8273	3.6885	3.5592	3.4384	3.3254
24	4.7128	4.5070	4.3176	4.1428	3.9811	3.8312	3.6918	3.5619	3.4406	3.3272
25	4.7213	4.5139	4.3232	4.1474	3.9849	3.8342	3.6943	3.5640	3.4423	3.3286
26	4.7284	4.5196	4.3278	4.1511	3.9879	3.8367	3.6963	3.5656	3.4437	3.3297
27	4.7342	4.5243	4.3316	4.1542	3.9903	3.8387	3.6979	3.5669	3.4447	3.3305
28	4.7390	4.5281	4.3346	4.1566	3.9923	3.8402	3.6991	3.5679	3.4455	3.3312
29	4.7430	4.5312	4.3371	4.1585	3.9938	3.8414	3.7001	3.5687	3.4461	3.3317
30	4.7463	4.5338	4.3391	4.1601	3.9950	3.8424	3.7009	3.5693	3.4466	3.3321

参 考 文 献

[1] 蔡万坤.酒店财务管理[M].广州:广东旅游出版社,2004.
[2] 龚韵笙.酒店财务部的运行与管理[M].北京:旅游教育出版社,2003.
[3] 贾永海.酒店财务管理[M].北京:高等教育出版社,2003.
[4] 严金明,谢东风.酒店理财[M].北京:清华大学出版社,2004.
[5] 赵英林,李梦娟.酒店财务管理实务[M].广州:广东经济出版社,2006.
[6] 中国注册会计师协会.财务成本管理[M].北京:经济科学出版社,2007.
[7] 中国注册会计师协会.会计[M].北京:经济科学出版社,2007.
[8] Raymond S Schmidgall.酒店业管理会计[M].徐虹,译.北京:中国旅游出版社,2002.
[9] Agnes L Defranco,Pender B M Noriega.旅游业成本控制[M].程尽能,王向宁,译.北京:旅游教育出版社,2002.
[10] 李志远.财务分析禁忌70例[M].北京:电子工业出版社,2006.
[11] 王遐昌,印浩.财务管理学——理论与实务[M].上海:立信会计出版社,2003.
[12] 王重润.公司金融学[M].南京:东南大学出版社,2005.
[13] 唐婉虹,柳世平,廉春慧,等.财务管理教程[M].上海:立信会计出版社,2002.
[14] 陆正飞,芮萌,童盼.公司理财[M].北京:清华大学出版社,2003.
[15] 罗立桃.财务管理的12堂必修课[M].北京:企业管理出版社,2003.
[16] 徐红.酒店财务管理[M].天津:南开大学出版社,2001.
[17] 国家旅游局人事劳动教育司.旅游企业财务管理[M].北京:旅游教育出版社,1999.
[18] 马润洪,梁智.酒店财务管理[M].2版.北京:旅游教育出版社,2003.
[19] 杨敏,段九利.旅游财务管理实务[M].北京:清华大学出版社,2006.
[20] 马桂顺.酒店财务管理[M].北京:清华大学出版社,2005.
[21] 陶汉军.旅游经济专业知识与实务(中级)[M].北京:中国人事出版社,2008.
[22] 姚正林.饭店财务管理[M].北京:中国商业出版社,2007.
[23] 陈福义,生延超.饭店管理学[M].北京:中国旅游出版社,2006.
[24] 韩力军,李红.现代饭店财务管理[M].大连:东北财经大学出版社,2009.

[25] 李洁琼.旅游饭店财务管理[M].北京:对外经济贸易大学出版社,2009.
[26] 蔡万坤.新编酒店财务管理[M].广州:广东旅游出版社,2004.
[27] 贾永海.饭店财务管理[M].北京:高等教育出版社,2003.
[28] 徐虹,刘宇青.旅游饭店财务管理[M].天津:南开大学出版社,2009.
[29] 宋雪鸣,费志冰.饭店财务管理[M].3版.北京:旅游教育出版社,2010.
[30] 马桂顺.酒店财务管理[M].2版.北京:清华大学出版社,2011.
[31] 周倩,杨富云.酒店财务管理实务[M].北京:清华大学出版社,北京交通大学出版社,2011.

图书在版编目(CIP)数据

酒店财务管理/宋涛主编. —武汉：华中科技大学出版社,2014.5(2022.8重印)
ISBN 978-7-5609-9646-2

Ⅰ.①酒… Ⅱ.①宋… Ⅲ.①饭店-财务管理 Ⅳ.①F719.2

中国版本图书馆 CIP 数据核字(2014)第 101521 号

酒店财务管理　　　　　　　　　　　　　　　　　　　宋　涛　主编

策划编辑：肖海欧
责任编辑：曹　红
封面设计：龙文装帧
责任校对：张　琳
责任监印：周治超
出版发行：华中科技大学出版社(中国·武汉)　　电话：(027)81321913
　　　　　武汉市东湖新技术开发区华工科技园　　邮编：430223
录　　排：武汉楚海文化传播有限公司
印　　刷：广东虎彩云印刷有限公司
开　　本：710mm×1000mm　1/16
印　　张：22.5　插页:2
字　　数：428 千字
版　　次：2022 年 8 月第 1 版第 8 次印刷
定　　价：58.00 元

本书若有印装质量问题,请向出版社营销中心调换
全国免费服务热线：400-6679-118　竭诚为您服务
版权所有　侵权必究